décisions d'avenir
désirs
déplacements

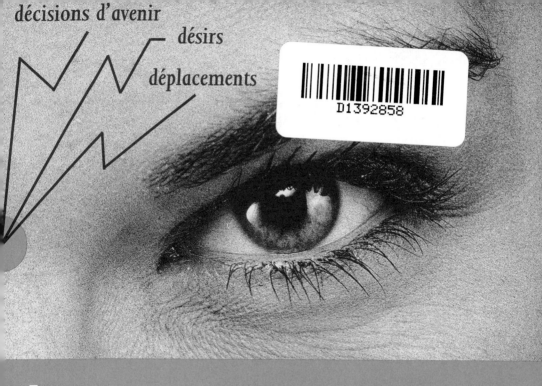

devenait
forte ?

le plan **D** · étudiants

www.desjardins.com

Desjardins

Un futur à construire!

Vous êtes à l'école secondaire, au cégep, ou à l'université? Vous travaillez, mais souhaitez vous recycler dans un autre domaine? Vous êtes les parents d'un jeune actuellement aux études? Vous occupez un poste de conseiller qui, chaque jour, doit répondre aux questions d'étudiants et de travailleurs inquiets de leur avenir? Ce guide est fait pour vous!

Le Guide pratique des carrières d'avenir au Québec, c'est près de 350 entrevues avec des professionnels sur le terrain, des conseillers, des experts issus de dizaines d'établissements d'enseignement et d'organismes-phares du marché du travail. C'est aussi l'analyse de centaines de pages relatives à l'économie et à l'emploi, la cueillette des plus récentes données sur le placement des diplômés aux trois niveaux scolaires et l'étude des principaux enjeux du marché du travail actuel et à venir.

À l'heure où les rationalisations et les restructurations bouleversent notre environnement économique, *Le Guide pratique des carrières d'avenir au Québec* veut répondre de manière juste, concrète et fiable à tous ceux qui s'interrogent sur la poursuite des études qui, aux dires de certains, ne mèneront que difficilement au marché du travail... Pourtant, l'emploi existe! Encore faut-il savoir où, pourquoi et comment : cet ouvrage sert à y voir plus clair.

Le premier constat général que nous avons pu tirer de cette recherche approfondie est le suivant : sur les 475 principales formations que l'on trouve aux trois niveaux d'enseignement, au moins 120, sélectionnées selon des critères précis, présentent de très bonnes, voire d'excellentes perspectives d'emploi. Bien sûr, l'économie continuera à connaître des cycles de croissance et de décroissance, et certaines de ces carrières «d'avenir» d'aujourd'hui le seront peut-être un peu moins demain, alors que d'autres prendront le relais.

Le Guide pratique des carrières d'avenir au Québec prend le pouls non seulement de ces formations et carrières «gagnantes», mais donne aussi des pistes pour mieux suivre l'évolution des besoins en main-d'œuvre des principaux secteurs industriels du Québec.

Car, au-delà des chiffres et des analyses économiques, un deuxième constat se dégage : la meilleure garantie pour réussir sur le marché du travail est de détenir une solide formation terminale (DEP, DEC ou BAC). Hormis ce préalable, il est fondamental de posséder des compétences et des aptitudes plus générales, comme une bonne communication verbale et écrite, la capacité de s'adapter au changement, la maîtrise des outils informatiques et l'esprit d'équipe. De même, choisir un métier que l'on va aimer est tout aussi indispensable afin de donner son plein rendement et de stimuler l'intérêt des employeurs. *Le Guide pratique des carrières d'avenir au Québec* couvre également ces dimensions humaines à travers son «Guide de préparation au choix de carrière».

Fruit d'une initiative inédite de la part des éditeurs du best-seller *Les Carrières de l'an 2000*, cet ouvrage des plus complets fait la synthèse de l'actualité de l'emploi et offre une panoplie d'outils de référence, histoire de transformer cette expérience parfois difficile que constitue un choix de carrière en une aventure stimulante et enrichissante!

À tous, bonne lecture!

François Cartier, éditeur
Emmanuelle Gril, rédactrice en chef

Information et commentaires : info@macarriere.net

table des matières

Le guide
pratique des
Carrières d'avenir
au Québec

Le TOP 120 des formations — **157**

120 formations à découvrir, sous forme de fiches techniques qui font le point sur le placement, les perspectives, le salaire et les conditions de travail (Voir index alphabétique par niveau et index par secteur en page 9 et 11).

Guide de préparation au choix de carrière — **289**

Flash Consultation Orientation — **291**

Assistez à une discussion entre un conseiller d'orientation et une jeune professionnelle pour en apprendre plus sur les principales étapes menant à une choix de carrière.

Guide d'auto-évaluation — **297**

Conçu par Mario Charette c.o., ce guide permet d'évaluer soi-même sa situation en ce qui concerne le choix d'une carrière. Question d'y voir plus clair!

L'engagement étudiant : c'est l'expérience qui parle! — **309**

Comment bien se positionner sur le marché du travail de demain, en commençant dès aujourd'hui, sur les bancs d'école!

Je m'inscris — **312**

Préparez votre entrée à l'un des trois niveaux scolaires : secondaire, collégial et universitaire

Top 100 des sites Internet en 1999 — **317**

Les 100 meilleurs sites Internet de la carrière et de la formation.

PÊLE-MÊLE

Index des programmmes

Voici la liste alphabétique des programmes sélectionnés dans notre TOP 120 des formations offrant de bonnes perspectives d'emploi.

Index des programmes
par secteur de formation

Voici la liste des programmes sélectionnés dans notre TOP 120 des formations offrant de bonnes perspectives d'emploi. Ils sont classés en fonction des secteurs établis par le ministère de l'Éducation du Québec en formation professionnelle et technique. Nous avons arbitrairement réparti les programmes universitaires dans ces mêmes secteurs.

Notes: Aucun des programmes issus des secteurs **(8)** «Environnement et aménagement du territoire» et **(15)** «Mines et travaux de chantier» n'a été retenu dans cette sélection.

Index des industries

Voici la liste des 34 industries dont nous présentons un bilan dans la section commençant en page 68.

Le Guide pratique des carrières d'avenir au Québec

Comment interpréter l'information

Ce guide s'appuie sur une recherche considérable. Nous précisons ici notre démarche.

Emploi-Québec, le ministère de l'Éducation du Québec, les services de placement des établissements d'enseignement universitaire, collégial et secondaire, de même que des acteurs clés comme Développement des ressources humaines Canada (notamment le site Emploi-Avenir Québec), Industries Canada, le ministère de l'Industrie et du Commerce, les comités sectoriels de main-d'œuvre, les ordres et associations professionnelles, le Conseil des sciences et de la technologie sont les principales sources nous ayant permis d'enrichir nos recherches, notre réflexion et l'information que nous publions dans ce guide. Nous remercions de leur disponibilité toutes les personnes jointes au cours de cette recherche.

Au sujet des 120 formations «gagnantes»

• **Formations professionnelles et techniques :** la sélection des programmes fut d'abord basée sur la liste actualisée des «50 super choix d'avenir» préparée par Emploi-Québec avec la Direction générale de la formation professionnelle et technique du ministère de l'Éducation du Québec (voir page 54). Sauf exception, nous avons appliqué à cette liste une méthode de sélection s'appuyant sur les données statistiques issues des dernières enquêtes *Relance au secondaire en formation professionnelle* (décembre 1998) et *Relance au collégial* (janvier 1999), portant sur la situation des diplômés 10 mois après l'obtention de leur diplôme. Des programmes se sont ainsi ajoutés ou ont été éliminés selon leur correspondance aux critères suivants (voir la définition des entrées dans «Au sujet des statistiques») :

    Proportion de diplômés en emploi (PDE) : 80 % et plus

    Taux de chômage : 12 % et moins

    Taux de placement : 88 % et plus

    Taux d'emploi en rapport avec la formation : 80 % et plus

Le nombre de diplômés (préféré au-dessus de 10), le taux de travail à temps plein (préféré autour de 80 %) constituaient des données complémentaires nous permettant de trancher entre deux formations au profil similaire selon les critères précédents.

• **Formations universitaires :** une prérecherche a été effectuée en août et septembre 1998 auprès de tous les services de placement, associations ou ordres professionnels concernant la situation des diplômés ou des membres. Nous avons jumelé les résultats (qualitatifs et quantitatifs) de cette enquête maison à ceux de l'étude *Qu'advient-il des diplômé(e)s des universités,* publiée en 1998 par le ministère de l'Éducation du Québec et, sauf exception, appliqué les mêmes critères de sélection qu'aux niveaux professionnel et technique.

Cependant, l'étude *Qu'advient-il des diplômé(e)s des universités* recense la situation des diplômés 24 mois (au lieu de 10) après l'obtention de leur diplôme; elle ne fournit pas l'information concernant la Proportion de diplômés en emploi (PDE); on y effectue, dans certains cas, des regroupements de programmes. Les données ne s'appliquent donc pas toujours à une formation très précise mais bien à un ensemble de programmes reliés. Le cas échéant, chaque fiche comprend une mention précisant la catégorie dont les renseignements sont issus.

Exceptions : dans tous les cas, si notre recherche approfondie sur le terrain effectuée entre septembre et novembre 1998 (entrevues, documentation, etc.) ne permettait pas de valider de manière concluante le caractère prometteur d'une formation sélectionnée au départ sur les bases décrites ci-dessus, cette dernière était éliminée. Par ailleurs, nous avons aussi inclus quelques programmes dont le caractère prometteur a été prouvé au moyen de sources crédibles et officielles, parfois qualitatives, parfois quantitatives, et ce, malgré un bilan statistique actuellement moins satisfaisant ou non disponible.

Attention : qu'une formation soit absente de cette sélection ne signifie aucunement qu'elle est une impasse sur le marché du travail. À l'inverse, tous les programmes choisis ne garantissent pas nécessairement un emploi à la fin des études. Cependant, nous croyons qu'ils présentent des ouvertures prometteuses, en fonction des données dont nous disposons aujourd'hui.

Au sujet des statistiques

Généralement, ces définitions s'appliquent aux catégories statistiques tirées des enquêtes provinciales portant sur les diplômés des trois niveaux scolaires. Toutefois, les données doivent être utilisées À TITRE INDICATIF seulement, vu l'évolution rapide du marché du travail. Il faut aussi tenir compte du fait qu'il peut y avoir de légères différences de méthode, les enquêtes n'étant pas conduites sous les mêmes équipes de supervision.

Proportion de diplômés en emploi (PDE) : proportion de personnes diplômées ayant déclaré travailler à leur compte ou pour autrui, sans étudier à temps plein. Donnée inexistante au niveau universitaire.

Taux de chômage : résultat en pourcentage du rapport entre le nombre de personnes diplômées à la recherche d'un emploi et l'ensemble de la population active (personnes en emploi et à la recherche d'un emploi).

Taux de placement : le taux de placement est obtenu en soustrayant le taux de chômage du chiffre 100.

À temps plein : sont dites «à temps plein» les personnes diplômées en emploi, c'est-à-dire qui travaillent, en général, au moins 30 heures par semaine.

En rapport avec la formation : sont dits avoir un emploi «en rapport avec la formation» les travailleurs à temps plein qui jugent que leur travail correspond à leurs études.

Salaire hebdomadaire moyen : salaire moyen gagné par les travailleurs à temps plein au cours d'une semaine normale de travail.

Attention : les statistiques mentionnées dans la portion «Placement» des fiches techniques renvoient souvent à une situation locale et peuvent donc parfois différer des résultats provinciaux.

Renseignements supplémentaires

Chaque fiche technique des 120 formations «gagnantes» affiche ces entrées :

Secteur : le ministère de l'Éducation du Québec a effectué un regroupement des programmes selon 21 secteurs de formation. Consultez l'index en page 11.

Nom et numéro du programme : nom et numéro en vigueur du programme, en accord avec le répertoire du ministère de l'Éducation du Québec (décembre 1998).

Code CNP : le code CNP correspond à la description de la ou des fonctions principales auxquelles mène le programme, selon la Classification nationale des professions établie par Développement des ressources humaines Canada (DRHC).

Code CUISEP : le code CUISEP sert notamment à la consultation du logiciel *Repères,* base de données portant sur les métiers et professions utilisée principalement au Québec.

Prends ton avenir en main !

1 800 935-5555

APPELLE-NOUS POUR OBTENIR DES RENSEIGNEMENTS ET DES

Stratégie emploi jeunesse / Youth Employment Strategy

www.jeunesse.gc.ca

Canada

**Ministre du
Développement des
ressources humaines**

**Minister of
Human Resources
Development**

CANADA

En tant que ministre du Développement des ressources humaines du Canada, je suis fier de présenter le guide pratique « Les carrières d'avenir au Québec » qui est un outil des plus intéressants pour connaître les grandes tendances du marché du travail d'aujourd'hui et de demain.

Un des défis de notre société est d'assurer une insertion réussie des jeunes dans le monde du travail. La Stratégie emploi jeunesse du gouvernement du Canada permet aux jeunes d'accéder aux compétences, à l'expérience et à l'information dont ils ont besoin pour préparer leur avenir. Mon ministère développe des outils et des partenariats fructueux en vue d'appuyer les jeunes dans leurs démarches pour intégrer le marché du travail.

Les jeunes, les adultes en réorientation de carrière et les chercheurs d'emploi trouveront dans ce guide des renseignements pertinents sur les principaux secteurs d'emploi au Québec ainsi que sur les programmes de formation qui offrent les meilleures perspectives pour les années à venir.

Les jeunes sont notre plus belle ressource. Partout au Canada nous travaillons avec nos partenaires, dont le secteur privé, afin que les jeunes occupent une place active dans notre société et contribuent à l'économie canadienne.

Jc suis convaincu que ce guide aidera de nombreux jeunes à prendre leur avenir en main et à choisir une carrière enrichissante.

Pierre S. Pettigrew

**P
U
B
L
I
C
A
T
I
O
N
S**

POUR PLANIFIER TA CARRIERE

On a besoin de ton énergie

Les entreprises t'ouvrent leurs portes

- En 1997, 65 % des emplois créés nécessitaient une formation en science et en technologie.

- Un vaste choix de programmes de formation accessibles.

Industrie, Commerce,
Science et Technologie
Québec

La formation professionnelle et technique

Un SUPER CHOIX d'avenir

http://www.inforoutefpt.org

Éducation Québec

Québec

Moi, je réussis avec mon DEC TECH!*

Dans les SECTEURS DE POINTE

Aérospatiale
Biotechnologies
Industrie pharmaceutique
Plasturgie
Technologies de l'information
Techniques du génie
Informatique
Contrôle de la qualité
Mode et textiles

et bien d'autres...

POUR INFORMATION, COMMUNIQUEZ AVEC LE CÉGEP LE PLUS PRÈS DE CHEZ VOUS

Fédération @des cégeps

CHAMBRE DE COMMERCE DU QUÉBEC

Emploi et Solidarité Québec

Des taux de PLACEMENT DE 90 - 100 %

DEC TECH : diplôme d'études collégiales techniques

LA FORMATION PROFESSIONNELLE
AU SECONDAIRE

170 façons d'assurer ton avenir

La Fédération
des commissions
scolaires
du Québec

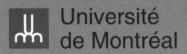

Université
de Montréal

Nous avons choisi une université reconnue,

une grande université...

l'Université de Montréal

Information: (514) 343-7076
www.umontreal.ca

Nous voulons être les chefs de file du XXIᵉ siècle

...ET VOUS?

Quels sont les défis que les chefs de file du XXIᵉ siècle devront relever? Parmi les plus importants, figurent les soins de santé. Au cours du XXᵉ siècle, de grands progrès ont été accomplis en vue de permettre aux gens de vivre plus longtemps tout en demeurant actifs et en bonne santé. Mais le XXIᵉ siècle nous réserve de nombreux autres « miracles ». Et Pfizer conduira la marche vers ces découvertes.

En effet, Pfizer est une entreprise pharmaceutique d'envergure mondiale que son engagement à l'égard de la recherche et du développement technologique prédispose à devenir un chef de file à l'aube du XXIᵉ siècle. Elle consacre déjà plus de 2 milliards de dollars par année à la recherche de médicaments susceptibles de constituer une percée au début du prochain millénaire. Ses chercheurs ont mis au point ce que la plupart des observateurs de l'industrie pharmaceutique considèrent comme la réserve de nouveaux produits la plus prometteuse pour les prochaines années.

Chez Pfizer, nous savons ce que nous voulons atteindre au XXIᵉ siècle. Le sommet.

Pfizer Canada est fière d'avoir son siège social au Québec depuis 45 ans

Pfizer Canada Inc., Kirkland (Québec) H9J 2M5
www.pfizercanada.com

Ensemble, à la recherche de la santé

L'ABC de la nouvelle économie

par **Béatrice Richard**

> Désormais, il semble préférable de tenir compte des nouvelles règles du jeu de l'économie pour établir son plan d'études et choisir une carrière. Car le marché du travail peut être grand ouvert... à condition d'avoir une formation et un profil adaptés aux réalités d'aujourd'hui. Une nouvelle économie s'installe sous nos yeux, avec son mode de fonctionnement, ses besoins et ses exigences propres. En cerner les codes et la logique, c'est se donner les moyens de ses ambitions!

On l'appelle aussi «société de l'information», «économie du savoir», «économie numérique», «société postindustrielle». Tous ces termes, et bien d'autres, désignent la même réalité : une économie métamorphosée par la révolution technologique en cours. Depuis 15 ans, en effet, les technologies de l'information et des communications ont transformé l'économie. Depuis 15 ans, les communications s'accélèrent (que l'on songe à Internet), les logiciels remplacent la main-d'œuvre non qualifiée, les distances comptent moins, les frontières entre États s'abolissent et la compétition entre les entreprises s'accroît d'autant. Les répercussions de ce nouvel ordre économique sont profondes.

Par conséquent, la nature des relations économiques a évolué. Autrefois, les économies industrielles reposaient sur l'échange de biens et de produits tangibles. Aujourd'hui, on parle plutôt d'échange d'éléments intangibles : idées, information et connaissances. Autrement dit, ce sont les entreprises ayant des idées (et les appliquant) qui mènent le monde.

Pour rester dans la course, les entreprises doivent transformer leur organisation du travail et s'informatiser, afin de produire au moindre coût possible. Ainsi, on automatise les tâches répétitives en les confiant à une machine, ce qui fait fondre le nombre d'emplois non spécialisés ne demandant qu'une faible scolarité. En revanche, d'autres emplois, exigeant de manier des idées, des concepts, des chiffres, donc de posséder un plus haut niveau de formation, sont créés.

> La matière grise est aussi devenue le carburant de la nouvelle économie. «Cette dernière est davantage mobile et immatérielle. Ses actifs, ce sont des ressources humaines, la propriété des connaissances.»
> — Michel Patry

En outre, la productivité et l'innovation s'accélèrent. Par exemple, des logiciels comptables permettent désormais à une seule personne de gérer instantanément des milliers de données dont le traitement dépendait autrefois d'un service entier de comptabilité. En libérant la main-d'œuvre de ces tâches fastidieuses, on peut l'affecter à des tâches plus rentables et créatives, comme l'analyse, la conception ou la vente de nouveaux produits.

L'IMPACT SUR LA MAIN-D'ŒUVRE

Puisque désormais les idées et l'innovation priment, les structures conservatrices, trop rigides et hiérarchisées, disparaissent et, avec elles, les postes à vie. Mobilité et flexibilité sont à l'ordre du jour. Désormais, le travail s'accomplit par mission ou par projet, en équipe organisée autour d'un coordonnateur qui se trouve au cœur de la production. Une fois l'objectif atteint, l'équipe se dissout, les membres se redéployant dans d'autres équipes ou définissant un objectif différent.

> Qui dit «nouvelle économie»
> dit «économie du savoir.»

La matière grise est aussi devenue le carburant de la nouvelle économie. «Cette dernière est davantage mobile et immatérielle. Ses actifs, ce sont des ressources humaines, la propriété des connaissances», résume Michel Patry, professeur d'économie aux HÉC. C'est pourquoi les secteurs de pointe investissent plus en ressources humaines et virtuelles qu'en ressources matérielles et immobilières. «Si l'on considère une entreprise comme Microsoft, note-t-il, les actifs, les immeubles, le matériel ne représentent qu'une partie infime de sa valeur. La plus large part de cette dernière repose sur ses brevets et sur l'expertise de ses spécialistes, qui constituent la valeur virtuelle de l'entreprise.»

Mais encore faut-il posséder une formation de base suffisante pour entrer dans le club sélect de ces ressources humaines haut de gamme! C'est pourquoi un nombre croissant dc travailleurs doivent retourner sur les bancs d'école. Donc, qui dit «nouvelle économie» dit «économie du savoir».

L'ÉCONOMIE DU SAVOIR

C'est l'autre façon, plus précise, de désigner la nouvelle économie. Sa vitalité dépend de la capacité des États, des organisations et des entreprises à mobiliser leurs ressources intellectuelles et créatrices dans le secteur de la haute technologie pour assurer la croissance. Car la technologie et l'infrastructure informatique constituent le système nerveux central de la nouvelle économie. C'est dire l'importance stratégique de former des gens capables de maîtriser et de tirer parti de ces technologies dans leurs champs respectifs.

Pour se développer, l'économie du savoir exige surtout de bons analystes, des vendeurs performants, des visionnaires et des communicateurs de talent. «Ce sont les compétences spécifiques qui créent la valeur ajoutée, explique Mario Charette, conseiller d'orientation «virtuel» sur le site IDClic Carrières et formations. On peut le constater dans les secteurs de pointe comme la biotechnologie, les télécommunications, l'informatique et, évidemment, le multimédia. Dans ces domaines, c'est l'agencement original d'idées et d'informations, le concept, qui donne naissance au produit.»

Photo : UQAM

Désormais, les industries vont aussi se classer en fonction de leur niveau de savoir. Ainsi, il existe des industries à haute, à moyenne ou à faible densité de savoir. Celles à haute densité de savoir, nouveaux moteurs de l'économie, offrent les meilleurs salaires et des conditions de promotion optimales. (Voir tableau en page 30.)

LES IMPLICATIONS

On constate un accroissement de l'offre d'emploi dans les secteurs à haute densité de savoir. En particulier dans celui de la haute technologie de l'information. Ainsi, selon Industrie Canada, «bien que la croissance de l'emploi parmi ➤

(suite en page 31)

Classement des industries en fonction de leur niveau de savoir

Premier niveau

- Chasse et pêche
- Autres produits finis
- Bois
- Ameublement et appareils d'éclairage
- Exploitation forestière et foresterie
- Transports
- Entreposage
- Agriculture
- Commerce de détail
- Services personnels
- Carrières et sablières
- Hébergement et restauration
- Vêtement
- Cuir

Deuxième niveau

- Autre matériel de transport
- Autres secteurs de l'électricité et de l'électronique
- Métaux primaires non ferreux
- Textiles
- Télécommunications
- Papiers et produits connexes
- Mines
- Caoutchouc
- Plastiques
- Métaux primaires ferreux
- Produits minéralurgiques non métalliques
- Commerce de gros
- Pétrole brut et gaz naturel
- Produits usinés en métal
- Véhicules automobiles et pièces
- Aliments
- Boissons
- Tabac
- Finance, assurance et immobilier
- Autres services publics
- Services auxiliaires aux mines
- Impression et édition
- Construction
- Services de divertissement et de loisir

Niveau supérieur

- Matériel scientifique et professionnel
- Télécommunications et autres secteurs de l'électronique
- Aéronefs et pièces
- Informatique et services connexes
- Machines commerciales
- Services scientifiques et techniques
- Pharmacie et médecine
- Production d'électricité
- Autres produits chimiques
- Machinerie
- Produits raffinés du pétrole et charbon
- Services conseils en gestion
- Services d'enseignement
- Services sanitaires et sociaux
- Transport par pipeline
- Autres services aux entreprises

Photo Biochem Pharma

➤ les travailleurs très spécialisés ait été relativement vigou-
reuse ces dernières années [au Canada], il se pourrait que
d'ici l'an 2000, jusqu'à 20 000 emplois d'ingénieurs en logiciels demeurent vacants. Étant donné que chaque emploi
créé dans le secteur de la technologie de pointe tend à créer
deux emplois indirects, cela pourrait représenter une perte
pour l'économie de 60 000 emplois!»

Il en découle une réaffectation des ressources humaines
dans tous les secteurs de l'économie. Les emplois à faible
niveau de savoir disparaissent, mais on note une augmentation du nombre d'emplois de haut niveau, même dans les
secteurs traditionnels. «Prenez la distribution des services
financiers, fait remarquer M. Patry. Les guichets automatiques ou Internet permettent aux clients d'effectuer seuls
leurs transactions. Ces technologies contribuent à la
baisse du nombre des emplois de caissière dans les succursales bancaires, mais en génèrent toutefois d'autres :
ceux de fabricants de logiciels, d'agents de services à la
clientèle ou de conseillers financiers.»

Selon l'économiste, on assiste présentement à un processus de «création destructive». «Au fur et à mesure que la
nouvelle industrie se construit, elle rend l'autre obsolète.»
Cette brusque dévalorisation de l'ancienne structure a certes un coût social et humain important. Les personnes

faiblement scolarisées ou faiblement qualifiées, ou plus
âgées, ont davantage de difficulté à se replacer ou à
s'adapter.

> «Une main-d'œuvre n'ayant pas de
> qualifications précises ni de solides
> connaissances aura de la difficulté
> à se recycler ou à se perfectionner.»
> — Réginald Lavertu

«Mais quel que soit le secteur, même traditionnel, la croissance des emplois est liée à l'informatisation de la production, poursuit M. Patry. Ainsi, on utilise maintenant des
logiciels dans des industries anciennes comme le textile,
le vêtement (modélisation des patrons sur ordinateur) ou le
commerce de détail (gestion des inventaires). Sur un plan
très concret, cela signifie que, désormais, n'importe quel
employé devra maîtriser l'usage d'un ou de plusieurs logiciels pour pénétrer le marché du travail. Cela va devenir
aussi important que savoir lire et écrire. On ne demandera
pas aux gens d'être programmeurs, mais à tout le moins de
ne pas être des illettrés informatiques et de pouvoir suivre
l'évolution dans ce domaine.»   ➤

L'ABC de la nouvelle économie

Photo - Ma Carrière

(Suite de la page 31)

COMPÉTENCES À DÉVELOPPER

Directeur général du Collège de Rosemont et président du Comité sur la formation et l'emploi scientifique et technique du Conseil de la science et de la technologie, Réginald Lavertu résumait ainsi la question dans les colonnes du *Devoir*, en septembre 1998 : «Une main-d'œuvre n'ayant pas de qualifications précises ni de solides connaissances aura de la difficulté à se recycler ou à se perfectionner.»

Cela signifie qu'il faut avoir assimilé les matières principales : mathématiques, français, histoire et géographie, et qu'il faut maîtriser une deuxième, voire une troisième langue. Cette culture générale est devenue incontournable pour exercer les talents de leadership et d'analyse qu'exige la nouvelle économie. «Disons-le simplement : il faut savoir écrire, insiste Michèle Perryman, vice-présidente des ressources humaines chez Lévesque, Beaubien, Geoffrion. Il ne s'agit pas seulement d'être "bon en français"; il faut aussi savoir argumenter, analyser et exprimer des idées par écrit. J'ai vu des personnes s'intégrer au marché du travail avec ces aptitudes pour tout bagage. Des cours du soir, une formation continue leur ont permis de se perfectionner et de décrocher ensuite des postes très intéressants.» ■

Source : Alain Lapointe et Stéphane Fortin, «L'économie du savoir marquerait-elle la fin du déclin pour Montréal?», Cahiers du CENTOR (Centre d'études sur les nouvelles technologies et les organisations), avril 1998.

Les métiers
du troisième millénaire

par **Nathalie Collard**

> Quand on parlait de l'an 2000 dans les années 50, on croyait dur comme fer que les chauffeurs de taxi troqueraient leur véhicule contre un vaisseau spatial, que les médecins pourraient soigner à distance et que tout le monde communiquerait par vidéophone. Lorsqu'on s'avance à faire de la prospection, on tombe souvent dans la science-fiction...

L'an 2000 est dans moins d'un an. Les nouvelles technologies se développent à un rythme effréné et de nouvelles spécialisations, qui n'existaient pas il y a moins de dix ans, commencent à émerger. Nous en avons recensé quelques-unes, dans différents secteurs d'activités, pour vous donner le goût de plonger dans le prochain siècle.

PROFESSION : ASTROBIOLOGISTE

Faire la preuve qu'il y a de la vie ailleurs que sur la terre, c'est en gros le travail qui attend les astrobiologistes. La NASA a embauché au moins une douzaine de personnes dont le travail consiste non pas à dénicher des extraterrestres, mais plutôt à trouver des signes de vie sur la planète Mars, par exemple. L'astrobiologie est une nouvelle discipline qui mêle l'astronomie, la biologie, la chimie et la physique. Son but : mettre au jour toute forme de vie dans l'univers. La NASA a même fondé un Institut d'astrobiologie et compte financer des programmes de recherche dans 11 institutions parmi lesquelles les prestigieuses universités Harvard et UCLA, aux États-Unis.

Au sein du groupe formé par la NASA, certains astrobiologistes concentrent leurs efforts sur les planètes éloignées, d'autres étudient la planète Mars et tentent de trouver des endroits stratégiques pour s'y poser afin de procéder à des recherches plus approfondies. Les astrobiologistes ne sont pas à la recherche de petits bonshommes verts! Ils recueillent plutôt des traces microscopiques de vie qu'ils étudieront en laboratoire[1].

PSYCHOLOGUE DU DISQUE DUR

Le secteur des technologies de l'information évolue rapidement et donne naissance à de nouvelles spécialisations, toutes plus originales les unes que les autres. Chez Public Technologies Multimédia (PTM), une agence de communication interactive et de commerce électronique, la création d'un mannequin virtuel pour la chaîne de magasins Les Ailes de la Mode a permis de développer des spécialisations très pointues. Au sein de l'équipe qui travaille sur le mannequin virtuel, on remarque, entre autres, des conseillers en mode qui guident le travail des programmeurs 3-D sur le style, la coupe, la taille, les tissus employés et les différents modèles de vêtements ➤

1. Source: *Newsweek*, 21 septembre 1998

➤ que portera le mannequin. Les conseillers en mode indiquent également aux programmeurs le comportement des tissus sur le corps. Par exemple, le denim est plus rigide que le tweed, qui est moins fluide que la soie, etc.

Mais le mannequin virtuel a des besoins encore plus pressants que de savoir ce qu'il portera demain matin. Croyez-le ou non, le mannequin a des émotions.

Récemment, PTM a embauché un chercheur, Daniel Rousseau, docteur en informatique, qui a également effectué un post-doctorat à l'Université de Stanford aux États-Unis. La tâche qui lui incombe? Étudier le comportement du mannequin, comportement qui varie selon les informations fournies par les utilisateurs. «Nous partons du fait que le mannequin est une personne qui modifie sa personnalité selon les émotions transmises par chaque utilisateur, explique Carlos Saldenas, responsable de la division du mannequin virtuel. En d'autres mots, on peut donc dire que le chercheur étudie l'impact émotif qu'exercent sur le mannequin les agents intelligents qui circulent dans le système. Il doit également s'assurer que le comportement du mannequin reflète la réalité, qu'il est en harmonie avec ce qu'on attend de lui.» Enfin, ce spécialiste en agents crédibles travaille aussi au développement de systèmes multi-agents, systèmes qui facilitent la communication entre les différents agents intelligents qui circulent dans le cyberespace. Une sorte de psychologue pour ordinateur, quoi!

BIOTECHNOLOGIES

Grâce aux avancées phénoménales dans le domaine des biotechnologies, le monde de la médecine est en mesure de faire des pas de géant. Régulièrement, aux informations télévisées, on se réjouit des plus récentes percées dans le monde médical. Malheureusement, les journalistes ont rarement le temps de remonter à la source des découvertes, dans les murs

des laboratoires, là où une nuée de chercheurs travaillent d'arrache-pied pour tenter de développer des techniques de plus en plus raffinées. Leur objectif est noble : améliorer la qualité de notre vie.

DES MATÉRIAUX INTELLIGENTS

Chez Biosyntech, une firme mise sur pied par des professeurs et des chercheurs de l'École Polytechnique, on travaille, entre autres, au développement de bio-transporteurs. Comment? En utilisant des matériaux intelligents qui permettent de transporter un médicament vers un lieu spécifique du corps humain. «Actuellement, nous travaillons à développer un transporteur intelligent qui nous permettra de livrer un médicament contre le cancer à un endroit bien précis de l'organisme», explique Amine Selmani, directeur de la firme Biosyntech.

> Les observateurs et les scientifiques estiment que les nouvelles découvertes dans ce domaine feront avancer la médecine, le secteur environnemental et l'agriculture à une vitesse vertigineuse.

Ces fameux transporteurs sont, en fait, des biopolymères (molécules produites par des bactéries ou des micro-organismes) et des polysaccharides (des sucres complexes générés par des micro-organismes) aux propriétés bien précises. À basse température, ils sont à l'état liquide et on peut y incorporer des protéines, des cellules ou des médicaments. Une fois introduits dans le corps humain, ils se solidifient et peuvent libérer leur contenu (un anti-inflammatoire, par exemple), sur une longue période de temps, et ce, de façon continue.

De même, on utilise les biopolymères dans le processus de régénération des tissus comme la peau, les os et le cartilage. «Dans le cas d'un segment de cartilage du genou, on procède d'abord à la biopsie d'une cellule, explique M. Selmani. Puis, on recrée le tissu *in vitro*. Ensuite, on injecte le cartilage dans la fente du genou. À la chaleur du corps, la substance devient solide et va remplacer le cartilage abîmé.»

Inutile de préciser qu'il ne s'agit pas ici du fruit du travail d'un seul chercheur mais bien de celui d'une équipe multidisciplinaire composée de chercheurs en chimie des polymères, chimie organique, biochimie, biologie moléculaire, biologie cellulaire ainsi que d'ingénieurs en biomédical.

LA BIOLOGIE, SCIENCE DE L'AVENIR

Dans une édition du magazine *Business Week* consacrée à l'économie du XXIe siècle (août 1998), on insiste sur le fait que les prochaines années seront celles de la biologie. Les observateurs et les scientifiques estiment que les nouvelles découvertes dans ce domaine feront avancer la médecine, le secteur environnemental et l'agriculture à une vitesse vertigineuse.

À titre d'exemple, le magazine énumère quelques petits miracles qu'on accomplit déjà aujourd'hui : introduire de nouveaux gènes pour traiter des maladies, faire pousser du maïs qui a été manipulé génétiquement afin qu'il soit plus nutritif, ou encore faire pousser des plantes qui produisent des plastiques biodégradables.

GÉNIE TISSULAIRE : LE RETOUR DU DOCTEUR FRANKENSTEIN

Restons dans le domaine de la médecine. Vous souvenez-vous de *La Femme bionique* et de *L'Homme de six millions,* deux téléséries américaines dont les héros, ayant subi de graves accidents, avaient été refabriqués partiellement en laboratoire? Science-fiction? Délire de scénaristes? Pourtant, grâce aux

avancées en génie tissulaire, par exemple, on n'est pas loin du jour où l'on pourra réaliser cet exploit. «À la croisée entre le génie chimique et le génie biomédical, le génie tissulaire permet de cultiver des cellules humaines *in vitro*, explique Michel Perrier, chercheur au centre de recherche Biopro du département de génie chimique de l'école Polytechnique, à Montréal. Cela nous permet, par exemple, d'intervenir auprès d'un patient atteint d'arthrite en remplaçant certaines de ses articulations.»

Photo : BioChem Pharma

Le génie tissulaire permet aussi de fabriquer des vaisseaux sanguins, un petit miracle de la science réalisé récemment à l'hôpital du Saint-Sacrement, à Québec. Dans son édition du mois de mai 1998, le magazine *Québec Science* rapporte que le docteur François Auger et son équipe ont réussi à fabriquer une artère en l'espace de dix semaines à partir de cellules humaines extraites de cordons ombilicaux et de tissus cutanés. Cette artère est naturelle et résiste à une pression sanguine 20 fois plus élevée que celle d'une personne normale. Le docteur Auger se dit confiant de pouvoir, à l'avenir, remplacer des vaisseaux sanguins et d'autres tissus comme les bronches.

LE MONDE DE L'INFINIMENT PETIT

Dans les universités et les centres de recherche, plus particulièrement aux États-Unis, on se prépare à ➤

➤ plonger tête première dans le monde de l'infiniment petit. La nouvelle science à la mode : la nanotechnologie, ou la fusion de la chimie, de la physique, de la biologie et du génie physique.

Le défi : réussir à construire des systèmes microélectromécaniques, c'est-à-dire des supports miniatures qui remplaceront éventuellement les fameux «chips» qui font fonctionner nos ordinateurs. Il s'agit de concevoir un minuscule morceau de silicone capable de supporter des senseurs, des mémoires et des moteurs digitaux. L'objectif : que ces petites pièces de silicone remplacent un jour des composantes dans nos ordinateurs, les moteurs de nos voitures, etc.

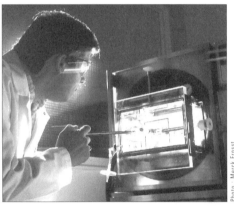

Photo : Merck Frosst

> «Il est évident que le secteur des
> sciences naturelles, du génie
> et des technologies de l'information
> évolue plus rapidement
> que les autres.»
> — Camille Limoges

Dans l'édition du magazine *Businessweek* consacré à l'économie du XXIe siècle, on estime que d'ici 15 ou 20 ans, on sera même en mesure, toujours grâce aux avancées de la nanotechnologie, de reproduire la mécanique humaine atome par atome. Concrètement, cela pourrait vouloir dire réparer ou même remplacer le foie d'une personne qui souffre de cirrhose ou le poumon d'un cancéreux. Quand la réalité rattrape la fiction...

ANTICIPER L'ÉVOLUTION

Selon Camille Limoges, président du Conseil de la science et de la technologie, il est évident, et ce depuis bon nombre d'années déjà, que le secteur des sciences naturelles, du génie et des technologies de l'information évolue plus rapidement que les autres.

Même phénomène en ce qui concerne l'exploitation des connaissances sur le génome, une branche de la génétique qui s'intéresse à l'hérédité, ainsi que pour le domaine de la bio-informatique. «Ces deux spécialisations vont se développer très rapidement au cours des dix prochaines années, affirme-t-il. D'ici 15 ans, ce seront les nanotechnologies, l'ingénierie de l'infiniment petit, qui connaîtront un essor spectaculaire. Nous n'avons pas de moyens exacts pour mesurer cette évolution, mais nous savons qu'elle aura lieu, tout comme a eu lieu le développement de la biologie moléculaire au cours des dernières années.»

En guise d'exemple, M. Limoges rappelle une rencontre qui se tenait en 1981 et à laquelle étaient conviés tous ceux et celles qui travaillaient dans le domaine des biotechnologies au Québec. «Ils étaient si peu nombreux, pas plus de 60, qu'ils entraient tous dans la même salle, se souvient Camille Limoges. Aujourd'hui, on compte environ 1500 personnes qui œuvrent dans les biotechnologies au Québec. En fait, ajoute-t-il, les nouvelles technologies évoluent tellement vite que, pour la première fois, il ne s'agit plus de répondre aux besoins de l'industrie, mais bien de les anticiper pour éviter des pénuries dramatiques.» ■

négocier

mmuniquer

l y a le CA

dynamiser

entreprendre

eligrigoris, CA *(1996)*   Julie Drouin, CA *(1998)*   Carl Yacovelli, CA *(1998)*   Adam Koniuszewski, CA *(1996)*

Bernucci, CA *(1996)*   Isabelle Gagnon, CA *(1994)*   Claudia Turcotte, CA *(1996)*   Sébastien Bellemare, CA *(1995)*

UN *petit* NOMBRE DE PERSONNES PEUT ACCOMPLIR DE *grandes* CHOSES.

Le 3TC®, notre découverte contre l'infection par le VIH et le SIDA, élève BioChem Pharma au rang des rares compagnies pharmaceutiques dont les recherches ont donné lieu à la mise en marché d'un produit novateur.

Un produit qui permet d'améliorer la qualité de vie d'un si grand nombre de personnes.

Comme toujours, nous continuons de concentrer nos efforts de recherche et développement sur la mise au point de produits répondant à des besoins médicaux non comblés auxquels la science médicale tente toujours de trouver une solution.

BIOCHEM PHARMA

THÉRAPEUTIQUE - VACCINS - DIAGNOSTIC

www.biochempharma.com

devenez CGA...
pour la passion
des affaires

Pour plus de renseignements :
téléphone : (514) 861-1823   sans frais : 1 800 463-0163
télécopieur : (514) 861-7661 courriel : cga-qc-formation@sympatico.ca
internet : www.cga-quebec.org

CGA
Ordre des
comptables généraux licenciés
du Québec

l'expert-comptable
en performance financière

La formation professionnelle
Un monde à découvrir !

Explorez le monde de la formation professionnelle : des exemples et des témoignages illustrent les différents aspects de cette formation courte et bien branchée sur le marché du travail. À lire pour tout savoir sur la situation de l'emploi, l'alternance travail-études, les centres à vocation nationale, les régimes de qualification et d'apprentissage d'Emploi-Québec, les passerelles vers les programmes techniques au collégial, le Mondial des métiers et plus!

En collaboration avec :

Gouvernement du Québec
**Ministère
de l'Éducation**

Gouvernement du Québec
Ministère de l'Emploi et de la Solidarité
Emploi-Québec

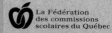
La Fédération
des commissions
scolaires du Québec

Les éditions Ma Carrière

La formation professionnelle
Un monde à découvrir!

Textes : Martine Roux

La formation professionnelle a gagné ses épaulettes. Ses programmes, sans cesse révisés et améliorés, proposent des formations concrètes et branchées sur le marché du travail. De l'aérospatiale à la fabrication de meubles, elle conduit à une foule de métiers passionnants, dans des domaines où plusieurs cherchent activement des candidats!

Au Québec, la formation professionnelle regroupe environ 170 programmes répartis dans 21 secteurs d'activité et 183 centres publics de formation professionnelle répartis dans 70 commissions scolaires.

Il y en a pour tous les goûts : boucherie, bijouterie, mécanique automobile, coiffure, production laitière, comptabilité, ébénisterie, plomberie, montage de lignes électriques, extraction de minerai, aménagement de la forêt, impression... Le menu est varié!

Dans certains secteurs d'activité, un emploi attend presque assurément les candidats à la fin de leurs études. Selon Malik Hammadouche, directeur adjoint du Centre de formation professionnelle Qualitech, il en va ainsi des finissants en fonderie, un programme qui a vu le jour en 1997. Alors que les 18 premiers diplômés ont décroché un emploi, les employeurs attendent avec impatience la prochaine cohorte!

Photo : PPM

«Comme ils sont formés selon des normes de qualité élevées, nos étudiants ont la capacité d'aider les entreprises à progresser. Ils peuvent même occuper des postes de contremaître.»

— Malik Hammadouche

«Comme ils sont formés selon des normes de qualité élevées, nos étudiants ont la capacité d'aider les entreprises à progresser. Ils peuvent même occuper des postes de contremaître. Ils ont une excellente vision du métier, une grande facilité d'adaptation et sont très polyvalents.»

La passion et l'expérience du personnel enseignant sont aussi des gages de qualité pour la formation. «Je veux que tous mes étudiants réussissent, lance Luc Dicaire, enseignant en cordonnerie au Centre de formation Le Chantier, de Laval. J'ai été cordonnier pendant plusieurs années; je suis donc en mesure de bien les encadrer et de les aider à acquérir des notions connexes, comme la gestion d'un atelier ou le service à la clientèle.» Le métier de cordonnier, ajoute-t-il, ne concerne plus seulement la pose de semelles ou de talons, et la formation professionnelle prépare aussi les élèves à travailler dans toutes sortes d'entreprises : laboratoire orthopédique, cirque, entreprise de maroquinerie. Elle leur permet même de lancer leur propre atelier de cordonnerie.

C'est aussi le grand amour de son métier qui a conduit Monique Roy à enseigner l'esthétique au Centre de formation professionnelle Bel Avenir, à Trois-Rivières. Afin de mieux préparer ses élèves au marché du travail, elle tente de recréer les conditions d'un salon d'esthétique. «En plus de la formation théorique et pratique, j'essaie de développer l'autonomie et la vitesse d'exécution des élèves. Je les encourage aussi à mettre leurs connaissances en pratique, que ce soit lors du stage en entreprise ou au centre d'esthétique de l'école, qui offre des services à de vrais clients!»

Du concret!

Après avoir effectué un DEC en sciences de la santé, Josée Lévesque a décidé de changer de branche. Douée pour le dessin et pour l'informatique, elle a tout naturellement opté pour un DEP en infographie en préimpression (ce DEP se nomme aujourd'hui procédés infographiques) au Centre de formation Rochebelle.

«J'avais envie d'une formation concrète et précise, raconte-t-elle. Le programme d'infographie en préimpression abordait tant les côtés techniques qu'artistiques, et c'est ce qui m'attirait dans ce métier.» Après avoir travaillé pendant trois ans pour une entreprise de graphisme à Lévis, Josée est actuellement contractuelle pour la firme Blitz, une filiale de Communications Cossette.

Annabelle Roy avait aussi besoin d'une formation concrète. Son diplôme d'études secondaires en poche, elle a passé une session sur les bancs du cégep avant de tout abandonner. Pendant trois ans, elle a occupé un poste de vendeuse dans un grand magasin jusqu'à ce qu'un collègue prononce un jour le mot magique : sylviculture, c'est-à-dire l'étude des arbres et de la forêt. «Je ne savais pas trop ce que c'était mais je savais que je voulais travailler dans la nature. Quelques appels téléphoniques et je prenais la direction du Centre de formation professionnelle de Mont-Laurier!» ➤

«La formation professionnelle, c'est court, c'est concret, on fait ce qu'on aime et ça finit là. Et les professeurs sont vraiment compétents.»

—Annabelle Roy

Photo : PPH

➤ Dès lors, Annabelle s'est découvert une passion pour la sylviculture. Élève brillante et fonceuse, elle a même remporté deux prix *Chapeau les filles!* Au moment de l'entretien, elle revenait tout juste d'un stage en agroforesterie au Nicaragua, où elle a travaillé à planter des arbres pendant trois mois... avant que l'ouragan Mitch n'emporte tout sur son passage. «Malgré tout, je ressors grandie de mon expérience et de ma formation, raconte-t-elle. J'ai vécu les plus belles années de ma vie. La formation professionnelle, c'est court, c'est concret, on fait ce qu'on aime et ça finit là. Et les professeurs sont vraiment compétents.» ▼

L'alternance travail-études en formation professionnelle
Une formation branchée sur l'entreprise

Le concept d'alternance travail-études permet aux étudiants inscrits dans différents programmes de la formation professionnelle d'effectuer des stages en entreprise. Fruit d'une étroite collaboration entre le milieu scolaire et le milieu du travail, l'alternance plonge les étudiants «dans le bain» et prévoit qu'au moins 20 % du temps de formation soit passé en entreprise. Le ministère de l'Éducation encourage fortement les établissements scolaires et les entreprises à suivre cette voie, notamment au moyen de mesures telles que le programme de soutien financier pour les établissements scolaires et le programme de crédit d'impôt remboursable à la formation pour les entreprises.

La combinaison des études et du travail représente, selon plusieurs, la forme d'enseignement la plus complète. Ainsi, même si la majeure partie de la formation se déroule à l'école, le programme de mécanique industrielle de construction industrielle et d'entretien offert à l'École polymécanique de Laval compte quelque 200 heures - ou 14 semaines - passées en entreprise.

«Même si le stage n'est généralement pas rémunéré, il s'agit d'une expérience de travail concrète.»

— Josette LeBel

«L'élève est placé en situation réelle de travail, avec des contraintes de productivité et de négociation avec ses pairs et un patron, explique Josette LeBel, conseillère pédagogique à l'École polymécanique et présidente de l'Association provinciale de l'alternance travail-études. Il peut ainsi développer une culture d'entreprise, ce qui lui est utile lors d'entrevues de sélection pour un poste éventuel. Même si le stage n'est généralement pas rémunéré, il s'agit d'une expérience de travail concrète. L'élève pourra ainsi recevoir des lettres de références et son diplôme mentionnera qu'il a adhéré à une démarche d'alternance travail-études. Il acquiert des habiletés pratiques en entreprise que l'école ne peut pas donner.» Le projet est rigoureusement encadré par une personne responsable du stage et l'élève peut lui-même trouver l'entreprise qui l'accueillera.

Afin de connaître les programmes en alternance travail-études et les établissements où ils sont offerts, il suffit de visiter le site Internet suivant : www.inforoutefpt.org/services/ate/accueil.htm ▼

Des métiers non traditionnels

Les métiers traditionnellement dévolus aux hommes offrent souvent de belles perspectives d'emploi pour les filles. Celles-ci démontrent dans bien des cas des qualités de persévérance et de minutie qu'apprécient les employeurs.

La plupart des hommes voient d'un bon œil la présence des femmes dans les métiers non traditionnels. «Ma hantise était de ne pas me faire accepter, raconte Line Ratté, une étudiante en fonderie. Mais j'ai été agréablement surprise de l'accueil que m'ont réservé les professeurs et les étudiants.»

L'électricienne Nancy Soucy estime, quant à elle, être choyée par ses collègues. «À l'école, on ne m'a jamais harcelée, j'ai toujours été appuyée. Et sur le chantier, les gars s'offrent d'eux-mêmes pour soulever de l'équipement lourd à ma place.»

«En cordonnerie, les filles sont bienvenues, renchérit l'enseignant Luc Dicaire. Grâce aux équipements perfectionnés avec lesquels on travaille aujourd'hui, les filles n'ont plus à faire des efforts physiques intenses. Et on se rend compte que dans les travaux de finition, elles sont plus douées que leurs collègues...» ■

> «J'ai été agréablement surprise de l'accueil que m'ont réservé les professeurs et les étudiants.»
>
> — Line Ratté

Photo : PPH

Pour les jeunes
et pour les adultes!

Que ce soit pour effectuer un virage à 180° ou simplement pour ajouter une corde à leur arc, nombreux sont les adultes qui retournent faire leurs devoirs. Avec, dans bien des cas, un véritable métier au bout du compte.

J usqu'à 25 ans, Richard Godin a vécu de trente-six métiers : travaux de construction ou de rénovation par-ci, aménagement paysager par-là... Un bon matin, il a décidé de passer un test d'aptitudes professionnelles et a découvert que le métier d'horloger lui irait comme un gant! Il s'est donc inscrit à un DEP en horlogerie-bijouterie de l'École nationale d'horlogerie, à Trois-Rivières.

«Pendant mon cours, je me suis donné à fond. J'ai été choisi pour effectuer un stage à la compagnie Rolex, ce qui a beaucoup enrichi mon CV, car peu d'horlogers sont familiers avec ces mécanismes.»

Trois semaines après avoir obtenu son diplôme, Richard a commencé à travailler chez Montres ADM, une division de la société Lise Watier. Quelques mois plus tard, il devenait horloger chez Birks, où il travaille toujours à réparer des montres.

«Mon "trip", c'est de prendre une bonne vieille montre mécanique, de la remonter de A à Z et de la polir jusqu'à ce qu'elle ait l'air neuve! J'ai vraiment découvert quelque chose. Je n'aurais jamais pensé vivre d'aussi belles expériences. Mais je m'ennuie beaucoup de l'école!»

C'est à 40 ans que Jean-Guy Paradis a entendu l'appel de la formation professionnelle. Son métier de vendeur ne le satisfaisait plus depuis longtemps : il volait d'un boulot à l'autre entre de brèves périodes de chômage. «J'ai vendu à peu près tout ce qui se vendait! À la fin, je ne pouvais plus supporter de voir un client. Comme j'ai toujours été bricoleur de nature, j'ai décidé de passer le reste de ma vie à faire ce que j'aimais : de la mécanique.»

Quelques mois après avoir décroché son diplôme en mécanique industrielle de construction et d'entretien, au début des années 1990, il entrait dans le groupe gaspésien Cedrico. D'abord commis, puis mécanicien d'entretien à la scierie Causaps de Causapscal, il est maintenant contremaître depuis mai 1998! «Inutile de dire que je

> La formation professionnelle m'a donné la chance de faire ce que j'aimais.
> Ç'a été un tournant dans ma vie.»
>
> — Jean-Guy Paradis

suis très heureux de mon sort! La formation professionnelle m'a donné la chance de faire ce que j'aimais. Ç'a été un tournant dans ma vie.»

Une cordonnière bien chaussée

Ancienne conductrice d'autobus scolaires, Louise Caza a toujours été attirée par les métiers qui sortent de l'ordinaire. De travaux de couture en travaux ménagers, elle nourrissait secrètement le désir de reprendre ses études, sans pourtant trouver chaussure à son pied. Lorsqu'un voisin lui a fait remarquer qu'une cordonnerie faisait défaut dans leur village de Saint-Anicet, près de Valleyfield, ce fut la révélation! Louise a aussitôt foncé au bureau de chômage, pris une année sabbatique et s'est inscrite au DEP en cordonnerie au Centre de formation Le Chantier de Laval.

«On imagine toujours les cordonniers comme des gens qui travaillent dans des recoins poussiéreux, raconte-t-elle. C'est tellement plus que ça. De fil en aiguille, j'ai développé une vraie passion pour ce métier. Ça me ressemble vraiment.»

Louise Caza a fait un stage chez un sellier afin d'apprendre à reconditionner les selles et les attelages, une spécialité peu commune. Comme l'équitation est très populaire dans sa région, elle se disait que les clients n'auraient plus à se rendre à Montréal pour une réparation. Pendant ses études, elle a aussi acquis l'inventaire de deux cordonneries et a passé l'hiver à aménager le garage attenant à sa maison en un vaste atelier. L'Atelier-Boutique ouvrait en avril 1998, un mois après l'obtention de son diplôme!

«J'ai beaucoup investi dans la boutique, mais cela fonctionne au-delà de mes espérances! J'ai mis sur pied 22 comptoirs de services dans la Montérégie, et ça va très bien. L'été dernier, j'étais tellement débordée que j'ai dû appeler un de mes anciens professeurs à la rescousse...»

Louise Caza apprécie la diversité de son travail : en plus de la réparation des chaussures et articles de cuir, elle effectue aussi des travaux de couture, répare des toiles de bateaux et aussi, bien sûr, des selles de chevaux. «C'est clair, la cordonnerie, j'en mange! Avoir ma propre entreprise, c'est tellement valorisant. Tous les jours, j'apprends de nouvelles choses. Malgré tous les obstacles et les sacrifices, je recommencerais demain matin.» ➤

«Tous les jours, j'apprends de nouvelles choses. Malgré tous les obstacles et les sacrifices, je recommencerais demain matin.»

—Louise Caza

Le régime d'apprentissage
Apprendre en travaillant!

Voici une solution de rechange en formation professionnelle offerte par Emploi-Québec, en collaboration avec le ministère de l'Éducation. Grâce au Régime d'apprentissage, vous pouvez devenir apprenti et, à ce titre, être salarié d'une entreprise. Bien que certains modules de formation se déroulent en milieu scolaire, c'est principalement sous la supervision d'un compagnon, qui est un travailleur expérimenté de l'entreprise, que vous apprenez un métier et que vous obtenez, à terme, un diplôme d'études professionnelles.

Des projets sont actuellement en cours en conduite de camions, en mécanique industrielle, en conduite et réglage de machines à mouler, en tuyauterie industrielle, en récolte de la matière ligneuse ainsi qu'en production laitière.

Pour en savoir davantage, communiquez avec votre Centre local d'emploi qui vous dirigera vers le responsable du Régime d'apprentissage de votre région.

— France Garon,
Direction générale adjointe de
l'apprentissage et de la formation de
la main-d'œuvre d'Emploi-Québec.

Le régime de qualification
Mettre à profit les qualifications des travailleurs

Vous avez appris votre métier en entreprise? Vous détenez ou un DEP ou une ASP, mais n'avez pas d'expérience de travail? Emploi-Québec a mis sur pied un Régime de qualification qui peut vous être utile. Visant l'acquisition de compétences, ce régime est fondé à la fois sur une formation initiale dans le réseau de l'éducation et sur un apprentissage en milieu de travail où l'apprenti acquiert la maîtrise de son métier sous la supervision d'un compagnon expérimenté.

Les compétences à acquérir au travail sont décrites dans un carnet d'apprentissage. Lorsque le candidat répond aux exigences de son métier, un certificat de qualification professionnelle est émis par Emploi-Québec. «Cela permet notamment au travailleur qui a appris sur le tas de décrocher un diplôme en faisant reconnaître ses compétences», explique France Garon, conseillère à la Direction de l'apprentissage d'Emploi-Québec.

L'employé désireux de participer au régime de qualification doit faire part de sa volonté à son patron. Il faut ensuite communiquer avec Emploi-Québec afin qu'une entente soit établie entre les trois parties. Quant au candidat fraîchement diplômé, il peut solliciter les employeurs en leur demandant de contribuer à compléter sa formation. «Comme les entreprises reçoivent un crédit d'impôt pour l'encadrement et la formation qu'elles assument, plusieurs voient le régime comme un outil supplémentaire pour se faire embaucher. Cela devient une référence dans un secteur d'activité. Les employés qualifiés répondent ainsi aux normes de qualité dont l'industrie s'est dotée.»

Les métiers suivants permettent actuellement d'obtenir une certification de qualification professionnelle : impression sur presse rotative, pâtisserie, cuisine d'établissement, entretien de véhicules récréatifs, extraction de minerai, outillage, fabrication de moules, matriçage, usinage, abattage en forêt mixte ou feuillu, ébénisterie et soudage-montage. Plusieurs autres sont en développement, dont la mécanique industrielle, la mécanique d'engins de chantier et la finition du meuble, qui devraient prochainement faire partie du régime de qualification d'Emploi-Québec. ➤

Les centres à vocation nationale
Le partenariat à l'école

Véritables fleurons de notre système éducatif, les centres de formation professionnelle à vocation nationale assoient à la même table écoles, industrie, patrons et syndicats. La grande gagnante? La formation!

Photo : PPH

Le titre de centre à vocation nationale n'est pas attribué à n'importe quelle institution. L'établissement qui affiche cette désignation doit d'abord faire l'objet d'une entente avec des intervenants nationaux, comme un ministère ou une organisation représentant les différents intervenants d'une industrie. Habituellement, un tel centre offre des programmes de formation en exclusivité et développe des expertises pointues au sein d'un secteur d'activités.

Les centres à vocation nationale se sont multipliés depuis le début des années 1990. On trouve aujourd'hui les Écoles des métiers et occupations de l'industrie de la construction de Québec et de Montréal, le Pavillon des métiers de la construction de Longueuil, le Centre national de conduite d'engins de chantier, le Centre de formation en sécurité incendie et le Centre de formation des métiers de l'acier. Par la suite, la famille pourrait aussi comprendre le Centre de formation en transport routier de Charlesbourg, le Centre de formation en transport routier de Saint-Jérôme et le Centre de foresterie et de technologie du bois de Duchesnay.

Dans un centre à vocation nationale, un comité de gestion regroupant l'industrie, l'école et le ministère de l'Éducation remplace les traditionnels comités d'école des commissions scolaires. «Ce comité permet aux représentants du monde du travail de s'engager concrètement dans la gestion d'un centre de formation, explique Jocelyn Sanfaçon, de la Direction générale de la formation professionnelle et technique du MÉQ. Toutes les questions en rapport avec la gestion d'un centre, son fonctionnement et la formation y sont abordées.»

Formation = travail

La formation offerte dans un centre à vocation nationale compte ainsi plusieurs atouts. Première étape : on veille à ne pas produire de futurs chômeurs! «Nous répondons à un besoin réel de l'industrie, estime Jean-Guy Lacasse, directeur du Centre national de conduite ➤

> «Aujourd'hui, nous ne formons pas des gens pour le plaisir, mais pour les destiner au marché du travail. Ils sont donc pratiquement assurés de trouver un emploi.»
>
> —Jean-Guy Lacasse

➤ d'engins de chantier, situé aux Cèdres, près de Vaudreuil. Jadis, je pouvais prendre une décision qui ne correspondait pas nécessairement aux tendances du marché. Aujourd'hui, nous ne formons pas des gens pour le plaisir, mais pour les destiner au marché du travail. Ils sont donc pratiquement assurés de trouver un emploi.»

À l'École des métiers et occupations de l'industrie de la construction de Québec, une douzaine de métiers sont enseignés sous un même toit. Les élèves apprennent donc à se côtoyer comme dans la vraie vie! «C'est exactement comme sur un chantier, fait valoir Chantal Dubeau, directrice de la formation professionnelle à la Commission de la construction du Québec. Les charpentiers commencent à travailler, puis arrivent les plombiers, les électriciens, les couvreurs, le plâtrier, le peintre. Notre objectif est de concentrer les métiers qui vont effectivement évoluer ensemble sur un chantier.»

Du concret!

Les centres à vocation nationale nécessitent souvent des installations et des équipements coûteux. Grâce aux liens qu'ils établissent avec l'industrie, ils peuvent mieux tirer leur épingle du jeu et offrir une formation collée au marché du travail. «Le lien industrie-école est très présent, mais nous créons aussi des partenariats avec des fournisseurs de briques ou de peinture, soutient Denis Lemieux, directeur de l'École des métiers et occupations de l'industrie de la construction de Québec. Nous établissons aussi des ponts avec différentes associations, comme l'Association provinciale des constructeurs en habitation du Québec (APCHQ) : elle nous fournit notamment des plans que nous utilisons lors de la réalisation de travaux ou d'ateliers. La formation est ainsi plus concrète, plus réaliste.

«Les membres siégeant au comité de gestion comprennent la réalité de l'école, poursuit M. Lemieux. C'est la présence de l'industrie qui fait évoluer les programmes de formation et qui fait en sorte qu'ils ne soient pas décalés en regard des exigences du marché. Même s'il est impossible de faire des stages dans le secteur de la construction — l'accès aux chantiers est très réglementé — éventuellement, nous pourrions même réaliser des projets d'alternance travail-études.» ∎

> «C'est la présence de l'industrie qui fait évoluer les programmes de formation et qui fait en sorte qu'ils ne soient pas décalés en regard des exigences du marché.»
>
> — Denis Lemieux

Photo : PPM

Nouveaux programmes en implantation
Un éventail élargi

Afin de mieux adapter la formation professionnelle aux réalités changeantes du monde du travail, le ministère de l'Éducation du Québec travaille à l'amélioration des programmes existants. Lorsqu'une industrie fait valoir des besoins de formation pour un métier, il crée, en collaboration étroite avec elle, de nouveaux programmes.

En 1999-2000, au moins deux nouveaux programmes de formation devraient voir le jour au Québec : il s'agit du DEP en conduite de machines industrielles et du DEP en traitement de surfaces. Le premier vise à former des opérateurs de machines industrielles en mesure de travailler dans divers types d'industries : transformation alimentaire, fabrication métallique, fabrication de produits électriques et électroniques, fabrication de pièces de plastique ou de caoutchouc, industrie du bois, des meubles et des fenêtres.

C'est à la suite d'une étude préliminaire que le ministère a constaté qu'on avait besoin d'une formation accrue pour ce métier un peu partout au Québec. «Le marché du travail est de plus en plus exigeant quant à la formation des opérateurs, explique Claude Proulx, du MÉQ. Ce n'est pas une formation aussi spécialisée que celle de certains conducteurs de machines, comme les machinistes, mais le métier exige tout de même un niveau de compétence assez élevé. Elle vise à développer une polyvalence chez des travailleurs qui, par exemple, préparent la matière première, conduisent ou entretiennent une machine, ou vérifient la qualité des produits.» Le ministère souhaite grandement que les commissions scolaires implantent ce programme dans une optique d'alternance travail-études.

Le programme de DEP en traitement de surfaces, quant à lui, concerne les procédés de galvanoplastie (ou placage de métal) qu'on trouve principalement dans l'industrie de l'aéronautique. Son but est de développer des compétences pointues chez les travailleurs qui effectuent des opérations de placage de métal, par exemple. Le MÉQ, emboîtant le pas à l'industrie aéronautique, souhaite aussi rendre ces travailleurs plus polyvalents tout en les dotant de notions de santé-sécurité importantes. Ces programmes ne sont pas offerts à l'heure actuelle. Leur implantation est conditionnelle à l'approbation du ministre de l'Éducation du Québec et font actuellement l'objet d'études de développement. Ils devraient être disponibles à l'automne 1999 ou à l'hiver 2000. ■

Et plus!
D'autres programmes de formation ont fait peau neuve.

Mineures ou majeures, les révisions se font avec les partenaires du marché du travail et peuvent concerner le nombre d'heures, la nature des tâches, etc. Il s'agit des programmes d'entretien général d'immeubles, de protection et exploitation de territoires fauniques (anciennement conservation de la faune), de carrosserie, de pâtes et papiers (opérations), de classement des bois débités, de procédés infographiques (anciennement préparation à l'impression), de conduite de grues, de conduite d'engins de chantier, de dessin de patron (anciennement conception et technique vestimentaire) et de confection de vêtements (façon tailleur).

Les 50 super choix
de la Direction générale de la formation professionnelle et technique

Pour aider les jeunes à faire un choix éclairé parmi les 300 programmes de la formation professionnelle et technique, la Direction générale de la formation professionnelle et technique (DGFPT) du ministère de l'Éducation du Québec, en collaboration avec Emploi-Québec, a dressé la liste de 50 métiers qui offrent à l'heure actuelle les pers-pectives d'emploi les plus intéressantes.

Pour parvenir à ce résultat, la DGFPT a fait converger certains indicateurs économiques, les tendances qui se dégagent au Québec en matière de main-d'œuvre et les résultats d'enquêtes auprès des diplômé(e)s, comme la *Relance en formation professionnelle au secondaire* et la *Relance au collégial*. Seuls les métiers qui répondent aux critères suivants ont été sélectionnés :

- des perspectives de développement important ou moyen résultant de l'analyse de l'adéquation formation-emploi, selon le modèle mis au point par la DGFPT et Emploi-Québec;

- des perspectives professionnelles telles qu'estimées par Emploi-Québec et indiquant un taux de demande de main-d'œuvre très élevé, élevé ou moyen, combiné à un taux de chômage très faible, faible ou moyen;

- un taux d'insertion de diplômé(e)s supérieur à 50 % dans des emplois à temps plein liés à la formation.

Attention :

Le fait qu'une formation ne soit pas retenue dans cette liste ne signifie pas pour autant qu'elle ne présente pas de bonnes perspectives. Une centaine d'autres programmes de la formation professionnelle et au moins une cinquantaine de la formation technique, outre ceux présents dans cette liste, se signalent aussi par de bons taux d'insertion sur le marché du travail.

Note : certains des programmes de cette liste n'apparaissent pas dans la sélection des éditions Ma Carrière (page 156), soit parce qu'ils ne sont pas encore disponibles, soit parce qu'ils ne répondaient pas à nos propres critères.

Formations professionnelles

5073 - Affûtage	5030 - Ébénisterie
5020 - Assemblage de structures métalliques	5164 - Extraction de minerai
5208 - Classement des bois débités Conduite de machines industrielles (nouveau)	5158 - Fabrication de moules
	5028 - Fabrication en série de meubles et de produits en bois ouvré
5193 - Conduite et réglage de machines à mouler	5170 - Ferblanterie-tôlerie
5077 - Confection industrielle de vêtements haut de gamme	5142 - Finition de meubles
	5203 - Fonderie
5009 - Diesel (injection et contrôle électronique) (ASP)	5070 - Mécanique agricole
	5146 - Mécanique de machines fixes

5055 - Mécanique d'engins de chantiers

5006 - Mécanique d'entretien en commandes industrielles (ASP)

5012 - Mécanique d'entretien préventif et prospectif

5049 - Mécanique de véhicules lourds routiers

1490 - Mécanique industrielle de construction

5157 - Modelage

5110 - Opération des équipements de traitement de minerai

5201 - Pâtes et papiers (opération)

5221 - Procédés infographiques

5167 - Production laitière

5031 - Rembourrage industriel

5097 - Sciage-classage

5195 - Soudage-montage

1493 - Techniques d'usinage

N/D   Traitement de surface (nouveau)

5019 - Usinage sur machines-outils à commande numérique (ASP)

5196 - Vente-conseil

233.01 - Techniques du meuble et du bois ouvré

232.01 - Techniques papetières

241.05 - Technologie de la maintenance industrielle

154.A0 - Technologie de la transformation des aliments

190.A0 - Technologie de la transformation des produits forestiers

243.15 - Technologie de systèmes ordinés

235.01 - Technologie du génie industriel

251.02 - Technologie et gestion des textiles-fabrication

251.01 - Technologie et gestion des textiles-finition

243.14 - Technologie physique

Pour en savoir plus, n'hésitez pas à consulter la pochette de la DGFPT, *La formation professionnelle et technique/ Un super choix d'avenir.*

Formations techniques

280.04 - Avionique

571.04 - Commercialisation de la mode

270.02 - Contrôle de la qualité

570.07 - Design industriel

N/D   Dessin animé

271.02 - Exploitation minière

271.01 - Géologie appliquée

571.03 - Gestion de la production du vêtement

152.03 - Gestion et exploitation d'entreprise agricole

591.07 - Infographie en préimpression (DEC)

N/D   Multimédia

270.04 - Procédés métallurgiques

270.03 - Soudage

233.A0 - Techniques d'ébénisterie et menuiserie architecturale

210.01 - Techniques de chimie analytique

210.02 - Techniques de génie chimique

210.03 - Techniques de chimie-biologie

210.04 - Techniques de procédés chimiques

322.03 - Techniques d'éducation en services de garde

410.A0 - Techniques de la logistique du transport

420.01 - Techniques de l'informatique

235.A0 - Techniques de production manufacturière

241.11 - Techniques de transformation des matériaux composites

La formation professionnelle peut mener au cégep!

Si la formation professionnelle peut déboucher sur un
emploi, elle permet aussi
d'entrer au cégep par la
grande porte! Ainsi, certaines
commissions scolaires
s'unissent à des collèges
pour offrir un diplôme
combiné lorsque les
programmes présentent des
compétences communes.

Le cheminement de l'étudiant
s'en trouve enrichi : il cumule
à la fois un DEP et un DEC.
Par ailleurs, plutôt que de
suivre le parcours habituel,
les passerelles d'harmonisa-
tion entre les programmes
permettent de gagner du
temps. Les employeurs
manifestent évidemment
un grand intérêt pour ces
diplômés, qui maîtrisent à la
fois la base de leur métier et
ses aspects pratiques.

Ainsi, parmi les programmes
offerts dans cette formule, il
y a par exemple, le DEP en
intervention en sécurité
incendie harmonisé au
DEC en sécurité incendie,
ou le DEP en techniques
d'usinage, qui peut être
combiné au DEC en
techniques de génie
mécanique ou à celui en
construction aéronautique.

Actuellement, il existe plus
d'une trentaine de possibilités. Informez-vous!

Marché du travail
Par ici l'entrée!

Longtemps considérée comme la voie de garage du système d'éducation, la formation professionnelle au secondaire prend aujourd'hui une vraie revanche. Depuis quelques an-nées, le nombre de diplômés décrochant un emploi est en pleine ascension. Dans certaines disciplines, les employeurs s'arrachent même les finissants!

L es chiffres avancés par l'enquête *La Relance au secondaire en formation professionnelle*, menée en 1998 par le ministère de l'Éducation, sont encourageants : depuis trois ans, le nombre d'emplois obtenus par les titulaires d'un DEP a grimpé de 52,6 %, passant de 10 607 en 1995 à 16 189 en 1998. Parmi les diplômés de la promotion de 1996-1997, 73,2 % des détenteurs d'un DEP occu-paient un emploi au 31 mars 1998, tandis que 74,3 % des détenteurs d'une ASP avaient trouvé du travail.

Pour Pierre Michel, l'un des auteurs de l'étude, ce sont des résultats très positifs. «On produit de plus en plus de diplômés qui trouvent un emploi directement lié à leur formation. Plusieurs facteurs expliquent ce phénomène : d'une part, les programmes ont été retouchés afin d'être mieux adaptés au marché du travail et, d'autre part, la forma-tion professionnelle a meilleure réputation au sein de la population.»

Entre 1995 et 1998, le taux de chômage des titulaires d'un DEP est passé de 25,6 % à 18,4 %. Même s'il tend à diminuer, il demeure toutefois encore trop élevé. «Comme nous produisons plus de diplômés, nous avons davantage de gens qui sont en concurrence dans le même domaine d'emplois», explique M. Michel.

Des disparités

Selon le même sondage, du côté des filles, une tendance lourde per-siste toujours : les travailleurs occupent davantage d'emplois à temps plein que les travailleuses (91,8 % contre 72,9 % en 1998). De plus, les femmes reçoivent, toutes disciplines confondues, un salaire heb-domadaire moindre que celui de leurs collègues masculins (349 $ con-tre 466 $).

En outre, le travail à temps partiel tiendrait davantage de l'obligation que du choix pour l'ensemble de la main-d'œuvre, hommes et femmes confondus. Vers la fin des années 1980, quelque 58 % des travailleurs affirmaient travailler à temps partiel faute d'emploi à temps plein. En 1997, cette proportion avait même augmenté à 76,2 %.

«On perçoit souvent le travail à temps partiel comme un pis-aller. D'année en année, on constate pourtant qu'une grande majorité des gens qui travaillent à temps partiel le font sur une base permanente : il n'y a pas de fin à leur contrat. Cela reflète la transformation de la gestion des ressources humaines par les entreprises, qui ne considèrent plus ces employés comme des bouche-trous. C'est tout de même un bon message», souligne Pierre Michel.

Une petite surprise : plus de la moitié des diplômés de la formation professionnelle trouvent un emploi dans une entreprise comptant 25 employés ou moins. «Selon notre enquête, plus de 90 % de ces employeurs jugeaient les diplômés compétents et la plupart étaient satisfaits de leur rendement.

«La perception de l'éducation se modifie, avance aussi Pierre Michel, on s'attarde désormais davantage aux compétences qu'au diplôme. Il y a de moins en moins de hiérarchisation des formations. Tout se fait en continuité. Un DEC, par exemple, peut être le prolongement d'un DEP. La formation professionnelle acquiert lentement ses lettres de noblesse.» ▼

«La perception de l'éducation se modifie : on s'attarde désormais davantage aux compétences qu'au diplôme»

—Pierre Michel

Des employeurs s'expriment

Chez Bouchons MAC, un fabricant de bouchons de plastique de Waterloo, on embauche notamment des détenteurs du DEP en conduite et réglage de machines à mouler les matières plastiques et du DEP en conduite de machines industrielles. «De façon générale, nous sommes très satisfaits de ces employés, indique Carmen Bourgeois, directrice des ressources humaines. Un diplômé de la formation professionnelle possède des compétences nettement supérieures à celles d'un travailleur non diplômé.»

Gérant de services chez Paré-Centre de camions Volvo, Gilles Bédard se décrit comme un chaud partisan de la formation professionnelle. «Aujourd'hui, nous avons besoin de mécaniciens qui savent utiliser l'ordinateur, qui comprennent le fonctionnement des composantes électroniques des moteurs et qui peuvent progresser avec les changements technologiques.»

«Nous n'embauchons pratiquement plus de travailleurs sans diplôme, affirme Marthe Carrier, directrice des ressources humaines à la Compagnie minière Québec-Cartier. Nos soudeurs, mécaniciens et opérateurs d'engins de chantier doivent non seulement avoir appris, mais être capables d'apprendre à nouveau. La technologie évolue si rapidement qu'ils doivent absolument évoluer avec elle.» ■

Le Mondial des métiers

Montréal 99

Du 11 au 14 novembre 1999, le Stade olympique de Montréal sera le théâtre du 35e Mondial des métiers, une compétition internationale regroupant plus de 600 jeunes participants de moins de 22 ans. En tout, 36 métiers de la formation professionnelle et technique seront à l'honneur.

Au Comité montréalais des Olympiades, on s'affaire à préparer l'événement dans l'enthousiasme : la tenue de cette manifestation pour la première fois au Canada devrait attirer quelque 100 000 visiteurs. L'enjeu : être reconnu comme le champion du monde dans son métier!

«C'est une compétition de haut niveau, soutient Martin Larouche, du comité. Les participants ont 24 heures, réparties sur quatre jours, pour effectuer une série d'épreuves. En couture pour dames, par exemple, le participant pourrait réaliser trois pièces de vêtements. Il doit décrire la source de son inspiration, dessiner le patron, confectionner les vêtements. Il sera évalué par un groupe de juges reconnus comme des spécialistes internationaux qui se pencheront sur la technique, les méthodes, la rapidité d'exécution, etc.»

Véritable olympiade de la formation professionnelle et technique, le Mondial se tient depuis 50 ans. «Pendant quatre jours, le stade sera transformé en un immense atelier évalué à quelque 35 millions de dollars. Toutes les galeries seront occupées. Il y aura aussi des activités périphériques, comme des salons de l'éducation. C'est toute une organisation!» Les visiteurs sont attendus en grand nombre! Soyez-y. ■

Le Mondial

C'est l'occasion idéale pour le grand public d'explorer le monde de la formation professionnelle et technique, d'encourager et de rencontrer des étudiants en action, de discuter avec des enseignants, de poser des questions et de se renseigner sur les voies d'avenir.

Pour plus d'informations : www.35mondial.com ou (514) 982-1999

www.inforoutefpt.org
La bonne adresse!

Explorez tous les programmes de la formation professionnelle au moyen d'Internet : le Réseau télématique de la formation professionnelle et technique du Québec, grâce à l'Inforoute FPT, comporte tout ce qu'il faut savoir pour comprendre le monde des métiers. Les descriptions de cours, les conditions d'admission, les lieux de formation et le nombre de places disponibles sont à la portée de vos doigts! De plus, on offre un service de rédaction de CV, de recherche d'emploi, des ressources pédagogiques, de même que les renseignements concernant 50 super choix d'avenir... Une adresse à retenir! ■

La formation professionnelle en agriculture nous passionne...

C'est avec elle que les agriculteurs et les agricultrices développent et maîtrisent des technologies de pointe de plus en plus passionnantes et performantes. C'est par elle aussi que nous continuons à créer et à maintenir des emplois intéressants et de qualité.

Représentant l'ensemble des producteurs et productrices agricoles du Québec, l'Union des producteurs agricoles s'est doté d'un important outil de développement de ses ressources humaines: le comité sectoriel de main-d'oeuvre de la production agricole. Fondé en 1995 en concertation avec la Société québécoise de développement de la main-d'oeuvre et Développement des ressources humaines Canada, le comité sectoriel joue un rôle majeur de soutien et de réflexion pour toutes les questions touchant la formation, la main-d'oeuvre et l'emploi dans la production agricole.

COMITÉ SECTORIEL DE MAIN-D'OEUVRE DE LA PRODUCTION AGRICOLE

Ouverts sur le monde

Ouverts sur l'avenir

LA BIOTECHNOLOGIE, UN AVENIR PROMETTEUR!

Le Canada est un chef de file mondial en biotechnologie et on y prévoit une création importante d'emplois dans les domaines scientifiques suivants:

- Recherche et développement
- Bioinformatique
- Génie biologique
- Biochimie

L'industrie aura également besoin de travailleurs ayant une base en sciences jumelée d'une compétence dans les domaines suivants:

- Finances et gestion
- Commercialisation et ventes
- Marketing et communications
- Règlementation
- Droit et propriété intellectuelle

POUR EN SAVOIR PLUS LONG

DISPONIBLE AU PRINTEMPS 1999

La trousse «BIOTECARRIÈRES»

- Portraits et reportages
- Jeu cédérom BioMars
- Site Internet
- Ressources pédagogiques

www.biotecarrieres.com

Consultez votre conseiller d'orientation, votre bibliothèque ou votre centre de ressources d'emploi.

CONSEIL DE RESSOURCES HUMAINES EN BIOTECHNOLOGIE

420-130 rue Albert
Ottawa (Ontario) K1P 5G4
(613) 235-1402
www.chrb.ca
crhb@biotech.ca

Conseil de ressources humaines en biotechnologie

Biotechnology Human Resource Council

Stratégie emploi jeunesse / Youth Employment Strategy

Le CRHB est l'organisme national chargé d'élaborer et de mettre en oeuvre une stratégie de ressources humaines pour l'industrie de la biotechnologie au Canada.

Nous voulons être les chefs de file du XXIᵉ siècle

...ET VOUS?

Quels sont les défis que les chefs de file du XXIᵉ siècle devront relever? Parmi les plus importants, figurent les soins de santé. Au cours du XXᵉ siècle, de grands progrès ont été accomplis en vue de permettre aux gens de vivre plus longtemps tout en demeurant actifs et en bonne santé. Mais le XXIᵉ siècle nous réserve de nombreux autres « miracles ». Et Pfizer conduira la marche vers ces découvertes.

En effet, Pfizer est une entreprise pharmaceutique d'envergure mondiale que son engagement à l'égard de la recherche et du développement technologique prédispose à devenir un chef de file à l'aube du XXIᵉ siècle. Elle consacre déjà plus de 2 milliards de dollars par année à la recherche de médicaments susceptibles de constituer une percée au début du prochain millénaire. Ses chercheurs ont mis au point ce que la plupart des observateurs de l'industrie pharmaceutique considèrent comme la réserve de nouveaux produits la plus prometteuse pour les prochaines années.

Chez Pfizer, nous savons ce que nous voulons atteindre au XXIᵉ siècle. Le sommet.

Pfizer Canada est fière d'avoir son siège social au Québec depuis 45 ans

Pfizer Canada Inc., Kirkland (Québec) H9J 2M5
www.pfizercanada.com

Ensemble, à la recherche de la santé

Mettez de l'Ordre
dans vos affaires !

Joignez-vous aux 6 500 professionnels et étudiants membres de l'Ordre des technologues professionnels du Québec et faites valoir vos compétences.

Qui d'autre peut vous offrir :
- *la reconnaissance de votre profession auprès des entreprises et des gouvernements;*
- *un soutien dans la gestion de votre carrière;*
- *un réseau de relations professionnelles;*
- *une information de pointe;*
- *des activités nationales et régionales; et*
- *la possibilité de bénéficier de bourses ?*

Vous êtes étudiant en techniques. Vous avez fait le meilleur choix pour vos études. Maintenez le cap sur l'excellence et faites le meilleur choix de carrière avec l'Ordre des technologues professionnels du Québec.

Membre étudiant : 23,00 $ taxes comprises

ADHÉRER À L'ORDRE, C'EST TECHNOlogique

**ORDRE DES
TECHNOLOGUES PROFESSIONNELS**
DU QUÉBEC

1265, rue Berri, bureau 720, Montréal (Québec) H2L 4X4
Téléphone : (514) 845-3247 et 1 800 561-3459
Télécopieur : (514) 845-3643
techno@otpq.qc.ca   http://www.otpq.qc.ca

Un **CMA**, c'est un acteur de premier plan dans l'orientation de toute entreprise qui vise le succès. Pas surprenant, après l'immense popularité acquise par notre Programme professionnel **CMA**, que d'autres essaient de nous copier! C'est nous faire beaucoup d'honneur, mais soyons clairs : les **CMA** sont ceux qui ont intégré le plus grand nombre de pratiques de pointe en management à leur formation. Le leadership reconnu des **CMA** en fait aujourd'hui des candidats très en demande... D'autant plus que, de tous les postes reliés à la comptabilité, les deux tiers sont actuellement offerts en Comptabilité de Management*. Pour devenir à votre tour un gestionnaire qui se démarque, méfiez-vous des imitations, choisissez la marque **CMA**!

Méfiez-vous des imitations

* Source : Société Grics en collaboration avec le ministère de l'Éducation

LE M FAIT TOUTE LA DIFFÉRENCE
ORDRE DES COMPTABLES EN MANAGEMENT ACCRÉDITÉS DU QUÉBEC

www.cma-quebec.org

Édouard-Montpetit, c'est tout un programme!

- **Grand éventail d'activités socioculturelles et sportives**
- **Groupes étudiants nombreux et dynamiques**
- **Encadrement pédagogique particulier**
- **Taux moyen de réussite des cours de 86,3 %**
- **Important programme de bourses d'excellence**

Programmes techniques

Techniques dentaires
Techniques de denturologie
Techniques d'hygiène dentaire
Techniques d'orthèses visuelles
Soins infirmiers
Technologie de l'électronique, télécommunication, ordinateurs
Techniques de construction aéronautique
Techniques d'entretien d'aéronefs
Techniques d'avionique
Techniques d'éducation en services de garde
Techniques administratives, option marketing, option finance
Techniques de bureautique, profil micro-édition et hypermédia
Informatique

Programmes préuniversitaires

Sciences de la nature, profils Sciences de la santé
et Sciences pures et appliquées
Sciences de la nature, baccalauréat international
Sciences humaines, baccalauréat international
Sciences humaines, profils Administration, Individu et Société et monde
Arts plastiques
Lettres, profils Langues, Littérature et cinéma et Littérature et théâtre

Programme sport-études

Disciplines variées

RENSEIGNEMENTS

Campus de Longueuil   (450) 679-2630
945, chemin de Chambly, Longueuil J4H 3M6
École nationale d'aérotechnique   (450) 678-3560
5555, place de la Savane, Saint-Hubert J3Y 5K2

**Collège
Édouard-Montpetit**

Site Web : http://collegeem.qc.ca

Investis dans tes talents pour la physique et les maths et prépare-toi à travailler dans le plus important groupe d'industries au Québec;
les industries bioalimentaires

Obtiens un baccalauréat en génie agroenvironnemental ou en génie alimentaire pour avoir accès à une foule d'emplois

- *Excellentes perspectives d'emploi*
  - *20 semaines ou plus de formation pratique*
- *Programmes non contingentés*
  - *Possibilité de stages d'études à l'étranger*
- *Bourses d'excellence à l'entrée de 1500 $*
  - *Deux des 10 baccalauréats en génie offerts à l'Université Laval*

Vérifie toi-même sur Internet,
http://www.fsaa.ulaval.ca/, ou au Centre d'information scolaire et professionnelle de ton établissement d'enseignement

Viens en parler
L'Université Laval en tête, les 25 et 26 septembre 1998, Québec, Université Laval

Salon de l'éducation et de la formation, 15 au 18 octobre 1998, Montréal, Place Bonaventure

Une foule d'autres occasions, consulte le Calendrier des activités d'information sur l'Internet, http://www.ulaval.ca/accueil/, et obtiens la date de la visite de l'Université Laval dans ton collège ou celle des prochaines portes ouvertes

Téléphone,
Région de Québec :
656-3145
Ailleurs au Québec:
1-800-561-0478 poste 3145

Courriel :
fsaa@fsaa.ulaval.ca

**Direction de l'enseignement
Pavillon Paul-Comtois
Université Laval
Québec (Québec) G1K 7P4**

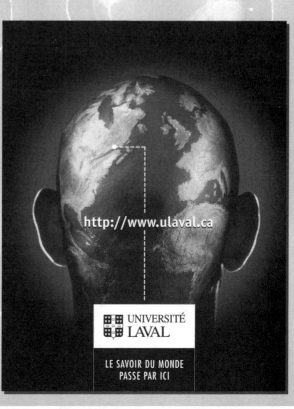

http://www.ulaval.ca

UNIVERSITÉ LAVAL
LE SAVOIR DU MONDE PASSE PAR ICI

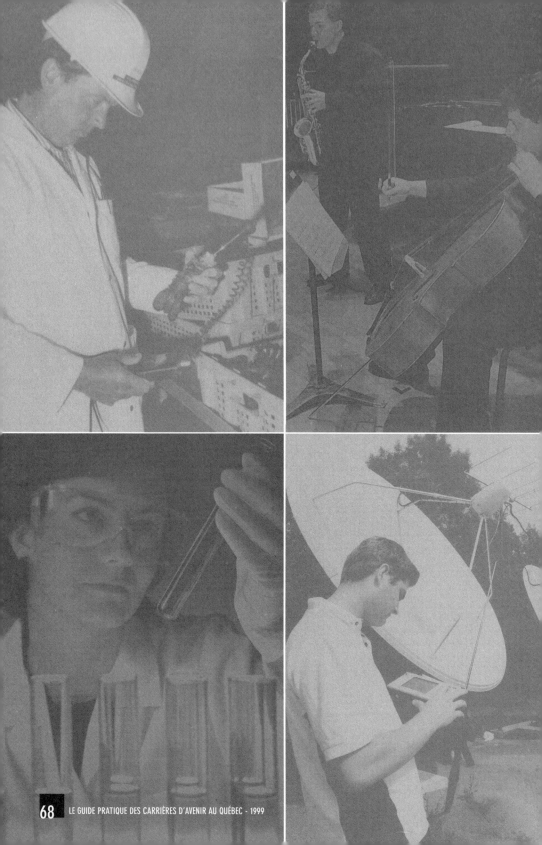

LES 34 secteurs économiques

Pages 70 à 143

Faites le point sur 34 grands secteurs d'activité économique au Québec! Une recherche approfondie et de nombreuses entrevues avec des acteurs clés mettent en lumière les grandes tendances qui se dégagent dans chacun de ces domaines en ce qui concerne l'emploi. Découvrez aussi les professions les plus recherchées, les principaux programmes de formation et les sites Internet à consulter pour en savoir plus.

Sélection des sites Internet : Mario Charette c.o.,
avec la participation de Luc Bertrand c.o.

Photo : Normand Cadorette

Aérospatiale

Le 7ᵉ ciel...

par **Martine Roux**

Le Canada occupe le sixième rang de l'industrie aérospatiale mondiale. Cette industrie ne cesse de progresser et ses ventes à l'étranger affichent une tendance à la hausse. Un succès qui ne tombe pas du ciel!

Dans les hautes sphères de l'industrie aérospatiale québécoise, l'optimisme est de rigueur. En 1997, cette industrie générait plus de sept milliards de dollars en livraisons et comptait environ 37 000 employés au sein de 230 entreprises.¹ «L'aérospatiale au Québec connaît une bonne progression», estime Charles Dieudé, directeur Aérospatiale et Défense au ministère de l'Industrie, du Commerce, de la Science et de la Technologie du Québec (MICST). Les industriels ont beaucoup de projets, plusieurs sociétés étrangères investissent ou viennent s'établir à Montréal. On peut se permettre d'être optimiste!

DES AVIONS AUX SATELLITES

Cette industrie offre une large gamme de produits vendus à travers le monde. La production québécoise est destinée, dans une proportion de plus de 70 %, à des marchés civils et vise des créneaux en forte croissance tels que ceux des moteurs (fabrication et entretien de turbines à gaz), des hélicoptères civils, des avions d'affaires et de transport régional, des simulateurs de vol, des satellites de communication, de l'avionique et de certains composants d'aéronefs, comme les trains d'atterrissage.

Les sociétés multinationales forment la base du secteur de l'aérospatiale. À elles seules, les treize plus grandes entreprises emploient au-delà de 70 % de la main-d'œuvre et recueillent quelque 75 % du chiffre d'affaires de l'industrie. Elles peuvent toutefois compter sur plus de 200 petits et moyens fabricants de produits spécialisés. Parmi les employeurs les plus importants, mentionnons Canadair, Pratt & Whitney, CAE Électronique, Rolls Royce Canada, Air Canada et Spar Aérospatiale.

GAGNER SON CIEL

Le succès de l'industrie entraîne inévitablement une forte demande de main-d'œuvre. Or, grâce au travail de planifi-

cation du Conseil d'adaptation de la main-d'œuvre en aérospatiale du Québec (CAMAQ) et aux écoles de formation, l'industrie a relativement peu de mal à combler ses besoins immédiats. Toutefois, elle recherche des candidats spécialisés et expérimentés. «Par exemple, des spécialistes de l'aérodynamique ou de la métallurgie, ou encore de très bons outilleurs, ajoute M. Dieudé. Outre une bonne formation de base, ces travailleurs doivent aussi avoir roulé leur bosse dans l'industrie.»

> «L'emploi est pratiquement assuré pour les diplômés de la formation professionnelle, du cégep ou de l'université. Mais attention : seuls les bons candidats sont recherchés car, dans cette industrie, une erreur peut être fatale.»
>
> — Carmy Hayes

Carmy Hayes, conseiller en formation au CAMAQ, est du même avis. «L'emploi est pratiquement assuré pour les diplômés de la formation professionnelle, du cégep ou de l'université. Mais attention : seuls les bons candidats sont recherchés car, dans cette industrie, une erreur peut être fatale. Un employé ponctuel, minutieux, appliqué, intéressé aura du travail.»

En septembre 1998, l'industrie de l'aérospatiale québécoise comptait 1737 postes vacants. Parmi les candidats les plus recherchés, on privilégie les spécialistes de l'informatique (développement de logiciels, modélisation en temps réel, simulation de vol), les professionnels de l'avionique (liaison électrique, électronique) et les concepteurs (mécanique, cellule, propulsion). Selon le CAMAQ, l'industrie de l'aérospatiale québécoise devrait connaître une croissance nette de 3320 nouveaux emplois entre le 1er janvier 1998 et le 1er janvier 2001[2] .

> «Nous connaissons toujours
> des demandes importantes dans
> les carrières du génie, particulièrement
> en génie informatique.»
>
> — Carmy Hayes

En 1998, «toutes nos attentes ont été comblées et même dépassées en ce qui concerne le recrutement global, ajoute M. Hayes. Toutefois, nous connaissons toujours des demandes importantes dans les carrières du génie, particulièrement en génie informatique.» En septembre 1998, la compagnie Pratt & Whitney annonçait la mise à pied de quelque 900 travailleurs. Mais au CAMAQ, on estime que cette situation, propre à une seule entreprise, ne menace aucunement de s'étendre à l'ensemble de l'industrie.

Parmi les professions scientifiques dont le CAMAQ prévoit qu'elles créeront le plus d'emplois d'ici janvier 2001, on ne s'étonne donc pas de trouver celles liées à l'informatique (développement de logiciels, modélisation, simulation de vol), à l'avionique (liaison électrique, électronique), à la conception (mécanique, cellule, propulsion) et au génie mécanique, incluant les spécialités en informatique, en électrique et en électronique.

Du côté des métiers et des techniques, les opérateurs (comme les affûteurs d'outils et les assistants techniques) et les opérateurs de machines à contrôle numérique devraient aussi connaître beaucoup de succès auprès des employeurs.

UN SECTEUR D'AVENIR

Depuis le début des années 1980, l'aérospatiale *made in Québec* a développé des produits souvent uniques, comptant parmi les meilleurs de leur catégorie. Ainsi, Pratt & Whitney a établi sa suprématie sur le marché des turbopropulseurs, CAE Électronique sur celui des simulateurs de vol et Spar Aérospatiale au chapitre des satellites de communication. Plusieurs projets, comme l'avion Global Express de Canadair, sont au stade du développement et devraient assurer la croissance de l'industrie bien au-delà de l'an 2000. ■

1 MICST, *Survol de l'industrie aérospatiale au Québec*, juin 1998.
2 CAMAQ, *Prévisions de main-d'œuvre de l'industrie aérospatiale au Québec*, septembre 1998

RECHERCHÉS

- L'ingénieur informatique est assurément le professionnel le plus populaire dans l'industrie. On s'arrache ses services, car il peut concevoir des systèmes ou des logiciels qui correspondent à des besoins spécifiques.
- Opérateurs (affûteurs d'outils et assistants techniques) et opérateurs de machines à contrôle numérique.

SAVIEZ-VOUS QUE ?

Avec plus de la moitié de la production canadienne sur son territoire, la région montréalaise s'impose comme l'une des capitales mondiales de l'aérospatiale. À elle seule, la région du Grand Montréal peut produire toutes les composantes d'un avion!

PRINCIPALES FORMATIONS

Secondaire

- Mécanique de tôlerie aéronautique
- Montage-câblage en aérospatiale
- Montage de structures en aérospatiale
- Montage mécanique en aérospatiale.
- Des formations plus générales, comme les techniques d'usinage et d'outillage, peuvent aussi représenter des avenues intéressantes.

Collégial

- Avionique
- Construction aéronautique
- Entretien d'aéronefs
- Techniques de génie mécanique
- Technologie physique

Universitaire

- Génie aéronautique/ aérospatial (2e cycle)
- Génie des matériaux
- Génie électrique
- Génie informatique
- Génie mécanique
- Génie physique

POUR EN SAVOIR PLUS

Space Careers, the one-stop reference source for finding jobs in the space industry
www.spacelinks.com/SpaceCareers/index.shtml

MICST - L'Aérospatiale
www.micst.gouv.qc.ca/menu/aerospat.html

Canadian Space Guide
www.space.ca/

Aérospatiale et emploi au Québec
www3.sympatico.ca/clarocque/accueil.htm

Photo : MAPAQ

Agroalimentaire

Du pain sur la planche

par **Claudine St-Germain**

Des ouvertures prometteuses attendent ceux qui se destinent à l'industrie agroalimentaire. Voici comment tirer son épingle du jeu.

À l'aube de l'an 2000, l'industrie agroalimentaire au Québec représente 36 000 entreprises agricoles, 390 500 emplois et des exportations de deux milliards de dollars. Pêches, agriculture et transformation des aliments prennent aussi le virage des technologies, ce qui ouvre de nouvelles perspectives.

L'AGRICULTURE

Avec un PIB approchant les deux milliards de dollars, l'agriculture occupe aujourd'hui 78 300 personnes. La production laitière est de loin le secteur le plus important, avec des recettes de plus de 1,2 milliard de dollars. Elle est suivie par la production de porcs, de volailles, de bovins et, finalement, les productions végétales. Ces secteurs offrent beaucoup d'emplois de type manœuvre, particulièrement en ce qui concerne le lait et le porc.

«Auparavant, on produisait du lait, et c'était tout. Mais on voit aujourd'hui que la production agricole peut être beaucoup plus diversifiée, explique Roger Martin, conseiller en formation au ministère de l'Agriculture, des Pêcheries et de l'Alimentation (MAPAQ). La volonté de coller aux besoins des consommateurs, c'est nouveau en agriculture, dit-il. Par exemple, certains agriculteurs ont commencé à produire de nouveaux légumes pour répondre aux besoins des communautés ethniques.»

La recherche se fait également pour contourner les limites imposées par le climat québécois. Ainsi, la province est devenue un chef de file dans la conservation des fruits et légumes. Roger Martin cite un autre exemple : «Des producteurs ont trouvé le moyen d'étirer la saison des fraises, et même de produire une récolte d'automne, alors qu'auparavant, on ne trouvait à cette période que des fruits provenant des États-Unis.»

Quant à l'industrie porcine, «on a ouvert de nouveaux marchés, surtout en Asie et aux États-Unis. Tant que le Québec sera compétitif, ce secteur se portera bien», explique Roger Martin. Néanmoins, cette industrie misant beaucoup sur l'exportation, elle est très sensible à la conjoncture économique internationale, comme on a pu le constater lors de la crise asiatique en 1998. Il faut donc demeurer prudent.

Les entreprises agricoles sont moins nombreuses qu'auparavant, mais elles grossissent et sont plus productives. Auparavant, les membres de la famille travaillaient sur la ferme, mais aujourd'hui, les familles sont de taille plus restreinte. C'est pourquoi il y a de grands besoins en main-d'œuvre agricole.

LES PÊCHES

En 1992, le moratoire sur la pêche de poissons de fond a porté un dur coup aux pêcheurs québécois. «L'impact fut très important, surtout au Québec, où la morue et le sébaste étaient les principales espèces pêchées», confirme Danielle Hébert, conseillère en pêches et aquaculture commerciale au MAPAQ.

Ce qui permet au secteur de traverser cette crise, ce sont les crustacés et les mollusques, qui connaissent en ce moment de bonnes performances commerciales. «Depuis 1995, il y a un engouement pour le crabe des neiges, ainsi que pour la crevette et le homard», continue Danielle Hébert. Il s'agit d'un phénomène mondial, puisqu'une grande partie de ces prises sont exportées, surtout aux États-Unis et au Japon. Mais attention aux prévisions trop optimistes : la fluctuation des marchés internationaux et le cycle de vie des espèces peuvent rapidement inverser les tendances.

Pour déjouer la nature et offrir des produits à longueur d'année, certains se tournent donc vers l'aquiculture, l'élevage d'espèces aquatiques en eau douce ou salée. «C'est une activité très jeune, mais qui prend beaucoup d'importance depuis trois ans», explique Sylvain Lafrance, coordonnateur du comité sectoriel de main-d'œuvre des industries des pêches maritimes d'Emploi-Québec. L'aquiculture suscite beaucoup d'intérêt pour son grand potentiel de développement, amené par l'abondance des eaux de qualité, l'importance du marché de consommation et le savoir-faire des producteurs. Il est toutefois trop tôt pour savoir si elle se développera assez rapidement pour offrir de bons débouchés dans les prochaines années.

TRANSFORMATION DES ALIMENTS

Le secteur de la transformation des aliments et boissons est l'un des plus importants groupes industriels du Québec. Selon le MAPAQ, en 1996, il employait 50 400 personnes et avait un PIB de près de trois milliards de dollars.

Si les goûts des consommateurs influencent l'agriculture, en transformation, ce facteur est multiplié par dix. «À la variété de nouveaux produits, il faut ajouter tous les efforts faits pour rendre plus facile la préparation des aliments à domicile, explique Bernard Aurouz, directeur de la formation continue à l'Institut de technologie agro-alimentaire de Saint-Hyacinthe. Par exemple, avant, on achetait du poulet cru ou cuit. Maintenant, il est désossé, mariné, il sera bientôt précuit...»

L'un des plus grands défis de ce secteur est de rester concurrentiel en faisant entrer les nouvelles technologies et la recherche dans ses usines. En ce moment, seulement 30 % des entreprises emploient du personnel technique, et ce chiffre tombe à 10 % en ce qui a trait au personnel scientifique, indique le MAPAQ.

Bernard Aurouz croit toutefois qu'un changement de mentalité est en train de s'opérer. «L'automatisation des procédés de fabrication, la concurrence et les exigences d'hygiène alimentaire accélèrent l'entrée de nouvelles technologies dans les usines et, par conséquent, de personnel plus spécialisé.» Les technologues en transformation des aliments, les ingénieurs alimentaires et les bacheliers en sciences et technologies des aliments, notamment, deviendront de plus en plus utiles dans les prochaines années.

Exportations croissantes, nouvelles technologies à implanter, marchés en plein développement.. Pour plusieurs années encore, les acteurs de l'industrie agroalimentaire ont du pain sur la planche! ■

RECHERCHÉS

- Diplômés en sciences et technologies des aliments
- Ingénieurs alimentaires
- Ouvriers en production laitière
- Technologues en transformation des aliments
- Technologues des productions animales
- Techniciens en gestion et exploitation d'entreprise agricole

SAVIEZ-VOUS QUE?

Depuis quelques années, on élève au Québec des bisons, des sangliers, des autruches, des émeus et des nandous... Nous ne manquerons pas de viandes exotiques! Bien qu'encore peu connu, ce nouveau créneau tend à se développer.

PRINCIPALES FORMATIONS

Secondaire
- Aquiculture
- Boucherie
- Horticulture maraîchère écologique
- Pêche professionnelle
- Préparation des produits de la pêche
- Production de bovins de boucherie
- Production laitière
- Production porcine

Collégial
- Équipements agricoles
- Exploitation et production des ressources marines
- Gestion et exploitation d'entreprise agricole

- Productions animales
- Production horticole et de l'environnement
- Transformation des aliments
- Transformation des produits de la mer

Universitaire
- Agronomie
- Économie et gestion agroalimentaires
- Génie alimentaire
- Génie rural (agroenvironnemental)
- Sciences et agriculture de l'environnement
- Sciences et technologies des aliments

POUR EN SAVOIR PLUS

L'agroalimentaire - votre assiette au XXIe siècle
www.cybersciences.com/cyber/1.0/1_429_Menu.htm

GeoRadaar - Secteur agroalimentaire
www.georad.com/francais/agro.htm

Carrières en agriculture et en agroalimentaire
www.cfa-fca.ca/careers/findex.html

Union des producteurs agricoles
www.upa.qc.ca/

Architecture, design et communications graphiques

Des hauts...et des bas

par **Sylvie Lemieux**

Photo : Bernard Lambert

C e secteur connaît des disparités importantes pour ce qui est des perspectives d'emploi. Ce bref portrait permet de faire le point sur les domaines prometteurs et sur ceux qui le sont moins.

ARCHITECTURE

Selon Lise Dubé, du service de placement de l'Université Laval, le marché de l'emploi pour les architectes est actuellement difficile. «Les architectes doivent posséder de bonnes habiletés en recherche d'emploi parce que les offres sont peu nombreuses. Beaucoup de postes font partie de ce que l'on appelle le marché caché de l'emploi.»

> «Il n'y a pas assez de techniciens en architecture pour répondre à la demande des employeurs.»
>
> — Monique Dutil

Laurent-Paul Ménard, de l'Ordre des architectes du Québec, indique pour sa part que cette profession est actuellement à la croisée des chemins et qu'elle est en train de se redéfinir. Plusieurs facteurs expliquent cette situation. D'une part, la profession a connu une forte progression au cours des dernières années. Selon le plus récent recensement effectué par l'Ordre, il y avait 2554 architectes au Québec au 31 mars 1998. En 1980, ils étaient à peine 1400. Il faut aussi considérer le fait qu'il y a peu de grands chantiers de construction actuellement. «Les débouchés sont plus nombreux dans la reconversion des bâtiments», souligne M. Ménard.

Selon Emploi-Avenir Québec, la situation de l'emploi devrait toutefois s'améliorer au cours des prochaines années en raison de la reprise prévue des activités dans le domaine de la construction domiciliaire. Le dynamique secteur de la rénovation assurera également de meilleures perspectives d'emploi. Quant au secteur commercial et

Si les finissants en architecture doivent développer des habiletés particulières en recherche d'emploi, ceux qui ont choisi le design et les communications graphiques vivent une situation d'emploi plus facile, surtout s'ils se spécialisent dans le multi-média.

institutionnel, il devrait connaître un rythme d'activités modéré.

La situation est différente pour les techniciens en architecture. Selon Monique Dutil, responsable du programme de technologie de l'architecture au Cégep André-Laurendeau, les finissants sont très recherchés par les firmes d'architectes et d'ingénieurs spécialisés en bâtiment, les municipalités, les promoteurs immobiliers et les constructeurs. «Chez nous, il n'y a pas assez de finissants pour répondre à la demande des employeurs», affirme-t-elle. Mme Dutil ajoute que les besoins pour ce type d'emplois sont plus grands dans les centres urbains.

DESIGN ET COMMUNICATIONS GRAPHIQUES

«Le marché est plutôt bon pour les diplômés en design et communications graphiques», affirme Lise Dubé, de l'Université Laval. La région de Montréal en recrute beaucoup à cause de la venue d'entreprises de multimédia. Il y a aussi beaucoup de possibilités sur le plan international puisque les finissants québécois sont renommés pour leur créativité. Frédéric Metz, directeur du programme de design et communications graphiques de l'UQAM, partage cet avis. «Le taux de placement est assez bon, parce que les finissants en design ont une excellente réputation. Beaucoup d'étudiants ont déjà un emploi lorsqu'ils finissent leurs études.»

Le design et les communications graphiques ouvrent la voie à des emplois de concepteur graphique dans les studios de design, les agences de publicité, les entreprises de multimédia ou encore au gouvernement, dans les départements de communications.

Néanmoins, il faut savoir que cette formation ne débouche pas toujours sur des emplois permanents. En effet, plusieurs designers graphistes sont travailleurs autonomes, contractuels ou pigistes, connaissant ainsi des conditions de travail plus précaires.

> «Les entreprises manufacturières
> font de plus en plus souvent
> appel aux designers.»
>
> — Florence Lebeau

Au cours des dernières années, l'industrie de la communication graphique a connu une profonde mutation en raison du développement technologique. L'impact sur les emplois est relativement modeste, si l'on se fie aux résultats d'un sondage[1] effectué en 1998 par le Comité sectoriel de main-d'œuvre des communications graphiques du Québec. La profession la plus touchée est celle de pelliculeur, où les nouvelles technologies ont changé bien des choses. Ces employés ne perdent pas pour autant leur emploi, puisqu'ils se recyclent en techniciens de prépresse et en pelliculeurs numériques.

LE DESIGN INDUSTRIEL

Le secteur du design industriel progresse lui aussi, selon Florence Lebeau, de l'Association québécoise des désigners industriels. Les designers industriels œuvrent auprès des entreprises manufacturières pour concevoir et produire une grande variété de produits : meubles, produits d'emballage, outils, etc. «Les perspectives d'emploi sont bonnes, affirme Mme Lebeau. Les entreprises manufacturières font de plus en plus souvent appel aux designers, que ce soit sur une base ponctuelle ou en faisant affaire avec une firme de consultants.»

En outre, le secteur du meuble, en pleine expansion actuellement, peut offrir des débouchés intéressants pour qui se spécialise dans le design de meubles sur une base industrielle.■

---

1 «Les postes en émergence et en déclin dans des entreprises de communications graphiques ayant fait des transitions technologiques». Comité sectoriel de main-d'œuvre des communications graphiques du Québec, 1998.

RECHERCHÉS

- Diplômés en design et communications graphiques spécialisés en multimédia
- Techniciens en architecture

SAVIEZ-VOUS QUE ?

Environ 50 % des cabinets privés d'architectes emploient moins de dix employés. C'est pourquoi, en plus de voir eux-mêmes à la conception des projets, les architectes doivent posséder des compétences en marketing et en relations publiques pour assurer le succès de leur entreprise.

PRINCIPALES FORMATIONS

Secondaire
- Impression et finition
- Procédés infographiques

Collégial
- Architecture
- Design industriel
- Gestion de l'imprimerie
- Graphisme
- Infographie en préimpression
- Impression

Universitaire
- Architecture
- Design de l'environnement
- Design et communications graphiques
- Design industriel

POUR EN SAVOIR PLUS

Cadre de compétitivité sectorielle - Architecture
strategis.ic.gc.ca/SSGF/ce01322f.html

Institut canadien des urbanistes
www.cip-icu.ca/index-fr.html

Cyburbia
www.ap.buffalo.edu/pairc/

Architecture Web Ressources
library.nevada.edu/arch/rsrce/webrsrce/contents.html

Photo : Université de Montréal

Arts et culture

Une industrie à deux vitesses

par **Mario Dubois**

Le secteur culturel québécois connaît une croissance de l'emploi depuis une dizaine d'années. Mais la manne se répartit de façon très inégale dans cette industrie à deux vitesses. Si certains secteurs fonctionnent à plein régime, d'autres sont au ralenti...

En 1992, le milieu québécois des arts et de la culture représentait 3,4 milliards de dollars. Il comptait 100 000 travailleurs, une hausse de 15 % par rapport à 1986. L'effectif aurait encore augmenté depuis puisqu'un rapport de l'UNESCO le chiffre maintenant à environ un million au Canada (1998). «Cette augmentation est cependant accompagnée d'une plus grande précarité», souligne Louise Boucher, coordonnatrice du Comité de la main-d'œuvre du secteur culturel du Québec.

À PLEIN RÉGIME

Le septième art et les téléséries connaissent une grande effervescence depuis cinq ans. Le volume des productions indépendantes au Québec a presque quadruplé. Il est passé de 145 à 565 millions de dollars entre 1992 et 1997, selon l'Association des producteurs de films et de télévision du Québec, dont les membres génèrent plus de 2500 emplois permanents et 8000 contrats à la pige. «Notre effectif a doublé», corrobore Pierre Lafrance, conseiller au Syndicat des quelque 1600 techniciens et techniciennes du cinéma et de la vidéo du Québec.

Le monde télévisuel a également connu un regain en raison de l'essor des producteurs privés et de la multiplication des chaînes spécialisées. Par exemple, le Groupe Covitec a largement profité du virage de la sous-traitance. Partie de zéro en 1986, l'entreprise spécialisée dans les services techniques (équipements de tournage, doublage, postproduction, soustitrage) a vu gonfler son chiffre d'affaires à 20 millions de dollars. On prévoit que ses recettes atteindront 100 millions d'ici trois ans! «Il y aura donc des retombées en emplois chez nous», assure Guy Godebout, directeur des ventes et du marketing.

Depuis quelques années, les arts du cirque jouissent aussi d'un regain de popularité aux quatre coins du globe. Plus d'une dizaine de troupes ont été créées au Québec, dans la foulée du Cirque du Soleil. Il y a des besoins importants en main-d'œuvre. «D'ici l'an 2000, il faudrait produire 200 à 300 finissants pour répondre aux besoins du marché», affirme Jean-Rock Achard, directeur de l'École nationale de Cirque, la seule maison d'enseignement du genre en Amérique du Nord.

AU RALENTI

Le spectacle de variétés se porte relativement bien, mais la croissance profite surtout aux artistes venus d'ailleurs. «Il y aurait des efforts promotionnels à déployer pour les talents de chez nous», reconnaît Dominique Jutras, chargé de projet à la Société de développement des entreprises culturelles (SODEC).

De son côté, le monde de l'édition résiste bien à la mondialisation. L'exportation accrue des produits québécois (traductions, CD-Rom) recèlerait beaucoup d'occasions d'affaires. Une ombre au tableau cependant : la prolifération des magasins à grandes surfaces mène la vie dure aux librairies, ce qui entraîne fermetures et réductions de personnel, souligne-t-on à la SODEC.

La situation pécuniaire des auteurs, compositeurs et interprètes s'est «globalement améliorée depuis 10 ans». Mais selon l'Union des artistes (UDA), plus de la moitié de ses quelque 5300 membres font presque du missionariat tant leurs revenus sont faibles.

D'autres champs d'activité qui sont à la merci des subventions de l'État connaissent aussi des difficultés. Ainsi, l'industrie québécoise du disque et de la chanson a du plomb dans l'aile, à tel point que le gouvernement vient de doubler sa participation financière, affirme-t-on du côté de l'Association québécoise de l'industrie du disque, du spectacle et de la vidéo (ADISQ). Au Conseil québécois du théâtre, on constate qu'après des années difficiles, le théâtre reprend un peu de tonus, tandis que, selon le Regroupement québécois de la danse, cette dernière a le défi d'élargir son public en région.

Quant au monde des arts visuels, il compte environ 8000 artistes. Le regroupement des artistes en arts visuels du Québec (RAAV) réclame une politique nationale dans son domaine. «À part de petits coins de ciel bleu dans certaines disciplines, la vente globale des oeuvres a diminué de façon dramatique depuis le début des années 1990», fait remarquer la présidente, Danielle April. En 1994, toujours selon le RAAV, le revenu moyen des artistes en arts visuels se situait autour de 10 000 $. Et on estime qu'à peine 9 % des diplômés universitaires en arts visuels évoluent encore dans ce champ d'activité cinq ans après la fin de leurs études.

La moitié des artisans de la culture sont
des travailleurs autonomes, contractuels et pigistes.
Un deuxième emploi s'impose très souvent
pour générer des revenus décents.

«Notre groupe de travail cible les défis à relever dans ces milieux. Nous nous penchons également sur des mesures de soutien et de création d'emploi», indique Louise Boucher, coordonnatrice du Comité de main-d'œuvre du secteur culturel du Québec. Car la moitié des artisans de la culture sont des travailleurs autonomes, contractuels et pigistes. Même si le revenu annuel moyen oscille autour de 27 000 $, la majorité des gens vivotent. Un deuxième emploi s'impose très souvent pour générer des revenus décents. S'il est vrai de dire que les techniciens et les professionnels s'en tirent mieux que les créateurs, dans l'ensemble, les conditions de travail demeurent assez difficiles pour un bon nombre d'entre eux.

«Les artistes doivent être plus polyvalents et exceller tant en danse, en théâtre qu'en chant», fait remarquer Jean-Philippe Tabet, directeur du Conseil des ressources humaines du secteur culturel (CRHSC) à Ottawa. «Il reste à consolider le statut de l'artiste. Je pense, entre autres, aux protections sociales, aux négociations des cachets, à la formation continue. Notre sort s'améliore, mais il reste encore beaucoup de chemin à parcourir», conclut Michel Laurence, directeur des communications de l'UDA. ■

RECHERCHÉS

- Techniciens de plateaux : éclairagistes, assistants à la réalisation
- Cadreurs, monteurs, aiguilleurs
- Représentants techniques
- Les troupes de divertissement embauchent encore beaucoup de personnel : jongleurs, trapézistes, funambules, clowns, doublures, etc. Elles recrutent de plus en plus parmi les danseurs, musiciens, chanteurs, acteurs, athlètes sportifs, formateurs.

SAVIEZ-VOUS QUE ?

Les trois quarts des professionnels évoluant en musique et théâtre gagnent moins de 30 000 $. Trois danseurs sur quatre ont un salaire inférieur à 20 000 $.

Source : Comité de main-d'œuvre du secteur culturel du Québec

PRINCIPALES FORMATIONS

Secondaire
- Bijouterie-joaillerie
- Céramique
- Ferronnerie d'art
- Photographie
- Soufflage de verre au néon
- Taille de pierre

Collégial
- Arts du cirque
- Art et technologie des médias
- Art télévisuel
- Conception de jeux vidéos
- Danse-ballet
- Électronique, option audio-visuel
- Graphisme
- Infographie en préimpression

- Métiers d'art
- Multimédia pour les infographistes
- Multimédia pour les scénaristes
- Musique populaire
- Photographie
- Production multimédia
- Théâtre professionnel, interprétation et production

Universitaire
- Art dramatique
- Arts visuels
- Danse
- Design ou communication graphique
- Études cinématographiques
- Film animation, production
- Multimédia
- Musique

POUR EN SAVOIR PLUS

Conseil des ressources humaines du secteur culturel
magi.com/~chrc/

Co Productions
www.coproductions.com/

CultureNet
www.culturenet.ca/indexfr.html

Automobile

Des changements sous le capot

par Claudine St-Germain

Lorsqu'on évoque l'industrie automobile, on pense immédiatement aux grandes chaînes d'assemblage. Pourtant, elles ne représentent qu'une faible part du milieu industriel québécois. Et si l'achat d'un véhicule neuf ne se répète pas très souvent, les visites chez le garagiste, elles, sont bien plus fréquentes...

Selon le Comité sectoriel de main-d'œuvre de l'industrie des services automobiles, en 1997, il s'est vendu 346 000 automobiles neuves au Québec. Bien peu d'entre elles ont toutefois été assemblées ici. En effet, après la fermeture de l'usine Hyundai et l'abolition d'un quart de travail à l'usine General Motors, l'assemblage de voitures en longue série ne représentait plus qu'environ 2000 emplois en 1997. Ces automobiles peuvent néanmoins contenir des pièces fabriquées dans la province, chez l'un des 80 fournisseurs québécois de la chaîne automobile, qui exportent 60 % de leurs produits aux États-Unis.

> «Beaucoup de garagistes vont devoir se spécialiser, en augmentant la qualité de leurs équipements et de leur main-d'œuvre.»
>
> — Michel Tremblay

À ces fournisseurs s'ajoutent 111 entreprises de fabrication de produits destinés au marché de l'après-vente automobile : réservoirs à essence, essuie-glaces, huile à moteur, etc. Cette industrie génère 3545 emplois et son chiffre d'affaires annuel dépasse les 358 millions. Un peu plus de 64 % de sa production est vendue à l'extérieur du Québec.

Au Québec, l'industrie automobile offre toutefois majoritairement des emplois dans les autres sous-secteurs suivants : la vente au détail de véhicules neufs, la vente au détail de véhicules d'occasion et le marché secondaire de l'automobile, souvent désigné sous le nom d'«après-marché».

«Les activités de l'industrie concernent essentiellement la vente de véhicules, de pièces de rechange et d'accessoires, ainsi que la réparation et l'entretien des véhicules», explique Carolle Larose, directrice générale du Comité sectoriel de main-d'œuvre de l'industrie des services automobiles.

C'est pourquoi l'un des secteurs en émergence dans cette industrie concerne le service à la clientèle. Rod Desnoyers, directeur général du Conseil provincial des comités paritaires de l'automobile, croit qu'une profession appelée à croître est celle de conseiller technique. «C'est une personne qui va recevoir le client, comprendre ses besoins et le diriger adéquatement vers le bon professionnel. Autrefois, on trouvait surtout ce type d'emploi chez les gros concessionnaires, mais il est en voie de devenir essentiel dans tous les établissements.»

LES TECHNOLOGIES DÉMARRENT

À l'heure actuelle, l'industrie automobile québécoise semble stable, tant en ce qui concerne le nombre d'emplois créés que le développement des marchés. C'est sous le capot des autos qu'il faut chercher les indices des changements qui affecteront prochainement le travail des mécaniciens et fabricants de pièces.

«Les véhicules sont maintenant beaucoup plus sophistiqués qu'avant, grâce à l'implantation de l'informatique», dit Michel Tremblay, coordonnateur régional de l'Association des industries de l'automobile du Canada. Cette évolution a commencé dans les années 1970, avec les premiers systèmes d'allumage électroniques. Depuis, les automobiles ont été équipées de transistors, de circuits intégrés numériques, de microprocesseurs, etc. On parle aujourd'hui d'actionneurs «intelligents», qui vont contrôler automatiquement de nombreuses fonctions du véhicule.

D'après Carolle Larose, cette course à l'innovation technologique n'est pas près de s'essouffler, bien au contraire. «La concurrence acharnée que se livrent les fabricants laisse entrevoir que la recherche dans le secteur automobile se poursuivra dans les années à venir, explique-t-elle. Les innovations techniques se poursuivront sans relâche et à une vitesse soutenue.»

Ces changements ont, bien sûr, des impacts sur l'industrie des services automobiles. Auparavant, la mécanique simple et uniforme des véhicules permettait aux mécaniciens de travailler sur tous les modèles, avec les mêmes méthodes, pendant plusieurs années. Cette époque est révolue : les employés de ce secteur doivent maintenant recevoir une formation continue, afin de toujours maîtriser les nouvelles technologies.

«Beaucoup de garagistes vont devoir se spécialiser, en augmentant la qualité de leurs équipements et de leur main-d'œuvre, croit Michel Tremblay. Par exemple, il y aura un ou deux mécaniciens ultraspécialisés et d'autres qui feront simplement du remplacement de pièces.»

Le mécanicien de demain devra avoir une solide formation de base en électricité et en électronique, tant pour manipuler les composantes du véhicule que pour utiliser des appareils plus sophistiqués.

Le mécanicien de demain devra donc avoir une solide formation de base en électricité et en électronique, tant pour manipuler les composantes du véhicule que pour utiliser des appareils de diagnostics et de mesures de plus en plus sophistiqués. Il devra également être capable de suivre l'évolution des technologies, en améliorant continuellement sa formation et ses connaissances.

Rod Desnoyers croit également que les étudiants en carrosserie ont de belles perspectives devant eux. «Il y a du travail pour les carrossiers capables de travailler avec les panneaux structurels, les nouveaux alliages, l'ancrage des fenêtres.» ∎

RECHERCHÉS

- Mécaniciens ayant une solide formation en électricité et en électronique, capables de s'adapter rapidement aux changements technologiques des véhicules.
- Conseillers techniques, spécialistes du service à la clientèle.
- Carrossiers qui maîtrisent les innovations techniques dans leur spécialité.

SAVIEZ-VOUS QUE ?

Les automobiles pourront bientôt éviter par elles-mêmes les collisions! Un dispositif de contrôle évaluera constamment l'espace autour du véhicule à l'aide de différents capteurs, afin de déceler les risques d'accidents. Ces nouveaux équipements nécessiteront des personnes qualifiées pour les fabriquer et les installer.

PRINCIPALES FORMATIONS

Secondaire
- Carrosserie
- Diesel (injection et contrôles électroniques) (ASP)
- Mécanique automobile
- Vente de pièces mécaniques et d'accessoires

Collégial
- Conception en électronique
- Électronique industrielle
- Génie électrique
- Systèmes ordinés

Universitaire
- Génie mécanique

POUR EN SAVOIR PLUS

MICST - L'industrie du transport en 96
http://www.micst.gouv.qc.ca/entrep/manufact/
1997/matetran.html

Strategis - automobile et transport
http://strategis.ic.gc.ca/sc_indps/sectors/frndoc/
tran_hpg.html

Office of Automotive Affairs - Auto Industries Related Web Site
http://www.ita.doc.gov/industry/basic/insites.html

Photo : Ma Carrière

Biotechnologie

En pleine effervescence

par **Martine Roux**

Le domaine des biotechnologies connaît actuellement un développement exponentiel. Seul frein au succès de l'un des fleurons de l'économie canadienne : le manque de main-d'œuvre qualifiée.

S ecteur en pleine ébullition, la biotechnologie croît à pas de géant et crée sans cesse de nouvelles possibilités de travail : de 964 emplois qu'il répertoriait au Québec en 1994, le secteur passait le cap des 1700 employés en 1997![1] Et ça ne cesse d'augmenter, explique Robert Blondin, conseiller en développement au ministère de l'Industrie, du Commerce, de la Science et de la Technologie du Québec (MICST). «C'est une industrie importante et en pleine émergence. Mais le manque de main-d'œuvre constitue l'un des principaux problèmes de l'industrie. À un point tel que des comités de travail ont été mis en place afin de trouver des solutions.» Néanmoins, il faut savoir que ces besoins ne sont pas très grands en chiffres absolus et qu'on recherche essentiellement des personnes qui possèdent une formation très poussée. La formation menant à la biotechnologie commence donc souvent à l'université et il est fortement recommandé d'effectuer un deuxième, voire un troisième cycle universitaire.

DES SECTEURS PROMETTEURS

Selon la définition élaborée en 1991 par le Conseil de la science et de la technologie, «les biotechnologies sont l'ensemble des méthodes, des procédés et des techniques qui, appliqués à des micro-organismes, cellules humaines, animales ou végétales ou à des fractions de celles-ci, visent à concevoir, développer et produire de nouvelles molécules et cellules, de nouveaux organismes et procédés ou encore à améliorer ceux déjà existants, en vue d'une exploitation industrielle, soit la production ou l'amélioration des biens et services, et leur mise en marché». La biotechnologie chevauche donc différents types d'activités. Un premier sous-secteur est formé par la santé humaine et animale : on y développe, par exemple, des

vaccins et des médicaments ou des produits diagnostiques. L'agriculture, le secteur bioalimentaire et la foresterie utilisent aussi les biotechnologies, notamment pour identifier de nouvelles bactéries entrant dans la composition d'un fromage ou pour rendre nos forêts plus résistantes aux maladies et aux insectes. Le sous-secteur de l'environnement couvre l'assainissement des eaux potables et industrielles et la réhabilitation des sites contaminés.

BESOINS EN MAIN-D'ŒUVRE

Au Canada, les quelque 300 entreprises liées directement ou indirectement aux activités de biotechnologie emploient environ 8000 personnes.[2] Au Québec, la biopharmaceutique regroupe près des deux tiers des activités de biotechnologie, et tout indique qu'elle poursuivra allègrement sa progression au cours des années à venir.

> L'évolution de la technologie
> crée de nouveaux créneaux
> promis à un grand avenir.

«La tendance est à la rationalisation dans l'industrie pharmaceutique québécoise, poursuit M. Blondin. Les grandes compagnies pharmaceutiques fusionnent et rationalisent leurs opérations : plutôt que d'avoir des installations complètes ou de n'utiliser un laboratoire qu'une fois par mois, elles confient la recherche ou le développement d'un produit ou d'un service à de petites entreprises spécialisées. Il y a donc beaucoup de possibilités pour les jeunes entrepreneurs.»

Les autres secteurs des biotechnologies ne sont pas en reste non plus. Ainsi, selon une étude menée en 1996 par le Groupe Paget et citée dans l'*Étude sur les ressources humaines dans le secteur canadien de la biotechnologie* du Conseil des ressources humaines en biotechnologie (CRHB), «la demande de nouveaux travailleurs et de nouvelles compétences ne cessera de croître dans toutes les spécialités de l'industrie.» Par exemple, selon la firme Ernst & Young, le seul secteur de la biotechnologie lié à l'agriculture devrait connaître une progression de 45 % par an au cours de la prochaine décennie.

> Selon Industrie Canada,
> on s'attend à des problèmes
> de recrutement de personnel qualifié
> au cours des cinq prochaines années.

Au fur et à mesure qu'elles passeront de la recherche élémentaire à la production commerciale, les bio-industries devront intégrer de plus en plus de personnel dans leurs rangs. Le Groupe Paget estimait donc à 4 000 le nombre d'emplois créés d'ici l'an 2 000 au Canada, soit 1 300 en recherche scientifique, 2 000 pour des fonctions de commercialisation et 700 en gestion au Canada.

UNE ÉVOLUTION RAPIDE

Selon Industrie Canada, on s'attend à des problèmes de recrutement de personnel qualifié au cours des cinq prochaines années.[3] Le secteur de la bio-informatique, soit l'utilisation de l'ordinateur pour saisir, stocker, analyser et manipuler de grandes quantités de données génétiques, est particulièrement appelé à se développer. Les domaines de recherche spécialisés comme la chimie des peptides et la thérapie génique sont également en quête de candidats. Enfin, l'évolution de la technologie crée de nouveaux créneaux promis à un grand avenir. C'est notamment le cas de la biodégradation accélérée, de la génomique, c'est-à-dire la mise en évidence des gènes influençant une maladie et le développement de médicaments appropriés, ainsi que de la chimie combinatoire, soit la synthèse rapide de milliers de composés élaborés en combinant des unités moléculaires plus petites. On parle aussi des «nutraceutiques», des «aliments-médicaments» qu'on commence à voir apparaître sur les tablettes d'épicerie (jus multivitaminés, riches en fibres, etc.). ∎

1 BioTech Québec 1997, *Portrait de l'industrie*, ministère de l'Industrie, du Commerce, de la Science et de la Technologie.
2 «Bâtir dès maintenant pour l'avenir: étude sur les ressources humaines dans le secteur canadien de la biotechnologie», Conseil des ressources humaines en biotechnologie, 1997.
3 *Cadres de compétitivité sectorielle : les bio-industries*, Industrie Canada, 1998.

RECHERCHÉS

- Spécialistes en bio-informatique
- Spécialistes en chimie des peptides
- Spécialistes en bio-dégradation accélérée
- Spécialistes en thérapie génique

SAVIEZ-VOUS QUE ?

Près de la moitié de la recherche en santé au Canada est effectuée à Montréal. La région de Québec se distingue aussi au chapitre de la biotechnologie : le nombre d'emplois y a plus que triplé en trois ans, passant de 127 en 1994 à 391 en 1997.[1]

PRINCIPALES FORMATIONS

Collégial

- Assainissement de l'eau
- Chimie analytique
- Chimie-biologie
- Écologie appliquée
- Génie chimique
- Inventaire et recherche en biologie
- Procédés chimiques
- Transformation des aliments

Universitaire

- Chimie
- Biochimie
- Biologie
- Biophysique
- Génie biomédical (maîtrise)
- Génie chimique
- Microbiologie
- Sciences et technologies des aliments

POUR EN SAVOIR PLUS

Grand dossier sur les biotechnologies
www.cybersciences.com/cyber/1.0/1_30_Menu.htm

BioteCanada
www.biotech.ca/

Centre québécois d'innovation en biotechnologie - Liens
www.cqib.org/liensf.htm

InfoBiotech Canada
www.cisti.nrc.ca/ibc/index_f.html

Bio Online Career Center
www.bio.com/hr/hr_index.html

Photo : Ma Carrière

Chimie

Atomes crochus

par **Frédéric Boudreault**

Selon les prévisions de Développement des ressources humaines Canada (DRHC), la profession de chimiste devrait connaître un taux de croissance annuel de 2,2 % entre 1997 et 2002. Pour les technologues et techniciens en chimie appliquée, le chiffre monte à 2,6 %, et à 3,1 % pour les ingénieurs chimiques.

Moteur du développement de nouveaux procédés de production, l'industrie chimique est essentielle au bon fonctionnement de l'économie québécoise. Elle emploie environ 18 000 personnes qui font fonctionner 350 établissements et qui fabriquent environ 2000 produits. Le domaine de la chimie a enregistré des ventes qui tournaient autour de quatre milliards de dollars en 1995, toujours selon DRHC.

Les perspectives d'emploi pour les chimistes sont relativement favorables, notamment à cause de l'importance accordée à l'environnement, à la qualité des eaux, au contrôle de la qualité, à la sécurité en milieu de travail et à l'hygiène en milieu de travail. Des débouchés pourraient être créés dans le domaine de la communication et de l'information sur le contrôle de la qualité en santé et en environnement. La consultation nationale ou internationale amènera aussi des possibilités d'embauche.

> Le secret des finissants
> en chimie, c'est la polyvalence
> qu'ils acquièrent au fil de leurs
> études et que requiert
> le marché du travail.

Le secret des finissants en chimie, c'est la polyvalence qu'ils acquièrent au fil de leurs études et que requiert le marché du travail. Les diplômés dans ce domaine peuvent accomplir une grande variété de tâches, qui sont à la base de la plupart des activités industrielles. Ils réussissent donc à dénicher des emplois dans des secteurs comme l'industrie pharmaceutique, la biotechnologie, la métallurgie, les pâtes et papiers, les raffineries et l'ingénierie.

PORTRAIT DU MILIEU

Un baccalauréat en chimie, en biochimie ou dans une discipline connexe est généralement exigé pour un travail de chimiste. Une maîtrise ou un doctorat sont fortement recommandés pour l'obtention d'un emploi de chercheur. Au Québec, les diplômés universitaires peuvent devenir membres de l'Ordre des chimistes.

Les diplômés occupent généralement trois types particuliers d'emplois : chimiste, ingénieur-chimiste ou technicien/technologue en chimie appliquée. Les chiffres de DRHC indiquent qu'environ 2490 personnes travaillent comme chimistes au Québec, dont 14,2 % dans l'industrie chimique.

Les ingénieurs chimiques, eux, ayant complété un baccalauréat en génie chimique, travaillent surtout dans les bureaux d'ingénieurs et dans différents services scientifiques et techniques. L'industrie des pâtes et papiers génère également beaucoup d'emplois pour eux. Plus d'un millier de personnes pratiquent ce métier.

Enfin, les technologues et les techniciens en chimie appliquée forment la majorité de l'effectif dans ce secteur d'activité avec 7305 personnes dont le revenu annuel moyen est de 34 084 $. Ces travailleurs occupent souvent des postes de soutien au sein de bureaux d'ingénieurs, dans l'industrie pharmaceutique et dans l'industrie des pâtes et papiers.

RECHERCHE D'AVENIR

Certains secteurs devraient se démarquer au cours de prochaines années. Selon Michèle Tournier, directrice de l'Institut de chimie et de pétrochimie du Collège de Maisonneuve, les perspectives d'emploi sont particulièrement bonnes dans l'industrie pharmaceutique, ce qui inclut les cosmétiques, et dans l'industrie du recyclage.

> «À part la chimie fine, liée notamment à la pétrochimie, qui est un secteur relativement restreint, les perspectives d'emploi en chimie se trouvent surtout en biotechnologie et en pharmaceutique.»
>
> — Louis Dionne

Même son de cloche chez Algène Biotechnologies, une entreprise qui se spécialise dans l'identification de gènes causant certaines maladies transmises génétiquement. Pour le docteur Denis Gauvreau, chef de la direction, le développement de la génétique représente une excellente occasion pour les personnes formées en biochimie. «Les biochimies combinatoires et moléculaires seront appelées à définir les fonctions des différents gènes recensés d'ici l'an 2003, explique-t-il. C'est une chose de recenser tous les gènes humains, mais il faut aussi savoir à quoi ils servent et comment ils se transmettent.»

Certains facteurs sont également susceptibles de favoriser l'embauche d'ingénieurs chimiques, rappelle DRHC. La complexité grandissante des produits chimiques, la mise au point de fibres plastiques et synthétiques et l'utilisation de plus en plus répandue des biotechnologies dans maints domaines industriels amènera le recrutement de plusieurs diplômés. Par exemple, le génie chimique est l'une des disciplines qui permettent de se tailler une place dans le milieu de la biotechnologie (voir aussi page 80).

En fait, certains domaines bien précis sont générateurs d'emploi. Louis Dionne, conseiller en intervention sectorielle à Emploi-Québec, explique : «À part la chimie fine, liée notamment à la pétrochimie, qui est un secteur relativement restreint, les perspectives d'emploi en chimie se trouvent surtout en biotechnologie et en pharmaceutique. Pour le reste, l'emploi en chimie est actuellement en décroissance.» ■

RECHERCHÉS

- Biochimiste
- Chimiste dans l'industrie pharmaceutique
- Technicien en chimie appliquée
- Contrôleur de l'équipement et de la qualité

SAVIEZ-VOUS QUE?

Les techniques de chimie-biologie ont un taux de placement de près de 100 % et mènent essentiellement à des emplois de laboratoire dans les domaines de la santé, de la métallurgie, de l'alimentation et des cosmétiques.

PRINCIPALES FORMATIONS

Collégial
- Chimie-biologie
- Chimie analytique
- Génie chimique
- Procédés chimiques

Universitaire
- Biochimie
- Biologie
- Biophysique
- Chimie
- Génie chimique

POUR EN SAVOIR PLUS

Répertoire du Réseau Chimie
www.criq.qc.ca/francais/cvc/risic/signets/index.html

Ordre des chimistes du Québec
www.ocq.qc.ca/

Science Web - Chimie
www.scienceweb.org/subject/chem.htm

UMEA University - Chemistry Web Teaching Ressources
www.anachem.umu.se/eks/pointers.htm

Photo : PPM

Commerce de détail

Tendance à la hausse

par **Sophie Allard**

Le commerce de détail se porte relativement bien au Québec. La reprise économique permet à la population de consommer davantage, et cette tendance permet d'accroître sensiblement les possibilités d'emploi dans ce secteur.

Selon le Conseil québécois du commerce de détail, l'industrie du commerce au Québec représente au-delà de 400 000 travailleurs et près de 30 % du produit intérieur brut de la province. On dénombre plus de 27 000 entreprises et 65 000 établissements commerciaux. «On connaît une progression des ventes depuis quelques années. On peut donc dire que ça va plutôt bien aujourd'hui et que l'ensemble du secteur est stable», indique Gaston Lafleur, président et directeur général du Conseil québécois du commerce de détail. Selon une étude réalisée par cet organisme en collaboration avec la firme Samson, Bélair, Deloitte et Touche, les ventes au détail devraient augmenter de 5,7 % en 1998, comparativement à 7,3 % en 1997.

> L'industrie du commerce
> de détail constitue
> le plus grand secteur
> d'emploi privé du Québec.
> Les domaines les plus chauds :
> l'alimentation, le vêtement
> et la quincaillerie.

L'industrie du commerce de détail constitue le plus grand secteur d'emploi privé du Québec. Les domaines les plus chauds? Sans contredit les secteurs de l'alimentation, du vêtement et de la quincaillerie. Ils connaissent actuellement d'importantes augmentations des ventes. Le secteur de l'automobile - qui compte pour 30 % de l'industrie - est un peu en retrait, mais connaît tout de même une croissance des ventes, selon le Conseil québécois du commerce de détail.

Cette tendance à la hausse pourrait se poursuivre à l'avenir en raison du vieillissement de la population. Celle-ci devrait en effet se préoccuper davantage de son confort et continuer à consommer pour répondre à ce besoin.

EMPLOIS EN VUE!

Le Groupe San Francisco, qui possède notamment les Ailes de la Mode, les boutiques San Francisco, le magazine les Ailes de la mode, etc., est un modèle de réussite dans l'industrie du commerce de détail au Québec. En 1997, son chiffre d'affaires était de 200 millions de dollars. En 1992, l'entreprise comptait 1200 employés, alors qu'aujourd'hui, on parle de 2700 personnes. Le nombre d'emplois augmente en suivant la courbe de croissance de l'entreprise. «Nous avons toujours connu une croissance constante et stable. En plus de continuer à nous développer au Québec, nous comptons ouvrir des boutiques en Ontario dès le printemps prochain», explique Guy Charron, président et chef de l'exploitation du Groupe San Francisco.

Plusieurs personnes travaillent fort pour assurer ce succès. Les secteurs d'emploi sont très variés : mise en marché, présentation visuelle, sécurité, service à la clientèle, vente, gérance de boutique, coiffure, soins esthétiques, direction, achats, publicité, comptabilité, etc.

Les formations des employés sont variées et dépendent des postes occupés. «Habituellement, on exige au moins un cinquième secondaire, mais certains postes demandent une formation universitaire. Dans notre entreprise, il est possible de monter les échelons. Par exemple, une personne qui a travaillé longtemps en boutique peut être promue aux achats, peu importe sa formation. Par contre, quelqu'un de l'extérieur devra provenir d'une école de mode spécialisée. Ce que nous recherchons avant tout chez les candidats, ce sont de bonnes aptitudes et la volonté d'apprendre.»

Alimentation Couche-Tard est aussi sur une pente ascendante. L'entreprise compte environ 4000 employés et exploite plus de 500 magasins dans toute la province. Et l'on prévoit l'ouverture de 200 nouveaux magasins d'ici cinq ans! «Les gens doivent se nourrir et ça ne changera pas. Certes, il y a de la concurrence entre les supermarchés, les restaurants, les dépanneurs... Mais nous tirons très bien notre épingle du jeu. Il faut être très efficace», explique Réal Plourde, vice-président aux ventes et opérations d'Alimentation Couche-Tard.

> «Tout ce qui touche le comportement
> de l'acheteur prendra de plus en plus
> d'importance dans les entreprises
> de commerce de détail.»
>
> — Guy Charron

L'entreprise recherche de plus en plus des gens formés. Par exemple, la demande est forte pour des gérants de magasin ayant des connaissances en ressources humaines, comptabilité, informatique, etc.

En outre, les employés en restauration sont aussi très recherchés, puisqu'on croit que la clientèle demandera de plus en plus de plats prêts à emporter.

UNE VOIE D'AVENIR!

Au cours des prochaines années, le commerce électronique devrait prendre de l'ampleur selon certains. «Il faut se pencher là-dessus, estime Gaston Lafleur. Aujourd'hui, cela nous cause peut-être des maux de tête, mais cela peut représenter une occasion intéressante pour les commerçants de détail.» Comme dans de nombreux domaines, les nouvelles technologies pourraient donc générer des possibilités d'emploi dans l'avenir.

Guy Charron croit que tout ce qui touche le comportement de l'acheteur prendra de plus en plus d'importance dans les entreprises de commerce de détail. «L'analyse des données sur le comportement et les habitudes des consommateurs prend de l'importance. Et avec le développement des nouvelles technologies, plusieurs moyens sont mis à notre disposition pour faire des études de marché et arriver à satisfaire nos clients.»

Réal Plourde, d'Alimentation Couche-Tard, abonde dans le même sens. «Aujourd'hui, l'analyse de données est primordiale. Tout est informatisé, mais il faut des gens compétents pour gérer les systèmes et interpréter les résultats.» ∎

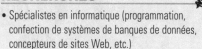

RECHERCHÉS

- Spécialistes en informatique (programmation, confection de systèmes de banques de données, concepteurs de sites Web, etc.)
- Spécialistes en études de marché

SAVIEZ-VOUS QUE ?

Avec la récente émergence du commerce électronique, déjà, plusieurs entreprises voient en Internet une nouvelle façon de faire des affaires et d'approcher un grand nombre de clients potentiels. «Il faut se pencher sur le commerce électronique. Aujourd'hui, ça nous cause peut-être des migraines, mais ça peut représenter une option intéressante pour les commerçants de détail», explique Gaston Lafleur, président et directeur général du Conseil québécois du commerce de détail.

PRINCIPALES FORMATIONS

Secondaire
- Comptabilité
- Comptabilité informatisée et finance (ASP)
- Représentation
- Vente-conseil

Collégial
Techniques administratives :
- Gestion
- Marketing
- Personnel

Universitaire
- Comptabilité
- Gestion des opérations et de la production
- Gestion des ressources humaines
- Management
- Marketing

POUR EN SAVOIR PLUS

Micst - Profil du secteur commercial québécois en 1996
http://www.micst.gouv.qc.ca/entrep/manufact/1997/comm.htm

Conseil canadien de la vente au détail
http://www.retailcouncil.org/

Strategis - Commerce au détail
http://strategis.ic.gc.ca/SSGF/dm00841f.html

Photo : PPM

Comptabilité

L'avenir des chiffres

par **Julie Calvé**

La comptabilité est assurément un domaine dans lequel les diplômés n'ont pas de difficulté à trouver preneur. Très recherchés, les comptables professionnels, qu'ils soient CA, CMA ou CGA, ne sont pas près de se retrouver au chômage!

Avec un taux d'emploi qui frôle les 100 % chez les comptables professionnels, le domaine semble prometteur. Au Québec, selon les données du site Emploi-Avenir de DRHC, les quelque 30 000 comptables et vérificateurs comptables (responsables de la vérification des états financiers d'entreprises ou d'institutions publiques) ont presque tous trouvé du travail. Selon la même source, les perspectives d'emploi dans le secteur de la comptabilité se révèlent supérieures à la moyenne. Les comptables sont en effet recherchés dans tous les secteurs de l'économie et ont su se mettre à l'heure des nouvelles technologies et de l'informatique, ce qui leur donne des atouts.

> Le comptable œuvre dans tous
> les secteurs d'activité économique,
> ce qui lui confère non seulement une stabilité,
> mais un indéniable avantage en
> période de croissance.

À ces professionnels, dont la très grande majorité appartient à l'un des trois ordres (Ordre des comptables agréés du Québec, Ordre des comptables en management accrédités du Québec et Ordre des comptables généraux licenciés du Québec), il faut ajouter ces milliers d'autres travailleurs de l'industrie : des commis et des techniciens en comptabilité, dont le taux de placement, s'il n'atteint pas celui de leurs collègues universitaires, reste tout de même intéressant.

La formation professionnelle offre deux programmes reliés au domaine : le DEP en comptabilité, qui trouve un bon complément dans l'ASP en comptabilité informatisée et

finance. Ces programmes, dont le taux moyen de placement est d'environ 80 %, débouchent notamment sur des postes de commis-comptables.

Au niveau collégial, les techniques administratives, option finance, ont un taux de placement de près de 90 %. Cette formation permet aux diplômés d'occuper des postes de comptables-adjoints ou d'assistants-comptables, par exemple.

UNE BONNE PERFORMANCE

Chez les comptables professionnels, l'équilibre entre le nombre de diplômés et la demande du marché du travail explique en partie leur performance. Mais d'autres facteurs ont également favorisé la profession. «C'est une branche qui s'est beaucoup adaptée aux changements; je pense à l'évolution technologique en particulier», avance Michel Lebœuf, vice-président de la division *accountants* (finance et comptabilité) de Montréal pour Robert Half Canada. De fait, l'informatisation a tout d'abord touché le domaine de la finance. Les comptables ont donc été parmi les premiers à s'approprier les outils informatiques, ce qui a même mené certains d'entre eux à des postes de directeurs de services informatiques.

En outre, le comptable œuvre dans tous les secteurs d'activité économique, ce qui lui confère non seulement une stabilité, mais un indéniable avantage en période de croissance. Et les différents métiers de la comptabilité couvrent un tout aussi vaste marché : facturation, crédit, service de paie, vérification, gestion de systèmes de contrôle, analyse stratégique, planification financière, etc.

Ainsi, les diplômés en techniques administratives, option finance, peuvent compter sur la polyvalence de leur formation pour se faire valoir sur le marché du travail. Avec leurs connaissances en comptabilité et en fiscalité, ils rempliront les tâches d'assistants du professionnel et deviendront peut-être responsables d'un département dans leur entreprise.

COMPTABLE OU GESTIONNAIRE?

Chez les professionnels, après avoir pris le virage technologique, on a aussi adopté le langage du «nouveau» marché du travail. Si la comptabilité dite traditionnelle existe toujours, elle tend à prendre une allure novatrice, investissant des niches jusque-là peu exploitées, dans des secteurs d'activité de plus en plus diversifiés. Les CGA, par exemple, ont établi leurs priorités et ont identifié quatre créneaux à développer dans le cadre de la formation : les systèmes de contrôle et de procédure, la planification et la gestion budgétaire, la planification et la gestion financière et la maximisation de la rentabilité.

On note une hausse de
la demande dans des secteurs
tels que la haute technologie, l'aérospatiale,
l'ingénierie et les ressources naturelles,
notamment les produits miniers. À Montréal,
l'industrie du textile serait aussi
un domaine intéressant.

Alors que le secteur de la vérification traditionnelle tend à se stabiliser, les CA misent notamment sur la gestion et la fiscalité au sein de l'entreprise privée. Le même genre de phénomène touche les CMA, lesquels tendent à délaisser la fonction publique et une partie de l'industrie manufacturière au profit des secteurs des services et du commerce.

De façon générale, selon Michel Lebœuf, on note une hausse de la demande dans des secteurs tels que la haute technologie, l'aérospatiale, l'ingénierie et les ressources naturelles, notamment les produits miniers. À Montréal, l'industrie du textile serait aussi un domaine intéressant.

Les tâches du comptable commencent également à changer. Hier, il manipulait les chiffres. Aujourd'hui, il est appelé à intégrer et à interpréter les données, à les transformer en outils de gestion et de production pour l'entreprise. Dans ce but, il devra donc acquérir de nouvelles aptitudes, dont celle de la communication. ∎

RECHERCHÉS

- Comptables dotés d'une expertise ou d'une double formation : gestion, informatique, affaires internationales
- Comptables spécialisés en juricomptabilité, en certification de sites Internet ou en comptabilité environnementale

SAVIEZ-VOUS QUE?

Le phénomène du *tamping*, maladroitement traduit par «emploi temporaire», touche aussi le secteur de la comptabilité. Selon Michel Lebœuf, si le phénomène est avant tout attribuable à la précarité du marché du travail, il peut parfois représenter un choix calculé : «Quatre mois chez Bombardier, six mois chez Reitmans... Certains détestent la routine; d'autres ne veulent pas d'un emploi permanent, et cela fait leur bonheur!»

PRINCIPALES FORMATIONS

Secondaire
- Comptabilité
- Comptabilité informatisée et finance (ASP)

Collégial
- Techniques administratives, option finance ou gestion

Universitaire
- Comptabilité
- Comptabilité de management
- Sciences comptables

POUR EN SAVOIR PLUS

Ordre des comptables agréés du Québec (CA)
www.ocaq.qc.ca/

Ordre des comptables généraux licenciés (CGA)
- Formation
www.cga-quebec.org/form/form.htm

Ordre des comptables en management accrédités du Québec (CMA)
- Comment devenir CMA?
www.cma-quebec.org/cometud.html

Photo : Ma Carrière

Construction

Un secteur en mutation

par **Martine Roux**

L'industrie de la construction occupe une place importante dans l'économie québécoise : un emploi sur vingt en dépend! Mais depuis quelques années, elle s'oriente aussi vers la rénovation et l'entretien. Les mots d'ordre? Formation et polyvalence.

En 1997, les dépenses d'immobilisation dans le secteur de la construction au Québec s'élevaient à 15,7 milliards, une croissance de 4,4 % par rapport à 1996. Les mises en chantier atteignaient 25 896 unités de logement, une augmentation de 11,5 % par rapport à l'année précédente. Quelque 84 184 salariés actifs ont travaillé sur les chantiers de construction.[1]

Tributaire des investissements et de la santé de l'économie, l'industrie de la construction connaît des cycles de croissance et de déclin. Or, l'époque des grands travaux est révolue et le parc immobilier arrive à saturation pour des raisons démographiques. Il est donc difficile de prédire l'avenir des quatre grands sous-secteurs de la construction : résidentiel, commercial et institutionnel, industriel et génie civil-voirie.

> Depuis 1987, l'accès aux métiers de la construction passe obligatoirement par la formation professionnelle, puis par un apprentissage dans l'industrie.

«Actuellement, le contexte est favorable à une reprise dans pratiquement tous les secteurs, sauf dans le secteur résidentiel, soutient l'économiste Joseph Jetten, de la Commission de la construction du Québec. Il se peut qu'il y ait une tendance à la hausse sur dix ans si de nouveaux projets sont mis de l'avant, comme un barrage hydro-électrique ou une aluminerie. Mais, à long terme, la tendance lourde est à la baisse, principalement pour des raisons démographiques, de technologie et d'organisation du travail.» La pénurie de main-d'œuvre n'est

donc pas une notion qui s'applique à la construction, explique M. Jetten.

De plus, depuis 1987, l'accès aux métiers de la construction passe obligatoirement par la formation professionnelle, puis par un apprentissage dans l'industrie. L'intégration des nouveaux venus est donc rigoureusement encadrée.

«Depuis cinq ans, plusieurs salariés ont quitté et on commence à faire entrer de nouveaux travailleurs. En 1997, 3891 personnes ont ainsi rejoint l'industrie. Pour les dix prochaines années, nous pensons que nous aurons besoin d'environ 4500 nouveaux venus par année, toutes catégories confondues. Le hic, c'est que dans cinq ans, il est possible qu'ils soient mis à pied ou que le roulement élevé de professions fasse en sorte qu'ils ne soient plus là», ajoute Joseph Jetten.

RÉNOVATION EN ASCENSION

Confronté au déclin, le secteur de la construction se transforme. «La rénovation est un marché au développement rapide, explique Hugh Ward, directeur du service de la rénovation à l'Association provinciale des constructeurs d'habitation du Québec (APCHQ). Bien souvent, les baby-boomers préfèrent garder leur maison et la rénover plutôt que de déménager.»

La rénovation n'est pas assujettie au décret de la construction. Mais gare aux rénovateurs improvisés! Ce type de travail recquiert des compétences professionnelles que l'APCHQ aimerait d'ailleurs voir encadrées par un programme de formation adéquat.

«Il faut savoir comment étaient construits les vieux bâtiments, interpréter les déficiences de construction et trouver des correctifs. Lors de la construction d'une maison neuve, le travailleur suit un plan défini. En rénovation, chaque cas révèle un problème qu'il faut solutionner de façon inventive», estime Hugh Ward.

PLUS DE QUALIFICATIONS

La recherche de nouvelles techniques et de nouveaux matériaux de construction a considérablement fait évoluer le travail dans l'industrie de la construction. Économie d'énergie, systèmes perfectionnés de récupération de chaleur, fenêtres et portes ultra performantes, isolants améliorés : autant de produits et de services qui exigent plus de connaissances de la part des ouvriers.

«Chose certaine, il y a une demande
grandissante pour des personnes compétentes.
Les travailleurs polyvalents qui se perfectionnent
sans cesse seront les derniers
à perdre leur emploi.»
— Pierre Liberator

Les besoins de main-d'œuvre dans l'industrie sont donc davantage qualitatifs que quantitatifs. «Chose certaine, il y a une demande grandissante pour des personnes compétentes, ajoute Pierre Liberator, directeur des services techniques à la Corporation des maîtres électriciens du Québec. Les travailleurs polyvalents qui se perfectionnent sans cesse seront les derniers à perdre leur emploi.»

Du côté des ingénieurs, les profils en mécanique du bâtiment offrent de bonnes perspectives de croissance, indique Normand Lalonde, du service des stages et du placement de l'École de Technologie Supérieure. «Il y a actuellement une recrudescence des emplois en génie de la construction. Les ingénieurs possédant un DEC en mécanique du bâtiment ou ceux qui ont un profil en architecture sont très recherchés. Les secteurs de l'économie d'énergie et de la rénovation d'immeubles et d'installations vétustes se développent.» ■

1 CCQ, *Analyse de l'industrie de la construction au Québec* 1997.
2 Société canadienne d'hypothèque et de logement,
Le marché de la rénovation au Québec, mars 1998

RECHERCHÉS

- Mécaniciens de chantier
- Opérateurs de pelles mécaniques
- Poseurs de systèmes intérieurs
- Poseurs de revêtements souples
- Frigoristes
- Mécaniciens d'ascenseurs
- Ingénieurs en mécanique du bâtiment
- Ingénieurs de la construction

SAVIEZ-VOUS QUE?

En 1997, dans le marché résidentiel, la rénovation était deux fois plus importante que la construction de nouvelles résidences!

PRINCIPALES FORMATIONS

Secondaire
- Arpentage et topographie
- Briquetage-maçonnerie
- Calorifugeage
- Carrelage
- Charpenterie-menuiserie
- Chaudronnerie
- Conduite d'engins de chantier
- Dessin de bâtiment
- Électricité de construction
- Estimation en électricité
- Mécanique d'ascenseur
- Mécanique d'engins de chantier
- Mécanique de montage de vitres
- Mécanique de protection contre les incendies
- Montage d'acier de structure
- Montage et installation de produits verriers
- Peinture en bâtiment
- Plâtrage
- Plomberie-chauffage
- Pose d'armature de béton
- Pose de revêtements de toiture
- Pose de revêtements souples
- Pose de systèmes intérieurs
- Préparation et finition de béton
- Réfrigération
- Serrurerie de bâtiment

Collégial
- Architecture
- Estimation et évaluation du bâtiment
- Génie civil
- Mécanique du bâtiment

Universitaire
- Architecture
- Génie civil
- Génie de la construction
- Génie du bâtiment

POUR EN SAVOIR PLUS

GeoRadaar - Secteur Construction
www.georad.com/francais/info/construc.htm

Association de la construction du Québec
www.acq.org/site/

ConstruNet
www.construnet.com/journal/

Photo : Ma Carrière

De meilleures perspectives

par **Sylvie Lemieux**

Le secteur de l'éducation présente aujourd'hui de meilleures perspectives pour ceux qui se destinent à l'enseignement. Le ministère de l'Éducation du Québec prévoirait même un éventuel problème de recrutement d'enseignants à court terme, dans certaines matières.

On assiste actuellement à un revirement de situation dans le secteur de l'éducation, qui emploie, selon le ministère de l'Éducation, environ 120 000 personnes (secteur public seulement). Selon le domaine d'enseignement choisi, les perspectives d'emploi sont bonnes et le délai pour décrocher un poste permanent diminue.

> Des départs massifs
> à la retraite ont libéré plusieurs
> postes d'enseignants.

Un ensemble de causes expliquent que l'offre d'emploi augmente en éducation. Des départs massifs à la retraite ont libéré plusieurs postes d'enseignants. La réforme en profondeur du programme d'enseignement, qui donne plus d'importance à l'apprentissage de certaines matières, a aussi créé des débouchés. Enfin, un nombre insuffisant d'inscriptions dans les programmes de formation des maîtres, particulièrement en français et en mathématiques, a contribué au fait qu'une menace de pénurie pointe à l'horizon.

«La situation est en train de s'améliorer radicalement, mais les responsables de l'orientation et les étudiants eux-mêmes n'en sont pas encore conscients», affirme Jean-Claude Bousquet, de la Direction des statistiques et des études quantitatives du ministère de l'Éducation du Québec (MÉQ).

DISCIPLINES GAGNANTES

Ce ne sont pas toutes les disciplines du primaire et du secondaire qui offrent les mêmes perspectives d'emploi. Pendant longtemps, le secteur de l'éducation préscolaire

et primaire était à éviter. «À une certaine époque, il fallait attendre plusieurs années avant de pouvoir intégrer la profession, explique M. Bousquet. Aujourd'hui, la situation s'est considérablement améliorée, et on risque même de manquer d'enseignants à cause de l'implantation de l'enseignement préscolaire à temps plein, qui a créé 2500 postes. De plus, les instituteurs du préscolaire et du primaire se sont prévalus plus que les autres de l'occasion de retraite qui leur était offerte. Cela fait en sorte que la réserve d'enseignants est quasiment vide et le ministère prévoit que cette situation devrait se maintenir jusqu'en 2005.

Autres secteurs intéressants au niveau primaire, selon M. Bousquet : l'anglais langue seconde et le français langue d'enseignement. D'ailleurs, on s'attend à voir une augmentation du nombre requis d'enseignants en français dans les écoles, en raison des programmes de français mis en place selon de nouvelles grilles horaires, qui seront en vigueur dès 2001. En français langue seconde, on frôle la pénurie. Une discipline à éviter cependant : l'éducation physique où le marché est saturé.

Au secondaire, quelques disciplines comme le français langue d'enseignement, l'anglais langue d'enseignement, les mathématiques, les sciences, la religion et la morale connaîtront des besoins en enseignants au cours des prochaines années. «En mathématiques, la situation est avantageuse pour les enseignants qui associent cette matière à l'informatique. Les professeurs de mathématiques et de sciences sont aussi recherchés», affirme

M. Bousquet. Du côté scientifique, les besoins sont plus grands en sciences physiques qu'en sciences biologiques.

Selon une étude du MÉQ, les besoins en enseignants en sciences seraient de 226 par an entre 2002 et 2006. La même étude prévoit aussi des besoins de 332 enseignants par an en mathématiques, durant la même période. Ce nombre chute toutefois de moitié après 2006, dans ces deux spécialités.

«En sciences humaines, par exemple en géographie, en psychologie, etc., le marché n'est pas favorable actuellement, mais il y aura amélioration de la situation en 2001, grâce au nouveau programme, où le poids des sciences humaines, en particulier de l'histoire, augmente», poursuit M. Bousquet.

Au niveau collégial, les prévisions du ministère de l'Éducation indiquent une baisse de la population étudiante vers 2001-2002. Les besoins en enseignants devraient donc diminuer, si on se fie à ce seul indice. Il manque cependant une donnée pour dresser un portrait juste de la situation, soit les prévisions de départ à la retraite qui pourraient compenser la perte de clientèle et ouvrir un certain nombre de postes.

AVOIR LA PASSION

Il y a donc du travail dans les écoles, particulièrement dans les institutions privées et les écoles de langues qui engagent davantage, selon Lise Dubé, du Service de placement de l'Université Laval.

> «Il faut être animé
> d'une véritable passion
> pour son métier
> parce que les défis
> sont nombreux. »
>
> — Francine Lebel

Francine Lebel enseigne au primaire depuis une trentaine d'années. De plus en plus, elle voit arriver dans son école de jeunes professeurs qui démontrent beaucoup d'enthousiasme. Sans vouloir dresser un portrait sombre de la profession, Mme Lebel avoue qu'il faut être animé d'une véritable passion pour son métier parce que les défis sont nombreux. Les classes sont pleines et les besoins des élèves grandissent. «Dans une même classe, on peut trouver des enfants qui n'ont aucune difficulté d'apprentissage à côté d'élèves moyens, et d'autres qui ont des troubles de comportement et parviennent difficilement à suivre le reste du groupe. Je dois dire que la tâche des enseignants est beaucoup plus lourde que lorsque j'ai commencé ma carrière», commente-t-elle. ■

RECHERCHÉS

- Enseignants au préscolaire et au primaire
- Enseignants au primaire du français langue seconde, du français langue d'enseignement et de l'anglais langue seconde
- Enseignants au secondaire du français langue d'enseignement
- Enseignants au secondaire de l'anglais langue d'enseignement
- Enseignants au secondaire de mathématiques et de sciences physiques

SAVIEZ-VOUS QUE?

Les perspectives d'emploi sont différentes d'une région à l'autre. Selon le document *Enseigner, est-ce pour moi?*, du ministère de l'Éducation, les enseignants ont de meilleures chances de trouver du travail en Abitibi-Témiscamingue, en Montérégie et dans la région de Laval, des Laurentides et de Lanaudière. En revanche, les possibilités sont plus minces à Montréal et au Saguenay-Lac-Saint-Jean.

PRINCIPALES FORMATIONS

Collégial

- Éducation en services de garde
- Éducation spécialisée

Universitaire

- Adaptation scolaire
- Éducation au préscolaire et enseignement au primaire

- Éducation physique
- Enseignement professionnel
- Enseignement secondaire et collégial
- Information scolaire et professionnelle
- Orientation
- Orthopédagogie

POUR EN SAVOIR PLUS

Comet - Éducation commerciale et formation
www.strategis.ic.gc.ca/SSGF/bp00416f.html

Cadre de compétitivité sectorielle - Formation et enseignement
www.strategis.ic.gc.ca/SSGF/bp01517f.html

Agence universitaire de la francophonie
www.refer.qc.ca

Projet d'emploi pour les jeunes sur le réseau scolaire - RESCOL
www.strategis.ic.gc.ca/SSGF/yc00008f.html

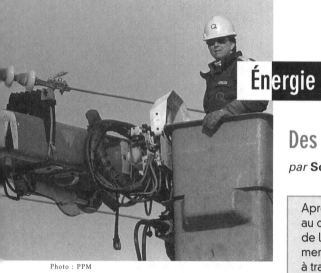

Photo : PPM

Des ouvertures à l'étranger

par **Sophie Allard**

Après avoir connu des moments difficiles au cours des années passées, l'industrie de l'énergie reprend le dessus et commence à s'ouvrir à de nouveaux marchés à travers le monde. À long terme, les perspectives d'emploi demeurent donc relativement favorables, même s'il faut parfois se tourner vers l'extérieur du Québec.

Même si les ouvertures ne sont pas mirobolantes dans le secteur de l'énergie, il y a encore des places à prendre pour qui sait se démarquer et s'adapter aux besoins de l'industrie. Voici un bref tour d'horizon des possibilités à explorer.

DE NOUVEAUX MARCHÉS

Grâce à ses abondantes ressources en eau, en charbon et en uranium, le Canada est devenu le sixième producteur d'énergie électrique au monde et le premier producteur mondial d'hydroélectricité. L'industrie emploie au pays plus de 113 000 personnes. On parle de 200 établissements de fabrication dont l'activité est concentrée à 85 % au Québec et en Ontario. On parle de fabricants de matériel, d'ingénieurs-conseils, d'exploitants de services publics et de producteurs indépendants.

> «La demande en hydrocarbure augmente et on exporte de plus en plus vers les États-Unis. Vers l'an 2000, nous n'aurons d'autre choix que de recruter davantage, car il faudra assurer la relève.»
>
> — Gabi Jerjour

Les grands projets de construction sont terminés et, selon Industrie Canada, la consommation nationale d'énergie électrique est plutôt stable (on parle d'une croissance de 1,4 % entre 1995 et 2010). Alors, on se concentre surtout sur la restauration des centrales. «Il faut fabriquer de nouvelles turbines, des alternateurs, des transformateurs et des pièces associées à la distribution de l'électricité,

explique Pierre Dulude, directeur du développement électrique au ministère des Ressources naturelles du Québec. Le secteur de l'industrie qui fonctionne le mieux actuellement est sans aucun doute celui de la fabrication d'équipements électriques. Il faut donc des ingénieurs électriques, des techniciens et beaucoup de travailleurs en usine.»

Mais cela ne permet pas une croissance significative de l'emploi. En outre, le secteur de l'hydroélectricité, bien représenté au Québec, ne se trouve pas dans une phase de création d'emploi. Il s'avère donc nécessaire de se tourner vers les marchés extérieurs qui demandent de plus en plus d'énergie électrique. Pour les pays en voie de développement, Industrie Canada estime la hausse à plus de 10 % par année. «On a déjà approché plusieurs pays : la Chine, le Brésil, etc., mais on ne pourra connaître les résultats que dans quelques années. Si les perspectives sont bonnes à l'étranger, on peut présumer une augmentation du nombre d'emplois dans l'industrie», ajoute M. Dulude.

GAZ ET PÉTROLE : PERCÉE EN VUE

Le gaz et le pétrole sont une source d'énergie encore indispensable pour différentes industries, comme le transport, par exemple. Cependant, cette industrie évolue de façon cyclique et est influencée par la situation économique mondiale. Les besoins en main-d'œuvre sont donc difficiles à prédire sur le plan quantitatif.

«On demandera des géologues pour trouver des sources d'é-
nergie, des ingénieurs spécialisés en production, en pipelines
et en raffinage. Il faudra des gens spécialisés en marketing
pour assurer la distribution des ressources. On aura également besoin de techniciens dans tous les maillons de cette
chaîne», explique Gabi Jerjour, conseiller à la Direction du gaz
et du pétrole du ministère des Ressources naturelles du
Québec. Selon lui, il commence également à y avoir de l'attrait pour l'exploration au Québec, mais c'est surtout dans
l'Ouest canadien et aux États-Unis que ça se passe.

Les diplômés géologues,
ingénieurs, etc., doivent être prêts
à plier bagage et à travailler
à l'extérieur du pays.

Chez Gaz Métropolitain, qui compte 1300 employés, on trouve principalement des techniciens de services qui effectuent
les branchements dans les résidences et entreprises et des
techniciens de réseaux, mais aussi des mécaniciens, des
soudeurs, des gestionnaires, des ingénieurs, etc. «L'industrie
se porte bien, quoiqu'elle ne soit pas très importante au
Québec, indique Michel Martin, directeur des ressources
humaines chez Gaz Métropolitain. Nous fournissons désormais plus d'efforts dans le domaine résidentiel et de nouveaux postes sont créés régulièrement. Nous avons toujours
besoin de main-d'œuvre compétente.»

TRAVAILLER À L'EXTÉRIEUR

L'industrie énergétique est en croissance dans de nombreux
pays à l'étranger. Aussi, les diplômés (géologues, ingénieurs,
etc.) doivent être prêts à plier bagage et à travailler à l'extérieur du pays. «Il y a même une pénurie de géologues aux
États-Unis. Sans compter une importante percée de l'exploration dans le monde, par exemple en Amérique latine. Alors,
ceux que le travail à l'étranger intéresse sont dans la bonne
branche», affirme Gabi Jerjour. ∎

RECHERCHÉS

- Ingénieurs électriques
- Ingénieurs géologues
- Ingénieurs mécaniques
- Techniciens en génie

SAVIEZ-VOUS QUE ?

Certaines entreprises de l'industrie de l'énergie offrent
des formations aux candidats potentiels. Par exemple,
Gaz Métropolitain dispense - avec la collaboration du
ministère de l'Éducation du Québec - une attestation de
formation professionnelle à ses employés. Ça vaut la
peine de se renseigner!

PRINCIPALES FORMATIONS

Secondaire
- Montage de lignes
  électriques
- Techniques d'usinage

Collégial
- Génie électrique
- Génie mécanique
- Géologie appliquée

Universitaire
- Génie électrique
- Génie géologique
- Génie mécanique
- Géologie

POUR EN SAVOIR PLUS

Global Energy MarketPlace
gem.crest.org/search.html

**Institut national de recherche scientifique
(INRS) - Énergie et matériaux**
www.inrs-ener.uquebec.ca

Conseil canadien des électrotechnologies
www.cce.qc.ca/frame_f.htm

Société nucléaire canadienne
www.cns-snc.ca/

Ressources naturelles Canada - Stages
www.nrcan.gc.ca/css/hrsb/intern-f.htm

MICST - Ressources naturelles au Québec
www.micst.gouv.qc.ca/secteurs-
industriels/ressources.html

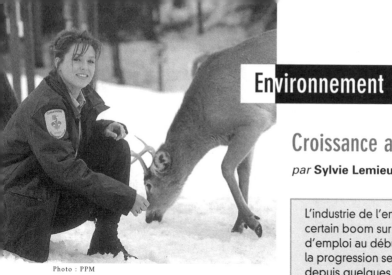

Photo : PPM

Environnement

Croissance au ralenti

par **Sylvie Lemieux**

L'industrie de l'environnement a connu un certain boom sur le plan de la création d'emploi au début des années 1990, mais la progression semble être au ralenti depuis quelques années. Suivant le domaine choisi, les perspectives d'emploi peuvent toutefois être intéressantes, surtout si on cumule plusieurs formations.

Selon des chiffres du ministère de l'Industrie, du Commerce, de la Science et de la Technologie (MICST), en 1998, l'industrie de l'environnement compte quelque 850 entreprises au Québec, qui emploient 15 000 personnes. Ce sont des fabricants d'équipement, des firmes de recyclage industriel et de décontamination, des laboratoires de recherche, des firmes d'experts-conseils, etc. Le secteur de la manutention des matières résiduelles fait travailler le plus de personnes, soit 57 %, alors que 22 % des emplois se trouvent dans la fabrication et 16 % en services-conseils.

> Le secteur de l'environnement génère un chiffre d'affaires de deux milliards de dollars par année.

Le secteur de l'environnement génère un chiffre d'affaires de deux milliards de dollars par année, d'après les chiffres obtenus auprès de la Grappe de développement des industries de l'Environnement.

Ce portrait n'est toutefois pas complet, puisqu'il n'y a pas que l'industrie de l'environnement qui crée des emplois dans ce domaine. En effet, on en trouve dans divers secteurs économiques comme la métallurgie, la téléphonie, l'électricité, etc. «Bon nombre d'industries développent des services spécialisés en environnement. Il y a aussi beaucoup d'emplois aux différents paliers gouvernementaux. Enfin, il faut ajouter ceux que l'on trouve dans certains organismes à but non lucratif, qui ont à cœur l'environnement et qui s'occupent de la lutte contre la pollution, du recyclage, etc. Donc, les emplois en environnement sont diversifiés et répartis dans plusieurs secteurs», explique Robert Ouellet, directeur général du Comité sectoriel de main-d'œuvre de l'industrie de l'environnement.

Selon M. Ouellet, il est cependant difficile de chiffrer les emplois en environnement dans les autres secteurs économiques au Québec. Statistique Canada estimait, pour 1995, à 123 000 le nombre d'emplois dans le domaine environnemental au pays. Un peu moins de 50 % de ces emplois sont créés par l'industrie de l'environnement, le reste étant le fait d'entreprises, d'organismes et du gouvernement. Selon M. Ouellet, la proportion serait sensiblement la même au Québec.

UNE PROGRESSION LENTE

Le taux de croissance de l'industrie de l'environnement est actuellement d'à peine 2 %. «On peut dire que le secteur montre une certaine stagnation», affirme M. Ouellet. Plusieurs facteurs expliquent cette situation. Selon Serge Cabana, président-directeur général de la Grappe de développement des industries de l'environnement, les entreprises québécoises ont de la difficulté à trouver leur place sur un marché qui s'internationalise de plus en plus. Pour lui, la solution passe par la capacité des entreprises québécoises à développer des partenariats. «Il faut que les entreprises concurrentes apprennent à travailler ensemble», affirme M. Cabana.

Un autre facteur qui contribue à la stagnation du secteur est la diminution de la réglementation gouvernementale, qui a un impact direct sur les emplois.

Est-ce à dire que le domaine est à éviter? «C'est selon les formations, affirme M. Proulx. Il est difficile de généraliser, d'autant plus que le domaine est très subordonné aux décisions du gouvernement.» M. Ouellet cite le cas de la nouvelle politique des matières résiduelles, c'est-à-dire les déchets, qui entraînera la création de différents types d'emplois, comme celui de gestionnaire de projet, par exemple.

> Les personnes intéressées
> à travailler dans le domaine
> de l'environnement verront
> leurs chances augmenter
> si elles cumulent des
> formations complémentaires.

Cependant, M. Ouellet ne s'attend pas à un essor dans la création d'emplois au cours des prochaines années. «En revanche, il y aura du remplacement et la consolidation d'un certain nombre de postes», affirme-t-il.

AUGMENTER SES CHANCES

Les personnes intéressées à travailler dans le domaine de l'environnement verront leurs chances augmenter si elles cumulent des formations complémentaires.

Denis Fournier, technicien en aménagement de la faune à la Communauté urbaine de Montréal, a appliqué ce conseil avec succès. Détenteur d'un DEC en techniques d'aménagement de la faune, il a aussi complété une formation collégiale en techniques d'aquaculture. «Au lieu de faire un baccalauréat en biologie, j'ai préféré faire un second DEC pour élargir mon champ d'action et augmenter mes chances de trouver un emploi. Ça m'a aidé parce que j'ai travaillé dans les deux domaines», explique-t-il.

Le choix des champs d'étude est particulièrement important en environnement. «Plus que dans tout autre domaine, une personne qui décide de se diriger en environnement doit bien se connaître, à cause de la diversité des formations, explique Geneviève C. Proulx, conseillère au Comité sectoriel. Les gens sont confrontés à de nombreux choix ; il y a un danger de s'éparpiller. Il faut choisir une spécialité, un créneau qui correspond à nos intérêts.» ∎

RECHERCHÉS

- Gestionnaires en environnement

SAVIEZ-VOUS QUE ?

L'industrie de l'environnement est caractérisée par la présence d'un nombre important de petites et moyennes entreprises encore jeunes, qui comptent en majorité moins de 20 employés.

Source : Comité sectoriel de main-d'œuvre de l'industrie de l'environnement.

PRINCIPALES FORMATIONS

Secondaire
- Aménagement de la forêt
- Conservation de la faune
- Opération d'usine de traitement des eaux.
- Sylviculture

Collégial
- Aménagement cynégétique et halieutique
- Aménagement du territoire
- Biologie
- Chimie
- Écologie appliquée
- Inventaire et recherche en biologie
- Milieu naturel
- Physique

Universitaire
- Agronomie
- Aménagement forestier
- Biologie
- Écologie
- Environnement forestier
- Génie chimique, génie minier, génie forestier, etc.
- Microbiologie

POUR EN SAVOIR PLUS

**EcoRoute de l'information
Nature, environnement, tourisme d'aventure au Québec**
ecoroute.uqcn.qc.ca/

Planèt'ERE
www.csfef.org/planet/

Conseil canadien des ressources humaines de l'industrie de l'environnement
www.chatsubo.com/cchrei/

Le bureau virtuel de l'industrie environnementale - Québec
VirtualOffice.ic.gc.ca/QC/

Environnement Canada - Les stages verts
www.ec.gc.ca/press/youth_b_f.htm

Photo : Ma Carrière

Faire sa place sur le marché

par **Frédéric Boudreault**

> Dans le domaine bancaire, on connaît actuellement un mouvement de rationalisation. En revanche, la finance demeure un secteur important au Québec et offre même de belles possibilités d'emploi.

S i la fusion et la restructuration des grandes banques canadiennes pouvaient causer des doutes concernant l'avenir de ce secteur, la finance reste toutefois sur les rails. Ce domaine montre désormais un nouveau visage et génère aussi des ouvertures intéressantes.

UNE NOUVELLE DONNE

La démographie a changé la donne dans le milieu de la finance. Avec les *baby-boomers* qui approchent de la retraite, les gens n'ont plus les mêmes besoins. Et ils ne veulent plus être servis de la même façon. Un exemple concret : l'arrivée massive de conseillers financiers dans les banques et les caisses, qui gèrent d'une façon globale les épargnes de leurs clients. «C'est un "supercourtier" capable de régler les problèmes de placement du ménage, mais aussi les problèmes de planification financière à long terme, incluant le roulement successoral», explique Pierre Laroche, professeur agrégé en finance à l'École des Hautes Études Commerciales (HÉC).

Selon le professeur, on trouve encore peu de personnes pouvant occuper ce type d'emploi. «Les banques éprouvent de la difficulté à dénicher des candidats alliant des connaissances en fiscalité, en finance, en planification et possédant un sens du marketing», juge-t-il.

Même son de cloche du côté de François Limoges, conseiller en ressources humaines à la Fédération des Caisses populaires de Montréal et de l'Ouest du Québec. Il parle d'ailleurs de problème de recrutement dans ce domaine. «Nos succursales sont activement à la recherche de conseillers financiers, car de nombreux postes sont à combler», lance-t-il.

Même avec un baccalauréat en finance ou en administration entre les mains, on ne devient pas conseiller financier du jour au lendemain. Il faut souvent débuter au bas de l'échelle, comme directeur des services financiers. Après quatre ou cinq ans d'expérience, le poste de conseiller devient accessible. Une accréditation de Chartered Financial Analyst est également recommandée, pour ne pas dire exigée.

RADIOGRAPHIE D'UN DOMAINE

Le secteur de la finance se compose, au Québec, d'environ 170 000 personnes, soit 5 % de la main-d'œuvre de la province. Ces dernières sont employées par 46 000 établissements, essentiellement des institutions financières, des maisons de courtage et des entreprises.[1]

> Les nouvelles technologies envahissent les domaines financier et bancaire, créant ainsi des besoins en main-d'œuvre.

Malgré une période de croissance soutenue, ce secteur est actuellement en pleine mutation. Si les emplois de commis et de caissiers sont particulièrement affectés par les bouleversements se produisant dans ce milieu, cela ne signifie pas que les institutions financières n'engagent plus d'employés.

Au contraire, à la Fédération des Caisses populaires, une chasse aux jeunes finissants s'effectue chaque année. Entre 1997 et 1998, des dizaines de nouveaux directeurs de services financiers ont joint les rangs de cette entreprise. Profil recherché? Une solide formation de base avec un baccalauréat en administration, option finance ou marketing, une facilité pour la vente, du plaisir à travailler avec les gens, une bonne capacité d'adaptation et une soif inextinguible d'apprendre.

Mais ce n'est pas la seule voie pour se faire une place dans le monde de la finance. Selon Michel Leboeuf, vice-président de Robert Half Canada, une entreprise spécialisée dans le recrutement de professionnels en comptabilité et finance, le marché a aussi besoin de bons techniciens. «Ce sont des gens qui vont occuper des postes un peu délaissés, comme commis *senior* ou comptable intermédiaire. Il s'agit d'emplois intéressants et bien rémunérés», spécifie-t-il.

> «Les grandes restructurations des dernières années dans le domaine bancaire vont générer des emplois basés sur les "banques virtuelles" et les centres d'appel.»
>
> — François Limoges

Pour Pierre Laroche, la maîtrise en finance s'avère également une bonne façon de dénicher rapidement un emploi. Aux HÉC, on affirme que la vingtaine de finissants trouvent tous un débouché sur le marché du travail en moins de trois mois! Les trois quarts d'entre eux deviennent analystes dans les institutions financières. «Ce profil est très recherché parce que ce sont des gens capables d'établir un pont solide entre la théorie et la pratique, et pouvant créer des modèles pour améliorer la gestion d'une entreprise», souligne le professeur.

L'AVENIR DES CHIFFRES

Il est difficile de prédire l'avenir dans le secteur de la finance. Tout va tellement vite que personne n'ose se prononcer sur le sujet. Pour sa part, François Limoges juge que toute personne compétente n'éprouvera aucune difficulté à trouver un emploi.

En outre, les nouvelles technologies envahissent les domaines financier et bancaire, créant ainsi des besoins en main-d'œuvre. «Les grandes restructurations des dernières années dans le domaine bancaire vont générer des emplois basés sur les "banques virtuelles" et les centres d'appel», souligne François Limoges. Pierre Laroche abonde dans ce sens. Selon lui, les personnes qui n'auront pas appris à maîtriser les ordinateurs et certains logiciels spécialisés seront passablement défavorisées. ∎

1 Statistique Canada

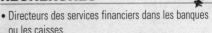

RECHERCHÉS

- Directeurs des services financiers dans les banques ou les caisses
- Analystes financiers dans les banques et les caisses ou dans les entreprises
- Commis senior ou comptables intermédiaires (avec une technique administrative)

SAVIEZ-VOUS QUE?

La banque à domicile est aujourd'hui une réalité. On a désormais accès à son compte en banque à partir de chez soi, et on peut effectuer des transactions à partir de son téléphone ou de son ordinateur. Récemment, les institutions financières ont même commencé à créer des «banques virtuelles»!

PRINCIPALES FORMATIONS

Secondaire
- Comptabilité informatisée et finance (ASP)

Collégial
- Administration en services financiers
- Finance

Universitaire
- Administration
- Comptabilité
- Comptabilité de gestion
- Comptabilité de management
- Finance
- MBA (2e cycle)
- Sciences comptables

POUR EN SAVOIR PLUS

The Insurance Career Center
www.connectyou.com/talent/

Institut québécois de planification financière
www.iqpf.org/qui-nous-sommes/francais/qui-fr.html

The Digital Financier
www.dfin.com/

Photo : Cégep de l'Abitibi-Témiscamingue

Renouveler les troupes

par Frédéric Boudreault

Un vent de renouveau souffle sur la foresterie. On a besoin de sang neuf, surtout à cause des départs à la retraite. De plus, les préoccupations d'ordre environnemental amènent désormais de nouveaux débouchés dans cette industrie.

La forêt est l'une des plus grandes richesses naturelles au Québec. En effet, 2 % du patrimoine forestier mondial se trouve sur son territoire. Il s'agit donc d'une responsabilité de taille. Mais la forêt n'est pas inépuisable, au contraire. La croissance de la production s'est souvent faite au détriment de la richesse elle-même, c'est pourquoi on cherche aujourd'hui à la préserver. Cette volonté génère du même coup de nouvelles ouvertures en ce qui concerne l'emploi.

EN TRANSITION

Les méthodes d'exploitation et de gestion des ressources naturelles sont aujourd'hui en pleine mutation. Ce domaine devient de plus en plus complexe et utilise une technologie continuellement appelée à s'améliorer et à se diversifier. Une main-d'œuvre qualifiée est donc recherchée pour mener à bien la transition.

> Les gens de l'industrie recherchent le profil de l'employé modèle qui peut s'adapter au vent de renouveau qui souffle sur la foresterie.

Actuellement, l'industrie forestière québécoise compte quelque 3350 entreprises qui font vivre 120 000 personnes, soit 77 000 emplois directs et 43 000 emplois indirects. Avec 85,3 millions d'hectares de terre boisée au Québec, cette industrie génère l'une des activités économiques les plus importantes de la province. Les ventes annuelles se chiffrent à environ 14,4 milliards de dollars et représentent 22 % des exportations totales du Québec, selon Statistique Canada.

POSTES À COMBLER

La foresterie, une bonne source de débouchés? Selon le directeur de l'Association des industries forestières du Québec (AIFQ), Julien Michaud, le domaine de la foresterie aura besoin de sang neuf au cours des prochaines années. «De 5000 à 7000 postes devront être comblés d'ici cinq ans. Il ne s'agit pas de nouveaux postes, mais bien de prises de retraite», lance-t-il.

Les gens de l'industrie recherchent le genre d'employé qui peut s'adapter au vent de renouveau qui souffle sur la foresterie. Le secteur forestier et celui de l'industrie des pâtes et papiers sont maintenant liés à la protection de l'environnement et à la nécessité de mettre sur pied des programmes de développement durable, qui assurent le renouvellement de la ressource. «Nous espérons que le gouvernement pourra adapter les formations, pour répondre à cette demande à partir de l'an 2000», souligne Julien Michaud. Le directeur de l'AIFQ juge également qu'il y a un besoin indéniable sur le plan des connaissances informatiques. «Nous ne cherchons pas des informaticiens, mais plutôt des gens qui ont suffisamment de connaissances en informatique pour comprendre le fonctionnement des nouvelles machines, explique-t-il. C'est surtout sur le plan des opérations que les besoins se font sentir.»

L'Université Laval offre trois baccalauréats en foresterie, qui sont spécifiquement adaptés aux besoins de l'industrie. Des formations en opérations forestières, en aménagement et environnement forestiers (ces deux programmes relèvent du génie forestier), et en génie du bois sont donc proposées aux étudiants. Les diplômés en génie du bois travaillent principalement à la transformation du bois, un secteur en plein changement. Les systèmes utilisés dans ce secteur sont en train de passer des anciennes machines mécaniques à des circuits informatisés «intelligents». De leur côté, les finissants en génie forestier effectuent des tâches plus diversifiées. Leur travail gravite beaucoup autour de l'aménagement et de la gestion des ressources forestières. Les possibilités d'emploi dans ces secteurs sont excellentes.

En formation professionnelle et technique, les diplômés sont recherchés. Cette main-d'œuvre est actuellement favorisée par l'essor de l'industrie du bois, dont les activités sont en croissance, notamment vers les États-Unis.

À noter qu'un mineur en foresterie environnementale est également offert à l'Université McGill, ce qui pourra intéresser les étudiants en sciences environnementales désireux de se diriger vers l'industrie de la foresterie.

En formation professionnelle et technique, les diplômés sont recherchés et travaillent directement à optimiser la production de la ressource dans les activités telles que la coupe, le sciage, le classement, l'aménagement ou la transformation. Cette main-d'œuvre est actuellement favorisée par l'essor de l'industrie du bois, dont les activités sont en croissance, notamment vers les États-Unis. Le secteur étant très spécialisé, cela permet aux diplômés de trouver des emplois relativement bien rémunérés sans nécessairement avoir à effectuer d'études universitaires.

TRAVAILLER DANS LE BOIS

L'Ordre des ingénieurs forestiers du Québec compte environ 1800 membres. Le salaire annuel de base de ces derniers se situe entre 40 000 et 70 000 $. Pour accéder à la profession, on a besoin d'un baccalauréat en génie du bois ou en génie forestier. D'après Georges Parent, conseiller en emploi à l'Université Laval, le diplômé dans ce domaine doit posséder plusieurs qualités. Il doit être capable de communiquer, de négocier et de coordonner le travail entre les différents intervenants. «Il faut beaucoup de diplomatie et de souplesse d'esprit pour déceler les besoins et les attentes de chacun, fait-il remarquer. Les maires de municipalités et les MRC, par exemple, peuvent avoir des buts très différents pour un même territoire.»

Point important : le diplômé en foresterie doit être prêt à s'installer en région, car les principaux employeurs sont de grandes entreprises établies près des ressources, soit sur la Côte-Nord ou en Abitibi. ■

RECHERCHÉS

- Ingénieurs forestiers
- Techniciens et détenteurs d'un DEP dans une discipline qui touche la foresterie

SAVIEZ-VOUS QUE?

Selon l'Association des industries forestières du Québec (AIFQ), de 5000 à 7000 postes devront être comblés d'ici cinq ans. Il ne s'agit pas d'ouvertures de nouveaux postes, mais de départs à la retraite.

PRINCIPALES FORMATIONS

Secondaire

- Abattage et façonnage des bois
- Affûtage
- Aménagement de la forêt
- Classement des bois débités
- Pâtes et papiers (opérations)
- Récolte de la matière ligneuse
- Sciage
- Sylviculture

Collégial

- Aménagement forestier
- Techniques forestières
- Techniques Papetières
- Transformation des produits forestiers

Universitaire

- Aménagement et environnement forestier
- Génie du bois
- Foresterie environnementale
- Opérations forestières
- Aux deuxième et troisième cycle : maîtrise en science des pâtes et papier et doctorat en génie papetier

POUR EN SAVOIR PLUS

Technical Association of the Pulp and Paper Industry
www.tappi.org/

L'inforoute de la forêt canadienne - Index
www.foret.ca/

Association des industries forestières du Québec
www.aifq.qc.ca/index.html

GeoRadaar - Secteur forestier
www.georad.com/francais/foret.htm

Photo : Université Laval

Géomatique

Travail à la carte!

par **Martine Roux**

Alors que le Canada est l'un des principaux acteurs de l'industrie mondiale de la géomatique, ce secteur en pleine expansion a peine à recruter des professionnels à la mesure de ses besoins.

La géomatique couvre un ensemble de techniques telles que l'arpentage et les levés cadastraux, la géodésie, la cartographie topographique et thématique, l'hydrographie, la cartographie marine, la télédétection, le traitement d'images et les systèmes d'information géographique (SIG).

Selon Industrie Canada, le marché mondial de la géomatique se chiffrerait à quelque 10 milliards de dollars, tandis que sa croissance serait de 20 % par année.[1] Le Canada se trouve aux premières loges de plusieurs champs d'activité en géomatique : il est notamment le chef de file de l'application du système de cartes marines électroniques. L'industrie serait tout aussi florissante au Québec.

> D'ici 15 à 20 ans, dans les pays industrialisés, la géomatique sera un outil d'usage quotidien dans la plupart des domaines de la société.

«Le Canada a développé certaines des meilleures technologies et nous sommes en avance sur beaucoup de pays en termes de capacités technologiques, explique George J. Emery, agent commercial principal chez Industrie Canada. L'industrie prend de l'expansion et nous exportons maintenant nos services dans d'autres pays. Selon nos prévisions, la géomatique progressera en moyenne de 10 à 15 % annuellement pendant les prochaines années. Le véritable frein à la croissance sera la difficulté à trouver les ressources humaines afin de combler tous les postes disponibles.»

AU SEIN DU QUOTIDIEN

La géomatique fera bientôt partie intégrante de nos vies au même titre que l'informatique, estime Philippe Poitras, directeur du développement de projets au Centre de développement de la géomatique. «Bien des gens font de la géomatique sans le savoir! D'ici 15 à 20 ans, dans les pays industrialisés, la géomatique sera un outil d'usage quotidien dans la plupart des domaines de la société.» Il scinde la discipline en deux grands volets : un premier, plus traditionnel, concerne la cartographie, la prise de données et la numérisation des cartes. Le second volet, qu'il nomme *géomatisation*, consiste à l'extension de cette discipline à tous les secteurs d'activités, de la restauration aux télécommunications. Et c'est dans ce champ, soutient-il, qu'on trouve les plus grandes perspectives de développement.

«La géomatique peut aider toutes les entreprises à améliorer leur productivité. Une chaîne de restaurants qui fait une étude de marché, une banque qui gère un réseau de guichets automatiques, une entreprise de transport qui suit le déplacement de ses camions, une épicerie qui instaure un système d'achat virtuel : autant d'activités où elle intervient. Dès qu'un produit ou un objet est positionné quelque part dans l'espace et dans le temps, la géomatique est utile. Elle a un potentiel formidable.»

LE BOOM

La géomatique a véritablement pris son envol dans la foulée des nouvelles technologies. Aujourd'hui, non seulement les appareils d'arpentage et d'acquisitions de données utilisent électronique, radar et satellite, mais la révolution informatique permet aussi de traiter les données avec beaucoup plus de flexibilité. «Cette évolution va de pair avec la complexification de notre société, estime Yvan Bédard, professeur-chercheur au département de sciences géomatiques de l'Université Laval. Grâce aux nouvelles technologies et aux logiciels développés, on peut intégrer des données provenant de partout et ainsi faire les meilleurs choix pour l'utilisation d'un territoire.»

DÉVELOPPEMENT POTENTIEL

Pour ce qui est du volet traditionnel, les perspectives de développement sont relativement limitées au plan national : l'ensemble du territoire nord-américain est déjà cartographié en grande partie. «Par contre, il y a beaucoup de possibilités de travail à l'étranger, avance M. Emery. La main-d'œuvre canadienne est très recherchée en Amérique latine, en Europe de l'Est et en Afrique, par exemple.»

> «Au cours des quinze prochaines années, à mon avis, la grande majorité des finissants en géomatique auront des emplois.»
>
> — Philippe Poitras

Quant au volet non traditionnel de la géomatique, les portes sont ouvertes! On peut travailler tant pour un fournisseur de produits et services géomatiques, telle une entreprise qui conçoit un système d'informatisation géographique, que pour un utilisateur de services géomatiques, comme Bell Canada, Vidéotron, Hydro-Québec, une compagnie minière ou forestière, etc. Les sous-secteurs les plus susceptibles de se développer? La télédétection, les systèmes d'information géographique (SIG), les systèmes de positionnement par satellite (GPS) et l'imagerie.

«Au cours des quinze prochaines années, à mon avis, la grande majorité des finissants en géomatique auront des emplois, avance Philippe Poitras. Plus les gens vont se rendre compte de ce que la géomatique peut faire pour eux, plus cette science sera utilisée.»

Ces spécialistes de la géomatique peuvent être issus de l'université, mais aussi du niveau collégial. L'industrie a, en effet, grand besoin de techniciens, et certaines formations offertes au cégep ouvrent aussi les portes de la géomatique. ∎

---

1 *Cadres de compétitivité sectorielle: la géomatique, vue d'ensemble et perspectives,* Industrie Canada, 1997.

RECHERCHÉS

- Techniciens en géomatique
- Ingénieurs en géomatique

SAVIEZ-VOUS QUE ?

Soixante-quinze pour cent de la planète n'est pas encore cartographiée! Les spécialistes de la géomatique auront donc fort à faire au cours des prochaines années...

PRINCIPALES FORMATIONS

Collégial
- Cartographie
- Géodésie

Universitaire
- Certains baccalauréats en géographie (UQAM, McGill, Sherbrooke, Université de Montréal)
- Sciences géomatiques

POUR EN SAVOIR PLUS

Liste de liens en géomatique - Université du Nouveau Brunswick
www.unb.ca/GGE/Hotlist.html

Strategis - Géomatique
strategis.ic.gc.ca/SSGF/bp00234f.html

Team Canada - Géomatique
www.geocan.NRCan.gc.ca/geomatics/

Photo : Ma Carrière

Ingénierie

Emplois en vue!

par **Sylvie Lemieux**

En ce qui a trait à l'emploi, les diplômés en génie sont choyés. Non seulement les entreprises d'ici les convoitent, mais ils sont aussi très recherchés par les compagnies étrangères.

La situation de l'embauche est toujours excellente pour les finissants en ingénierie. Selon Maryse Deschênes, directrice du service de placement de l'École polytechnique de Montréal, le taux de placement dépasse la barre des 95 %. «Les finissants trouvent un emploi très rapidement, en l'espace de trois mois ou moins», précise-t-elle.

Même constat à l'École de technologie supérieure (ÉTS), où le taux de placement atteint même 100 % dans certains programmes, dont le génie de la production automatisée, le génie mécanique, le génie électrique et le génie informatique. En fait, 90 % de l'ensemble des diplômés des promotions entre 1994 et 1996 de l'ÉTS occupent un emploi. «Actuellement, 50 % des nouveaux diplômés de l'ÉTS n'ont même pas besoin de faire de recherche d'emploi puisqu'ils ont déjà un poste qui les attend dans l'entreprise où ils ont effectué leur stage», explique Pierre Rivet, directeur du Service des stages et du placement à l'ÉTS.

> «Les finissants n'ont pas
> de difficulté à se placer,
> surtout s'ils acceptent
> de se déplacer.»
>
> — Diane Tousignant

Les étudiants en génie de l'Université du Québec à Trois-Rivières (UQTR) trouvent facilement du travail eux aussi. Selon Diane Tousignant, directrice du service de placement de l'UQTR, en génie industriel, le taux de placement frôle les 100 %, alors qu'il est de 95 % en génie électrique. Les autres formations (génie chimique, génie informatique et génie mécanique) affichent des taux de 80 % en moyenne. «Les finissants n'ont pas de difficulté à se pla-

cer, surtout s'ils acceptent de se déplacer. Il y a des entreprises en région qui manquent d'ingénieurs», affirme Mme Tousignant.

Du côté des techniciens en génie, les perspectives d'emploi s'améliorent dans leur ensemble, même si elles restent en deçà de celles des ingénieurs. Léandre Bibeau, du service d'intégration au marché du travail du Cégep Ahuntsic, évalue à environ 20 % l'augmentation des offres d'emploi reçues à son service pour ce type de diplômés.

DOMAINES PROMETTEURS

En génie, certains domaines sont plus prometteurs que d'autres. Ainsi, la demande est très forte pour les ingénieurs en informatique. «Ceci est vrai à long comme à court terme, affirme M. Rivet. Nos finissants sont particulièrement recherchés par les compagnies américaines. Chaque mois, nous accueillons des entreprises étrangères en multimédia qui veulent s'implanter au Québec.»

Le génie aéronautique, offert au deuxième cycle, est aussi très prisé puisque les experts prévoient une progression du besoin en déplacements de la population mondiale au cours des prochaines années. Par conséquent, la construction aéronautique est en plein essor, comme le prouvent les carnets de commandes bien remplis de Bombardier, par exemple.

Le secteur de la mécanique du bâtiment se porte également très bien, de même que ceux de l'automatisation et contrôle, et de la gestion de production. «C'est lié au fait que les entreprises du secteur manufacturier veulent améliorer leur productivité afin d'abaisser les coûts d'opération», explique Pierre Rivet.

> La mondialisation
> des marchés devrait offrir
> d'importantes possibilités
> aux ingénieurs-conseils.

La mondialisation des marchés devrait offrir d'importantes possibilités aux ingénieurs-conseils. Selon un document d'Industrie Canada, les secteurs les plus prometteurs concernent les systèmes d'information géographique, la mise au point de logiciels et d'applications connexes, les services de génie en télécommunications ainsi que les services en protection de l'environnement.

LE GÉNIE CIVIL

Si on a dit au cours des dernières années que les besoins en génie civil étaient comblés, c'est différent aujourd'hui. En effet, il y a actuellement peu de candidats à cause du faible nombre d'inscriptions dans les universités. «Cette année, le nombre de nos finissants ne répondait pas à la demande des employeurs», affirme Maryse Deschênes.

Le vieillissement de la population explique également qu'un certain besoin d'ingénieurs civils se fait à nouveau sentir. «Les années 1960 ont vu la réalisation des grands travaux de construction, fait valoir Pierre Rivet. On a alors formé beaucoup d'ingénieurs civils parce qu'il y avait beaucoup d'emplois. Or, ces personnes approchent de la retraite. D'ici cinq ans, il faudra les remplacer.» De plus, les infrastructures commencent à se détériorer, et on devra entreprendre leur rénovation, ce qui nécessitera la présence d'ingénieurs civils.

Selon des chiffres de l'ÉTS, en 1996, le taux de placement pour les ingénieurs en construction était de 87 %. Actuellement, il est de 92 %. «Depuis janvier 1998, nous avons reçu 150 offres d'emploi pour des ingénieurs en construction, et nous avons seulement 80 finissants», constate M. Rivet. Cela laisse donc augurer un avenir assez prometteur pour cette catégorie de professionnels également. ■

RECHERCHÉS

- Ingénieurs informatiques
- Ingénieurs physiques
- Ingénieurs mécaniques
- Ingénieurs industriels
- Ingénieurs électriques

SAVIEZ-VOUS QUE ?

Selon des chiffres du Conseil de la science et de la technologie, en 1991, la province ne disposait que de 77 ingénieurs par tranche de 10 000 individus actifs, comparativement à 133 en France, 149 aux États-Unis, 202 en Allemagne de l'Ouest, 274 au Japon et 374 en Suède.

PRINCIPALES FORMATIONS

Collégial
- Génie chimique
- Génie civil
- Génie industriel
- Génie mécanique
- Génie mécanique de marine
- Technologie physique

Universitaire
- Génie aéronautique
- Génie alimentaire
- Génie chimique
- Génie civil
- Génie de la construction
- Génie de la production automatisée

- Génie des matériaux (métallurgique)
- Génie du bâtiment
- Génie du bois
- Génie électrique
- Génie forestier
- Génie géologique
- Génie industriel
- Génie informatique
- Génie mécanique
- Génie minier
- Génie physique
- Génie rural
- Génie unifié

POUR EN SAVOIR PLUS

Académie canadienne du génie - publications
www.acad-eng-gcn.ca/publis/publi_fr.html

Conseil canadien des ingénieurs
www.ccpe.ca/francais/

Le monde virtuel de l'ingénierie
ecoleing.uqtr.uquebec.ca/geniedoc/monde/www_ing.htm

Liste des départements de génie au Québec
gi.uqtr.uquebec.ca/Divers/autres_universites.htm

Ordre des ingénieurs du Québec - section étudiante
www.oiq.qc.ca/etude/frame_etu.html

Logiciel

Des besoins grandissants

par **Martine Boivin**

Quoique jeune, à peine 15 ans, l'industrie du logiciel connaît une forte croissance qui semble assurée pour plusieurs années. Seule ombre au tableau, une main-d'œuvre insuffisante, souvent instable, que les entreprises semblent s'arracher!

Au Québec, l'industrie du logiciel compte pas moins de 2800 entreprises et au-delà de 21 000 travailleurs. Selon le ministère de l'Industrie, du Commerce, de la Science et de la Technologie (MICST), depuis 1991, le nombre d'emplois a augmenté de 75 %. Le chiffre d'affaires de cette industrie, actuellement estimé à 2,5 milliards de dollars, a connu une hausse de 64 % entre 1991 et 1997. Deux mille produits sont nés dans une trentaine de secteurs aussi diversifiés que la santé, l'éducation et la comptabilité.

Véronique Aubry, directrice du développement des affaires au Centre de promotion du logiciel québécois, explique que depuis quelques années, la plupart des entreprises développent leur marché sur le plan international, et que l'industrie doit pouvoir compter sur une main-d'œuvre hautement qualifiée afin de répondre rapidement aux exigences du marché. «Mais le manque de ressources humaines est flagrant, fait valoir Véronique Aubry, non seulement du côté des programmeurs, mais aussi en ce qui concerne les spécialistes en commercialisation internationale.»

> «On pourrait facilement doubler le nombre de finissants universitaires et le marché serait capable de les absorber.»
>
> — Jean-Paul Servant

Jean-Paul Servant, coordonnateur au Centre de recherche en informatique de Montréal, abonde en ce sens. «Les entreprises recherchent des gens aptes à imaginer le développement du logiciel, à comprendre les besoins de l'entreprise et capables de vendre le produit. On ne segmente plus ces trois tâches; on vise une approche globale.» Mais encore faut-il dénicher la perle rare...

S.O.S. MAIN-DŒUVRE!

Programmeurs, concepteurs, consultants, développeurs d'applications graphiques, gestionnaires de projets et spécialistes en marketing technologique se placent en tête de liste des employés recherchés par les entreprises. «On pourrait facilement doubler le nombre de finissants universitaires et le marché serait capable de les absorber», indique M. Servant.

Cependant, il n'est pas rare d'entendre les spécialistes parler de pénurie de main-d'œuvre, pénurie qui engendre une féroce concurrence entre les entreprises qui «s'arrachent les cerveaux» à coups de salaires faramineux. Ainsi, un employeur qui a mis temps et argent à former un candidat à l'interne peut s'attendre à voir celui-ci le quitter à la suite d'une offre plus alléchante. Et ce, sans compter la proximité des entreprises américaines qui recrutent de plus en plus au Québec. «Les Américains offrent des salaires vertigineux auxquels s'ajoutent des avantages que beaucoup d'entreprises québécoises ne peuvent concurrencer», affirme Mme Aubry.

PROMOUVOIR LES SCIENCES

Louise Saint-Pierre, coordonnatrice au Collège André-Grasset, explique cette pénurie par le manque d'intérêt des jeunes pour les sciences. «Aujourd'hui, les jeunes préfèrent les sciences humaines aux sciences pures», dit-elle. Mais en plus de promouvoir les sciences dans les écoles, encore faut-il que les programmes de formation s'ajustent aux réalités actuelles du marché du travail. «Ce qu'ils apprennent aujourd'hui va s'appliquer dès la semaine prochaine. Un candidat doit suivre l'évolution informatique, sinon il accusera un sérieux retard. Même les cégeps et les universités ont de la difficulté à s'adapter», soutient Mme Aubry.

> Un candidat doit s'attendre,
> une fois sur le marché du travail,
> à poursuivre sa formation afin de
> s'adapter aux exigences du marché
> et à l'évolution constante
> des technologies.

C'est la raison pour laquelle le Centre de promotion du logiciel s'est associé au Collège André-Grasset afin de mettre sur pied un programme de formation mieux adapté aux besoins de l'industrie. Ce programme vise à former des programmeurs-analystes destinés aux petites entreprises.

PEU D'ÉLUS

«Il n'est pas donné à tout le monde de réussir dans ce domaine. Il faut posséder le potentiel et la structure d'esprit appropriée», met en garde Mme Saint-Pierre. Une formation en électronique ou en informatique de niveau collégial conduit les diplômés vers un emploi, de même que les programmes de formation universitaire tels qu'informatique, génie informatique, génie logiciel, informatique de gestion, développement de logiciel, etc.

En revanche, un candidat doit s'attendre, une fois sur le marché du travail, à poursuivre sa formation afin de s'adapter aux exigences du marché et à l'évolution constante des technologies. La formation continue est donc essentielle.

Manque de main-d'œuvre ou pas, les employeurs préfèrent tout de même embaucher les candidats qui, en plus d'une solide formation, possèdent aussi de l'expérience, de la maturité, un bon sens de l'organisation, de l'initiative, de même qu'un esprit d'équipe. Ils ne peuvent se permettre, en effet, d'engager des personnes qui n'ont ni le talent, ni les aptitudes nécessaires pour mener à bien leur travail. Une erreur peut coûter très cher aux entreprises, c'est pourquoi elles demeurent assez sélectives dans le recrutement de leur personnel. ■

RECHERCHÉS

- Programmeurs
- Concepteurs
- Développeurs d'applications graphiques
- Gestionnaires de projets
- Spécialistes de marketing technologique
- Gestionnaires de réseaux
- Administrateurs de réseaux
- Entretien de réseaux
- Analystes

SAVIEZ-VOUS QUE?

Le Québec brille au firmament de la création des logiciels grâce à des entreprises comme *InterQuest*. Cette compagnie a lancé un nouveau produit, *Faces*, un CD-rom permettant de créer, à partir d'une banque de 2800 traits faciaux, des milliards de visages d'une qualité graphique exceptionnelle. Cet outil pourrait permettre aux services de police de créer des portraits robots avec une étonnante facilité et une grande précision.
Source : *Le Devoir*, juin 1998.

PRINCIPALES FORMATIONS

Collégial
- Électronique
- Informatique
- Systèmes ordinés

- Informatique
- Informatique de génie
- Informatique de gestion
- Informatique et recherche opérationnelle

Universitaire
- Génie informatique
- Génie logiciel

- Informatique industrielle
- Informatique-mathématiques

POUR EN SAVOIR PLUS

MICST - Le secteur des nouvelles technologies de l'information
www.micst.gouv.qc.ca/secteurs-industriels/technologies.html

Strategis - Carrefour des technologies de l'information
www.strategis.ic.gc.ca/sc_indps/sectors/frndoc/it_connect.html

Québec Science - Les NTI
www.cybersciences.com/cyber/1.0/1_29_Menu.htm

Conseil des ressources humaines du logiciel - Programme de formation des professionels en technologie de l'information
www.itp.shrc.ca/fr/index.html

UBI SOFT DIVERTISSEMENTS INC. : producteur, éditeur et diffuseur de logiciels de loisirs interactifs

CHEF DE FILE DANS L'INDUSTRIE DU
MULTIMÉDIA

Ubi Soft maîtrise toutes les étapes de la réalisation de logiciels de loisirs interactifs : la conception, la production et la diffusion. Oeuvrant dans une industrie en constante évolution, Ubi Soft participe aux derniers développements technologiques dans le multimédia. Reconnu pour son expertise dans ce domaine, Ubi Soft est un des premiers producteurs à utiliser la technologie MMX™ (pour POD en 1996), le Pentium® II AGP (pour Tonic Trouble en 1998), et à concevoir des jeux vidéo pour la nouvelle console Dreamcast® de Sega.

DIMENSION INTERNATIONALE

Ubi Soft compte maintenant 9 studios de production et 12 filiales de distribution situés en Europe, en Amérique et en Asie regroupant plus de 1150 collaborateurs. Ubi Soft distribue son catalogue de produits dans 52 pays en 22 langues différentes. Les 1200 produits pour consoles et ordinateurs diffusés par le groupe sont répartis en 3 lignes éditoriales : jeu, accompagnement scolaire et artistique, jeunesse. Ses principaux succès, POD et RAYMAN, se sont vendus à plus de 2,5 millions d'exemplaires.

Implantée à Montréal depuis juillet 1997 afin d'intensifier la présence internationale du groupe en Amérique du Nord et de figurer parmi les 10 premiers éditeurs en l'an 2006, Ubi Soft compte maintenant plus de 350 employés d'une moyenne d'âge de 24 ans. Regroupés en équipes de travail dans une ambiance de création à aires ouvertes, ces jeunes passionnés du jeu vidéo unissent leurs talents pour créer des logiciels de qualité supérieure.

Le studio montréalais se spécialise dans la conception, la production et le développement de projets tels Speed Busters, Monaco Grand Prix Racing Simulation 2 et la gamme Playmobil® et ce, sur différentes plates-formes. Ces activités offrent une grande diversité de métiers à des jeunes diplômés créatifs et innovateurs, passionnés par la haute technologie.

LES MÉTIERS

CHEZ UBI SOFT, LA CRÉATION S'ORGANISE AUTOUR D'UN CHEF DE PROJET QUI FAIT APPEL À DES STUDIOS SPÉCIALISÉS POUR CRÉER UN GAME-DESIGN DE QUALITÉ ET DES GRAPHISMES ORIGINAUX. L'ON RETROUVE DANS CES STUDIOS : SCÉNARISTES, ILLUSTRATEURS, GRAPHISTES, ANIMATEURS, GAME-DESIGNERS ET INGÉNIEURS-INFORMATICIENS. ILS METTENT EN COMMUN LEUR CRÉATIVITÉ, LEUR AUDACE, LEUR HUMOUR ET LEUR SENS DE LA POÉSIE POUR PROPOSER UN JEU ASSURANT PLAISIR, ÉTONNEMENT ET ÉMOTION.

Informatique

Les ingénieurs-informaticiens développent de nouveaux algorithmes et participent à la création et au développement de jeux utilisant les dernières technologies, et ce à trois niveaux :

- **R&D**: développement de nouveaux algorithmes (en 3D, en intelligence artificielle...)

- **Moteur**: analyse et développement de la structure des jeux et des différents modules qui les composent (IA, animations, dynamique, mode multi-joueurs)

- **Outils**: analyse des besoins des autres studios (graphistes, animateurs, designers...) et proposition de nouvelles solutions.

Image

Studio de modélisation

Les graphistes modeleurs conçoivent et réalisent des personnages et décors en 3D.

Studio d'animation

Les animateurs donnent vie aux personnages modélisés au préalable. Ils conjuguent des talents de graphistes et de spécialistes du mouvement.

Game-Design

Responsables du game play du logiciel, les game-designers sont des spécialistes de la scénarisation interactive. La maîtrise de leur art leur permet notamment de définir et d'imaginer le design et les règles du jeu, les actions des personnages et les énigmes. Leur but : devenir expert en création des sensations et des émotions.

Info-Design

Les info-designers travaillent en collaboration avec le chef de projet, les game-designers et les graphistes pour réaliser une maquette du jeu. En unissant créativité et technique, leur rôle consiste à prendre en charge la programmation du comportement de différents acteurs virtuels dans le jeu.

Son, Vidéo et Localisation

Ces studios regroupent tous les métiers du son et de la vidéo au service de la production, de la localisation ou du marketing. Ils sont formés de spécialistes dans des domaines aussi variés que la direction artistique, la traduction, la prise de son, le mixage ou la direction d'acteurs.

Internet

Les logiciels sont tous adaptés pour Internet. Ces spécialistes créent l'environnement graphique des sites et sont responsables du game-service et de la qualité de tous les sites associés aux produits.

Tests

Chaque produit est soumis à un rigoureux contrôle de qualité par une équipe interne de testeurs qui évaluent toutes les versions des logiciels sur les différents supports. Ils décortiquent toutes les situations possibles et suivent sans exception les diverses étapes que pourra franchir un jeu.

PRENEZ-VOUS AU JEU !

Passionnées par le goût du jeu, l'exigence de qualité et l'esprit d'innovation, les équipes d'Ubi Soft vous invitent à pénétrer dans les mondes fantastiques du loisir interactif... Pour plus de détail sur Ubi Soft et ses différentes possibilités de carrières, consultez notre site Internet au http://www.ubisoft.com

Ubi Soft Divertissements Inc.
5505, boulevard Saint-Laurent
Suite 5000
Montréal (Québec) H2T 1S6

http://www.ubisoft.com

Ubi Soft
ENTERTAINMENT

Matériaux de pointe

Miser sur l'innovation

par **Frédéric Boudreault**

Qu'ont en commun les alliages de magnésium, l'aluminium, la céramique et les poudres de zinc? Ce sont des matériaux de pointe, qui entrent dans la fabrication de divers produits : autos, piles pour entreposer l'hydrogène ou encore des pièces pour la navette spatiale. Et même si ce secteur est encore jeune au Québec, il génère son lot d'emplois.

S i on se fie à la définition de l'Organisation du commerce et du développement économique (OCDE), les matériaux de pointe sont toutes les matières et les procédés qui n'existaient pas il y a 25 ans. Certains approuvent cette définition, d'autres pas. Mais une chose est sûre néanmoins : il s'agit d'un secteur prometteur.

DES MATÉRIAUX INTELLIGENTS

Jacques Martel, directeur général de l'Institut des matériaux industriels (IMI) rattaché au Centre national de recherches du Canada (CNRC), connaît bien le domaine. «Ce ne sont pas seulement les matériaux qui sont de pointe, explique-t-il, c'est aussi la façon de faire.» Selon lui, les nouveaux matériaux visent principalement deux buts : créer des produits de haute performance en modifiant leur structure pour les rendre plus rigides, solides ou flexibles, ou encore diminuer les coûts en créant des alliages.

> «Nous cherchons à réduire le délai entre la conception et la réalisation du produit. C'est vraiment là que se situe le développement.»
>
> — Jacques Martel

L'industrie veut aussi avoir accès à des produits encore plus performants et conçus très rapidement. «Nous cherchons à réduire le délai entre la conception et la réalisation du produit. C'est vraiment là que se situe le développement», souligne Jacques Martel.

Alain Cloutier, conseiller en développement au ministère de l'Industrie, du Commerce, de la Science et de la Technologie, indique qu'en ce qui concerne les matériaux de pointe, il s'agit d'utiliser des matériaux qui existent déjà, mais pour lesquels on va améliorer une foule de paramètres, comme la résistance ou la rentabilité. Par exemple, certains polymères peuvent remplacer le pare-chocs d'acier d'une automobile. Conçu en un seul morceau, ce nouveau pare-chocs est aussi résistant et génère une économie d'argent pour les fabricants.

UN SECTEUR JEUNE

Il est très difficile d'obtenir des statistiques sur le domaine des matériaux de pointe au Québec, parce que ce n'est pas un secteur en soi. Il s'agit plutôt d'un soutien pour plusieurs activités industrielles. Par exemple, le transport, les télécommunications ou l'aérospatiale.

La recherche dans le secteur des matériaux de pointe est toute récente en ce qui concerne la Belle Province. Donald Holdner, directeur des métaux légers et des produits au Centre technologique Noranda, à Pointe-Claire, juge, quant à lui, que ce domaine est encore «immature». «Il y a encore assez peu d'institutions universitaires qui font des recherches industrielles ou qui travaillent dans ce secteur», indique-t-il.

Jacques Martel se montre tout à fait d'accord. Il croit qu'il y a du rattrapage à faire au Québec. Pour améliorer la situation, il faudrait des personnes qualifiées pouvant raccourcir le temps de production. «Prendre cinq secondes de moins sur un procédé qui dure normalement 30 secondes, c'est ce qui fait la différence entre une compagnie qui vendra son produit à un prix compétitif et une autre qui ne le vendra pas», explique-t-il. Selon lui, les besoins se situent donc dans ce champ très précis.

Les industries qui embauchent
se retrouvent principalement en plasturgie,
en aéronautique, en métallurgie,
en télécommunications, en construction
et en transport.

Au Québec, le domaine du magnésium, matériau de pointe par excellence, semble bien se porter. Le gouvernement québécois, par l'entremise de la Caisse de dépôt et de placement et de la Société générale de financement, lui donne un bon coup de pouce et la matière première est disponible sur place. Il s'agit maintenant de construire des usines de production pour la transformer.

DEVENIR PIONNIER

Dans les matériaux de pointe, les formations varient autant que les possibilités d'emploi. Les industries qui embauchent se retrouvent principalement en plasturgie, en aéronautique, en métallurgie, en télécommunications, en construction et en transport.

Pour occuper les emplois disponibles, on a besoin d'une main-d'œuvre spécialisée. Selon Donald Holdner, il est cependant difficile de dénicher des travailleurs bien formés pour ce secteur. Jacques Martel vient confirmer ce constat. Pour le directeur général de l'IMI, c'est l'éternel problème de la poule et de l'œuf. «Nous ne disposons pas de la main-d'œuvre nécessaire, les entreprises sont moins compétitives et si elles sont moins compétitives, elles embauchent moins», remarque-t-il. Il ajoute qu'il existe bel et bien une demande pour de bons techniciens en chimie, en physique et en électronique. Autre point important, selon lui : une base solide en informatique ainsi qu'une bonne connaissance des processus physiques et chimiques.

Pour sa part, Donald Holdner affirme que l'on a besoin de techniciens possédant de l'expérience avec les métaux, comme le magnésium et l'aluminium, ainsi que de spécialistes en mécanique. ■

RECHERCHÉS

- Ingénieurs en métallurgie
- Techniciens en métaux
- Spécialistes en mécanique ou ingénieurs mécaniques

SAVIEZ-VOUS QUE ?

Grâce aux développements technologiques, la structure de certains alliages peut être modifiée. Ainsi, des polymères deviennent aussi rigides que l'acier tout en demeurant très légers. On peut donc fabriquer, à partir de cette matière, des pièces qui entreront dans la construction des automobiles et des avions, par exemple.

PRINCIPALES FORMATIONS

Collégial
- Chimie analytique
- Génie chimique
- Métallurgie (option procédés métallurgiques)
- Procédés chimiques
- Transformation des matériaux composites

Universitaire
- Chimie
- Génie des matériaux (métallurgique)
- Génie chimique
- Génie mécanique
- Mathématiques appliquées
- Physique

POUR EN SAVOIR PLUS

Site d'industrie Canada pour les matériaux de pointe
strategis.ic.gc.ca/sc_indps/sectors/frndoc/mat_hpg.html

CNRC- Institut des matériaux industriels
www.imi.nrc.ca/imifrancais.html

Photo : Au Dragon Forgé

Métallurgie

Chauds, les métaux!

par Claudine St-Germain

Y a-t-il de l'avenir dans l'industrie de la métallurgie? Ce domaine montre effectivement de belles perspectives pour qui sait se positionner sur le marché du travail.

Les métaux représentent depuis longtemps une partie importante de l'industrie primaire du Québec. Aujourd'hui, l'industrie métallurgique se caractérise par la maturité de certains secteurs et l'expansion de certains autres. Cela permet à ses différents acteurs d'espérer avoir de belles années devant eux.

UNE INDUSTRIE QUI COMPTE

Au Québec, le développement de l'industrie métallurgique est étroitement lié à celui de la construction et du transport, à la présence de ressources naturelles abondantes, comme l'hydroélectricité, qui fournissent une énergie à des prix concurrentiels, ainsi qu'une position stratégique à la province par rapport aux marchés canadien et américain.

L'industrie métallurgique se répartit en fonction des minerais utilisés. Les principaux secteurs d'activité au Québec sont donc l'acier, l'aluminium, le cuivre, le zinc, le magnésium et les ferro-alliages. Sous chaque catégorie, on trouve ensuite les entreprises du secteur primaire, c'est-à-dire l'extraction des minerais, et celles du secteur secondaire, soit la transformation des métaux. Dans ce dernier champ d'activité, on trouve le laminage, l'extrusion, la fonderie de pièces moulées, le forgeage, la métallurgie des poudres, le traitement thermique et le recyclage des métaux.

Actuellement, l'aluminium est le secteur qui comprend le plus grand nombre d'employés, avec cinq entreprises contrôlant la production du secteur primaire et près de 300 autres l'utilisant pour fabriquer des produits finis. C'est un secteur en pleine expansion : dans son rapport annuel de 1997, Alcan soulignait que la demande d'aluminium de première fusion a progressé de 6 % dans le monde occidental. Cette progression est notamment due à l'industrie automobile, qui emploie de plus en plus d'aluminium dans la fabrication de voitures et camions.

Un autre métal connaissant un essor considérable est le magnésium. Parce qu'il est léger et résiste bien aux chocs et à la corrosion, il pourrait bien remplacer l'aluminium dans la production de certaines pièces de l'automobile, de l'électronique et de l'outillage.

L'ARRIVÉE DES NOUVELLES TECHNOLOGIES

Le développement de l'industrie métallurgique primaire au Québec parvient toutefois aujourd'hui à maturité. D'une part, les implantations d'usines dans des pays en voie d'industrialisation sont bien souvent économiquement plus rentables, étant donné l'accessibilité à d'abondantes ressources minérales et énergétiques, et grâce à des charges sociales nettement inférieures à celles du Québec.

Les entreprises québécoises doivent donc miser sur l'innovation et les nouvelles technologies pour profiter de marchés encore inexploités.

D'autre part, on peut de moins en moins utiliser les réserves hydroélectriques de la province pour des projets de grande envergure, car elles sont déjà employées dans le cadre d'autres activités. En outre, les métaux traditionnels subissent une concurrence de plus en plus forte des nouveaux métaux et alliages, ainsi que des céramiques, des plastiques et des composites.

Les entreprises québécoises doivent donc miser sur l'innovation et les nouvelles technologies pour profiter de marchés encore inexploités.

Par exemple, Noranda a investi 720 millions de dollars à Asbestos, dans un projet qui permettra d'extraire du magnésium à partir des résidus de l'exploitation des mines d'amiante, une première dans le monde.

FORGER L'AVENIR

Les travailleurs de la métallurgie occupent principalement quatre types d'emplois : ingénieurs métallurgistes et des matériaux, chimistes, techniciens en minéralogie ou métallurgie, et d'autres professions des sciences physiques, comme celle de pédologue (spécialiste des sols). Selon Développement des ressources humaines Canada (DRHC), depuis quelques années, le taux de croissance annuel pour ces professions varie entre 2,4 % et 3,8 %.

> La formation doit être
> constamment adaptée à l'industrie,
> dont les besoins changent rapidement
> avec l'application de normes de qualité
> plus sévères, le développement de
> procédés de fabrication novateurs et
> l'ouverture de nouveaux marchés.

«Les perspectives d'emploi en métallurgie sont bonnes. Les diplômés en génie métallurgique se dirigent principalement dans les grandes entreprises en région», confirme René Beaulieu, conseiller en emploi à l'Université Laval.

De plus, la formation doit être constamment adaptée à l'industrie, dont les besoins changent rapidement avec l'application de normes de qualité plus sévères, le développement de procédés de fabrication novateurs et l'ouverture de nouveaux marchés. On ne s'attend donc pas à ce qu'on manque de travail dans le domaine de la métallurgie. ■

RECHERCHÉS

- Fondeurs
- Techniciens en métallurgie
- Techniciens en contrôle de la qualité
- Techniciens en génie
- Ingénieurs des matériaux/métallurgie

SAVIEZ-VOUS QUE ?

Au Québec, la production de dix alumineries représente 89 % de la production canadienne et 10 % de la production mondiale. Les livraisons de l'industrie québécoise de l'aluminium sont au premier rang des principales industries du secteur manufacturier.

Source : *La Presse*, 2 novembre 1998

PRINCIPALES FORMATIONS

Secondaire
- Assemblage de structures métalliques
- Chaudronnerie
- Ferblanterie-tôlerie
- Fonderie
- Montage d'acier de structure
- Soudage-assemblage
- Soudage-montage
- Soudage sur tuyaux

Collégial
- Génie industriel
- Métallurgie (options contrôle de la qualité, soudage et procédés métallurgiques)

Universitaire
- Génie des matériaux/métallurgie
- Génie minier

POUR EN SAVOIR PLUS

MICST - Alliage
www.micst.gouv.qc.ca/alliage/index.html

Conseil canadien du commerce et de l'emploi dans la sidérurgie
www.cstec.ca/French/index.html

Photo : École québécoise du meuble et du bois ouvré

Cap sur la croissance

par **Koceila Louali**

Au lendemain de la signature de l'Accord de libre-échange, en 1987, les observateurs ne donnaient pas cher de l'industrie du meuble. Bon nombre d'interrogations concernaient sa capacité de survivre à la concurrence des fabricants de meubles américains. Au début des années 1990, ces prédictions se sont concrétisées, mais le vent semble désormais avoir tourné...

Au pied du mur, le secteur du meuble a finalement rebondi pour atteindre un chiffre d'affaires de deux milliards de dollars! En cinq ans, selon le ministère de l'Industrie, du Commerce, de la Science, et de la Technologie (MICST), l'industrie du meuble a quadruplé ses exportations, les faisant passer de 200 à 800 millions de dollars par année. Son taux de croissance, de 16,3 %, est maintenant le plus important de tous les secteurs industriels.

LE VENT DANS LES VOILES

Plusieurs entreprises régionales sont ainsi devenues internationales. Comme Bestar, qui a doublé son chiffre d'affaires en deux ans pour atteindre 72 millions de dollars. Le succès de cette compagnie de la région de Lac Mégantic spécialisée dans le meuble d'assemblage s'explique par divers facteurs. «On s'est concentré sur le mobilier de bureau et de l'audiovisuel, explique la directrice des ressources humaines chez Bestar, Chantale Larouche. Le design de nos produits et notre équipe de vente renforcée ont également apporté de l'eau au moulin.»

La fabrication de meubles en série a nécessité une modernisation de l'équipement. «Dès 1986, nous avons intégré des robots empileurs et d'autres automates programmables», rappelle Chantale Larouche. En effet, l'avènement de machines à commande numérique a révolutionné les méthodes de production, permettant ainsi d'améliorer la productivité à moindre coût.

Pour Christian Galarneau, coordonnateur du Comité sectoriel des industries des portes et fenêtres, du meuble et des armoires de cuisine, ce revirement de situation exceptionnel est dû à un changement dans la culture organisationnelle des entreprises. «Auparavant, plusieurs d'entre elles étaient des entreprises familiales. Pour se moderniser, elles ont embauché du personnel compétent dans le domaine de la gestion et de l'organisation. Celui-ci a assuré un meilleur contrôle financier et une plus juste évaluation de la marge de profit sur le développement d'un produit. Il y a également eu une amélioration des processus de travail, grâce à l'implantation de programmes de contrôle de la qualité [normes ISO].»

S'ADAPTER AU MARCHÉ

L'industrie du meuble de bureau, le rembourrage, les meubles en bois, les portes et fenêtres et les armoires de cuisine sont parmi les secteurs les plus dynamiques de l'industrie. «Ces domaines ont beaucoup investi dans la machinerie et dans des programmes de qualité totale», fait remarquer le vice-président exécutif de l'Association des fabricants de meubles du Québec, Jean-François Michaud.

Le vieillissement de la population devrait accentuer le développement de produits adaptés aux besoins des personnes âgées.

Le vieillissement de la population devrait accentuer le développement de produits adaptés aux besoins des personnes âgées. Les meubles dits «écologiques», par exemple, ceux fabriqués en matériaux non polluants et recy-

ple, ceux fabriqués en matériaux non polluants et recyclables, ainsi que ceux destinés aux chaînes audiovisuelles semblent également avoir un avenir prometteur. «Les besoins en produits spécifiques varient toutefois d'une région, ou d'un pays à l'autre. En Amérique du Sud, par exemple, les nouveaux ménages sont nombreux et ils ont besoin de tables, de chaises et de mobilier pour enfants. Il faut simplement s'adapter aux différents types de marché», souligne M. Michaud.

MAIN-D'ŒUVRE RECHERCHÉE

Mais un manque de main-d'œuvre qualifiée afflige le secteur. Il n'est d'ailleurs pas rare de voir un finissant dans le domaine recevoir plusieurs offres d'emploi. «Aujourd'hui, il faut posséder une formation professionnelle pour être en mesure de comprendre les mathématiques appliquées ou de lire un plan, d'utiliser un terminal informatique ou de faire un entretien préventif des machines», signale Christian Galarneau.

Selon l'Association des fabricants de meubles du Québec, cette industrie a créé 4000 emplois en un an. Elle fait aujourd'hui travailler quelque 8000 personnes.

Selon l'Association des fabricants de meubles du Québec, cette industrie a créé 4000 emplois en un an. Elle fait aujourd'hui travailler quelque 8000 personnes. «Nous voulons faire connaître les perspectives d'avenir que l'industrie du meuble offre aux jeunes, affirme Jean-François Michaud. Nous avons malheureusement longtemps souffert d'une image très traditionnelle qui ne suscitait pas leur intérêt.»

La liste de besoins en main-d'œuvre s'avère plutôt longue pour ce secteur. Du côté des employés d'usine, l'industrie recherche des ouvriers pour la confection de meubles de bois et de panneaux, des opérateurs de machines à commande numérique, des rembourreurs et des couturières, particulièrement pour le travail du cuir. Des techniciens de production et de gestion de qualité sont aussi demandés. Finalement, des designers pourraient obtenir de nombreux contrats sur une base contractuelle.

Quoi qu'il en soit, l'avenir reste prometteur pour cette industrie. «Il n'y a aucune raison de croire qu'elle va s'affaiser, assure Jean-François Michaud. Toutes les données sont à la hausse. D'autant plus que de nouveaux marchés très intéressants s'ouvrent en Asie et en Amérique du Sud.» Maintenant que l'industrie québécoise du meuble a séduit son voisin américain, d'autres parties du monde restent à conquérir. ■

RECHERCHÉS

- Ouvriers d'usine pour la fabrication de meubles en bois et en panneaux
- Opérateurs de machines à commande numérique
- Techniciens de production et de gestion de la qualité
- Designers de meubles

SAVIEZ-VOUS QUE?

Contrairement à la croyance générale, la présence des femmes ne cesse de s'accroître dans l'industrie du meuble. L'École québécoise du meuble et du bois ouvré de Victoriaville ne comptait que 5 % de femmes il y a 10 ans. Aujourd'hui, elles représentent 20 % des étudiants. Elles occupent maintenant des postes de techniciennes, d'employées d'usine et de gestionnaires.

PRINCIPALES FORMATIONS

Secondaire
- Ébénisterie
- Fabrication en série de meubles et de bois ouvré
- Finition de meubles
- Modelage
- Rembourrage artisanal
- Rembourrage industriel

Collégial
- Ébénisterie et menuiserie architecturale
- Meuble et bois ouvré

Universitaire
- Design industriel

POUR EN SAVOIR PLUS

Association des fabricants de meubles du Québec
www.afmq.com/fr/associat/index.html

Cadre de compétitivité sectorielle- Ameublement
strategis.ic.gc.ca/SSGF/fh03001f.html

Liste des manufacturiers du meuble au Canada
strategis.ic.gc.ca/sc_indps/busfurn/frndoc/5b.html

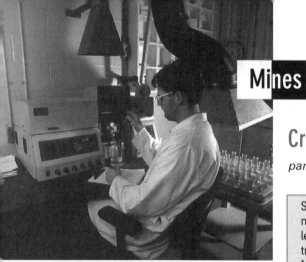

Photo : Cambior inc.

Creusez et vous trouverez!

par **Martine Roux**

Selon le ministère des Ressources naturelles du Québec, entre 1989 et 1997, le nombre d'emplois générés par l'industrie minière québécoise a baissé de 22 %. Malgré tout, le secteur se tourne résolument vers la technologie et requiert désormais des travailleurs spécialisés.

Depuis toujours, les mines sont étroitement liées au développement de l'économie québécoise. Si elles représentent bon an mal an quelque 1 % du produit intérieur brut de la province[1], elles alimentent aussi une foule de secteurs : construction, automobile, etc. La valeur des expéditions minérales du Québec aurait atteint environ 3,5 milliards de dollars en 1997, soit près de 20 % du total canadien.

«L'industrie se modernise et est désormais confrontée à de nouveaux défis : on explore des territoires situés toujours plus au nord et on creuse de plus en plus profondément. Les récentes méthodes d'exploration et d'extraction nécessitent un recours accru à la technologie. On a donc besoin d'une main-d'œuvre spécialisée pour interpréter les données actuelles», fait valoir André Lavoie, directeur des communications et des relations publiques à l'Association minière du Québec.

L'industrie minière regroupe les activités de production de substances métalliques (or, cuivre, zinc, minerai de fer), de minéraux industriels (amiante, ilménite, sel), de matériaux de construction (ciment, produits d'argile, pierre) ainsi que des activités de transformation première (fonderies, raffineries). Elle employait environ 17 817 personnes en 1997[2].

Cependant, soumise aux humeurs des marchés boursiers internationaux, l'industrie ne connaît pas ses meilleures années. Depuis plus d'un an, les crises asiatique et russe ont durement frappé le marché des métaux : l'or a connu ses plus mauvais cours en 18 ans, tandis que le cuivre a atteint son son plus bas niveau en 11 ans...[2]. Tous les prix sont à la baisse!

«Ce n'est cependant pas la première fois que ça arrive dans l'histoire de l'industrie, assure M. Lavoie. La situation

est difficile, mais les entreprises s'en tirent relativement bien, car elles ont des ententes avec la Monnaie royale canadienne. La faiblesse du dollar canadien leur permet aussi de limiter les pertes; l'or se négocie en effet en dollars américains. Tout cela oblige les compagnies à revoir leurs coûts, mais on demeure plutôt confiants.» On estime d'ailleurs que les conséquences sur la main-d'œuvre sont plutôt limitées.

ÉVOLUTION DE LA TECHNOLOGIE

Si les prix sont à la baisse, la popularité des nouvelles technologies, elle, est assurément à la hausse! Le dernier cri? Un système intégré d'automatisation minière, une technologie développée par Noranda et STAS, et récemment acquise par la compagnie Niobec. «Cela permet, par exemple, de faire fonctionner des chargeuses-navettes à partir d'une salle de contrôle. L'objectif de Niobec est l'automatisation graduelle et complète de ses opérations.»

> On assiste à un
> accroissement de la demande
> pour les emplois spécialisés.

Marthe Carrier, directrice de l'embauche et du développement organisationnel à la Compagnie minière Québec-Cartier, de Port-Cartier, estime que l'industrie aura toujours davantage besoin d'une main-d'œuvre qualifiée en technologies. «Nous avons embauché une dizaine d'informaticiens cette année. Ils s'occupent autant de développer des applications informatiques que de maintenir l'exploitation de nos systèmes experts. Des informaticiens et des ingénieurs, nous en avons toujours besoin et, comme tout le monde, nous avons du mal à recruter.»

> «Les mines recherchent aussi
> une main-d'œuvre spécialisée
> en environnement.»
>
> — André Lavoie

Les spécialités du génie les plus populaires auprès des employeurs sont les génies minier, métallurgique, géologique, mécanique, électrique et, de plus en plus, informatique. On embauche aussi des techniciens en métallurgie ou en minéralurgie.

«L'important est d'aller chercher une spécialisation, fait valoir l'ingénieur-économiste Antoine Ahua, du Service de la recherche en économie minérale au ministère des Ressources naturelles. De façon générale, on note une baisse de l'emploi dans l'industrie depuis quelques années. Mais parallèlement à cela, on assiste à un accroissement de la demande pour les emplois spécialisés.» En ce qui concerne les diplômés de la formation professionnelle, ils semblent connaître actuellement un ralentissement.

L'IMPACT ENVIRONNEMENTAL

Par ailleurs, les entreprises minières démontrent un souci accru pour les questions environnementales. En 1997, les membres de l'Association minière ont ainsi investi 73 millions de dollars dans la protection de l'environnement, principalement en ce qui a trait à la qualité des effluents.[3] «En conséquence, les mines recherchent aussi une main-d'œuvre spécialisée en environnement», indique M. Lavoie. On peut penser, par exemple, à des consultants en environnement.

Mais hors de la spécialisation, point de salut pour ceux qui songent à faire carrière dans les mines. On va évidemment continuer à embaucher des mineurs, des conducteurs d'équipement, des mécaniciens et des électriciens, mais on veut des gens capables d'apprendre, de suivre l'évolution de la technologie, de s'adapter et d'être plus polyvalents. ■

1 «L'industrie minière du Québec : 1997», Service de la recherche en économie minérale,
2 Orange, Martine, «Le typhon asiatique emporte aussi les matières premières», *Le Devoir*, 19 août 1998.
3 Tison, Marie, «Protection de l'environnement : les mines ont investi 73 millions en 1997», *Le Devoir*, 22 août 1998.

RECHERCHÉS

- Ingénieurs miniers
- Ingénieurs informatiques
- Ingénieurs métallurgistes
- Ingénieurs géologues
- Ingénieurs mécaniques
- Ingénieurs en électromécanique
- Ingénieurs électriques

SAVIEZ-VOUS QUE?

La compagnie Niobec, de Chicoutimi, est l'un des deux seuls producteurs de niobium au monde. Ce métal a la propriété de renforcer et d'alléger l'acier et est utilisé, entre autres, par l'industrie aérospatiale.

PRINCIPALES FORMATIONS

Secondaire
- Extraction de minerai
- Opération des équipements de traitement de minerai

Collégial
- Exploitation (technologie minérale)
- Géologie appliquée
- Métallurgie
- Minéralurgie

Universitaire
- Génie électrique
- Génie géologique
- Génie informatique
- Génie mécanique
- Génie des matériaux (métallurgie)
- Génie minier
- Géologie

POUR EN SAVOIR PLUS

Conseil canadien d'adaptation et de formation de l'industrie minière
www.mitac.ca/

Mining Resources
www.miningresources.com/

GeoRadaar - Secteur minier
www.georad.com/francais/mines.htm

GeoRadaar - Liens de l'industrie minière
www.georad.com/francais/info/liens_min_fra.htm

Photo : Cégep Edouard - Montpetit

Multimédia

Jeune mais prometteur!

par **Martine Boivin**

Secteur en pleine expansion, l'industrie du multimédia se développe au rythme rapide qui caractérise les nouvelles technologies. Et de l'emploi, il y en a!

Le Québec peut se vanter de compter parmi ses entreprises des chefs de file en matière de production multimédia. Si ce secteur est relativement jeune, il n'en demeure pas moins qu'il emploie un grand nombre de professionnels; il représente donc un choix gagnant pour ceux qui désirent se tailler une place sur le marché du travail.

CAP SUR LA CROISSANCE

Actuellement, le marché de l'emploi est en pleine croissance et on s'attend à une ascension fulgurante d'ici les prochaines années. «Il n'y a pas de chômage dans le secteur du multimédia et il n'y en aura pas au tournant du siècle», soutient Christian Grégoire, directeur de la formation au Consortium multimédia CESAM.

> Les programmeurs spécialisés
> en multimédia sont très recherchés,
> et ce, dans tous les secteurs
> des technologies de pointe.

Même son de cloche du côté de la Direction de la planification et du partenariat d'Emploi-Québec de Montréal. Mais comme l'explique sa conseillère, Suzanne Mercier, il s'avère plutôt difficile, voire hasardeux, de donner des chiffres exacts quant au nombre d'emplois disponibles sur le marché. C'est que le multimédia se compose de nombreuses ramifications dans plusieurs secteurs connexes.

Néanmoins, un fait demeure. Le domaine du multimédia compte déjà des milliers d'emplois. Le ministère de l'Industrie, du Commerce, de la Science et de la Technologie parle de 5000 emplois, tandis que Montréal

attend avec fébrilité la venue de la Cité du multimédia, qui s'est donné pour mission la création de 10 000 emplois au cours de la prochaine décennie.

Pour sa part, l'Association des producteurs en multimédia du Québec estime que quelque 200 entreprises œuvrent directement dans ce genre de production au Québec. Mais ce nombre est sujet à variations. De son côté, le ministre des Finances, Bernard Landry, avançait en juin 1998 le chiffre de 600 entreprises de haute technologie, dont 40 % n'existaient pas il y a trois ans. Difficile, donc, de s'y retrouver.

DE L'EMPLOI!

Christian Grégoire est formel. Il y a des emplois en quantité dans le secteur du multimédia, et il s'agit de bons emplois. «Les spécialités qui connaissent un taux de placement de 100 % se situent, entre autres, au niveau des gestionnaires de projet et des scénaristes interactifs», deux perles rares selon lui. S'ajoute encore une forte demande pour des professionnels qualifiés en direction technique et en direction de contenu.

Fait à souligner, les programmeurs spécialisés en multimédia sont très recherchés, et ce, dans tous les secteurs des technologies de pointe. Enfin, des postes d'intégrateurs sont aussi à combler. L'intégrateur est responsable de la structure et de l'intégration des divers éléments multimédias selon la navigation prévue par le scénario interactif.

Ces professionnels sont, la plupart du temps, des gens d'expérience issus de différents milieux, comme la production audiovisuelle, l'informatique, les communications ou les arts.

DE L'ARTISAN AU DIPLÔMÉ

Bien que le milieu se montre sensible aux besoins de gens qualifiés, chacun convient qu'il n'existe aucune façon d'en produire une génération spontanée.

> «Si on connaît une certaine pénurie de personnes qualifiées, c'est que, d'une part, l'industrie est en pleine croissance et que, d'autre part, il n'existe pas suffisamment de maisons de formation offrant des programmes spécialisés en multimédia.»
>
> — Christian Grégoire

L'industrie n'a d'autre choix que de s'appuyer sur une main-d'œuvre déjà en place. «Si on connaît une certaine pénurie de personnes qualifiées, c'est que, d'une part, l'industrie est en pleine croissance et que, d'autre part, il n'existe pas suffisamment de maisons de formation offrant des programmes spécialisés en multimédia», explique Christian Grégoire. Cependant, quelques programmes de formation existent déjà, et d'autres viendront s'y ajouter dans les années à venir.

Il demeure cependant clair qu'un jeune diplômé trouvera preneur. Mieux, certaines entreprises vont directement cogner aux portes des institutions. Ainsi, Nathalie Bergeron, spécialiste du support technique chez Discreet Logic, une firme spécialisée dans la conception de logiciels pour le multimédia, peut témoigner de son expérience.

«J'ai étudié pendant trois ans au Cégep de Jonquière en Art et technologie des médias. À la fin de ma troisième année, j'ai rencontré des gens de chez Discreet Logic venus présenter leur entreprise. J'ai passé l'entrevue et j'ai été choisie en vue de mon stage de fin d'études. Par la suite, on m'a proposé un contrat.» Une chance pour Nathalie? Plutôt une pratique qui tend à se généraliser. Le moment est donc tout indiqué pour qui veut suivre le courant virtuel... ■

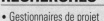

RECHERCHÉS

- Gestionnaires de projet
- Directeurs artistiques
- Directeurs de l'informatique
- Directeurs des contenus et de l'interactivité
- Scénaristes interactifs
- Concepteurs
- Ergonomes des interfaces
- Infographes 2D et 3D
- Animateurs 2D et 3D
- Médiatiseurs de son
- Médiatiseurs de vidéo
- Programmeurs
- Intégrateurs

SAVIEZ-VOUS QUE?

Le développement de l'aspect marketing et de la commercialisation des productions tient une place très importante dans les préoccupations des entreprises. Les spécialistes en marketing du multimédia sont rares au Québec, et certaines firmes ont dû recruter aux États-Unis. Des places à prendre!

PRINCIPALES FORMATIONS

Secondaire
- Procédés infographiques

Collégial
- Attestations d'études collégiales en multimédia (Collège Ahuntsic, Collège Maisonneuve, Institut Demers, Collège InterDec, Institut d'informatique de Québec)
- Formations spécialisées en logiciels, conception de jeux vidéos, multimédia pour les infographistes, multimédia pour les scénaristes (Centre NAD, Institut ICARI)

- Infographie en préimpression
- Techniques d'intégration au multimédia (automne 1999)

Universitaire
- Baccalauréat en communication profil multimédia interactif (UQAM)
- Maîtrise en multimédia interactif (UQAM)
- Design et communications graphiques

POUR EN SAVOIR PLUS

SCREAM
members.aol.com/Machiavill/SCREAMp25.html

Multimédia - Internet-Québec
www.strategis.ic.gc.ca/SSGF/it04135f.html

Consortium Multimédia Césam
www.cesam.qc.ca

Multimédia Inforoute Québec
www.miq.org/

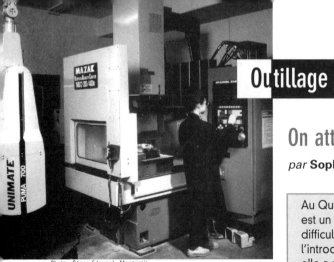

Photo : Cégep Edouard - Montpetit

On attend la relève!

par **Sophie Legault et Koceila Louali**

Au Québec, le domaine de l'outillage en est un où l'embauche ne cause pas de difficulté. Industrie fortement touchée par l'introduction des nouvelles technologies, elle a un besoin urgent d'une relève bien formée et motivée.

Selon le Comité sectoriel de main-d'œuvre de la fabrication métallique industrielle, environ 1385 compagnies québécoises œuvrent dans le domaine de l'outillage, dont 928 sont des ateliers d'usinage. Ces entreprises répondent aux besoins d'un grand nombre d'autres secteurs industriels, tels que la fonderie, la plasturgie, l'estampage, l'emboutissage, le formage, les produits en tôle mince et les outils de coupe. Bien que le chiffre d'affaires de ce domaine s'élève à plus de 112 millions de dollars, un sérieux problème de recrutement de main-d'œuvre qualifiée fait de l'ombre au tableau.

MAIN-D'ŒUVRE ET FORMATION

L'industrie de l'outillage crée de nouveaux équipements pour la production industrielle d'objets et de pièces de toutes sortes. Plus de 18 000 personnes participent ainsi à la fabrication de milliers de produits. À la fine pointe de la technologie, ce secteur dessert divers domaines, allant des industries automobile et aéronautique aux produits de consommation courante. Quant à l'usinage, il consiste à fabriquer des pièces en série à l'aide de machines de plus en plus reliées à des ordinateurs qu'il faut programmer.

> «La demande de détenteurs d'un diplôme d'études professionnnelles en techniques d'usinage est très forte. En fait, elle dépasse l'offre.»
>
> — Gaétane Deroy

Actuellement, même s'il existe des programmes de formation issus des trois niveaux scolaires qui mènent à un emploi en outillage, c'est surtout du côté des métiers que la demande des employeurs se fait pressante. «La deman-

de pour les détenteurs d'un diplôme d'études professionnelles (DEP) en techniques d'usinage est très forte. En fait, elle dépasse l'offre», explique Gaétane Deroy, secrétaire à l'enseignement professionnel de l'École secondaire de Neufchâtel à Québec.

De plus, la tendance à l'informatisation et les nombreux changements technologiques poussent tous les secteurs manufacturiers à employer une main-d'œuvre de plus en plus qualifiée et spécialisée. L'outillage ne fait pas exception à la règle.

ON A BESOIN DE VOUS

Pour tenter de résoudre le problème du manque de main-d'œuvre, Emploi-Québec, le Conseil de l'industrie de la fabrication de moules, du matriçage et de l'outillage (CIFMMO) ainsi que le ministère de l'Éducation ont créé le Régime de qualification en usinage et dans les métiers de l'outillage.

Ce programme permet d'acquérir un certificat de qualification professionnelle complémentaire à la formation, en reprenant le principe du compagnonnage, qui permet à un apprenti de bénéficier du savoir et de l'expérience d'un maître. «Il s'agit de mettre en évidence et de reconnaître la valeur des différents métiers», explique France Garon, conseillère au développement du régime d'apprentissage d'Emploi-Québec.

Cette formule a pour avantage de respecter le rythme de chaque individu et de favoriser un partage des connaissances qui est bénéfique aux deux parties. L'apprenti complète sa formation dans un milieu de travail, et l'employé, qui agit comme compagnon pendant un an et détient une formation en usinage, obtient aussi un certificat de qualification professionnelle au bout du compte.

AVENIR PROMETTEUR

Les professionnels qui travaillent dans le secteur de l'outillage touchent à la conception et à la fabrication de pièces et d'outils, de moules et de matrices. Polyvalents, ils savent utiliser des instruments de précision et de l'équipement informatique, en plus de connaître les propriétés des différents métaux.

«Dans ces métiers il n'y a pas de routine, note France Garon. Les gens œuvrent toujours sur des pièces uniques, ce qui demande beaucoup de travail de finition.»

> «Au Québec, on a tendance à créer des produits qui sortent de l'ordinaire et qui répondent à des besoins spécifiques. On a donc nécessairement besoin d'outils particuliers et de gens pour les fabriquer.»
>
> — France Garon

Même si les travailleurs de ce secteur gagnent généralement d'intéressants salaires, la rémunération peut varier d'une entreprise à l'autre. Un bon machiniste peut, avec quelques années d'expérience, toucher entre 15 et 20 dollars l'heure dans une grande compagnie. En revanche, celui qui œuvre à la fabrication de moules, et qui travaille surtout dans de petites compagnies, n'aura pas un salaire aussi élevé (en moyenne 10 à 12 $ l'heure).

Quoi qu'il en soit, l'avenir du domaine de l'outillage semble prometteur. La volonté de concevoir des produits d'outillage au Québec plutôt qu'à l'étranger ainsi que le développement d'une main-d'œuvre par la promotion des métiers de ce secteur sont là pour le prouver.

«Tant que l'industrie fonctionnera, on aura toujours besoin de ce type de travailleurs, constate France Garon. Au Québec, on a tendance à créer des produits qui sortent de l'ordinaire et qui répondent à des besoins spécifiques. On a donc nécessairement besoin d'outils particuliers et de gens pour les fabriquer.» ∎

RECHERCHÉS

- Moulistes
- Machinistes vérificateurs en usinage et outillage
- Outilleurs-ajusteurs
- Soudeurs-assembleurs
- Conducteurs de machines à travailler les métaux lourds et légers et de machines à commande numérique
- Techniciens en contrôle de qualité

SAVIEZ-VOUS QUE?

Les besoins en main-d'œuvre dans ce secteur découlent du vieillissement des outilleurs de souche européenne, qui étaient venus s'installer ici durant la période de l'industrialisation. Pendant plusieurs années, ils ont fourni une main-d'œuvre de haut calibre. Mais aujourd'hui, malgré l'effort des institutions de formation, le nombre de diplômés ne répond pas à la demande.

PRINCIPALES FORMATIONS

Secondaire
- Conduite et réglage de machine à mouler
- Fabrication de moules (ASP)
- Outillage
- Matriçage (ASP)
- Techniques d'usinage
- Usinage sur machines-outils à commande numérique (ASP)

Collégial
- Génie industriel
- Génie mécanique

Universitaire
- Génie de la production automatisée
- Génie des matériaux
- Génie électrique
- Génie industriel
- Génie mécanique

POUR EN SAVOIR PLUS

Centre de production automatisée (CPA)
cjonquiere.qc.ca/cpa/index.html

Strategis - Technologies de la fabrication de pointe
strategis.ic.gc.ca/sc_indps/sectors/frndoc/advm_hpg.html

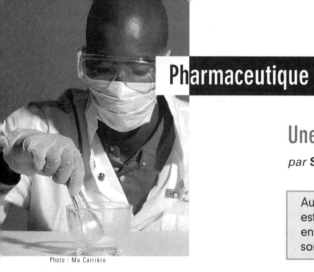

Photo : Ma Carrière

Pharmaceutique

Une industrie gagnante

par **Sophie Allard**

Au Québec, l'industrie pharmaceutique est en excellente santé! Aujourd'hui, 185 entreprises employant plus de 13 000 personnes œuvrent dans ce domaine[1].

L'industrie pharmaceutique québécoise se divise en trois pôles : la recherche et le développement, les médicaments génériques et la biopharmaceutique. Ces trois secteurs génèrent chacun leur lot d'emplois.

BESOIN DE MAIN-D'ŒUVRE

Actuellement, le nouveau programme d'assurance-médicaments, le vieillissement de la population et l'augmentation des investissements gouvernementaux favorisent l'industrie pharmaceutique. «On note une hausse de la consommation des médicaments d'ordonnance et des médicaments génériques, ce qui accroît notre chiffre d'affaires. L'industrie va très bien et c'est une tendance qui, je crois, va se poursuivre», indique Pierre Morin, directeur du Groupe provincial de l'industrie du médicament, qui regroupe une trentaine de petites et moyennes entreprises et 1400 employés à travers la province.

> «Les finissants qui se dirigent vers l'industrie pharmaceutique connaissent un très bon taux de placement et sont très bien rémunérés.»
>
> — Pierre Morin

Qui dit bon rendement de l'industrie dit augmentation des besoins en main-d'œuvre. Une enquête réalisée en 1994 par le Comité Formation et recrutement de la main-d'œuvre scientifique prévoyait que les besoins en personnel, entre 1994 et 1999, s'élèveraient à 457 personnes pour le Québec. Les spécialistes recherchés? On demande principalement des diplômés en chimie, soins infirmiers, biochimie et biologie moléculaire.

«Les finissants qui se dirigent vers l'industrie pharmaceutique connaissent un très bon taux de placement et sont très bien rémunérés», explique Pierre Morin. Le salaire de départ d'un diplômé de niveau collégial tourne autour de 26 000 $, tandis que celui du diplômé universitaire si situe entre 27 000 $ et 43 000 $. L'industrie pharmaceutique présente également des besoins de main-d'œuvre en administration, en communications et en programmation informatique.

LE MOTEUR DE LA RECHERCHE

Le moteur qui fait rouler l'industrie pharmaceutique, c'est sans aucun doute la recherche. Les résultats d'une étude menée auprès de membres de l'Association canadienne de l'industrie du médicament montrent que l'investissement total accordé à la recherche et au développement au Canada est passé de 623,9 millions de dollars en 1995 à 768,7 millions de dollars en 1996.

«C'est très rentable d'investir dans la recherche; ça permet d'économiser dans d'autres secteurs comme l'hospitalisation. On l'a compris et c'est pourquoi on déploie aujourd'hui davantage d'efforts en recherche et on crée des produits toujours plus performants», indique Yves-Jean Fournier, conseiller au ministère de l'Industrie, du Commerce, de la Science et de la Technologie (MICST).

Selon l'enquête effectuée en 1994 par le Comité Formation et recrutement de la main-d'œuvre scientifique, «le personnel affecté à des activités de recherche dans les entreprises pharmaceutiques a plus que triplé entre 1986 et 1995». De plus, d'après un rapport réalisé par le Conseil de la science et de la technologie en 1998, plus de 1500 chercheurs travaillent actuellement dans la recherche en santé au Québec, et ça ne suffit pas! «Les chercheurs sont très demandés. Actuellement, plusieurs laboratoires privés tels qu'Astropharma et Biomega connaissent des problèmes de recrutement», explique Yves-Jean Fournier.

> Le secteur biopharmaceutique représente sans doute l'un des domaines prometteurs de l'industrie.

Chez Merck Frosst Canada, l'effectif du Centre de recherche thérapeutique - qui se consacre à la mise au point de nouveaux moyens de combattre les maladies inflammatoires et respiratoires - se compose de 72 % de chercheurs professionnels et 12 % de gestionnaires.

«Nous emploierons surtout des diplômés en chimie, biologie moléculaire, biochimie, pharmacologie, pharmacie, génie chimique et bio-informatique. La plupart des postes exigent un diplôme de maîtrise», indique Lyne Fortin, des relations publiques de l'entreprise.

VERS L'AVENIR

Le secteur biopharmaceutique représente sans doute l'un des domaines prometteurs de l'industrie. Les entreprises de ce type font appel aux biotechnologies afin de mettre au point de nouveaux tests diagnostiques, des vaccins et des produits thérapeutiques comme les vitamines. Ils emploient plus de 800 personnes. Les chercheurs travaillent dans des champs de recherche très pointus.

«Le domaine biopharmaceutique sera un secteur dominant dans 10 ou 20 ans. On procédera de moins en moins par synthèse chimique. Avec les biotechnologies, on produira des médicaments qui, à efficacité égale, causeront beaucoup moins d'effets secondaires», explique Yves-Jean Fournier, du MICST.

Pour œuvrer dans le domaine des biotechnologies, il faut savoir toutefois que la formation commence à l'université. Un diplôme de deuxième, voire de troisième cycle, est d'ailleurs généralement préférable. ■

---

1. Association canadienne de l'industrie du médicament

RECHERCHÉS

- Biologistes moléculaires
- Biochimistes
- Chimistes
- Pharmacologues
- Directeurs de recherche clinique
- Chargés de projet

SAVIEZ-VOUS QUE?

Selon une étude effectuée au Centre de recherche sur le développement du médicament à l'Université Tufts de Boston, il faut 15 ans de travail et jusqu'à 500 millions de dollars pour mettre un nouveau médicament sur le marché!

PRINCIPALES FORMATIONS

Secondaire
- Assistance technique en pharmacie

Collégial
- Chimie analytique
- Chimie-biologie
- Génie chimique
- Laboratoire médical
- Procédés chimiques

Universitaire
- Biochimie
- Biologie
- Chimie
- Génies chimique, biomédical, bio-informatique, mécanique et industriel
- Médecine
- Microbiologie
- Pharmacie
- Pharmacologie

POUR EN SAVOIR PLUS

Les médicaments de demain
www.cybersciences.com/cyber/1.0/1_480_Menu.htm

Études des ressources humaines de l'industrie pharmaceutique
strategis.ic.gc.ca/sc_indps/pharm/frndoc/2f.html

Association canadienne de l'industrie du médicament
www.pmac-acim.org/home/index-f.html

Conseil pour l'agrément des représentants des fabricants de produits phamaceutiques
www.fortune1000.ca/rafpp/

Chez Pfizer,
nous savons
ce que nous voulons
atteindre au XXIe siècle.

Le sommet.

Ensemble, à la recherche de la santé   www.pfizercanada.com

Pfizer Canada en bref

Pfizer Canada Inc. est la division canadienne d'une société de New York, Pfizer Inc, société pharmaceutique d'envergure mondiale dont les activités sont axées sur la recherche. La mission principale de Pfizer consiste à découvrir et à mettre au point des médicaments et d'autres produits novateurs dans le but d'améliorer la qualité de vie des individus tout en leur permettant de vivre plus longtemps, d'être plus productifs et de jouir d'une meilleure santé.

Pfizer a été fondée en 1849 par deux cousins allemands, Charles Pfizer et Charles Erhart, qui avaient émigré aux États-Unis en 1848. Tout d'abord une petite usine de «produits chimiques fins» à Brooklyn, dans l'État de New York, Pfizer s'est spécialisée dans la fabrication de produits chimiques de grande qualité destinés à l'industrie alimentaire et aux sociétés pharmaceutiques qui en étaient à leurs premiers balbutiements. Ce n'est que pendant la Deuxième Guerre mondiale que Pfizer a étendu directement ses activités au domaine pharmaceutique : c'est à cette époque qu'elle a utilisé ses solides compétences en chimie pour devenir un pionnier dans la production de masse de la pénicilline, dont les premiers envois ont été expédiés aux troupes alliées en Normandie, après le Jour J, en 1944. Après la guerre, Pfizer a poursuivi ses recherches sur les antibiotiques et leur production, voyant ses efforts dans ce domaine couronnés de succès au début des années 1950 avec la mise au point de l'antibiotique Terramycine.

Aujourd'hui, Pfizer a plus de 100 filiales et des représentants dans plus de 140 pays. En 1997, le chiffre d'affaires total a dépassé les 12,5 milliards $ US et l'entreprise a consacré plus de 2 milliard $ US en activités de recherche partout dans le monde. Aricept (donepezil) pour les symptômes de la maladie d'Alzheimer, Norvasc (amlodipine) pour l'hypertension et l'angine, Lipitor (atorvastatine) pour la réduction des taux élevés de cholestérol, l'antidépresseur Zoloft (sertraline), l'antibiotique macrolide Zithromax (azithromycine), et l'antifongique Diflucan (fluconazole) figurent parmi ses plus récents produits pharmaceutiques.

En plus des produits pharmaceutiques, Pfizer est active dans deux autres secteurs : les produits aux consommateurs vendus sans ordonnance et les produits vétérinaires destinés au bétail et aux animaux de compagnie.

Pfizer s'est installée au Canada en 1953, à Montréal, et depuis 1975, le siège social canadien est établi à Kirkland, en banlieue de Montréal. Ses installations de fabrication de produits pharmaceutiques sont situées à Arnprior en Ontario. Les installations pour les produits vétérinaires sont situées à London, toujours en Ontario. Pfizer exploite par ailleurs un centre de distribution pour l'Ouest canadien à Calgary, en Alberta.

Pfizer Canada emploie 1000 personnes au pays. Sous l'égide de son programme central canadien de recherche, Pfizer mène activement plus de 90 essais cliniques sur des produits pharmaceutiques actuels et novateurs. Ces recherches se poursuivent dans plusieurs hôpitaux et centres de recherche partout au Canada. Ces nouveaux médicaments laissent entrevoir des résultats prometteurs dans le traitement de la schizophrénie, le dysfonctionnement érectile, l'ostéoporose, la migraine, et l'arythmie cardiaque. Pfizer poursuit également ses recherches afin de mettre au point des agents anti-infectieux nouveaux et plus efficaces, dont des antifongiques et des antibiotiques, ainsi que plusieurs autres nouveaux produits qui se trouvent aujourd'hui à un stade avancé de développement.

L'engagement de Pfizer dans le domaine de la recherche lui a permis de mettre au point une gamme complète de nouveaux produits, considérée par plusieurs comme étant la plus vaste offerte par l'ensemble des compagnies pharmaceutiques du monde. À l'aube du XXIe siècle, Pfizer nourrit avec fierté l'ambition de devenir le chef de file de l'industrie pour la mise au point de nouveaux médicaments. ∎

UN *petit* NOMBRE
DE PERSONNES
PEUT ACCOMPLIR
DE *grandes* CHOSES.

BIOCHEM PHARMA   www.biochempharma.com

THÉRAPEUTIQUE • VACCINS • DIAGNOSTIC

BIOCHEM PHARMA

Esprit d'entreprise
et passion d'innover

Fondée au Québec en 1986, BioChem Pharma est aujourd'hui l'une des plus importantes sociétés biopharmaceutiques à l'échelle internationale avec près de 1000 employés et des installations en Amérique du Nord, en Europe, au Japon et dans le Sud-Est asiatique. BioChem Pharma se consacre à la recherche, au développement et à la commercialisation de produits novateurs destinés à la prévention, au dépistage et au traitement des maladies humaines.

Dans le secteur thérapeutique, BioChem Pharma s'est fixé comme objectif de découvrir et de développer de nouveaux médicaments, particulièrement pour le traitement des cancers et des maladies virales. La Société compte déjà une découverte majeure à son crédit : le 3TC®, le médicament le plus prescrit à l'échelle mondiale pour le traitement de l'infection par le VIH et du SIDA. BioChem Pharma prévoit que son prochain produit d'importance sera la lamivudine pour le traitement de l'hépatite B chronique, la neuvième principale cause de décès dans le monde. Ce médicament est déjà approuvé dans plusieurs pays, dont le Canada, où il est commercialisé sous le nom d'Heptovir®.

Dans le secteur des vaccins, les produits de BioChem Pharma sont utilisés dans la prévention de diverses maladies infectieuses comme la grippe, le tétanos, la diphtérie et la tuberculose, de même que dans le traitement du cancer superficiel de la vessie. Plusieurs vaccins de nouvelle génération sont également en développement, notamment un nouveau vaccin influenza par culture cellulaire et un vaccin influenza pour administration nasale. Notre prolifique programme de vaccins à base de protéines recombinantes contre les maladies bactériennes est également le reflet de l'engagement de BioChem à l'égard de la recherche et du développement de vaccins.

Dans le secteur du diagnostic, BioChem Pharma concentre ses efforts de recherche et de développement sur certains secteurs comme l'hématologie et les tests immunologiques et d'allergies.

Au cours de la dernière décennie, BioChem Pharma a connu une croissance importante. L'esprit d'entreprise et la passion d'innover qui l'animaient à ses débuts demeurent encore aujourd'hui les éléments clés de sa réussite. À l'aube du prochain millénaire, il n'y a aucun doute que BioChem Pharma continuera sur sa lancée résolument axée sur l'innovation, tant en sciences qu'en affaires. ■

Photo : Ma Carrière

Expansion de la demande

par **Béatrice Richard**

Selon une étude publiée en 1996, il faudrait 10 fois plus de finissants pour répondre à la demande des entreprises de l'industrie de la plasturgie[1]. Ce secteur souffre en effet d'un réel manque de main-d'œuvre qualifiée. Une aubaine pour les trop rares diplômés dans ce domaine!

L'industrie de la plasturgie fait face à des manque d'ingénieurs de procédés, de régleurs, de réparateurs de moules et de matrices, de même que de personnel d'entretien.

Un sondage mené en 1998 par PlastiCompétences auprès d'entreprises de 25 à 100 employés révèle que 40 % d'entre elles projetaient d'embaucher dans l'année. Pour Pierre Guimont, directeur général de PlastiCompétences, il ne fait aucun doute que le secteur cherche toujours de main-d'œuvre qualifiée, capable de répondre notamment à l'évolution de la technologie vers de l'équipement toujours plus sophistiqué. La conjoncture est donc favorable pour ceux qui désirent se tourner vers la plasturgie.

PROGRESSION RAPIDE

De fait, le secteur est en pleine effervescence. Il emploie 25 000 personnes au Québec (chiffre auquel on peut ajouter 10 000 emplois indirects) au sein de quelque 650 entreprises détenant 23 % du marché canadien[1].

En 1996, la production québécoise se chiffrait à 2,7 milliards de dollars. Depuis 1992, le taux de croissance annuel moyen de la plasturgie est de 7,2 %. Au Québec, plus du tiers de la production est vendu à l'étranger, principalement aux États-Unis. De 1988 à 1997, les exportations sont passées de 275 millions à près d'un milliard de dollars, soit une augmentation de 34 % comparée à la moyenne du secteur manufacturier, qui est de 10,4 %.

Concurrence oblige, les entreprises québécoises ont dû se moderniser à toute vitesse ces dernières années. Ainsi, depuis sept ans, elles ont consacré plus de 80 millions de dollars par année en moyenne au «rajeunissement» de leur équipement. En 1998, le ministère de l'Industrie, du Com-

merce, de la Science et de la Technologie du Québec prévoyait des investissements de l'ordre de 200 millions dans ce secteur.

«Tout porte à croire
que l'industrie des produits
en matière plastique connaîtra
un taux de croissance élevé
jusqu'à l'an 2000.»

— John Margeson

Il en résulte que les nouveaux équipements, souvent contrôlés par ordinateurs, sont devenus plus complexes à manipuler. La main-d'œuvre n'a toutefois pas suivi, en qualité et en quantité, d'où les problèmes de recrutement actuels. Plusieurs facteurs rendent l'industrie de la plasturgie peu attirante pour de nouveaux candidats. En effet, selon Industrie Canada, le secteur reste dominé par des PME qui investissent peu dans les nouvelles technologies et dans la formation de main-d'œuvre. On retrouve donc un personnel peu qualifié et faiblement syndiqué, dont le taux de roulement demeure très élevé. Par conséquent, le salaire moyen est de 30 % inférieur à la moyenne dans le secteur manufacturier en général. Comme le fait remarquer John Margeson, secrétaire de l'équipe sectorielle nationale à Industrie Canada : «Un grand nombre d'opérateurs de machines manquent de compétences de base en science des polymères, en informatique, en communication et en mathématiques, disciplines qui prennent toutes de plus en plus d'importance.»

DES DÉBOUCHÉS PROMETTEURS

Au Québec, on trouve quelques grandes entreprises, comme IPL, l'un des plus importants fabricants dans la province, Twinpack, un pionnier des transformations des bouteilles en plastique, et Desmarais et frère, le plus grand fabricant canadien de classeurs et de cadres de diapositives. Mais la grande majorité de l'industrie de la plasturgie se trouve toutefois au sein de PME.

Les secteurs où l'on prévoit
une augmentation particulièrement forte
de la demande en matière plastique sont
ceux de l'automobile et des matériaux
de bureau et de télécommunications.

Actuellement, les deux secteurs d'activité principaux de la plasturgie sont l'emballage, qui représente 39 % de la production, et les produits pour l'industrie de la construction (26 %). En 10 ans, le marché canadien des produits de plastique a augmenté de 70 %[1].

«Tout porte à croire que l'industrie des produits en matière plastique connaîtra un taux de croissance élevé jusqu'à l'an 2000, note M. Margeson. Les projections de l'industrie et des prévisionnistes laissent envisager un taux de croissance annuel moyen réel de 5 à 7 % à l'échelle mondiale, entre 1995 et l'an 2000.» Cette constatation rend très optimiste en ce qui concerne les possibilités d'emploi.

Les secteurs où l'on prévoit une augmentation particulièrement forte de la demande en matière plastique sont ceux de l'automobile et des matériaux de bureau et de télécommunications. Dans l'ensemble, l'industrie automobile affiche des perspectives prometteuses, car les fabricants ont tendance à remplacer les composantes métalliques de leurs véhicules par du plastique, plus léger, résistant mieux à la corrosion et relativement bon marché.

Quant au secteur de l'informatique et des télécommunications, en pleine expansion, c'est un grand consommateur de plastique, matériau de choix pour les coffrets d'ordinateurs et les combinés téléphoniques, etc. Autre créneau en expansion, et non le moindre : les techniques de recyclage du plastique, à remettre dans le contexte d'un souci accru de préservation de l'environnement. ■

1. *Le monde de la plasturgie : façonner un avenir prometteur/Analyse des besoins en ressources humaines.* Préparé par le groupe ARA-Consultants, pour l'industrie canadienne de la plasturgie, juin 1996.

RECHERCHÉS

- Ingénieurs de procédés
- Ingénieurs de la production automatisée
- Conducteurs-régleurs de machines à mouler
- Modeleurs et réparateurs de moules et de matrices

SAVIEZ-VOUS QUE ?

On s'attend à ce que la demande, tant nationale que mondiale, de produits en matière plastique continue d'augmenter plus rapidement que l'économie dans son ensemble!

Source : Statistique Canada.

PRINCIPALES FORMATIONS

Secondaire

- Conduite et réglage de machines à mouler
- Fabrication de moules (ASP)
- Matriçage (ASP)
- Mise en œuvre de matériaux composites
- Outillage (ASP)
- Techniques d'usinage
- Usinage sur machines-outils à commande numérique (ASP)

Collégial

- Génie chimique
- Génie mécanique
- Procédés chimiques
- Transformation des matériaux composites
- Transformation des matières plastiques

Universitaire

- Chimie
- Génie chimique
- Génie de la production automatisée
- Génie mécanique

POUR EN SAVOIR PLUS

MICST - L'industrie de la plasturgie québécoise
www.micst.gouv.qc.ca/secteurs-industriels/plasturgie/index.html

Association canadienne pour les structures et matériaux composites
www.cacsma.ca/index.html

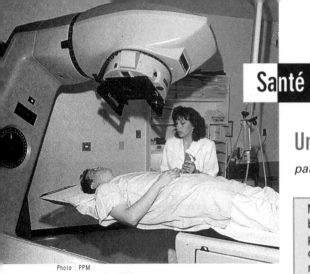

Photo : PPM

Un virage à négocier

par **Martine Roux**

> Même si le réseau de la santé peut sembler un secteur en difficulté, il n'en reste pas moins que les perspectives d'emploi, dans certains domaines, sont bien meilleures qu'il n'y paraît.

Au cours des dernières années, le secteur de la santé et des services sociaux a beaucoup souffert des compressions de personnel et des réductions budgétaires. En 1996, quelque 346 000 personnes y occupaient un emploi contre 338 000 en 1997. En 1998, la prévision se chiffre à environ 322 000...[1] Mais qu'on se rassure : l'ère du couperet serait derrière nous et le réseau se stabilise.

RENFORTS DEMANDÉS

En 1997, près de 4000 infirmières ont pris leur retraite. Un sondage effectué par l'Ordre des infirmières et infirmiers du Québec auprès des finissantes de 1997, de niveaux universitaire et collégial, révélait que 72 % des répondantes occupent un emploi comme infirmière, comparativement à 46 % l'année précédente. La majorité d'entre elles occupent un poste à temps partiel, permanent ou occasionnel, plus particulièrement en centre hospitalier de soins généraux spécialisés.[2]

> Compte tenu du vieillissement de la population, tous les services reliés aux personnes âgées ou en perte d'autonomie seront généralement recherchés.

«À court terme, il y a des besoins de remplacement importants dans le secteur des soins infirmiers, indique Robert Tremblay, directeur de la planification de la main-d'œuvre et de la rémunération au ministère de la Santé et des Services sociaux. À plus long terme, compte tenu du vieillissement de la population, tous les services reliés aux personnes âgées ou en perte d'autonomie seront généralement recherchés. Cela touchera notamment les infirmiers et les préposés aux bénéficiaires. Par ailleurs, rien n'indi-

que que ces emplois seront nécessairement au sein du réseau public : les soins privés pourraient prendre de l'importance.» André Desnoyers, économiste au ministère du Développement des ressources humaines du Canada (DRHC), indique pour sa part que les infirmières sont recherchées. «Pas seulement parce que plusieurs ont quitté la profession, mais aussi parce que leurs compétences sont recherchées et correspondent à la philosophie du virage ambulatoire. Il en va de même pour les préposés aux bénéficiaires.»

Selon l'Ordre des infirmiers et infirmières du Québec, les principaux secteurs susceptibles de connaître un essor sont la santé mentale, les soins critiques et la santé communautaire publique. Du côté de DRHC, on considère que les soins à domicile constituent évidemment une voie à privilégier.

LES SECTEURS GAGNANTS

Le secteur de la réadaptation (ergothérapeutes, physiothérapeutes et techniciens en réadaptation) présente quant à lui de bonnes perspectives à court terme, selon Robert Tremblay. «Il en va de même du secteur social, soit tout ce qui est relié à la famille et à la jeunesse : travailleurs sociaux, techniciens en assistance sociale. C'est un secteur prioritaire et, au fur et à mesure que la transformation du réseau se réalisera, on réinvestira dans ce type de soins.» Néanmoins, selon l'Ordre des travailleurs sociaux du Québec, il est difficile de décrocher des emplois stables et à temps plein dans ce domaine, même si la situation semble s'améliorer.

Du côté des médecins, il y aura certes des besoins à moyen terme, indique M. Tremblay. Pour l'instant, le nombre d'admissions en médecine se maintient, mais au-delà de l'an 2000, il y a lieu de penser que certaines spécialités développeront des besoins importants. Selon la Fédération des médecins spécialistes du Québec (FMSQ), au moins cinq spécialités connaissent à l'heure actuelle des pénuries : radio-oncologie, anesthésie-réanimation, psychiatrie, néphrologie et gériatrie. L'accès à ces spécialisations est toutefois contingenté par le ministère de la Santé et des Services sociaux. Ainsi, pour l'année 1998-1999, le nombre de places dans toutes les universités de la province était limité à 50 en radio-oncologie, à 27 en néphrologie, à 141 en anesthésie-réanimation, à 256 en psychiatrie et à seulement 14 en gériatrie.

> «La pharmacie est un secteur toujours en développement, mais comme l'effectif est jeune pour l'instant, la demande se situe plutôt à moyen terme.»
>
> — Robert Tremblay

Le secteur de la santé est loin d'être à l'écart des progrès technologiques. Ainsi, on aura de plus en plus besoin d'informaticiens, d'analystes informatiques, de techniciens en informatique. Des projets comme la carte-santé, la télémédecine, l'autoroute de l'information, l'informatisation des données commencent en effet à prendre forme. Parallèlement à ce phénomène, l'avenir s'assombrit pour tous les employés de soutien des hôpitaux. Les secteurs des archives, de la restauration, de l'entretien ménager, de la buanderie et des laboratoires se transforment à la vitesse de l'éclair au profit de la technologie.

«En pharmacie, les besoins sont de plus en plus importants, ajoute M. Tremblay. La pharmacie est un secteur toujours en développement, mais comme l'effectif est jeune pour l'instant, la demande se situe plutôt à moyen terme.»

Par ailleurs, le système public devra aussi compter sur une relève importante au chapitre de la gestion et de l'administration de ses établissements hospitaliers.

Du côté de la médecine dentaire, les perspectives actuelles sont plutôt limitées. À l'Université de Montréal, on note que les nouveaux dentistes éprouveraient des difficultés à démarrer leur pratique, le marché connaissant une certaine saturation. Quant aux professions reliées (denturologie, hygiène dentaire, assistance dentaire, etc.), elles subissent les contrecoups de cette situation, par voie de conséquence. ∎

1 Statistique Canada, 1998.
2 Ordre des infirmières et infirmiers du Québec, 1998

RECHERCHÉS

- Infirmières, particulièrement celles ayant développé une spécialité en soins à domicile
- Médecins
- Pharmaciens
- Physiothérapeutes (et autres spécialistes de la réadaptation
- Informaticiens et spécialistes de l'informatique

SAVIEZ-VOUS QUE?

Les quelque 9,8 millions de *baby-boomers* canadiens entraient dans la cinquantaine en 1997, ce qui laisse présager une demande croissante pour les services de santé au cours des prochaines décennies.

PRINCIPALES FORMATIONS

Secondaire
- Assistance aux bénéficiaires en établissement de santé
- Assistance dentaire
- Assistance familiale et sociale aux personnes à domicile
- Assistance technique en pharmacie
- Santé, assistance et soins infirmiers

Collégial
- Acupuncture traditionnelle
- Denturologie
- Diététique
- Électrophysiologie médicale
- Hygiène dentaire
- Inhalothérapie

- Laboratoire médical
- Orthèses et prothèses
- Orthèses visuelles
- Radiodiagnostic
- Réadaptation physique
- Techniques dentaires
- Soins infirmiers

Universitaire
Biologie médicale, chiropratique, diététique, ergothérapie, kinésiologie, médecine (aussi médecine dentaire et vétérinaire), optométrie, orthophonie et audiologie, pharmacie, physiothérapie, psycho-éducation, psychologie, sexologie, service social et sciences infirmières.

POUR EN SAVOIR PLUS

Ordre des infirmières et infirmiers du Québec - Sites d'intérêts
www.oiiq.org/sites/sites_index.html

Planète Santé
planete.qc.ca/sante/sante.asp

Carrefour Santé
www2.sympatico.ca/Sommaire/Sante/f_health.html

Cadre de compétitivité sectoriel - la télésanté
strategis.ic.gc.ca/SSGF/hs01322f.html

Service-conseil aux entreprises

Une multitude de défis

par **Frédéric Boudreault**

Photo : Métropole Litho

> Changements technologiques, restructurations... Pour mener à bien tous ces bouleversements, il est nécessaire de s'entourer de gens qui prodiguent des conseils pertinents. C'est le rôle des spécialistes en service-conseil.

Selon Industrie Canada, «la demande en service-conseil devrait augmenter de 10 % par année entre 1995 et 2001». Même son de cloche chez Emploi-Québec : pour Georges Belisle, conseiller en intervention sectorielle, «la demande pour la prestation de service-conseil est accentuée par la complexité grandissante des problématiques auxquelles les industries et les entreprises sont confrontées».

Les entreprises et même les gouvernements doivent donc faire face à une multitude de défis, comme la mondialisation des marchés, l'évolution technologique ou le «bogue» de l'an 2000. Le conseiller vient les aider à effectuer les meilleurs choix. Essentiellement, une firme de service-conseil propose à une entreprise des solutions et met à sa disposition les ressources humaines pour les mettre en application.

PORTRAIT DE LA SITUATION

Au Québec, 210 000 personnes jouent le rôle de conseillers, selon des données compilées en 1996 par Statistique Canada, et leur salaire de base tournerait autour de 50 000 $ par année. Leur formation est variée et leur champ de spécialisation aussi. Ils œuvrent dans les bureaux de placement et de services de location de personnel, les services informatiques, les firmes de comptabilité et de tenue de livres, dans le secteur du marketing, de l'ingénierie, ou de la gestion. Il y aussi une foule de conseillers dans le domaine de la finance. Les services-conseils en placements financiers sont promis à un bel avenir, d'autant plus que la génération des *baby-boomers*, tranche de la population qui entre dans la cinquantaine, veut maximiser le rendement de ses avoirs, à l'aube de la retraite.

Phénomène intéressant, on remarque une demande de conseillers dans des marchés en dehors du Québec. Pour Industrie Canada, les grands cabinets possèdent les ressources humaines et financières pour décrocher des contrats d'exportation de services et les mener à bien. Des travailleurs d'ici œuvrent d'ailleurs un peu partout dans le monde et, avec l'arrivée de l'ALÉNA, ils lorgnent du côté de l'Amérique latine.

> Les entreprises devront mettre l'accent sur l'amélioration continue des compétences et des connaissances de leurs employés.

Cependant, l'ouverture des marchés internationaux entraînera une concurrence plus vive. Les entreprises devront mettre l'accent sur l'amélioration continue des compétences et des connaissances de leurs employés. Georges Belisle est clair : une solide formation devient alors un gage de réussite pour se tailler une place dans ce domaine, de même que certaines qualités. Autonomie, mise à jour permanente des connaissances, de même que «du tact, savoir communiquer et maîtriser la langue anglaise», ajoute Guy Verville, vice-président aux opérations du Groupe LGS.

COUP DE POUCE INFORMATIQUE

Parmi les différentes facettes du service-conseil, une se démarque des autres. Des problèmes comme le «bogue» de l'an 2000 ou la conversion des différentes devises en euro (la nouvelle monnaie européenne) aident inévitablement les conseillers en informatique, qui composent actuellement 15 % de la main-d'œuvre active dans le domaine.

«Ce domaine est encore en pleine expansion, contrairement à d'autres secteurs qui stagnent. Ce qu'on peut dire, c'est qu'en informatique, on ne voit pas le bout du tunnel!»

— Simon Langlois

Avec l'essor des nouvelles technologies, certaines personnes parlent de pénurie dans le secteur du service-conseil en informatique. Pour Simon Langlois, directeur général de l'Association professionnelle des informaticiens du Québec (APIQ), l'ampleur de ce phénomène est difficile à mesurer, mais il est bel et bien présent. «Sur une base quotidienne, nous avons des offres. L'informatique est un monde qui doit être pratiquement mis à jour tous les deux ans. En général, les entreprises doivent se réadapter tous les cinq ans, donc elles ont besoin de conseils.»

Mais quand le problème du «bogue» et de l'euro seront réglés, y aura-t-il encore de l'emploi? «Le "bogue" de l'an 2000 ne sera pas éternel. Après 2001, le problème devrait être réglé», souligne Simon Langlois. Il remarque d'ailleurs que la demande commence déjà à s'estomper. Quant à l'euro, il assure que des adaptations dans les systèmes informatiques devront être faites, mais que les besoins vont nécessairement diminuer là aussi.

Néanmoins, selon Georges Belisle l'informatique est un secteur qui bouge tellement que de nouveaux besoins devraient se créer dans le futur. En ce moment, le renouvellement des systèmes trop vieillots, la robotisation et l'informatisation des opérations contribuent à donner du travail aux conseillers.

Pour sa part, Simon Langlois se fait aussi rassurant. «Ce domaine est encore en pleine expansion, contrairement à d'autres secteurs qui stagnent. Ce qu'on peut dire, c'est qu'en informatique, on ne voit pas le bout du tunnel!» ■

RECHERCHÉS

- Informaticiens
- Gestionnaires de réseau
- Informaticiens de gestion
- Conseillers en gestion des ressources humaines
- Conseillers en placement
- Conseillers financiers

SAVIEZ-VOUS QUE?

Le service-conseil en informatique est une expertise recherchée dans tous les coins du Québec. Les jeunes qui étudient dans ce domaine peuvent alors facilement travailler dans leur région natale.

Source : Association professionnelle des informaticiens du Québec

PRINCIPALES FORMATIONS

Collégial

- Administration (gestion, gestion industrielle, marketing, finance, commerce international, personnel)
- Informatique
- Systèmes ordinés

Universitaire

- Administration (comptabilité, commerce, finance, des systèmes d'information, des opérations et de la production, gestion internationale, management, marketing, etc.)
- Génie (toutes formations confondues)
- Gestion des systèmes
- Informatique
- Informatique de génie
- Informatique de gestion
- Mathématiques-informatique
- Relations industrielles

POUR EN SAVOIR PLUS

Strategis - Services commerciaux et professionnels
http://strategis.ic.gc.ca/sc_indps/sectors/frndoc/serv_hpg.html

Technologies de fabrication de pointe

Un secteur en émergence

par **Sophie Allard**

Photo : ÉTS

Robotique, laser et systèmes de vision perfectionnés sont autant d'éléments qui constituent le secteur des technologies de fabrication de pointe, qui n'en est d'ailleurs qu'au début de son développement.

Le Canada suit le courant du progrès en hautes technologies et commence à se tailler une place dans le secteur de la fabrication de pointe. Selon Industrie Canada, en 1995, 17 000 personnes travaillaient dans ce domaine. On comptait pour cette même année 560 établissements œuvrant en technologies de fabrication de pointe. Des chiffres qui risquent fort d'augmenter.

À LA FINE POINTE

André Roy, conseiller au ministère de l'Industrie, du Commerce, de la Science et de la Technologie (MICST) explique d'entrée de jeu : «Nous avons toujours eu pour préoccupation d'avoir des industries possédant des équipements à la fine pointe de la technologie. Nous voulons améliorer la compétitivité des entreprises et, pour ce faire, il faut penser aux technologies de fabrication de pointe».

> Les spécialistes œuvrant
> dans les technologies
> de fabrication de pointe
> ont pour mission de faire avancer
> le développement d'équipements
> et d'améliorer les processus
> de fabrication.

Que sont les technologies de fabrication de pointe? On parle principalement de robotique, de laser, de logiciels de contrôle de production, de systèmes de vision et d'automatisation de la conception. Les spécialistes œuvrant dans les technologies de fabrication de pointe ont pour mission de faire avancer le développement d'équipements et d'améliorer les processus de fabrication. Les secteurs dominants sont l'automobile, l'aérospatiale, l'industrie

électrique, l'industrie de l'exploitation des ressources, le forage sous-marin, l'agriculture et la foresterie.

Chez Servo-Robot, une entreprise de 50 employés de la Rive-Sud, une équipe complète travaille à développer des systèmes de vision laser 3D servant au guidage de robots articulés et cartésiens. Elle compte des clients à travers le monde (Allemagne, Corée du Sud, Brésil, etc.). «Depuis le début des années 1990, le milieu des technologies de fabrication de pointe se porte très bien. Les clients veulent des produits de meilleure qualité. Les entreprises désirent suivre le progrès», explique Hassam Alaouie, coordinateur des ventes chez Servo-Robot. L'effectif de l'entreprise se compose essentiellement d'ingénieurs en optique, en électronique, en mécanique et en informatique.

BESOINS DE MAIN-D'ŒUVRE

«Il y a actuellement une forte demande dans le secteur de la fabrication de pointe. L'industrie doit parfois avoir recours à de la main-d'œuvre étrangère pour combler ses besoins. En ce qui nous concerne, nos finissants se placent très bien, et certains reçoivent même plusieurs offres d'emploi avant la fin de leurs études», indique Sylvie Doré, professeur au département de génie mécanique à l'École de technologie supérieure. On embauche beaucoup dans les petites et moyennes entreprises et de plus en plus dans les grandes compagnies comme Pratt & Whitney ou CAE Électronique.

L'industrie des technologies de fabrication de pointe a également de grands besoins en matière de techniciens, notamment en génie électrique et mécanique. Ils constituent une base indispensable de main-d'œuvre dans le processus de fabrication.

«De bons techniciens, c'est très précieux en fabrication. Pour réussir dans ce milieu, ils doivent démontrer des habiletés de haut niveau, être en mesure de programmer des machines, avoir des connaissances en mathématiques et savoir bien planifier leur travail», explique Sylvie Doré de l'ÉTS.

> Les technologies de fabrication
> de pointe demeurent dans l'ensemble
> un domaine d'avenir. Au pays,
> les entreprises commencent
> à peine à revoir leur façon
> de fonctionner et à reconnaître
> l'importance de les intégrer dans
> leur processus de production.

On demande aussi des spécialistes en vente, de même qu'en marketing technologique, une expertise particulière qui exige à la fois des connaissances scientifiques et administratives. En effet, pour qu'une entreprise fonctionne, il ne suffit pas de créer des produits et des concepts; il faut aussi les vendre!

UN AVENIR PROMETTEUR

Les technologies de fabrication de pointe demeurent dans l'ensemble un domaine d'avenir. Au pays, les entreprises commencent à peine à revoir leur façon de fonctionner et à reconnaître l'importance de les intégrer dans leur processus de production.

Selon Hassam Alaouie, les ingénieurs informatiques ou concepteurs de logiciels hautement spécialisés sont et seront les spécialistes les plus recherchés du milieu. André Roy, du MICST, abonde dans ce sens : «L'informatisation se développe énormément et influence tout ce qui se déroule en technologies de fabrication de pointe.» ■

RECHERCHÉS

En technologies de fabrication de pointe, tous les spécialistes issus des formations citées ci-dessous sont très recherchés. Les ingénieurs en informatique le sont peut-être un peu plus, car toutes les technologies de pointe dépendent d'abord de l'évolution des technologies de l'information. Les techniciens en génie électrique et mécanique sont également très recherchés.

SAVIEZ-VOUS QUE?

Les compagnies d'envergure recommencent à embaucher de façon significative. L'an passé, devant les nombreuses offres d'emploi alléchantes, plusieurs étudiants de l'ÉTS ont même éprouvé des difficultés à terminer leur formation!

PRINCIPALES FORMATIONS

Collégial
- Génie électrique
- Génie mécanique
- Systèmes ordinés

Universitaire
- Génie de la production automatisée
- Génie des systèmes électro-mécaniques
- Génie électrique
- Génie informatique
- Génie mécanique

POUR EN SAVOIR PLUS

Sci Central - Manufacturing and Quality Control
www.scicentral.com/E-manufa.html

Industry Net
www.industry.net/

Photo : PPM

Télécommunications

Croissance tous azimuts!

par **Martine Boivin**

L'industrie des télécommunications vit une véritable période de mutation. La mondialisation des marchés, la déréglementation et l'évolution technologique ne sont que quelques exemples des phénomènes qui ont contribué à changer son visage.

Tous les spécialistes en la matière s'entendent pour dire que l'industrie des télécommunications représente un gros, très gros secteur, en matière d'emploi. Déjà, de nombreux besoins se font sentir du côté des fabricants, tandis que les entreprises spécialisées dans les services connaissent une véritable explosion en ce qui concerne leurs centres d'appel. Dans ce dernier cas, une étude réalisée en janvier 1998 par Emploi-Québec indique que l'on compte actuellement 40 000 agents de centres d'appel, et que leur nombre s'accroît au rythme de 20 à 30 % par an. Ainsi, 8000 à 12 000 nouveaux emplois dans ce secteur sont créés annuellement, et la tendance devrait se maintenir.

UN SECTEUR QUI BOUGE

De multiples bouleversements ont modifié le secteur des services en télécommunications. Entre autres, l'abolition graduelle des monopoles que détenaient des entreprises comme Bell Canada et une évolution technologique rapide. S'ils ouvrent de nouveaux marchés et créent de nouveaux types d'emplois, ces bouleversements ont cependant entraîné de nombreuses mises à pied, notamment parmi le personnel administratif, les standardistes, les téléphonistes et les installateurs-réparateurs.

En revanche, une catégorie d'emploi connaît une hausse importante au sein des entreprises : celle des préposés à la vente et au service à la clientèle. Un secteur en forte expansion, selon Suzanne Mercier, conseillère à la Direction de la planification et du partenariat d'Emploi-Québec, qui explique la situation par la concurrence existant entre les entreprises de services en télécommunications relativement à la variété des produits offerts : téléphonie conventionnelle, cellulaires, téléavertisseurs, branchements à Internet et nouveaux plans tarifaires pour les appels interurbains.

> «L'industrie embauche des gens qui possèdent peut-être moins d'expérience, mais qui démontrent de véritables talents en marketing et en vente.»
>
> — Christiane Côté

Phénomène plutôt rare, les conditions d'embauche reposent davantage sur les habiletés en communication que sur les diplômes. La plupart des entreprises offrent une formation à l'interne. Christiane Côté, vice-présidente aux ressources humaines chez Microcell, en témoigne : «Nous misons beaucoup sur «l'approche-client» chez nos candidats. Nous embauchons des gens qui possèdent peut-être moins d'expérience, mais qui démontrent de véritables talents en marketing et en vente. Le diplôme ne représente donc pas l'unique critère d'embauche.» La maîtrise d'une deuxième langue pèse aussi beaucoup dans la balance.

SPÉCIALISTES DEMANDÉS

Lorraine Goyette, directrice des technologies de l'information au ministère de l'Industrie, du Commerce, de la Science et de la Technologie, ajoute pour sa part que le secteur des biens de télécommunication s'avère «le» champ d'activité en développement par excellence.

Les fabricants en biens
de télécommunications offrent
en effet des possibilités très intéressantes
pour des professionnels qualifiés
en informatique, en génie électrique
et en génie informatique

Les fabricants en biens de télécommunications offrent des possibilités très intéressantes pour des professionnels qualifiés en informatique, en génie électrique et en génie informatique, d'autant plus qu'une compétition féroce sévit entre les industries embauchant ces types de professionnels. L'aérospatiale, l'industrie du logiciel et les fabricants de matériel informatique concurrencent en effet l'industrie des télécommunications, qui doit jouer des coudes pour attirer cette main-d'œuvre.

Par ailleurs, les techniciens qui travaillent aux têtes de lignes des réseaux, à la conception et à la gestion de ceux-ci, sont assez recherchés. Une formation en technologie de l'électronique, option télécommunications, ou en technique de l'informatique, est tout indiquée pour ceux que ce domaine intéresse. Comme l'explique Suzanne Mercier, «une formation de niveau collégial dans ces disciplines demeure encore une option de choix. Il y aura certainement du travail pour ces jeunes diplômés.»

ÉLARGIR SES CONNAISSANCES

En plus des compétences scolaires, les employeurs recherchent des aptitudes en gestion de projets, des connaissances liées aux protocoles de communication, une maîtrise de différents systèmes d'exploitation et de l'expérience en développement de logiciel. Sylvie Gagnon, présidente-directrice-générale chez Technocompétences, confirme et indique que plus le niveau de formation est élevé, meilleures sont les chances de trouver un bon emploi.

À cela, il faut ajouter un bon esprit d'équipe et des habiletés personnelles. «Un jeune diplômé doit posséder plusieurs cordes à son arc, mentionne-t-elle. Si un étudiant s'est contenté de faire ses études sans élargir son champ de connaissances et sans développer ses propres aptitudes, il aura de moins bonnes chances de se positionner sur le marché du travail.» ■

RECHERCHÉS

- Services en télécommunications : préposés à la vente et au service à la clientèle
- Fabrication de biens de télécommunications : ingénieurs électroniques
- informatique, analystes de systèmes informatiques, programmeurs, rédacteurs techniques, techniciens en génie électronique

SAVIEZ-VOUS QUE?

Environ 80 entreprises œuvrent dans la fabrication de biens de télécommunications au Québec. Près des trois quarts de ces entreprises sont situées sur l'île de Montréal. À l'extérieur de l'île, on trouve presque exclusivement des petites entreprises

Source : Direction de la planification et du partenariat Emploi-Québec.

PRINCIPALES FORMATIONS

Secondaire
- Installation et réparation d'équipement de télécommunication

Collégial
- Attestation d'études collégiales en service à la clientèle
- Électronique (option télécommunications)
- Informatique

Universitaire
- Génie électrique (option communications)
- Génie informatique
- Informatique de génie
- Informatique de gestion
- Mathématiques-informatique

POUR EN SAVOIR PLUS

Canadian Telecom magazine
www.cdntele.com/

Centre de recherche en communications-Section éducation
www.crc.doc.ca/crc/education/education-f.html

Entreprises et produits du secteur des technologies de l'information et des communications
www.strategis.ic.gc.ca/SSGF/it02657f.html

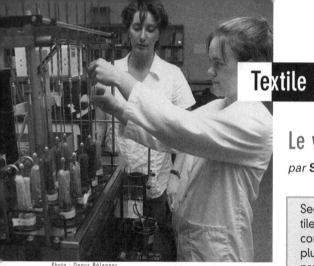

Photo : Denys Bélanger

Le vent dans les voiles

par **Sylvie Lemieux**

Secteur très dynamique, l'industrie du textile d'aujourd'hui a bien peu de points en commun avec les filatures d'autrefois! De plus, ce domaine regorge de débouchés prometteurs.

Les années difficiles sont maintenant chose du passé pour l'industrie du textile au Québec. Le secteur offre de bonnes perspectives d'emploi. En fait, les travailleurs formés aux techniques de pointe ne seraient pas assez nombreux pour suffire à la demande! Il faut dire que ces derniers boudent un peu le domaine, qui souffrirait d'une réputation non méritée.

Les exportations ont plus que triplé, passant de 844 millions de dollars à près de trois milliards en 1997.

Pourtant, il offre des emplois diversifiés et bien rémunérés. De plus, les perspectives d'avancement sont intéressantes. Selon Sylvain Trahan, agent de promotion des carrières en textile au Cégep de Saint-Hyacinthe, l'expérience peut conduire rapidement à des postes de direction. «Au début de leur carrière, les travailleurs en textile gagnent un salaire moyen de 29 000 $ par année. Au bout de cinq ans, il peut s'élever à 40 000 $. C'est très facile d'obtenir de l'avancement dans ce domaine», affirme M. Trahan. Cette rapide progression des salaires s'explique par le fait qu'il y a une forte demande de main-d'œuvre qualifiée dans le domaine, particulièrement dans les secteurs de la vente et du marketing, de la production, du contrôle de la qualité et de la recherche.

DES EMPLOIS!

Caroline Beaudoin travaille comme superviseure du département d'allocation chez Denim Swift, à Drummondville, une entreprise qui fabrique du denim et qui compte parmi ses clients des noms aussi prestigieux que Ralph Lauren et Tommy Hilfiger. Caroline a choisi de s'inscrire au DEC en technologie et gestion des textiles parce que les

perspectives d'emploi étaient excellentes. «Après trois ans d'études, je voulais être certaine d'avoir un emploi, explique-t-elle. En textile, le taux de placement est excellent. C'est ce qui a fait pencher la balance.»

Le calcul de Caroline a rapporté puisqu'elle a trouvé un emploi quatre mois avant de terminer ses études collégiales. «L'entreprise est venue faire du recrutement au cégep. J'ai signé mon contrat en mai, j'ai commencé à travailler au mois d'août et j'ai terminé mes études en septembre.» Elle qui a songé pendant un moment à entreprendre des études en génie ne regrette pas du tout son choix. Son travail lui permet de relever de nombreux défis. «Quelqu'un qui est performant, qui aime ce qu'il fait et qui se donne à 100 % n'a pas de difficulté à gravir les échelons», affirme-t-elle.

PLACE À L'INNOVATION

L'essor de l'industrie du textile n'est pas étranger à la signature de l'accord de libre-échange entre le Canada et les États-Unis en 1989. Cette entente, qui a créé de l'inquiétude chez plusieurs intervenants du milieu, a plutôt donné un coup de pouce à ce secteur. Depuis, les exportations ont plus que triplé, passant de 844 millions de dollars à près de trois milliards en 1997. Selon Roger Normandin, co-président du Comité sectoriel de main-d'œuvre de l'industrie du textile du Québec, les ventes de cette industrie au Canada se sont chiffrées à dix milliards de dollars l'an dernier.

La production est diversifiée et se retrouve dans plusieurs secteurs : 35 % dans le vêtement, 45 % dans le textile pour l'usage domestique (rideaux, tissus d'ameublement) et 20 % dans les textiles de pointe.

Le nombre d'emplois au Canada s'est aussi accru au cours des cinq dernières années, passant de près de 53 000 en 1993 à 56 000 en 1997. Le Québec emploie près de 24 000 personnes, soit plus de 40 % de la main-d'œuvre canadienne.

> «Ce secteur est à l'avant-garde
> au point de vue du développement
> des tissus à haute valeur ajoutée,
> de la qualité et du service
> à la clientèle.»
>
> — Roger Normandin

Selon M. Normandin, une grande capacité d'innovation, le développement de nouveaux créneaux et des investissements massifs dans l'achat d'équipements modernes sont les ingrédients du succès de l'industrie du textile. «Ce secteur est à l'avant-garde au point de vue du développement des tissus à haute valeur ajoutée, de la qualité et du service à la clientèle», affirme-t-il.

RÉPONDRE À LA DEMANDE

L'avenir s'annonce donc prometteur. «Nous prévoyons augmenter notre part de marché aux États-Unis, poursuit-il. L'infrastructure de distribution est en place. Notre force de frappe est de plus en plus importante chez nos voisins. Ça augure bien sur le plan de l'emploi, surtout pour la main-d'œuvre spécialisée.»

Pour pouvoir répondre à cette demande, il faudra augmenter le nombre d'inscriptions au programme de formation, ce qui n'est pas facile, selon Sylvain Trahan. «La perception du monde du textile est mauvaise, ce qui influence le nombre d'inscriptions. Il ne faut pas se le cacher : le textile n'est pas *in* auprès des jeunes. L'image est à changer, et c'est un travail de longue haleine», conclut-il. ∎

RECHERCHÉS

- Techniciens en gestion des textiles
- Responsables de la vente et du marketing
- Techniciens en contrôle de la qualité
- Chercheurs pour de nouveaux textiles

SAVIEZ-VOUS QUE?

La recherche a permis de développer de nouveaux produits textiles dont plusieurs sont fabriqués à partir de matériaux recyclés. Par exemple, avec le tissu appelé «Écospun», on retrouve jusqu'à deux bouteilles de plastique recyclées dans un pantalon!

PRINCIPALES FORMATIONS

Secondaire
- Vente-conseil

Collégial
- Technologie et gestion des textiles : fabrication
- Technologie et gestion des textiles : finition
- Marketing

Universitaire
- Gestion des opérations et de la production
- Marketing

POUR EN SAVOIR PLUS

Conseil des ressources humaines de l'industrie du textile
www3.sympatico.ca/thrc/page22.html

The Textile Institute Virtual Library
www.texi.org/library.htm

Photo : Cégep de Matane

Main-d'œuvre bien formée demandée!

par **Sylvie Lemieux**

> Au Québec, le tourisme génère 100 000 emplois directs. Et il y a encore de belles occasions à saisir pour les personnes bien formées!

L e tourisme va bien et les ouvertures sont nombreuses pour qui désire œuvrer dans ce domaine. Le nombre des visiteurs se multiplie, et ils injectent de grosses sommes d'argent dans l'économie locale, ce qui a une influence directe sur l'emploi en tourisme. Il faut cependant faire preuve de flexibilité et de débrouillardise dans ce milieu, d'autant plus que bon nombre de ces emplois sont saisonniers.

DES CHIFFRES IMPRESSIONNANTS

Le Conseil mondial du voyage et du tourisme avance que le niveau de l'emploi dans l'industrie touristique augmentera de 46,4 % à travers le monde au cours de la prochaine décennie. Ces prévisions rejoignent les propos de David K. Foot, auteur du livre *Entre le boom et l'écho*, qui prétend que la génération des premiers *baby-boomers* dépensera plus d'argent que jamais dans les voyages au cours des années à venir. Cette tranche de la population, qui est entrée dans la cinquantaine, a le goût de l'aventure, se tourne vers l'écotourisme ou encore part en croisière.

> Selon Tourisme Québec,
> quelque 21 millions de touristes
> ont visité le Québec en 1995
> et ils y ont dépensé
> 5,1 milliards de dollars.

Le secteur du tourisme affiche des chiffres impressionnants. Selon Tourisme Québec[1], quelque 21 millions de touristes ont visité le Québec en 1995 et ils y ont dépensé 5,1 milliards de dollars, ce qui représente une hausse de 6,8 % par rapport à 1994. Le nombre d'emplois directs se

chiffre à 100 000. Près de 29 000 établissements font affaire dans ce domaine.

C'est le secteur de la restauration qui occupe le plus de travailleurs, soit 36 %, suivi par le secteur des transports avec 27 %. Environ 22 % travaillent en hébergement, 8 % en divertissements et loisirs (musées, théâtres, etc.) et 7 % dans les agences de voyage. La profession est plutôt jeune puisque 25 % des travailleurs ont moins de 25 ans.

UN TRAVAIL SAISONNIER

Il y a donc des emplois en tourisme. Les travailleurs doivent cependant accepter le fait que plusieurs de ces emplois sont saisonniers. «C'est un secteur où les travailleurs ne sont pas en vacances en même temps que les autres, précise Yves Legault. En revanche, ce sont des emplois intéressants et qui exigent moins d'investissement sur le plan de la formation que d'autres professions.»

Selon Bernard Légaré, du service de placement de l'Institut de tourisme et d'hôtellerie du Québec (ITHQ), les travailleurs doivent faire preuve de flexibilité et de débrouillardise pour être actifs sur le marché du travail tout au long de l'année. En effet, le domaine compte un grand nombre de petites entreprises où le roulement de personnel est élevé, comme les restaurants, les auberges, etc. Selon Jean Lortie, du comité sectoriel de main-d'œuvre en tourisme, cette situation entraîne des coûts pour les entreprises qui doivent constamment former et entraîner de nouveaux employés. De plus, l'échelle de salaire varie beaucoup selon la taille de l'établissement où l'on travaille.

Pour sa part, Patrick Teyssédou ne vit pas la précarité d'emploi que certains connaissent. Il travaille comme serveur au restaurant de l'hôtel Hilton Bonaventure depuis 24 ans. «Dans les grands hôtels, les gens restent en place longtemps», souligne-t-il.

> «Il faut être diplomate,
> ouvert, aimable, être soucieux
> du travail bien fait et aimer
> les contacts avec le public.»
>
> — Patrick Teyssédou

Quelles qualités doivent posséder les personnes qui se destinent à une carrière dans le domaine du tourisme? «Il faut être diplomate, ouvert, aimable, être soucieux du travail bien fait et aimer les contacts avec le public», affirme M. Teyssédou, qui dit s'être habitué à ne pas fêter Noël en même temps que tout le monde.

PROGRAMME DE QUALITÉ

L'industrie du tourisme accorde de plus en plus d'importance à la formation de la main-d'œuvre. «Nous voulons assurer la qualité de l'intervention dans les établissements touristiques», affirme Yves Legault. Pour ce faire, le comité sectoriel et les intervenants du milieu sont en train de mettre sur pied un système de contrôle de la qualité qui s'inspire des normes ISO, soit le programme Qualité tourisme Québec. «Nous avons constaté que, du fait que plusieurs travailleurs occupaient un emploi sans avoir reçu une formation initiale, il leur manquait ce petit quelque chose qui fait que les touristes repartent extrêmement satisfaits. Par le biais de la formation, nous espérons impressionner les clients», poursuit-il.

Les entreprises touristiques sont ainsi incitées à embaucher du personnel déjà formé et à donner une formation - d'une journée à quelques mois, selon le cas - aux employés en place. ■

---

1 *Le Tourisme au Québec en 1995, une réalité économique importante,* Tourisme Québec.

RECHERCHÉS

Depuis quelques années, de plus en plus de finissants en tourisme percent dans le domaine de la conciergerie dans les hôtels et les édifices corporatifs. Leur tâche consiste à répondre aux besoins de la clientèle. Le préposé à la conciergerie peut ainsi s'occuper de la réservation de billets d'avion ou de train, renseigner le client sur les attractions touristiques de la région, etc. De cette façon, les établissements offrent un service plus personnalisé.

L'industrie du tourisme a également besoin de préposés aux réservations, qui trouveront du travail chez des grossistes et dans des agences de voyages.

SAVIEZ-VOUS QUE?

S'il fournit du travail à environ 100 000 personnes, le tourisme contribue également à la création de nombreux emplois indirects. Au total, Tourisme Québec évalue à 300 000 le nombre d'emplois directs et indirects générés par ce secteur d'activité.

PRINCIPALES FORMATIONS

Secondaire
- Commercialisation des voyages
- Cuisine d'établissement
- Pâtisserie de restaurant
- Réceptionniste bilingue en hôtellerie
- Service de restauration

Collégial
- Gestion des services alimentaires
- Gestion hôtelière
- Tourisme

Universitaire
- Administration des affaires
- Gestion du tourisme et de l'hôtellerie

POUR EN SAVOIR PLUS

Réseau canadien d'information sur le tourisme au Canada
206.191.33.50/tourism/francais/tindu-f.html

Conseil canadien des ressources humaines en tourisme
www.cthrc.ca/english/index.html

Tourisme Québec
www.tourisme.gouv.qc.ca

Photo : PPM

Toujours en mouvement...

par **Claudine St-Germain**

> À chaque seconde, des marchandises quittent un point du globe pour se diriger vers un autre. Elles voyagent à bord de camions, de trains, de navires et d'avions, dans un vaste réseau planétaire qui fonctionne de plus en plus efficacement et surtout, de plus en plus vite.

L e transport de marchandises se divise en quatre grands secteurs : transport routier (camionnage), ferroviaire, aérien et maritime. À la fois concurrents et alliés, ces quatre modes de transport connaissent depuis quelques années des changements qui se répercutent sur leur part de marché respective.

En ce qui concerne l'emploi, le camionnage est le secteur le plus important, avec 33 360 employés au Québec en 1996. Près de 44 000 entreprises font ainsi circuler 100 000 camions sur les routes du Québec et des États-Unis. «Le camionnage est en expansion depuis environ 50 ans, affirme Sophie Tremblay, analyste technique à l'Association du camionnage du Québec. C'est un milieu en effervescence, où la concurrence est très féroce.»

Pour satisfaire des clients devenus très exigeants, les entreprises de transport routier doivent donc offrir plus, à des prix moindres. «Les transporteurs offrent maintenant les services de livraison sur rendez-vous, la prise en charge d'entreposage, le dédouanement, explique Sophie Tremblay. On observe aussi que ceux qui réussissent le mieux sont ceux offrant un service spécialisé, comme le transport citerne ou réfrigéré.»

Au cœur du transport routier se trouve évidemment le chauffeur de camions, un professionnel qui se fait rare, ces temps-ci. «Depuis 1993, on constate un manque de chauffeurs, confirme l'analyste. Ce n'est pas un métier facile. Les journées de travail sont très longues, et les salaires, pas très alléchants. Sans compter les facteurs sociaux : les pères de famille veulent aujourd'hui rentrer à la maison le soir, pour voir leurs enfants, alors que ce n'était pas une grande préoccupation il y a 25 ans.»

DE PLUS EN PLUS RAPIDE

Sur l'eau, le transport maritime conserve son importance en raison de son faible coût et des nouvelles technologies qui l'ont rendu plus rapide. Le port de Montréal voit ainsi passer environ 20 millions de tonnes de marchandises par année. «Avant, il fallait près d'un mois pour décharger et recharger un bateau manuellement. Aujourd'hui, ça prend quatre jours», raconte Jacques Paquin, coordonnateur du département de logistique du transport de l'Institut maritime du Québec. «De même, la capacité maximale d'un navire est passée de 500 à 6600 boîtes!»

> «Avant, on mettait les marchandises sur un bateau, et ça prenait le temps que ça prenait! Aujourd'hui, les technologies de l'information font en sorte que les heures et les minutes comptent.»
>
> — Stéphane Poirier

Le transport aérien a toutefois accaparé une part du marché du transport maritime, notamment les denrées périssables, les produits à haute valeur ajoutée, les composantes électroniques et les produits pharmaceutiques. Il connaît présentement un taux de croissance de 6 % par année. «Le transport aérien n'a jamais pris autant de place, à cause des nouveaux besoins en rapidité», confirme Stéphane Poirier, directeur du développement du fret aérien pour les Aéroports de Montréal (ADM). «Avant, on mettait les marchandises sur un bateau, et ça prenait le temps que ça prenait! Aujourd'hui, les technologies de l'information font en sorte que les heures et les minutes comptent.»

C'est pour cette raison que le spécialiste clé du transport, c'est le logisticien, capable d'organiser le transport de marchandises et d'informations à travers le monde. Plus l'industrie du transport se complexifie, plus il devient indispensable. «C'est LA profession qui va exploser dans les prochaines années», assure Jacques Paquin.

Cependant, le Québec n'offre qu'un DEC en logistique de transport et aucune formation universitaire, même si cette science est enseignée depuis longtemps aux États-Unis et en Europe. Jusqu'à présent, les entreprises québécoises embauchaient donc de la main-d'œuvre étrangère, ou formaient leurs employés sur place. Les premiers finissants du DEC, en 1999, devraient donc être très recherchés.

L'UNION FAIT LA FORCE

Le grand perdant du monde du transport au cours de ce siècle est évidemment le transport ferroviaire. Lui qui a pratiquement défriché le continent nord-américain, a mal su s'adapter au 20e siècle et s'est fait supplanter par les nouveaux modes de transport. Au cours des dernières années, il semblerait toutefois que les deux principales sociétés ferroviaires au Canada, le CN et le CP, aient réussi à remettre l'industrie sur les rails en redéfinissant son rôle, par exemple en jouant un rôle de grossiste auprès des autres transporteurs. Ce repositionnement se fait toutefois pour le moment au détriment des emplois, comme le démontrent les récentes coupures de postes au CN.

Mais le train pourrait tirer avantage d'un phénomène appelé à prendre de l'expansion : l'intermodalité, c'est-à-dire l'alliance des différents modes de transports. Par exemple, le ferroviaire pourrait prendre la relève du camionnage pour le transport de longue distance, domaine où les chauffeurs sont difficiles à trouver. «L'intermodalité est maintenant possible grâce à la standardisation récente des conteneurs, rappelle Jacques Paquin. C'est grâce à cette innovation qu'un conteneur peut être chargé sur un train à Boston, transféré sur bateau à Montréal et remis sur un camion à Tokyo.»

La mondialisation des marchés a mené au perfectionnement des modes de transport. «Les lieux de production, d'approvisionnement et de consommation se situent maintenant à l'échelle de la planète, poursuit Jacques Paquin. C'est pour cela que le transport est constamment repensé par ses acteurs, les expéditeurs, les entreprises de transport et les intermédiaires. Il est toujours en mouvement!» ■

RECHERCHÉS

- Technicien en logistique de transport
- Chauffeurs de camion qualifiés (remplir différents documents, comprendre les différentes réglementations, contact avec la clientèle)

SAVIEZ-VOUS QUE ?

Dans certaines industries, le temps est si précieux qu'en cas de retard de livraison, des fournisseurs peuvent payer jusqu'à 3000 $ de pénalité par minute!

Source : Aéroports de Montréal

PRINCIPALES FORMATIONS

Secondaire
- Conduite de camions
- Information aérienne

Collégial
- Logistique du transport
- Navigation
- Pilotage d'aéronefs

POUR EN SAVOIR PLUS

MICST - Le secteur des transports au Québec
www.micst.gouv.qc.ca/secteurs-industriels/transport.html

Innovative Transportation Technologies
weber.u.washington.edu/~jbs/itrans/

Vêtement

La reprise

par **Béatrice Richard**

> L'industrie canadienne du vêtement se concentre essentiellement au Québec, où l'on trouve 67 % de ses manufacturiers, 63 % de sa production et 56 % de ses emplois[1]. Depuis cinq ans, ce secteur traditionnel en pleine reprise a subi une véritable métamorphose. Il s'est modernisé sur tous les plans et offre de multiples possibilités d'emplois et de carrières.

D epuis 1993 et 1994, on assiste à une reprise de la consommation de vêtements et d'accessoires au Canada. Mais la croissance de l'industrie repose surtout sur les exportations. Ainsi, 95 % de la production québécoise est destinée aux marchés extérieurs, dont 90 % à celui des États-Unis. Entre 1992 et 1996, la hausse des exportations a été de 204 %! En 1997, le Québec aurait produit pour 4 milliards 110 millions de dollars de livraisons dans le secteur de l'habillement[2].

C'est une remontée spectaculaire après la crise qu'a connue l'industrie entre 1983 et 1993, celle-ci se soldant par la fermeture de quelque 800 entreprises, soit 30 % du total. Ainsi, en 1988, on recensait 80 000 emplois dans le secteur du vêtement. En 1992, ce nombre chutait à 42 000. Pour 1998, il est estimé à 71 000, dont 10 000 auraient été créés depuis 1997[2].

> «Les manufacturiers québécois se caractérisent par la grande qualité et la variété de leurs produits et de leurs styles.»
>
> — Lyne Bissonnette

Selon Lyne Bissonnette, coordonnatrice du Comité sectoriel de la main-d'œuvre de l'industrie de l'habillement (CSM habillement), plus encore que l'accroissement des exportations, c'est la modernisation des équipements et des méthodes de production qui a réveillé l'industrie. «Les entreprises sont devenues plus compétitives, parce qu'elles ont investi dans la technologie, explique-t-elle. Cela leur a permis d'améliorer la productivité, de raccourcir les délais de livraison et d'avoir une production plus flexible.»

À la base de ce succès : un réseau de sous-traitance fiable et diversifié, certains sous-traitants se spécialisant dans des domaines très pointus. «Les manufacturiers québécois se caractérisent par la grande qualité et la variété de leurs produits et de leurs styles, ainsi que par la rapidité de leurs livraisons, affirme la coordonnatrice. Cela les positionne très favorablement sur le marché international. Aucun autre pays n'offre cela actuellement!»

MODERNISATION NÉCESSAIRE

Pour relever le défi de la concurrence, l'industrie de l'habillement a dû s'informatiser. Cela se traduit par des systèmes de conception assistés par ordinateur (CAO) et de coupe à commande numérique, qui offrent souplesse, productivité et rentabilité. Mme Bissonnette évalue à 70 % la proportion d'entreprises québécoises en habillement ayant investi de façon significative dans des équipements de pointe.

Toutefois, dans ce secteur, la «robotisation» demeure partielle. En effet, la production de vêtements ne s'y prête pas entièrement. Pour l'instant, les applications technologiques en couture se concentrent surtout sur les étapes de préproduction (design, gradation, traçage de patrons et coupe) et sur les étapes finales (repassage, système de tri et d'emballage). Car malgré l'insertion de microprocesseurs destinés à régler certaines opérations, les machines à coudre ne sont pas près de détrôner les assembleuses, qui cousent ensemble les différents morceaux de tissus composant un vêtement.

«Ce qui manque de la façon la plus criante,
ce sont les opérateurs de machine à coudre,
mais aussi les coupeurs et les étendeurs,
les patroniers et les graveurs.»

— Lyne Bissonnette

Surtout, les fréquents changements de modèles et de coupes ne permettent pas de robotiser systématiquement cette étape délicate. «L'industrie du vêtement doit composer avec un produit et des matières premières qui changent constamment, explique Mme Bissonnette. Il est presque impossible de robotiser les façons de faire avec ces deux variables.» Des entreprises sont néanmoins parvenues à robotiser la production de modèles très demandés et variant peu, comme celle des jeans, par exemple.

ASSEMBLEUSES DEMANDÉES

C'est d'ailleurs à l'étape de l'assemblage que les besoins de main-d'œuvre qualifiée se font actuellement le plus sentir. «Ce qui manque de la façon la plus criante, ce sont les opérateurs de machine à coudre, mais aussi les coupeurs et les étendeurs, les patroniers et les graveurs», rapporte Mme Bissonnette. Une pénurie largement attribuable à un problème d'image, croit-elle. «Les gens pensent à tort que l'industrie est moribonde, que tout se fait en Asie, que les employés sont mal traités et travaillent dans des ateliers insalubres.»

D'autre part, la formation reste déficiente. «Le ministère de l'Éducation offre un DEP en confection industrielle haut de gamme depuis 1995, concède la coordonnatrice. Mais cette formation n'apprend pas à travailler sur une machine à coudre industrielle. Traditionnellement, l'industrie formait sa main-d'œuvre sur le tas. Aujourd'hui, à cause des besoins énormes de personnel et du coût de cette formation, c'est devenu plus difficile.» Aussi, Mme Bissonnette conseille aux candidats de s'intégrer dans l'industrie comme stagiaires. En allant frapper directement à la porte des entreprises ou en s'adressant à certains centres locaux de développement qui coordonnent des programmes de stage en entreprise. ∎

1 *Leadership Montréal*, Avril 1998 et site Stratégis, Industrie Canada
2 Direction des ressources humaines Canada

RECHERCHÉS

- Opératrices de machine à coudre
- Coupeurs et étendeurs
- Patroniers et gradeurs
- Techniciens et surveillants
- Mécaniciens de machines à coudre
- Professions liées à la commercialisation et à l'exportation de la mode

SAVIEZ-VOUS QUE?

Un habit sur dix vendu aux États-unis est fait au Québec et la mode masculine emploie 37,5 % de la main-d'œuvre de l'industrie du vêtement.

Source : *Leadership Montréal*, avril 1998.

PRINCIPALES FORMATIONS

Secondaire
- Conception et techniques vestimentaires
- Confection industrielle de vêtements haut de gamme
- Confection sur mesure et retouches
- Cordonnerie
- Coupe et confection de vêtements féminins et masculins
- Nettoyage à sec, entretien des vêtements

Collégial
- Commercialisation de la mode
- Design de mode
- Gestion de la production du vêtement

Universitaire
- Gestion et design de la mode

POUR EN SAVOIR PLUS

Conseil des ressources humaines de l'industrie du vêtement
www.ccai.com/ahrc/reports.htm

Canadian Apparel Federation
www.apparel.org/

Cadre de compétitivité sectorielle - l'industrie de l'habillement
strategis.ic.gc.ca/SSGF/ap03179f.html

UNE EXPANSION TOUS AZIMUTS

Téléglobe est en expansion tous azimuts. Notre défi consiste à devenir l'un des plus gros joueurs de la planète dans l'industrie des télécommunications internationales.

Saviez-vous que Téléglobe aura 50 ans à l'an 2000 ? Comment se fait-il qu'un pays moins populeux que la Californie s'est-il doté d'un réseau de télécommunications internationales aussi sophistiqué ?

Le Canada a toujours considéré les télécommunications comme un axe de développement stratégique tant à l'intérieur qu'à l'extérieur de ses frontières. C'est ainsi que Téléglobe s'est toujours maintenue à la fine pointe de la technologie. Elle a participé à plusieurs premières, dont l'exploitation du premier câble sous-marin transatlantique coaxial et le lancement du premier satellite de télécommunication commercial.

Au fil des années, Téléglobe s'est bâtie un réseau de câbles et de liaisons satellites qui rejoint 240 pays. Deuxième plus grand propriétaire de liaisons par câble sous-marin optique, elle possède le deuxième plus grand réseau dorsal Internet au monde. Et tout cela, c'est sans compter son Centre de gestion du réseau intégré ultra-sophistiqué unique au monde.

Nous sommes maintenant forts autant comme grossiste que comme détaillants sur le marché des consommateurs et des entreprises. Notre gamme de produits est impressionnante et nous sommes présents sur tous les continents. La croissance phénoménale du trafic au cours des dernières années a exigé de la part des employés, un savoir-faire, une capacité d'adaptation et un esprit d'entrepreneurship hors du commun.

TELEGLOBE

1000, rue de la Gauchetière ouest
Montréal (Québec) H3B 4X5
Télécopieur : (514) 868-7234
www.teleglobe.ca

Avec le génie, ça tourne rond!

« Les secteurs industriels à orientation technologique et informatique afficheront le plus fort taux de création d'emplois au Québec d'ici l'an 2000(...). » *

* Source : Les Carrières de l'ingénierie 1996-1997, collection Guides universitaires, Éditions Ma carrière, p. 39

Ordre des ingénieurs du Québec

www.oiq.qc.ca

VOTRE CÉGEP VIRTUEL

NOUVEAUTÉS

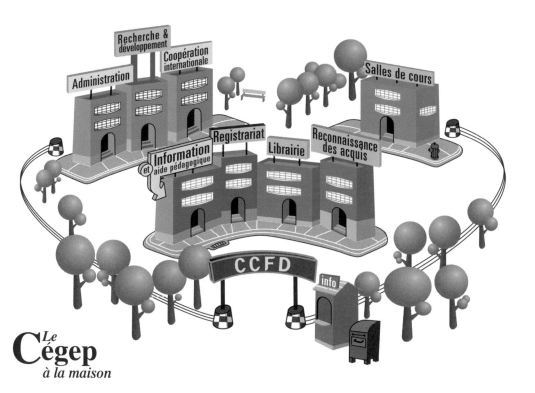

Recherche & développement

Coopération internationale

Administration

Salles de cours

Information et aide pédagogique

Registrariat

Librairie

Reconnaissance des acquis

CCFD

info

Le Cégep à la maison

www.crosemont.qc.ca/ccfd/

CENTRE
COLLÉGIAL
DE FORMATION
À DISTANCE

1 800 665 6400 / 864-6464 (Mtl)

Joignez
votre génie au nôtre.

*Faire partie de l'équipe de Bell, en ingénierie
ou dans le domaine de la haute technologie, c'est se joindre
au plus grand fournisseur de services dans l'industrie des
télécommunications au Canada. Et c'est aussi œuvrer au sein d'une
des industries qui connaît la plus forte croissance au monde.
Si c'est ce que vous souhaitez comme carrière, faites-nous signe.
Pour en savoir davantage sur Bell, faites le www.bell.ca*

Communiquez comme personne

«Le seul moyen
de se débarrasser
d'une tentation,
c'est d'y céder.»

– Oscar Wilde

ZOOM MEDIA

Sors
du cadre.

Baccalauréat en **administration** des **affaires**

Prenez votre **place** dans le **monde** des **affaires**

Chaque année, le taux de placement des finissants du B.A.A. de l'École des Hautes Études Commerciales avoisine les 95%. Prenez votre place dans le monde des affaires : choisissez une grande école de renommée internationale qui vous propose un baccalauréat de haut niveau et de nombreux *extras*.

- **Virtuose** : un programme avant-gardiste incluant l'usage intensif de l'ordinateur portatif.
- **Passeport pour le monde** : un programme d'échanges internationaux permettant de faire une partie de vos études à l'étranger.
- **Une douzaine de concentrations** : une vaste gamme de cours de spécialisation dans les domaines de la gestion.
- **Accent sur la communication d'affaires** : maîtrise du français, cours de gestion en anglais et en espagnol.
- **Une vie étudiante dynamique** : de nombreuses associations pour développer son esprit d'équipe, exercer son leadership et enrichir son curriculum vitae.

École des Hautes Études Commerciales
3000, chemin de la Côte-Sainte-Catherine
Montréal (Québec) H3T 2A7
Téléphone : (514) 340-6151
Télécopieur : (514) 340-5640
baa@hec.ca

www.hec.ca

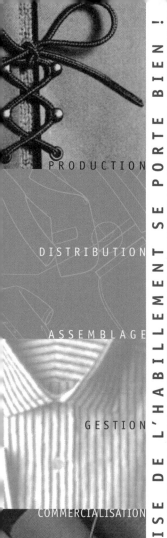

PRODUCTION

DISTRIBUTION

ASSEMBLAGE

GESTION

COMMERCIALISATION

CRÉATION

CONFECTION

L'INDUSTRIE QUÉBÉCOISE DE L'HABILLEMENT SE PORTE BIEN !

73 000 emplois
3 000 entreprises

Plus de 4,1 milliards de dollars de livraisons en 1997...

ALORS,
DES MÉTIERS,
DES CARRIÈRES,
ET DES
PROFESSIONS DANS
L'HABILLEMENT,
IL Y EN A
POUR TOUS
LES GOÛTS !

Renseignez-vous
sur les
programmes
qui mènent
à l'industrie de
l'habillement.

COMITÉ SECTORIEL
DE MAIN D'OEUVRE
DE L'HABILLEMENT
UN ORGANISME ENTIÈREMENT SUBVENTIONNÉ PAR EMPLOI-QUÉBEC

POUR Y VOIR PLUS CLAIR SUR
LES CARRIÈRES DE L'AN 2000

SALON
CARRIÈRES et PROFESSIONS

INFORMATIONS • 514 · 288-3931

➤ Découvrez les secteurs gagnants

➤ Établissez votre choix de carrière

➤ Planifiez un retour aux études

➤ Rencontrez les établissements de formation

➤ Découvrez les programmes de formation de courte et longue durée

➤ Informez-vous sur l'aide financière et les programmes gouvernementaux de formation

Présenté dans le cadre du
SALON ÉPARGNE-PLACEMENTS

QUÉBEC	MONTRÉAL
CENTRE DES CONGRÈS	**PLACE BONAVENTURE**
14 au 17 janvier 99	**29 janvier au 1er février 99**
Jeu., Ven., Sam.: 11h à 21h Dim.: 11h à 18h	Ven., Sam., Dim., Lun.: 11h à 21h

MARTIN
INTERNATIONAL

«Un homme n'est pas bon à tout, mais il n'est jamais propre à rien.»

– proverbe chinois

ZOOM MEDIA

Sors
du cadre.

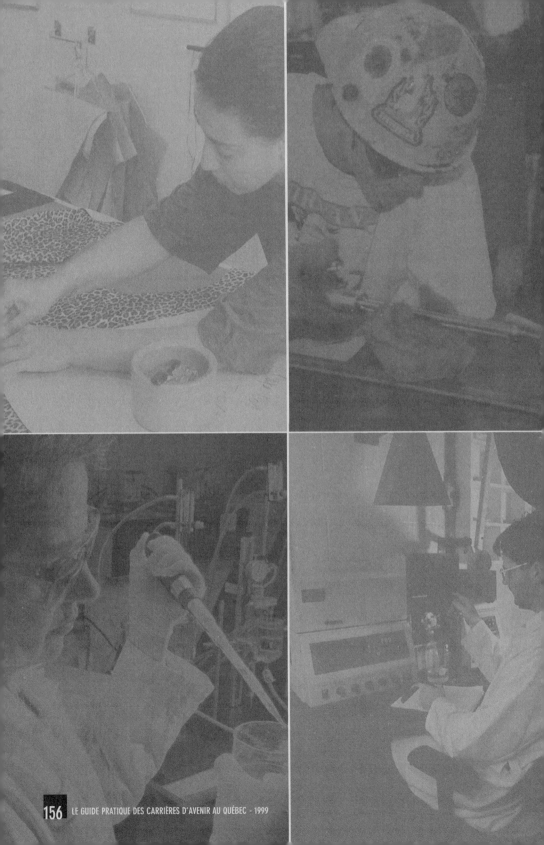

Le TOP
120
des formations

Voici les fiches techniques de 120 programmes au secondaire, au collégial et à l'université qui offrent des ouvertures particulièrement prometteuses sur le marché du travail au Québec. Découvrez de nombreuses formations d'avenir dans des champs d'activité variés, incluant les plus récentes statistiques sur le placement, le salaire de départ et les conditions de travail pour chacune d'entre elles.

Pages 158 à 277

Sélection des programmes : Direction générale de la formation professionnelle et technique (DGFPT) du ministère de l'Éducation, en collaboration avec Emploi-Québec; Les éditions Ma Carrière/le Centre de développement de l'information scolaire et professionnelle.

Pour d'autres renseignements expliquant les bases de cette sélection, voir page 16.

Secteur 2

DEP 5079

Arboriculture-
élagage

PLACEMENT

L'arboriculteur-élagueur a désormais du pain sur la planche depuis le verglas de janvier 1998. Avant cet événement, Ian Langlais, enseignant au Centre de formation horticole de Laval, plaçait 80 % de ses élèves. «Mais aujourd'hui, il nous faudrait un quatrième groupe pour répondre aux besoins de tout le monde», indique-t-il. Pas surprenant si 85,2 % de tous les finissants répertoriés au Québec en 1996-97 occupaient un emploi en 1998, alors qu'ils n'étaient que 57,1 % l'année précédente.

Les dommages causés aux espaces verts québécois devraient d'ailleurs générer du travail pour les arboriculteurs-élagueurs pendant longtemps. «Je suis d'avis qu'il va y avoir un grand coup dans les domaines municipal et résidentiel jusqu'en 2002, avant de revenir au volume normal», soutient Marc Prieur, président de Service forestier, une entreprise privée en arboriculture-élagage.

Même son de cloche du côté des entreprises qui œuvrent en sous-traitance pour le gouvernement par exemple. «Les 500 élagueurs syndiqués de la province ne fournissent pas, signale François Desjardins, superviseur à Asplundh Canada, une division de Tree Expert qui compte 24 000 employés dans le monde. Cette situation est préoccupante, enchaîne-t-il, car, d'ici 10 ans, nous allons perdre environ le tiers de nos hommes, en raison des départs à la retraite.»

Par ailleurs, après la crise du verglas, les besoins en main-d'œuvre se sont réduits principalement au ramassage des branches, à l'élagage et à l'inventaire des arbres abîmés. Mais voilà maintenant que le lucratif marché de la réparation des espaces boisés entre dans la danse à pleine vapeur.

Selon M. Langlais, les préoccupations environnementales généraient déjà plus de dépenses pour la plantation d'arbres, l'entretien et le réaménagement, ces dernières années, de la part des citoyens et des municipalités, des entreprises et des gouvernements. «Cela devrait s'accentuer, ajoute-t-il. C'est pourquoi la formation obligatoire pour ce métier s'impose, afin de garantir la fiabilité des travaux et d'écarter les mauvais joueurs de l'industrie.»

SALAIRE ET CONDITIONS DE TRAVAIL

La Relance au secondaire en formation professionnelle de 1998 évalue le salaire moyen de départ à 602 $ par semaine. Le travail est plutôt saisonnier, de mars à décembre.

12/98

STATISTIQUES

Nombre de diplômés : **37**	Temps plein : **95,7 %**
Proportion de diplômés en emploi (PDE) : **85,2 %**	En rapport avec la formation : **95,5 %**
Taux de chômage : **4,2 %**	Salaire hebdomadaire moyen : **602 $**
Taux de placement : **95,8 %**	*La Relance au secondaire en formation professionnelle*, MÉQ. 1998

Comment interpréter ces statistiques - pages 16 et 17

Assemblage
—— de structures métalliques

Secteur 16

DEP 5020

PLACEMENT

Les détenteurs d'un DEP en assemblage de structures métalliques ne semblent avoir aucune difficulté à s'insérer sur le marché du travail. L'industrie de l'acier réclame depuis longtemps des assembleurs spécialisés et attend avec impatience les diplômés.

Au Centre Anjou, seul établissement jusqu'à présent à dispenser cette formation, un seul groupe a obtenu son diplôme depuis le début du programme en 1996. «Ce DEP est méconnu et nous avons du mal à recruter des élèves, explique Johanne Provencher, agente de bureau pour l'information professionnelle. Les gens s'imaginent souvent qu'ils travailleront à monter des structures métalliques sur des chantiers. Pourtant, les assembleurs œuvrent surtout en industrie et cèdent la place aux monteurs d'acier de structure une fois sur le terrain.»

Le taux de placement du seul groupe issu du Centre Anjou est très prometteur, car la grande majorité des diplômés ont trouvé preneur. «Les employeurs en sont très friands», confirme Mme Provencher.

«On a du mal à trouver des diplômés, confirme Alain Leduc, directeur général chez Acier Marshall de Laval. J'embaucherais sur-le-champ cinq à six assembleurs si c'était possible. Malheureusement, l'établissement d'enseignement ne réussit pas à regrouper assez d'étudiants pour justifier la tenue d'un cours.»

Du côté de la Direction générale de la formation professionnelle et technique du ministère de l'Éducation du Québec, on note que les besoins pour ce type de personnel sont très grands, notamment dans la Beauce.

Ce programme a d'ailleurs été autorisé récemment dans la commission scolaire de cette région, afin de combler les besoins en main-d'œuvre des entreprises qui y sont situées. Auparavant, seule la Commission scolaire de la Pointe-de-l'Île de la région de Montréal dispensait cette formation.

SALAIRE ET CONDITIONS DE TRAVAIL

Selon *La Relance au secondaire en formation professionnelle* de 1998, le salaire moyen de départ est de 501 $ par semaine. Les assembleurs de structures métalliques travaillent généralement selon des horaires rotatifs le jour, le soir ou même la nuit.

12/98

STATISTIQUES

Nombre de diplômés : **7**	Temps plein : **100,0 %**
Proportion de diplômés en emploi (PDE) : **66,7 %**	En rapport avec la formation : **100,0 %**
Taux de chômage : **20,0 %**	Salaire hebdomadaire moyen : **501 $**
Taux de placement : **80,0 %**	*La Relance au secondaire en formation professionnelle*, MÉQ, 1998

Comment interpréter ces statistiques - pages 16 et 17

Secteur 19

DEP 5144

Assistance dentaire

PLACEMENT

Depuis trois ans, les diplômés de ce programme s'intègrent de mieux en mieux au marché du travail. «Et cela devrait être encore aussi favorable dans les années 2000, en raison du vieillissement de l'effectif en assistance dentaire», affirme Danielle Bergeron, enseignante au Centre de formation professionnelle 24 juin.

On assiste cependant à une épuration du marché parmi les dentistes. «Il y en a beaucoup trop et on s'attend à ce que l'emploi freine dans ce secteur», note le D' Nathalie Grenier à la Clinique Louise Ross et associés.

En outre, une tournée des cabinets de dentistes montre que les finissants ne trouvent plus automatiquement un poste à temps plein en débutant, comme c'était le cas autrefois. Remplacements, travail occasionnel et à temps partiel se multiplient et, en règle générale, le délai est plus long avant de pouvoir obtenir une permanence.

La concurrence grandissante entre les professionnels du secteur dentaire n'a cependant pas que des conséquences fâcheuses.

«Les dentistes embaucheront davantage de recrues qui seront opérationnelles immédiatement, parce qu'ils ont moins de temps à consacrer à la formation et à l'encadrement des assistants. Plus que jamais, ils sont forcés de traiter la clientèle aux petits oignons, fait observer Danielle Bergeron. L'approche-client de nos étudiants, les habiletés techniques et la connaissance des logiciels d'inventaire servant aux commandes de matériel de dentisterie les avantagent.»

Puisque les outils et techniques de travail changent sans cesse, les nouveaux venus auront tout intérêt à continuer à se perfectionner durant toute leur carrière. Il existe d'ailleurs un grand nombre de cours d'appoint dans ce domaine : techniques d'empreintes buccales, nouveaux produits de dentisterie, etc.

SALAIRE ET CONDITIONS DE TRAVAIL

Selon *La Relance au secondaire en formation professionnelle* de 1998, le salaire moyen de départ est de 370 $. La rémunération peut varier selon que l'on exerce son métier en région ou dans les grands centres urbains. On œuvre généralement plus de 37 heures par semaine, échelonnées sur quatre jours. Il arrive aussi que les assistants dentaires doivent travailler en soirée.

12/98

STATISTIQUES

Nombre de diplômés : **232**	Temps plein : **77,0 %**
Proportion de diplômés en emploi (PDE) : **86,4 %**	En rapport avec la formation : **79,5 %**
Taux de chômage : **8,3 %**	Salaire hebdomadaire moyen : **370 $**
Taux de placement : **91,7 %**	*La Relance au secondaire en formation professionnelle*, MÉQ. 1998

Comment interpréter ces statistiques - pages 16 et 17

Assistance technique en pharmacie

Formation professionnelle

PLACEMENT

À l'échelle québécoise, le taux de placement dans cette discipline a fait un bond en avant depuis 1996, alors qu'il était de 78 %. «Depuis trois ans, notre moyenne se situe aux alentours de 95 % dans toutes les régions de l'est du Québec. Trois postes sur quatre sont à temps plein», souligne André Boisvert, enseignant au Centre de formation professionnelle du Trait Carré.

Dans la grande région de Montréal, la rationalisation actuellement en cours dans les pharmacies privées, les petites étant absorbées par les grandes, risque toutefois d'entraîner des mises à pied.

Mais cette situation n'effraie pas Jean-François Guevin, propriétaire d'une succursale de Pharmaprix à Montréal. «Finalement, cela devrait créer de l'emploi. De plus, l'informatisation de nos opérations va favoriser l'embauche des diplômés, bien au fait de ces nouvelles technologies. Graduellement, le personnel bien formé va être amené à remplacer la main-d'œuvre actuelle qui serait peu qualifiée.»

Les pharmacies de quartier devraient tirer profit du virage ambulatoire. Elles prennent en effet le relais des points de vente de médicaments qui desservaient auparavant plusieurs établissements de santé, avant le regroupement de services entrepris par la réforme Rochon.

Les ordonnances de soluté, les comprimés et les médicaments injectables seront davantage acheminés par les pharmacies de quartier aux foyers d'accueil, aux personnes âgées à domicile et aux patients renvoyés chez eux après une hospitalisation.

Un autre débouché intéressant pointerait aussi à l'horizon, cette fois dans l'industrie pharmaceutique. «Des compagnies manifestent un intérêt marqué pour le profil très pratico-pratique de nos diplômés, affirme André Boisvert, enseignant au Centre de formation professionnelle du Trait Carré. Nous entendons ajouter un bloc de cours dans l'espoir de répondre à leurs besoins.»

SALAIRE ET CONDITIONS DE TRAVAIL

La Relance au secondaire en formation professionnelle de 1998 évalue à 390 $ le salaire hebdomadaire moyen de départ. Il faut savoir que l'intégration au marché du travail nécessite souvent une période d'essai, question de tester les compétences et les aptitudes du candidat. Le travail en milieu clinique offre un horaire de jour de 7 h à 17 h. Le milieu communautaire demande une disponibilité les soirs et les fins de semaine.

12/98

STATISTIQUES

Nombre de diplômés : **215**	Temps plein : **79,2 %**
Proportion de diplômés en emploi (PDE) : **94,8 %**	En rapport avec la formation : **91,7 %**
Taux de chômage : **1,6 %**	Salaire hebdomadaire moyen : **390 $**
Taux de placement : **98,4 %**	*La Relance au secondaire en formation professionnelle*, MÉQ, 1998

Comment interpréter ces statistiques - pages 16 et 17

CNP 9422   CUISEP 455-450

Secteur 11

DEP 5193

Conduite et réglage
de machines à mouler

PLACEMENT

La Direction générale de la formation professionnelle et technique (DGFPT) du ministère de l'Éducation du Québec considère que l'on devrait former quelques centaines d'étudiants dans ce programme pour répondre aux besoins de l'industrie. C'est pour cette raison que la formation a été implantée en 1997 dans quatre centres de formation supra-régionaux au sein de quatre commissions scolaires.

C'est un programme qui couvre aussi bien la fabrication de produits plastiques, que les caoutchoucs et les métaux légers. Ces secteurs sont parmi les plus prometteurs actuellement au Québec, mais ils manquent de main-d'œuvre qualifiée.

«On reçoit souvent des appels d'employeurs qui cherchent des candidats pour combler des postes libres», dit Pierre Guimont, directeur général de PlastiCompétences, organisme fondé en 1996 pour promouvoir et coordonner la formation professionnelle en plasturgie.

Pierre Guimont souligne que l'industrie des plastiques est actuellement en croissance pour deux raisons : premièrement, les plastiques et les matériaux légers sont de plus en plus populaires, parce qu'ils sont résistants et relativement peu onéreux. Deuxièmement, les entreprises québécoises accroissent leurs parts de marchés extérieurs et doivent ainsi augmenter leur production.

C'est pourquoi l'industrie de la plasturgie connaît un taux de croissance annuel de 7 % depuis six ans, phénomène qui devrait se poursuivre au cours des prochaines années.

Cette augmentation s'opère principalement grâce aux nouvelles technologies, de plus en plus présentes dans les usines. «La main-d'œuvre est directement concernée par ce développement, explique Pierre Guimont. Pour plusieurs procédés, on entre désormais les paramètres sur ordinateur, ce qui ne demande pas les mêmes compétences qu'autrefois. Les employés doivent être de plus en plus spécialisés.» Pour toutes ces raisons, les conducteurs de machines à mouler devraient avoir de belles années devant eux.

SALAIRE ET CONDITIONS DE TRAVAIL

La Relance au secondaire en formation professionnelle de 1998 évalue le salaire moyen de départ à 431 $ par semaine. Le travail se déroule en usine et suit les horaires de production : certaines usines fonctionnent huit heures par jour, d'autres n'arrêtent jamais. Les diplômés en conduite et réglage de machines à mouler peuvent donc travailler selon un horaire normal ou encore sur un mode rotatif de jour, de soir, de nuit ou la fin de semaine.

12/98

STATISTIQUES

Nombre de diplômés : **74**	Temps plein : **100 %**
Proportion de diplômés en emploi (PDE) : **88,9 %**	En rapport avec la formation : **69,6 %**
Taux de chômage : **5,1 %**	Salaire hebdomadaire moyen : **431 $**
Taux de placement : **94,9 %**	

La Relance au secondaire en formation professionnelle, MÉQ, 1998

Comment interpréter ces statistiques - pages 16 et 17

Ébénisterie

PLACEMENT

«Depuis deux ans, tous les diplômés trouvent un travail», assure Jean-Marc Luneau, conseiller pédagogique à l'École québécoise du meuble et du bois ouvré de Victoriaville.

Les exportations de nos produits aux États-Unis ainsi que la dévaluation du dollar canadien ont généré une demande accrue pour cette main-d'œuvre spécialisée.

«Nous avons beaucoup de mal à recruter de très bons candidats. On doit souvent former nous-mêmes le personnel sur le tas», souligne François Lacombe, directeur général chez Ébénisterie Beaubois, une filiale du Groupe Pomerleau à Saint-Georges-de-Beauce. Faute de personnel compétent, des entreprises ont même dû retarder leurs projets d'expansion.

On peut retrouver les diplômés du DEP en ébénisterie au service des gros et petits entrepreneurs, mais un certain nombre d'entre eux préfèrent créer leur propre affaire.

Dans le site Emploi-Avenir de Développement des ressources humaines Canada, on prévoit que l'emploi dans le domaine devrait continuer à augmenter à un rythme supérieur à la moyenne. Le marché de l'ameublement des tours de bureaux, des bâtiments publics et des cabinets professionnels est vigoureux.

Celui des postes de travail à domicile s'impose de plus en plus. Les unités murales et les meubles domestiques occupent aussi une part grandissante du marché.

«L'industrie est moins à la merci des périodes creuses. On répond maintenant aux besoins de chez nous et de l'étranger», explique M. Luneau.

Les nouvelles technologies, qui permettent d'accomplir les tâches plus rapidement et avec précision, contribuent également à faire éclore de nouveaux créneaux. «L'ébénisterie de type artisanal se modifie, souligne M. Lacombe. On est même en train de vivre une petite révolution technologique.»

SALAIRE ET CONDITIONS DE TRAVAIL

La Relance au secondaire en formation professionnelle de 1998 estime le salaire moyen de départ à 418 $ par semaine. Avec de l'expérience, on peut toutefois toucher jusqu'à 20 $ l'heure dans certaines entreprises. Mais les revenus varient beaucoup d'un employeur à l'autre, selon que l'employé soit syndiqué ou non. On exige généralement 40 heures de travail par semaine. Il arrive parfois que les horaires soient plus flexibles dans le domaine de la construction.   12/98

STATISTIQUES

Nombre de diplômés : **153**	Temps plein : **96,0 %**
Proportion de diplômés en emploi (PDE) : **79,2 %**	En rapport avec la formation : **78,9 %**
Taux de chômage : **9,2 %**	Salaire hebdomadaire moyen : **418 $**
Taux de placement : **90,8 %**	*La Relance au secondaire en formation professionnelle*, MÉQ. 1998

Comment interpréter ces statistiques - pages 16 et 17

Secteur 5

DEP 5028

Fabrication en série de meubles et de produits en bois ouvré

Jean-Marc Luneau, conseiller pédagogique de l'École québécoise du meuble et du bois ouvré de Victoriaville affirme que le taux de placement de ces étudiants est de 100 %.

Il voit aussi d'un bon œil le fait qu'il y ait deux groupes inscrits au programme cette année. «Je crois que les jeunes percevaient mal ce milieu, croyant sans doute qu'il était peu valorisant, ce qui n'est pas le cas. La demande en personnel qualifié pour ce domaine est plus qu'excellente.»

M. Luneau ajoute que, pour la première fois cette année, des femmes se sont aussi inscrites au programme dans une proportion de 28 % à 30 % de l'effectif.

La forte demande pour ces travailleurs qualifiés s'explique en grande partie par le fait qu'on les retrouve principalement dans les entreprises de fabrication de meubles en série. Comme l'explique Christian Galarneau, coordonnateur au Comité sectoriel des industries des portes et fenêtres, du meuble et des armoires de cuisine, ces entreprises connaissent des taux de croissance phénoménaux.

«La production de ces entreprises monte en flèche. Elles présentent des taux de croissance de 30 % annuellement, et ce, depuis quatre ans. Cela nous donne une idée du nombre d'employés requis pour répondre à la demande.»

D'autre part, bien que l'industrie de la fabrication de meuble en série soit un secteur largement robotisé, il y a tout de même une place pour la main-d'œuvre qualifiée. «J'ai visité des usines robotisées à 100 % et, malgré tout, on demandait du personnel qualifié pour surveiller les opérations», conclut M. Luneau.

De son côté, la Direction générale de la formation professionnelle et technique du ministère de l'Éducation du Québec confirme que, depuis l'Accord du libre-échange, les exportations dans le domaine du meuble ont quadruplé en l'espace de quelques années, ce qui commence à poser un problème en termes de personnel spécialisé.

Selon les établissements qui offrent ce programme, le taux horaire moyen de base est de 8 $ à 9 $. Cependant, une personne qualifiée peut rapidement obtenir une rémunération supérieure, surtout si elle accède à des postes de contremaître ou de chef d'équipe. Les horaires de travail sont généralement normaux, rarement rotatifs.

12/98

STATISTIQUES

Nombre de diplômés : **n/d**	Temps plein : **n/d**
Proportion de diplômés en emploi (PDE) : **n/d**	En rapport avec la formation : **n/d**
Taux de chômage : **n/d**	Salaire hebdomadaire moyen : **n/d**
Taux de placement : **n/d**	

La Relance au secondaire en formation professionnelle, MÉQ. 1998

Comment interpréter ces statistiques - pages 16 et 17

Ferblanterie-tôlerie

Formation professionnelle

PLACEMENT

Le ferblantier-tôlier peut travailler sur les chantiers et en usine. À l'heure actuelle, ses compétences sont fort recherchées dans les deux secteurs.

Selon Denis Lemieux, directeur de l'École des métiers de la construction de Québec, «le fait de pouvoir œuvrer à l'extérieur de l'industrie de la construction ouvre davantage de perspectives pour nos diplômés. Ainsi, ils ne sont pas tributaires de la situation économique du secteur. Il y a une demande importante dans plusieurs champs d'activité, notamment dans celui du meuble métallique. C'est un métier qui présente plus de dynamisme que d'autres métiers de la construction, mais cela peut varier en fonction des régions où on l'exerce.»

L'arrivée des nouvelles technologies a bouleversé la profession. «Les travailleurs doivent évoluer au même rythme que les changements technologiques. Ils utilisent maintenant des presses et des plieuses à commandes numériques. Le travail requiert de plus en plus de précision», souligne Denis Lemieux.

Robert Sanche, de Mécanique R. H., embauche régulièrement des ferblantiers-tôliers. «Nous voulons éviter de manquer de main-d'œuvre. De temps à autre, nous engageons des diplômés dès leur sortie de l'école afin qu'ils soient prêts lorsque les contrats arrivent. Plusieurs diplômés préfèrent toutefois se diriger vers le secteur de l'aéronautique. C'est très regrettable pour l'industrie de la construction.»

L'entreprise Mécanique R. H. est spécialisée en ventilation et œuvre aussi dans les secteurs de la réfrigération et de la plomberie. Ses ferblantiers-tôliers travaillent sur les chantiers de construction.

Pour l'instant, le marché de la ferblanterie-tôlerie se trouve en bonne posture, juge M. Sanche. «Il y a de gros projets qui se préparent à l'échelle de la province, par exemple le chantier d'une aluminerie à Asbestos. Et lorsque les besoins de main-d'œuvre sont trop pressants, il arrive même que les compagnies s'échangent leurs ferblantiers-tôliers.»

SALAIRE ET CONDITIONS DE TRAVAIL

La Relance au secondaire en formation professionnelle de 1998 évalue le salaire moyen de départ à 546 $ par semaine. Dans le secteur de la construction, la rémunération augmente avec l'expérience. Le travail peut s'effectuer le jour comme le soir. Plus stable en usine, l'emploi dans la construction est soumis aux caprices de la situation économique.

12/98

STATISTIQUES

Nombre de diplômés : **49**	Temps plein : **92,1 %**
Proportion de diplômés en emploi (PDE) : **88,4 %**	En rapport avec la formation : **88,6 %**
Taux de chômage : **11,6 %**	Salaire hebdomadaire moyen : **546 $**
Taux de placement : **88,4 %**	

La Relance au secondaire en formation professionnelle, MÉQ. 1998

Comment interpréter ces statistiques - pages 16 et 17

Secteur 5

DEP 5142

Finition
de meubles

PLACEMENT

À l'École québécoise du meuble et du bois ouvré de Victoriaville, on s'entend pour dire que les diplômés en finition de meubles sont très recherchés par l'industrie. «Un élève qui réussit sa formation et qui fait son stage décroche pratiquement toujours un emploi permanent à la fin de celui-ci. Quand ce n'est pas le cas, c'est généralement parce que l'étudiant a refusé lui-même le poste qui lui était offert», explique Jean-Marc Luneau, conseiller pédagogique à l'École.

On retrouve ce diplômé dans la grande et petite entreprise, que ce soit pour la fabrication de meubles en série, ou dans les ateliers d'ébénisterie. D'autres choisiront la restauration de meubles anciens.

«Dans ce domaine, on ne peut pas former beaucoup de gens à la fois en raison des installations qui nécessitent un vaste espace. Elles sont aussi très chères. On forme 26 élèves par an, ce qui est loin de répondre aux demandes de l'industrie», explique Jean-Marc Luneau.

C'est la raison pour laquelle, selon Christian Galarneau, coordonnateur au Comité sectoriel des industries des portes et fenêtres, du meuble et des armoires de cuisine, on compte développer des régimes de qualification professionnelle. Ces derniers aideront les entreprises à mettre sur pied un processus de développement des compétences en milieu de travail, et permettront d'augmenter le bassin des travailleurs qualifiés en finition de meubles.

D'autre part, l'exportation du produit québécois, très apprécié tant pour sa qualité que pour son prix, a également pour effet d'augmenter l'embauche. À titre d'exemple, M. Luneau cite l'entreprise Shermag qui a annoncé, d'ici trois ans, son intention de doubler sa superficie, et donc d'accroître son effectif.

Enfin, la Direction générale de la formation professionnelle et technique du ministère de l'Éducation du Québec souligne que des débouchés extrêmement prometteurs s'ouvrent du côté de Bombardier, qui est actuellement en train de construire une usine dans l'ouest de Montréal pour la fabrication de meubles de haute qualité destinés à ses avions de prestige.

SALAIRE ET CONDITIONS DE TRAVAIL

La Relance au secondaire en formation professionnelle de 1998 évalue le salaire moyen de départ à 463 $ par semaine. Le travail s'effectue à temps plein, mais l'horaire en usine peut être rotatif. Dans les petits ateliers, les horaires sont plus flexibles et il faudra parfois travailler le soir ou la fin de semaine.

12/98

STATISTIQUES		
Nombre de diplômés : **38**	Temps plein : **90,0 %**
Proportion de diplômés en emploi (PDE) : **66,7 %**	En rapport avec la formation : **72,2 %**
Taux de chômage : **23,1 %**	Salaire hebdomadaire moyen : **463 $**
Taux de placement : **76,9 %**	*La Relance au secondaire en formation professionnelle*, MÉQ. 1998

Comment interpréter ces statistiques - pages 16 et 17

Fonderie ——————————————————

PLACEMENT

Implanté en 1997, le programme de fonderie a déjà fait beaucoup d'heureux. En effet sur les 18 étudiants ayant décroché leur diplôme au printemps 1998, tous ont trouvé un emploi lié à leurs études.

Malik Hammadouche, directeur adjoint du Centre de formation professionnelle Qualitech et l'un des auteurs du programme, est fort enthousiaste. «C'est un taux de placement exceptionnel et plus que satisfaisant ! Déjà, les employeurs réclament les prochains diplômés. Nous ne fournissons pas à la demande et nous offrons maintenant des cours le soir.»

Les fondeurs, mouleurs ou noyauteurs se destinent à des tâches diverses. «Nos diplômés sont formés selon des normes de qualité sévères et peuvent même occuper des postes de contremaître en plus de ceux d'opérateurs. Ils sont dotés de capacité d'adaptation et de polyvalence qui en font des atouts précieux pour les entreprises», ajoute Malik Hammadouche.

La fonderie Poitras ltée œuvre dans le domaine de la métallurgie de pointe. Pour cette entreprise de L'Islet, l'avenir semble prometteur. «Nous prévoyons embaucher en 1999, affirme Claude Massé, président-directeur général. Nous prévoyons déjà une bonne croissance, et nous vendons beaucoup sur les marchés américain et canadien.»

Les détenteurs d'un DEP en fonderie pourraient certes intéresser l'entreprise. «Mais la mobilité des travailleurs pose souvent problème. Les diplômés qui ne sont pas de la région ne sont pas toujours prêts à venir travailler à L'Islet», fait valoir Claude Massé.

De son côté, la Direction générale de la formation professionnelle et technique du ministère de l'Éducation du Québec estime que l'on devrait former chaque année quelques dizaines d'élèves supplémentaires, par rapport à la vingtaine actuelle. C'est pourquoi deux nouveaux centres de formation devraient bientôt pouvoir dispenser cette formation, outre le centre Qualitech, l'un à Trois-Rivières, et l'autre à La Baie au Lac-Saint-Jean.

SALAIRE ET CONDITIONS DE TRAVAIL

Dans l'industrie, on estime qu'un fondeur gagne environ 15 $ l'heure. Il peut travailler le jour, le soir, la nuit ou selon des horaires rotatifs. Le rythme de production varie selon les contrats que décrochent les entreprises.

12/98

STATISTIQUES

Nombre de diplômés : **n/d**	Temps plein : **n/d**
Proportion de diplômés en emploi (PDE) : **n/d**	En rapport avec la formation : **n/d**
Taux de chômage : **n/d**	Salaire hebdomadaire moyen : **n/d**
Taux de placement : **n/d**	

La Relance au secondaire en formation professionnelle, MÉQ. 1998

Comment interpréter ces statistiques - pages 16 et 17

Formation professionnelle

Secteur 9

DEP 5166

Installation et réparation d'équipement de télécommunication

PLACEMENT

Bien qu'il soit encore peu connu des entreprises, ce programme réalise pourtant une bonne percée dans l'industrie des télécommunications. Depuis trois ans, les diplômés se taillent une place sur le marché du travail sans trop de difficulté. «Les résultats dépendent de la qualité de nos groupes. Mais cela s'améliore constamment, indique Pierre Chabot, enseignant au programme au Centre de formation professionnelle de l'Outaouais. Dans le domaine du câblage par exemple, des employeurs sont venus embaucher nos meilleurs candidats dans les couloirs de l'école! De plus, la crise du verglas a donné un bon coup de pouce.»

Entourage Solutions Technologiques, une entreprise spécialisée dans l'installation et la réparation d'équipement du domaine de la téléphonie, fait des efforts en matière de création d'emploi pour cette main-d'œuvre. «En trois ans, nous sommes passés de 400 à 2000 employés, répartis au Québec et en Ontario, signale Claude Fortin, technicien en ressources humaines. Nous avons bien sûr engagé des diplômés du DEP. Je présume que nous allons en ajouter d'autres, bien qu'on lorgne davantage du côté des techniciens.»

Au cours des années à venir, les entreprises œuvrant dans la téléphonie et la câblodistribution sont appelées à mettre les bouchées doubles. En effet, l'accroissement des échanges électroniques personnels et commerciaux sur l'autoroute électronique devrait se multiplier au cours des prochaines années. «L'usage combiné du téléphone, de la télévision et de l'ordinateur devrait faire pleuvoir une véritable manne sur les installateurs et réparateurs d'équipement de télécommunication», selon M. Chabot du Centre de formation professionnelle de l'Outaouais.

Les systèmes d'alarme et d'interphone représenteraient aussi deux autres créneaux à ne pas négliger. L'introduction de certaines nouvelles technologies fait aussi miroiter un bel avenir. C'est le cas de la fibre optique et de la communication par micro-ondes par exemple. «Cela constitue des débouchés notables autant à la maison, au travail que dans les lieux de consommation et de loisirs», fait valoir M. Fortin de Entourage Solutions Technologiques.

SALAIRE ET CONDITIONS DE TRAVAIL

La Relance au secondaire en formation professionnelle de 1998 évalue le salaire moyen de départ à 478 $. La plupart du temps, les postes dans ce domaine affichent des horaires normaux. Il arrive parfois qu'un diplômé soit obligé de travailler le soir, la nuit ou occasionnellement, s'il est réparateur de systèmes d'alarme par exemple.

12/98

STATISTIQUES		
Nombre de diplômés : **47**	Temps plein : **88,9 %**
Proportion de diplômés en emploi (PDE) : **92,3 %**	En rapport avec la formation : **78,1 %**
Taux de chômage : **5,3 %**	Salaire hebdomadaire moyen : **478 $**
Taux de placement : **94,7 %**	

La Relance au secondaire en formation professionnelle, MÉQ, 1998

Comment interpréter ces statistiques - pages 16 et 17

Mécanique —— —— agricole

PLACEMENT

À la commission scolaire de Saint-Hyacinthe, on indique que, l'année dernière, on aurait pu placer deux fois plus d'étudiants! «Cette année, on a même accueilli davantage d'élèves parce que les concessionnaires de machineries agricoles nous disent qu'ils manquent de main-d'œuvre», explique France Bergeron, directrice adjointe du programme de mécanique agricole à la commission scolaire de Saint-Hyacinthe.

À la Direction générale de la formation professionnelle et technique du ministère de l'Éducation du Québec, on confirme que les finissants de ce programme trouvent facilement un emploi. Ils peuvent œuvrer notamment chez un concessionnaire d'équipements agricoles ou dans une grosse ferme. S'ils travaillent dans une entreprise agricole, les diplômés deviennent souvent des conducteurs-mécaniciens et ils devront réparer les équipements rapidement, ce qui est essentiel si l'on ne veut pas ralentir la marche des opérations.

En 1996, le Québec comptait 36 000 entreprises agricoles, selon le ministère de l'Agriculture, des Pêcheries et de l'Alimentation. Près de 60 % d'entre elles sont fortement spécialisées. On les retrouve dans toutes les régions du Québec, mais c'est en Montérégie qu'il y a le plus d'activités agricoles.

Les équipements que l'on trouve dans les fermes sont beaucoup plus perfectionnés qu'autrefois. Les systèmes électroniques et hydrauliques qu'ils renferment doivent absolument être réparés par des spécialistes qui possèdent des connaissances spécifiques. «Aujourd'hui, les agriculteurs entretiennent eux-mêmes leurs propres équipements, mais ils doivent faire appel à un mécanicien pour les réparations», explique France Bergeron.

Toutefois, une bonne partie des diplômés sont issus d'une ferme et retournent y travailler après leurs études, ce qui laisse peu de candidats pour les concessionnaires. Ceux-ci ont pourtant beaucoup d'emplois à combler.

De plus, leurs connaissances poussées des équipements agricoles pourraient être fort utiles dans un emploi de vendeur ou de représentant d'un concessionnaire de machines agricoles.

SALAIRE ET CONDITIONS DE TRAVAIL

Selon *La Relance au secondaire en formation professionnelle* de 1998, le salaire moyen de départ est de 387 $ par semaine. Les horaires suivent évidemment les saisons agricoles : les périodes de semis et de récoltes amènent des heures supplémentaires pour les mécaniciens agricoles qui travaillent dans une ferme. En revanche, ceux-ci bénéficient aussi de semaines moins intenses plus tard dans l'année.

12/98

STATISTIQUES

Nombre de diplômés : **52**	Temps plein : **97,5 %**
Proportion de diplômés en emploi (PDE) : **81,6 %**	En rapport avec la formation : **79,5 %**
Taux de chômage : **13,0 %**	Salaire hebdomadaire moyen : **387 $**
Taux de placement : **87,0 %**	

La Relance au secondaire en formation professionnelle, MÉQ, 1998

Comment interpréter ces statistiques - pages 16 et 17

Formation professionnelle

Secteur 14

DEP 5200

Mécanique
d'ascenseur

«Depuis la toute première cohorte d'étudiants en avril 1997, les diplômés trouvent tous preneur partout au Canada», affirme Stéphane Michiles, conseiller en orientation au Centre de formation professionnelle Saint-Henri, seul établissement à offrir le programme en Amérique du Nord.

Le taux de placement s'est même amélioré, car la Commission de la construction du Québec (CCQ) exige désormais une carte d'apprenti en mécanique d'ascenseur pour œuvrer dans ce secteur. Cette mesure élimine donc d'emblée de l'industrie les personnes qui ne posséderaient pas la formation en mécanique d'ascenseur. Résultat : la vingtaine de recrues produites chaque année au DEP ne comble pas toujours la demande.

Des ouvertures favorables pour les personnes nouvellement diplômées devraient se présenter à l'avenir. «Nous comptons rajeunir notre effectif progressivement dans le courant des années 2000», soutient en effet Anna Battisti, directrice des ressources humaines dans l'est du Canada pour Otis, une grosse entreprise d'envergure mondiale dans le domaine du «transport vertical».

Environ deux diplômés sur trois sont embauchés par un entrepreneur de la construction. D'autres se mettent au service d'un fabricant ou d'un fournisseur de pièces. Un certain nombre travaille dans le secteur des services comme la Société de transport de la Communauté urbaine de Montréal.

La modernisation d'installations existantes dans les stations de métro et immeubles accapare une part grandissante du marché. Il s'agit d'ascenseurs plus performants commandés par des automates programmables.

«Ces technologies permettent désormais d'aller beaucoup plus loin que l'entretien préventif», note Mme Battisti de chez Otis. L'industrie a donc besoin de personnel spécialisé et bien formé pour répondre à ces nouvelles exigences.

SALAIRE ET CONDITIONS DE TRAVAIL

Selon *La Relance au secondaire en formation professionnelle* de 1998, le salaire moyen de départ s'établit à 615 $ par semaine. Cette rémunération peut rapidement augmenter, l'expérience aidant. Les horaires de travail sont variables, en raison des urgences et dépannages fréquents.

12/98

STATISTIQUES

Nombre de diplômés : **18**

Proportion de diplômés en emploi (PDE) : **94,1 %**

Taux de chômage : **5,9 %**

Taux de placement : **94,1 %**

Temps plein : **100,0 %**

En rapport avec la formation : **93,8 %**

Salaire hebdomadaire moyen : **615 $**

La Relance au secondaire en formation professionnelle, MÉQ. 1998

Comment interpréter ces statistiques - pages 16 et 17

Mécanique —— d'engins de chantier

PLACEMENT

La mécanique d'engins de chantier concerne toutes les machineries lourdes «hors route», comme les rétro-caveuses, bouteurs, grues, etc.

Raymond Genest, responsable du programme à la Commission scolaire du Pays-des-Bleuets, à Roberval, affirme que tous ses étudiants trouvent du travail à la fin de leur formation. «Dans la région, c'est l'industrie forestière qui offre le plus de débouchés pour eux.» À la Commission scolaire de Vaudreuil, le professeur Jean Durand constate également que le placement est bon dans cette spécialité. «Il y a énormément de demande, dit-il. On reçoit souvent des appels d'employeurs qui cherchent de bons candidats.»

Si l'industrie de la construction n'est plus ce qu'elle était, elle génère encore assez d'activité pour l'entretien et la réparation des équipements lourds. Pour sa part, le secteur de la foresterie se porte plutôt bien. «Ça va rouler encore un bon moment, estime Paul Tremblay, responsable des mécanos aux Industries Tanguay, une division du Groupe Canam Manac. Quel que soit le contexte économique, ajoute-t-il, dénicher de bons mécaniciens d'engins de chantier n'est jamais chose facile.»

De plus, les entreprises ont commencé à remplacer le personnel vieillissant par de jeunes diplômés plus à l'aise avec les nouvelles technologies, par exemple les modules électroniques. «Le processus va se poursuivre. Mais on risque bientôt de connaître un manque de main-d'œuvre», craint Gaétan Dargis, directeur de service à la succursale de Sheridan à Baie d'Urfé, le troisième distributeur d'équipements lourds en importance au Canada.

Jean Durant, de la Commission scolaire de Vaudreuil, confirme que les innovations technologiques amènent des besoins en mécaniciens qualifiés, capables de réparer des équipements de plus en plus complexes. «Aujourd'hui, pratiquement toutes les fonctions des engins sont gérées de façon électronique. On a besoin de mécaniciens capables d'utiliser un ordinateur pour diagnostiquer les problèmes.»

Enfin, selon la Direction générale de la formation professionnelle et technique du ministère de l'Éducation du Québec, le placement de ces diplômés se révèle encore bien meilleur s'ils obtiennent l'ASP en diesel (voir page 187).

SALAIRE ET CONDITIONS DE TRAVAIL

Selon *La Relance au secondaire en formation professionnelle* de 1998, le salaire moyen de départ est de 515 $ par semaine. Les horaires sont normaux, bien que des surcroîts de travail épisodiques puissent parfois survenir.

12/98

STATISTIQUES

Nombre de diplômés : **198**	Temps plein : **95,7 %**
Proportion de diplômés en emploi (PDE) : **78,9 %**	En rapport avec la formation : **81,1 %**
Taux de chômage : **16,4 %**	Salaire hebdomadaire moyen : **515 $**
Taux de placement : **83,6 %**	

La Relance au secondaire en formation professionnelle, MÉQ. 1998

Comment interpréter ces statistiques - pages 16 et 17

Formation professionnelle

Secteur 7
DEP 5146

Mécanique
de machines fixes

PLACEMENT

En août 1998, le Centre de formation Dalbé-Viau, à Lachine, a fait une enquête sur la situation de ses diplômés de l'année précédente : 100 % d'eux avaient un emploi, un taux bien supérieur à la moyenne des autres programmes de mécanique du bâtiment.

Ce programme est offert en alternance travail-études, une formule qui, selon la Direction générale de la formation professionnelle et technique (DGFPT) du ministère de l'Éducation du Québec, favoriserait le placement des élèves.

Les débouchés traditionnels pour ces mécaniciens se trouvent principalement là où on retrouve une centrale thermique : hôpitaux, institutions d'enseignement, édifices publics ou commerciaux, centres de congrès, brasseries, etc. Dans ces secteurs, les besoins se maintiennent. «Le renouvellement de l'effectif est constant. On s'attend même à un petit boom sur le plan de l'embauche dans trois ou quatre ans», soutient Denis Arseneault, superviseur pour la firme TIRU, gestionnaire de l'incinérateur de Québec.

Mais les grosses locomotives de l'emploi dans le domaine sont surtout la pétrochimie, les alumineries, et les pâtes et papiers. «Nous avons près de 25 mécanos. On en aura toujours besoin à cause du roulement de personnel et des départs à la retraite», confirme Mario Goulet, surintendant en gestion de l'énergie à la papetière Daishowa de Québec, l'un des plus gros employeurs de la région.

À la DGFPT, on fait valoir que les perspectives pour ce type de main-d'œuvre sont très favorables, d'autant plus que l'on n'a pas formé le nombre de personnes nécessaire au cours des dernières années.

Benoît Sirois, responsable du programme au Centre Dalbé-Viau, estime pour sa part que les diplômés en mécanique de machines fixes ont de belles ouvertures devant eux pour les mêmes raisons. «Comme il n'y a pas eu de formation dans ce domaine entre 1985 et 1995, il n'y a pas de relève actuellement, et les travailleurs en poste se font vieux.» En effet, peu avant que la formation ne soit offerte à nouveau, une étude menée par la Société québécoise de la main-d'œuvre (devenue Emploi-Québec) révélait qu'en 1994, près de 20 % des mécaniciens de machines fixes étaient âgés de 55 ans et plus.

SALAIRE ET CONDITIONS DE TRAVAIL

La Relance au secondaire en formation professionnelle de 1998 évalue le salaire moyen de départ à 675 $ par semaine. Les horaires de travail sont généralement normaux, mais il faut parfois faire des heures supplémentaires.

12/98

STATISTIQUES

Nombre de diplômés : **20**	Temps plein : **95,0 %**
Proportion de diplômés en emploi (PDE) : **100,0 %**	En rapport avec la formation : **94,7 %**
Taux de chômage : **0,0 %**	Salaire hebdomadaire moyen : **675 $**
Taux de placement : **100,0 %**	

La Relance au secondaire en formation professionnelle, MÉQ, 1998

Comment interpréter ces statistiques - pages 16 et 17

Mécanique de véhicules —— lourds routiers

Secteur 10

DEP 5049

Formation professionnelle

PLACEMENT

D'une durée de 1800 heures, ce programme est aussi relativement difficile. Mais à la Direction générale de la formation professionnelle et technique (DGFPT) du ministère de l'Éducation du Québec, on indique que les diplômés trouveront du travail immédiatement après avoir terminé leur formation, si ce n'est avant!

Jean-Pierre Piché, directeur adjoint du programme à la commission scolaire Saint-Jérôme, confirme ce constat et ajoute que le taux de placement pour ses élèves est de 100 %. «Ils ont même de la difficulté à finir leurs cours, tant ils sont sollicités par les employeurs!»

Les nouvelles technologies ont véritablement transformé ce métier. D'ailleurs, la plupart des établissements de formation en mécanique de véhicules lourds mettent aujourd'hui à la disposition de leurs élèves des centres de documentation informatisés. C'est dire si le domaine a changé!

Aujourd'hui, les mécaniciens de véhicules lourds doivent avoir des notions de mécanique, d'électronique et d'informatique afin de pouvoir réparer tous les dispositifs électromécaniques qui régulent les différents paramètres dans un véhicule lourd. Ils travaillent habituellement dans des centres bien outillés, notamment des concessionnaires, où l'on retrouve de l'équipement de pointe. Dans ce cadre, les mécaniciens seront amenés à utiliser des dispositifs électromécaniques et des ordinateurs pour calibrer des véhicules à injection électronique, etc.

La DGFPT présente ce métier comme étant valorisant et prestigieux, offrant un environnement de travail intéressant et de bons salaires.

Quant aux besoins en main-d'œuvre, ils sont directement liés à l'essor du transport routier, qui représente près de 100 000 véhicules répartis dans 44 000 entreprises. «L'industrie du camionnage est en expansion actuellement», confirme Sophie Tremblay, analyste technique à l'Association du camionnage du Québec. «Après l'Ontario, le Québec, surtout la région de Montréal, est une plaque tournante pour le transport en Amérique du Nord.» Pour augmenter leurs possibilités de placement, les diplômés peuvent également obtenir une ASP en diesel (voir page 187).

SALAIRE ET CONDITIONS DE TRAVAIL

Selon *La Relance au secondaire en formation professionnelle* de 1998, le salaire moyen de départ est de 476 $ par semaine. Chez les concessionnaires, les horaires sont normaux : les employés sont majoritairement syndiqués et font rarement plus de 40 heures par semaine. Ceux qui travaillent dans de petites entreprises sont toutefois davantage susceptibles de faire des heures supplémentaires.

12/98

STATISTIQUES

Nombre de diplômés : **199**	Temps plein : **96,0 %**
Proportion de diplômés en emploi (PDE) : **87,6 %**	En rapport avec la formation : **90,2 %**
Taux de chômage : **6,9 %**	Salaire hebdomadaire moyen : **476 $**
Taux de placement : **93,1 %**	*La Relance au secondaire en formation professionnelle*, MÉQ, 1998

Comment interpréter ces statistiques - pages 16 et 17

Secteur 14

DEP 1490

Mécanique industrielle
de construction et d'entretien

PLACEMENT

Au Centre de formation professionnelle d'Amqui, en Gaspésie, on n'a aucun mal à trouver un emploi aux diplômés de ce programme. «Environ 25 élèves obtiennent chaque année leur DEP chez nous, et nous recevons davantage d'offres d'emploi que nous n'avons de candidats à offrir», avance le directeur, Jean-Marie Dionne.

Louis-George Drouin, conseiller pédagogique au Centre de formation professionnelle Relais-la-Lièvre, en Outaouais, indique que le taux de placement dans son établissement frise les 80 %. Le centre reçoit également beaucoup d'offres.

Ces mécaniciens touche-à-tout, véritables généralistes des machines, peuvent présenter leur CV à une multitude d'entreprises. «Ils peuvent travailler pour des papetières, des moulins à scie, des usines d'assemblage, des usines de filtration ou d'épuration des eaux et même à l'entretien des édifices publics. Ils sont très polyvalents», mentionne Louis-George Drouin.

De son côté, la Direction générale de la formation professionnelle et technique du ministère de l'Éducation du Québec confirme que ce DEP génère des diplômés dont les connaissances sont actuellement parmi les plus polyvalentes des programmes de la formation professionnelle. L'employabilité est encore améliorée lorsqu'ils obtiennent une ASP en Mécanique d'entretien préventif et prospectif ou en Mécanique d'entretien en commandes industrielles (voir page 190).

En considération du large éventail d'entreprises susceptibles d'embaucher le mécanicien, le diplômé se retrouve rarement le bec dans l'eau en quittant l'école. Les perspectives d'emploi sont très bonnes, surtout du côté des PME. Dans la grande entreprise, on embauche toutefois ces mécaniciens au compte-gouttes car les travailleurs syndiqués ont priorité sur les jeunes recrues. Ainsi, l'aluminerie Reynolds de Baie-Comeau emploie une centaine de mécaniciens, mais fait rarement appel à de nouveaux travailleurs. «Nous engageons surtout lors des périodes de vacances ou pour des remplacements, affirme Réal Fecteau, agent principal d'embauche. Mais plusieurs mécaniciens approchent de la retraite, nous devrons combler des postes à moyen ou à long terme. Dans ce cas, nous n'engagerons que des mécaniciens diplômés et de préférence de la région.»

SALAIRE ET CONDITIONS DE TRAVAIL

Selon *La Relance au secondaire en formation professionnelle* de 1998, le salaire moyen de départ est de 537 $ par semaine. La rémunération peut varier suivant l'entreprise pour laquelle on travaille et peut augmenter au sein d'une grande compagnie.

12/98

STATISTIQUES

Nombre de diplômés : **649**	Temps plein : **94,5 %**
Proportion de diplômés en emploi (PDE) : **79,0 %**	En rapport avec la formation : **72,6 %**
Taux de chômage : **13,2 %**	Salaire hebdomadaire moyen : **537 $**
Taux de placement : **86,8 %**	

La Relance au secondaire en formation professionnelle, MÉQ. 1998

Comment interpréter ces statistiques - pages 16 et 17

Modelage

PLACEMENT

À l'heure actuelle, la relève serait insuffisante chez les modeleurs. Le modeleur crée le prototype qui servira à la construction du moule nécessaire pour reproduire une pièce en grande quantité.

Très populaires au sein de l'industrie aéronautique, des entreprises de plasturgie et des fonderies, ces professionnels ne connaissent habituellement aucune difficulté à trouver du travail. Ils peuvent œuvrer au sein d'une grande entreprise, mais plusieurs travaillent aussi pour des sous-traitants. Certains offrent également leurs services à titre de contractuels.

Sur les 23 modeleurs qui ont décroché leur DEP au Centre de formation professionnelle de Verdun en 1997-1998, 20 occupent actuellement un emploi. «Parmi les trois qui ne travaillent pas, il faut dire que l'une est en congé de maternité et que les deux autres ne sont pas désireux de faire carrière dans ce domaine, précise Jacques Steben, directeur du Centre. Nos diplômés sont très populaires!»

Selon le site Emploi-Avenir de Développement des ressources humaines Canada, l'emploi pour les professions reliées au modelage devrait connaître un taux de croissance supérieur à celui de l'ensemble des professions.

Cette progression s'expliquerait par les pertes d'emploi très sévères qui ont frappé ce secteur d'activité lors de la dernière récession. On remarque toutefois un besoin croissant pour des modeleurs sachant maîtriser les nouvelles technologies.

Richard D'Amour, propriétaire de Modélerie 3D, a embauché quelques diplômés du Centre de formation professionnelle de Verdun au cours des dernières années. «Il y avait un besoin important pour des modeleurs dans l'industrie. Comme nous sommes une petite entreprise - nous fonctionnons avec cinq modeleurs pour l'instant -, nous ne prévoyons pas embaucher à court terme. Mais il est certain qu'il est désormais hors de question d'embaucher des personnes qui n'ont pas suivi le programme en modelage. Ils reçoivent une excellente formation et possèdent une bonne base du métier.»

SALAIRE ET CONDITIONS DE TRAVAIL

Selon *La Relance au secondaire en formation professionnelle* de 1998, le salaire moyen de départ est de 531 $ par semaine. Les horaires de travail sont variables.

12/98

STATISTIQUES

Nombre de diplômés : **16**	Temps plein : **100,0 %**
Proportion de diplômés en emploi (PDE) : **87,5 %**	En rapport avec la formation : **92,9 %**
Taux de chômage : **12,5 %**	Salaire hebdomadaire moyen : **531 $**
Taux de placement : **87,5 %**	

La Relance au secondaire en formation professionnelle, MÉQ. 1998

Comment interpréter ces statistiques - pages 16 et 17

CNP 9424   CUISEP 313-113

Secteur 6

DEP 1233

Opération d'usine
de traitement des eaux

PLACEMENT

Les opérateurs d'usines de traitement des eaux sont favorisés par le développement des mesures contre la pollution. Les diplômés de l'École technique Paul-Gérin-Lajoie se tirent d'ailleurs très bien d'affaire. «Environ 95 % de nos élèves ont trouvé un travail à la fin de leurs études ces dernières années, explique Patrick Beaudoin, enseignant et responsable du placement à l'École. La demande d'une main-d'œuvre spécialisée est en pleine expansion dans ce domaine.» Il faut noter cependant que l'on est en présence de très petites cohortes.

L'entrée en vigueur de normes environnementales plus sévères pour les municipalités, les usines et éventuellement les exploitations agricoles devrait contribuer à la croissance de l'emploi, estime pour sa part Isabelle Mailloux, porte-parole du Réseau Environnement (anciennement connu sous le nom d'Association québécoise des techniques de l'eau).

Depuis une décennie environ, toutes les villes doivent se soumettre au programme d'assainissement des eaux du Québec. Les industries ont également construit des stations d'épuration, principalement dans les secteurs des pâtes et papiers, de la pétrochimie et de l'agroalimentaire.

Le mouvement s'étend aussi bien aux gros industriels qu'aux PME. «Pour mieux contrôler la hausse des coûts de récupération et de recyclage des rejets toxiques, les entreprises sont beaucoup plus nombreuses à gérer elles-mêmes leurs contaminants. Et cela va probablement augmenter dans le futur», souligne Éric Veilleux, responsable de l'environnement au centre de finition Bombardier Aéronautique à Dorval.

Les municipalités, les organismes environnementaux, les firmes spécialisées dans la décontamination et les compagnies pharmaceutiques sont des employeurs potentiels pour les diplômés du DEP Opération d'usine de traitement des eaux.

SALAIRE ET CONDITIONS DE TRAVAIL

La Relance au secondaire en formation professionnelle de 1998 évalue le salaire moyen de départ à 468 $ par semaine. Les horaires de 40 heures hebdomadaires sont généralement la norme. Certains doivent travailler le soir ou les week-ends. En cas de problèmes très graves, il faut se déplacer, quelle que soit l'heure du jour ou de la nuit.

12/98

STATISTIQUES

Nombre de diplômés : **14**	Temps plein : **91,7 %**
Proportion de diplômés en emploi (PDE) : **85,7 %**	En rapport avec la formation : **81,8 %**
Taux de chômage : **0,0 %**	Salaire hebdomadaire moyen : **468 $**
Taux de placement : **100,0 %**	

La Relance au secondaire en formation professionnelle, MÉQ. 1998

Comment interpréter ces statistiques - pages 16 et 17

Pose de systèmes —— intérieurs

PLACEMENT

«Nos diplômés partent comme des petits pains! Depuis mai 1996, on se les arrache», lance Christian Girard, enseignant à l'École des métiers de la construction de Montréal. L'EMCM revendique la note parfaite en matière de placement ces deux dernières années. Dans 90 % des cas, les diplômés aboutissent dans le secteur commercial de l'industrie de la construction.

«Nous pourrions même tripler notre chiffre d'affaires si nous disposions de la main-d'œuvre compétente en quantité suffisante en pose de systèmes intérieurs», soutient Claude Comeau, vice-président d'ITR, l'un des plus importants entrepreneurs au Québec également très actif aux États-Unis.

La situation n'est toutefois pas aussi rose dans toutes les régions de la province. En effet, la plupart des gros chantiers de rénovation et de bâtiments neufs se situent principalement dans la région de Montréal, laissant un peu dans l'ombre les autres zones géographiques du Québec.

Le contexte économique favorable annonce toutefois une période prometteuse. En effet, une étude de la Commission de la construction du Québec parue en novembre 1998[1] laisse entendre que l'activité dans le secteur de la construction pourrait être plus forte en 1999, et en 2000.

Un certain manque de main-d'œuvre se profilerait même à l'horizon. Mais ce ne serait pas la première fois que des pénuries ponctuelles dans cette spécialité seraient signalées, dans cette industrie cyclique qui demeure à la merci des fluctuations économiques.

Il n'empêche que certaines entreprises font valoir des besoins substantiels en personnel compétent pour la pose de systèmes intérieurs au cours des 10 prochaines années.

«Pendant le creux de la vague entre 1993 et 1995, relate M. Comeau vice-président d'ITR, beaucoup de nos ouvriers qualifiés ont abandonné le métier. D'autres sont partis à l'extérieur du pays. Aujourd'hui, nous faisons face au vieillissement de l'effectif, et nous avons vraiment besoin d'une relève.»

1. *Prévision des heures travaillées dans l'industrie de la construction assujettie à la loi R-20, 1998-1999,* Direction recherche et organisation, Commission de la construction du Québec, novembre 1998.

SALAIRE ET CONDITIONS DE TRAVAIL

Selon *La Relance au secondaire en formation professionnelle* de 1998, le salaire moyen de départ est de 611 $ par semaine. Mais si la rémunération est intéressante, le travail n'est pas garanti à longueur d'année, surtout dans les petites entreprises. Il est donc possible de devoir passer d'une compagnie à l'autre. Le temps partiel ou les contrats de courte durée échoient davantage à l'ouvrier spécialisé sans expérience, qu'à ses collègues plus âgés.

12/98

STATISTIQUES

Nombre de diplômés : **20**

Proportion de diplômés en emploi (PDE) : **88,2 %**

Taux de chômage : **6,3 %**

Taux de placement : **93,7 %**

Temps plein : **100,0 %**

En rapport avec la formation : **100,0 %**

Salaire hebdomadaire moyen : **611 $**

La Relance au secondaire en formation professionnelle, MÉQ. 1998

Comment interpréter ces statistiques - pages 16 et 17

CNP 1423   CUISEP 455-421

Secteur 13
DEP 5059

Procédés infographiques

PLACEMENT

Ce programme se nommait auparavant Préparation à l'impression. Il a été transformé et remis à jour, et est désormais offert sous le nom de Procédés infographiques. Selon Gilbert Tremblay, responsable de cette formation au Centre Calixa-Lavallée, sa révision l'a rendu plus adéquat aux nouveaux besoins du marché du travail. «Ce programme est plus souple que l'ancien. Il ne s'agit plus uniquement de la préparation de documents pour l'impression. Maintenant, les étudiants touchent à tout ce qui est communication graphique, ce qui inclut le multimédia et Internet.»

À cause de l'important développement technologique, l'industrie des communications graphiques est actuellement en pleine mutation. Si le taux de placement de l'ancien programme était relativement moyen, la révision de cette formation devrait donner de meilleurs atouts aux diplômés. Un petit avertissement cependant : ceux qui envisagent d'œuvrer dans le domaine de la conception graphique devraient toutefois songer à se tourner vers des études plus poussées, au collégial par exemple, car ce DEP ne couvre pas cet aspect relevant davantage de la création.

Selon Gilles Pilon, directeur général de l'Institut des communications graphiques, organisme sans but lucratif qui dispense de la formation aux entreprises et aux personnes ayant déjà un emploi, l'industrie des communications graphiques est destinée à connaître une importance de plus en plus grande. «On prévoit un développement fabuleux pour les 20 prochaines années, dit-il. Nous entrons dans la société de l'information et, ça, c'est l'âge d'or des communications graphiques qui commence. Tous les niveaux de formation vont en profiter. De belles perspectives s'offrent autant aux diplômés de la formation professionnelle qu'aux bacheliers.» Gilbert Tremblay du Centre Calixa-Lavallée partage cet optimisme, notamment à cause du développement de l'industrie du multimédia à Montréal.

Plusieurs milieux de travail sont ouverts aux diplômés de ce programme : agences de publicité, imprimeries, bureaux de graphistes, maisons de pelliculage, journaux, etc. Ils peuvent aussi être chargés de monter des documents pour de grandes entreprises ou pour le gouvernement. Enfin, certains peuvent préférer travailler à leur compte.

SALAIRE ET CONDITIONS DE TRAVAIL

Selon *La Relance au secondaire en formation professionnelle* de 1998, les statistiques relatives à l'ancien programme de Préparation à l'impression font état d'un salaire moyen de départ de 356 $ par semaine. Les horaires de travail varient et, dans certaines entreprises, il faut être prêt à faire des heures supplémentaires pour répondre aux besoins urgents des clients.

12/98

STATISTIQUES

Nombre de diplômés : **n/d**	Temps plein : **n/d**
Proportion de diplômés en emploi (PDE) : **n/d**	En rapport avec la formation : **n/d**
Taux de chômage : **n/d**	Salaire hebdomadaire moyen : **n/d**
Taux de placement : **n/d**	

La Relance au secondaire en formation professionnelle, MEQ. 1998

Comment interpréter ces statistiques - pages 16 et 17

Production —— laitière

Formation professionnelle

PLACEMENT

Il y a actuellement un manque de main-d'œuvre qualifiée dans l'industrie agricole au Québec, particulièrement en production laitière. Selon la Direction générale de la formation professionnelle et technique du ministère de l'Éducation du Québec, il faudrait même former deux à trois fois plus d'élèves dans ce programme que ce qui est fait en ce moment.

À l'École d'agriculture de Nicolet, on dit que les taux de placement sont excellents, autant pour les enfants d'agriculteurs que pour les étudiants issus de milieux urbains. «Nos élèves viennent d'un peu partout au Québec, et ils retournent travailler dans leur région natale, explique Alain Beaudoin, conseiller pédagogique à l'École. Souvent, ils décrochent même un emploi sur leur lieu de stage.»

Selon le ministère des Pêches, de l'Agriculture et de l'Alimentation du Québec (MAPAQ), la production laitière est la production animale la plus importante au chapitre des recettes monétaires, avec 1,235 milliards de dollars en 1997. Le Québec produit trois milliards de litres de lait par année, soit 40 % de la production laitière canadienne.

La production augmente, mais pas le nombre d'entreprises agricoles qui, lui, diminue. «Environ de 3 à 4 % des fermes laitières disparaissent chaque année, constate Alain Bourbault, directeur des recherches économiques à la Fédération des producteurs de lait du Québec. Si la production augmente, c'est que les entreprises utilisent de plus en plus les nouvelles technologies pour être compétitives. Les besoins en main-d'œuvre compétente sont plus grands. Dans ce contexte, une bonne formation devient un atout.»

La formation professionnelle en formation laitière offre également des connaissances sur le plan de l'organisation logistique et de la gestion, des notions très utiles qu'il est plus difficile d'acquérir en apprenant «sur le tas».

«Malheureusement, il y a encore une certaine mentalité en milieu rural qui dit que ce n'est pas nécessaire d'aller à l'école. Les agriculteurs craignent parfois que leurs enfants apprennent des méthodes qui pourraient entrer en conflit avec les leurs», explique Alain Beaudoin.

SALAIRE ET CONDITIONS DE TRAVAIL

Selon *La Relance au secondaire en formation professionnelle* de 1998, la rémunération moyenne de départ est de 340 $ par semaine. Les travailleurs agricoles bénéficient souvent de certains avantages en nature, ainsi que d'un logement situé sur les terres de l'entreprise. Les horaires de travail restent chargés, mais l'automatisation a rendu le métier beaucoup moins exigeant physiquement qu'autrefois.

12/98

STATISTIQUES		
Nombre de diplômés : **152**	Temps plein : **94,8 %**	
Proportion de diplômés en emploi (PDE) : **66,7 %**	En rapport avec la formation : **84,6 %**	
Taux de chômage : **11,9 %**	Salaire hebdomadaire moyen : **340 $**	
Taux de placement : **88,1 %**	*La Relance au secondaire en formation professionnelle*, MÉQ. 1998	

Comment interpréter ces statistiques - pages 16 et 17

Secteur 5

DEP 5031

Rembourrage industriel

PLACEMENT

Selon Jean-Marc Luneau, conseiller pédagogique à l'École québécoise du meuble et du bois ouvré, le taux de placement de cette formation est excellent, mais les finissants doivent néanmoins posséder le profil requis pour travailler en milieu industriel.

«Ce travail est très répétitif, car on parle ici de chaînes de production. Celui qui s'attend à faire de la restauration de meubles anciens n'est pas à sa place, prévient en effet Christian Galarneau, coordonnateur au Comité sectoriel des industries des portes et fenêtres, du meuble et des armoires de cuisine. En général, on s'arrache les candidats qui possèdent une formation en rembourrage industriel, on parle même d'un manque de main-d'œuvre.»

Ce sont les compagnies de fabrication de meubles en série qui recrutent, et non les ateliers de réparation. «On considère que ces entreprises connaissent des taux de croissance de 30 % par an. Cela est donc extrêmement prometteur pour l'embauche des rembourreurs industriels», soutient Christian Galarneau.

En dehors de l'exportation des produits qui joue un rôle primordial dans la croissance de l'industrie, l'un des phénomènes qui engendre un manque de personnel qualifié touche en grande partie le vieillissement de la main-d'œuvre. «On perd des employés et la relève se fait rare», souligne Christian Galarneau.

De son côté, la Direction générale de la formation professionnelle et technique du ministère de l'Éducation du Québec ajoute que ce programme est malheureusement peu connu des étudiants. Quelques dizaines d'élèves seraient nécessaires chaque année pour combler les besoins, mais malheureusement, il n'en sort jamais autant des écoles.

On ajoute que des débouchés extrêmement prometteurs s'ouvrent du côté de Bombardier, qui est actuellement en train de construire une usine dans l'ouest de Montréal pour la fabrication de meubles de très haute qualité destinés à ses avions de prestige.

SALAIRE ET CONDITIONS DE TRAVAIL

Selon les établissements qui offrent cette formation, le taux horaire de base est de 8 $, mais peut facilement atteindre 14 $ en fonction de l'expérience du candidat. Le travail est cependant très répétitif et les horaires peuvent varier.

12/98

STATISTIQUES	
Nombre de diplômés : **n/d**	Temps plein : **n/d**
Proportion de diplômés en emploi (PDE) : **n/d**	En rapport avec la formation : **n/d**
Taux de chômage : **n/d**	Salaire hebdomadaire moyen : **n/d**
Taux de placement : **n/d**	

La Relance au secondaire en formation professionnelle, MÉQ. 1998

Comment interpréter ces statistiques - pages 16 et 17

Santé,
—— assistance et soins infirmiers

Formation professionnelle

PLACEMENT

Malgré les bouleversements intervenus dans le réseau de la santé, les diplômés en soins infirmiers auxiliaires trouvent preneurs. En 1998, ils réussissaient d'ailleurs davantage à se placer (83,6 %) que l'année précédente (69,4 %).

La moitié d'entre eux commencent toutefois en travaillant à temps partiel, sur les listes de rappel de plusieurs établissements. «Ils cumulent autant d'heures qu'un employé permanent sans en avoir le statut», souligne Monique Milette, enseignante et responsable du secteur santé au Centre de formation professionnelle Mont-Laurier.

Beaucoup de centres d'hébergement et de soins de longue durée éprouvent de la difficulté à recruter cette main-d'œuvre spécialisée. En effet, la réforme du système de santé et les départs à la retraite massifs ont ouvert bien des portes.

«Dans un contexte de compressions budgétaires, plusieurs établissements préfèrent embaucher les infirmières auxiliaires parce qu'elles coûtent moins cher», argue d'ailleurs Christiane Meunier, conseillère en ressources humaines au Centre hospitalier de soins de longue durée (CHSLD) Charles-Borromée.

Le vieillissement de la population combiné au virage ambulatoire draine une bonne partie de ces aides médicaux vers les centres d'accueil pour personnes âgées, les unités de soins de longue durée, la gériatrie active et les soins palliatifs en réadaptation.

Soulignons qu'une étude sur les besoins actuels et futurs en infirmières et en infirmières auxiliaires devait être remise au ministère de la Santé du Québec en janvier 1999.

L'Ordre des infirmières et infirmiers auxiliaires du Québec (OIIAQ) espèrait qu'il en découlerait une clarification et une uniformisation des tâches attribuées à ces deux catégories d'infirmières. Cela devrait, selon eux, consolider les acquis.

SALAIRE ET CONDITIONS DE TRAVAIL

La Relance au secondaire en formation professionnelle de 1998 estime à 419 $ par semaine le salaire moyen de départ. Les horaires variables (jours, soirs, nuits) sont assez fréquents au cours des cinq premières années de service. Les nouveaux venus sont en plus appelés à travailler les fins de semaine et à remplacer le personnel durant les vacances estivales. Ils doivent être disponibles en permanence, souvent pour plusieurs employeurs à la fois.

12/98

STATISTIQUES

Nombre de diplômés : **456**	Temps plein : **51,3 %**
Proportion de diplômés en emploi (PDE) : **83,6 %**	En rapport avec la formation : **86,3 %**
Taux de chômage : **8,0 %**	Salaire hebdomadaire moyen : **419 $**
Taux de placement : **92,0 %**	*La Relance au secondaire en formation professionnelle*, MÉQ, 1998

Comment interpréter ces statistiques - pages 16 et 17

CNP 9431 CUISEP 315-710

Secteur 12

Sciage

DEP 5088

PLACEMENT

L'optimisme règne à la Commission scolaire de la Capitale concernant ce programme. «Les diplômés de 1998 sont tous placés, mais je continue de recevoir des appels d'employeurs! Nous n'avons que deux groupes de 10 étudiants, mais on pourrait doubler ce chiffre et ils travailleraient tous», commente Louis Dallaire, directeur de l'École de foresterie et de technologie du bois de Duchesnay.

Le Québec compte de 300 à 400 grosses usines de sciage et près de 1000 petites unités, estime le Comité sectoriel de main-d'œuvre des industries du bois de sciage. L'industrie québécoise du sciage se scinde en deux secteurs. D'un côté se tient l'exploitation des résineux qui représente environ 90 % du marché et de l'autre, l'exploitation des feuillus, activité plus artisanale surtout concentrée dans la région de l'Outaouais. Les diplômés en sciage se placent surtout dans les PME exploitant les feuillus, car ils sont actuellement formés sur des équipements plus spécifiques à cette industrie. Avec la construction prochaine d'une nouvelle scierie-école à l'École de foresterie et de technologie du bois, on espère remédier à la situation en mettant les deux lignes d'équipements à la disposition des étudiants, fait valoir Louis Dallaire.

«Les feuillus, c'est un monde à part, atteste Alain Duperré, agent de recherche chez Emploi-Québec. La forêt est exploitée différemment et cette particularité se reflète aussi au niveau du sciage, car les compétences exigées diffèrent.»

Le scieur de feuillus est comme un «artisan» qui cherche à tirer un maximum de bois de qualité d'un arbre. Puisqu'il travaille à la coupe de bois nobles destinés notamment à la fabrication de meubles, les techniques demeurent plus traditionnelles que du côté du résineux où les scieurs deviennent des opérateurs d'équipements informatisés.

Mais la rationalisation de la matière ligneuse, l'optimisation de la production et le développement de nouvelles techniques de sciage devraient soutenir une demande pour ce savoir-faire. «Les bons débouchés sont en grande partie reliés au roulement de la main-d'œuvre dans l'industrie. Les conditions de travail sont difficiles, aussi le scieur essaie toujours d'améliorer son sort et change d'employeur. Les scieries se "volent" les bons éléments entre elles», conclut Alain Duperré.

SALAIRE ET CONDITIONS DE TRAVAIL

Les seules données sur le salaire disponibles concernent l'ancien programme en sciage-classage et proviennent de *La Relance au secondaire en formation professionnelle* de 1997, où on évalue le salaire moyen de départ à 509 $ par semaine. Les horaires de travail sont variables.

12/98

STATISTIQUES

Nombre de diplômés : **n/d**	Temps plein : **n/d**
Proportion de diplômés en emploi (PDE) : **n/d**	En rapport avec la formation : **n/d**
Taux de chômage : **n/d**	Salaire hebdomadaire moyen : **n/d**
Taux de placement : **n/d**	

La Relance au secondaire en formation professionnelle, MÉQ. 1998

Comment interpréter ces statistiques - pages 16 et 17

Soudage-——— montage

PLACEMENT

Les centres de formation professionnelle seraient littéralement inondés d'appels d'entrepreneurs à la recherche de diplômés en soudage-montage. «Ceux qui ne travaillent pas, c'est qu'ils ne veulent pas!, plaisante Françoise Bonenfant, secrétaire du Centre de métallurgie de Laval. La demande est très forte, on reçoit plus d'offres d'emploi qu'on a de candidats disponibles.»

Même son de cloche au Centre de formation professionnelle Pavillon de l'Avenir, à Rivière-du-Loup, où le taux de placement atteint aussi 100 %.

«Chaque semaine, des employeurs nous appellent pour obtenir des noms de diplômés, explique Mario Blanchet, enseignant au centre. Des entreprises de la Beauce, par exemple, nous appellent souvent parce que le Centre de formation de Saint-Georges dans leur région n'arrive pas à répondre à la demande.»

À la Direction générale de la formation professionnelle et technique du ministère de l'Éducation du Québec, on confirme que plusieurs régions du Québec ont de gros besoins en soudeurs-monteurs.

Même si on a augmenté le nombre de lieux de formation, plusieurs zones géographiques manquent encore de ce type de spécialistes.

Les PME œuvrant dans le secteur de la métallurgie recherchent activement les soudeurs-monteurs. La présence de ces travailleurs qualifiés revêt aussi une importance stratégique pour les entreprises œuvrant dans les secteurs industriel, de la production et de la fabrication.

L'entreprise montréalaise Lefebvre frères, un fabricant de machinerie sur mesure, embauche régulièrement des soudeurs-monteurs. «À partir des plans fournis par les clients, nos soudeurs-monteurs assemblent et soudent les pièces selon des normes de qualité sévères, explique Marie-Pierre Lavallée, directrice des ressources humaines. Nous n'embauchons plus de travailleurs non diplômés. Nous préférons aussi les soudeurs-monteurs qui ont cumulé deux ou trois années d'expérience.»

SALAIRE ET CONDITIONS DE TRAVAIL

Le nouveau programme en soudage-montage combine les notions de l'ancien DEP en soudage général et de l'ASP en soudage-assemblage. Selon *La Relance au secondaire en formation professionnelle* de 1998, le salaire moyen de départ en soudage-assemblage est d'environ 499 $ par semaine. Les horaires de travail sont variables.

12/98

STATISTIQUES

Nombre de diplômés : **537**	Temps plein : **96,4 %**
Proportion de diplômés en emploi (PDE) : **77,8 %**	En rapport avec la formation : **88,7 %**
Taux de chômage : **17,1 %**	Salaire hebdomadaire moyen : **499 $**
Taux de placement : **82,9 %**	

Ces données concernent l'ASP en soudage-assemblage,
La Relance au secondaire en formation professionnelle, MÉQ, 1998

Comment interpréter ces statistiques - pages 16 et 17

Secteur 9

DEP 5023

Techniques d'entretien
d'équipement de bureau

PLACEMENT

Même si cette formation a connu une hausse de son effectif, les diplômés décrochent des emplois, généralement à temps plein. «L'emploi est garanti à coup sûr s'ils effectuent en plus une attestation de spécialisation professionnelle (ASP) en réparation de micro-ordinateurs. Dans ce cas, il nous arrive de ne pas pouvoir répondre à la demande pour cette main-d'œuvre», fait valoir Langis Lemieux, adjoint au directeur du programme au Centre de formation professionnelle (CFP) de Rochebelle.

«La vente et la réparation d'équipement de bureau est un marché qui croît de l'ordre de 15 à 20 % par année», ajoute Robert Bouchard, directeur des opérations chez OE, une division de Canon spécialisée dans la vente et la réparation.

Les plus récents développements technologiques en matière de bureautique relèvent des réseaux informatiques, ce qui requiert des compétences spécifiques pour les réparer en cas de problème.

«Un bon nombre de diplômés décrochent un emploi chez les distributeurs de produits Canon, Minolta, Janis, les vendeurs d'ordinateurs, les détaillants électroniques, les grandes surfaces, les entreprises privées, les officines gouvernementales», énumère M. Bouchard. La câblodistribution, la téléphonie, la pose d'ascenseur et de système d'alarme offrent aussi des avenues intéressantes.

À l'ère de l'informatisation généralisée et des autoroutes électroniques, l'hyperspécialisation s'impose sur le plan technique. Depuis peu, le CFP de Rochebelle incite d'ailleurs les détenteurs du DEP en techniques d'entretien d'équipement de bureau à approfondir leurs connaissances sur les bancs d'école durant un an et demi.

Cette formule spéciale est prévue pour ceux qui souhaitent continuer leurs études au niveau collégial. Ils pourront ainsi obtenir un DEC en Technologie de l'électronique, option ordinateur, en un an et demi au lieu de trois. «C'est une passerelle entre le niveau secondaire et le cégep qui permet d'obtenir plus rapidement un diplôme d'études collégiales», explique Paul Crête, responsable du placement au CFP.

SALAIRE ET CONDITIONS DE TRAVAIL

La Relance au secondaire en formation professionnelle de 1998 évalue le salaire moyen de départ à 402 $ par semaine. Depuis quelques années, la rémunération de ces diplômés a connu une hausse appréciable, puisqu'en 1994 elle n'atteignait que 320 $ par semaine. Les horaires de travail sont variables.

12/98

STATISTIQUES

Nombre de diplômés : **48**

Proportion de diplômés en emploi (PDE) : **92,7 %**

Taux de chômage : **5,0 %**

Taux de placement : **95,0 %**

Temps plein : **94,7 %**

En rapport avec la formation : **86,1 %**

Salaire hebdomadaire moyen : **402 $**

La Relance au secondaire en formation professionnelle, MÉQ. 1998

Comment interpréter ces statistiques - pages 16 et 17

Techniques d'usinage

Formation professionnelle

PLACEMENT

À l'École des métiers de l'aérospatiale, on indique que le taux de placement est de 100 % depuis les deux dernières années. «Nous avons 11 diplômés et ils ont tous décroché un emploi», affirme Pierre Bélanger, directeur de l'École.

Le DEP en techniques d'usinage devrait être modifié sous peu et la nouvelle formule offerte d'ici l'an 2000. Elle comprendra désormais une formation plus poussée en usinage sur machines-outils à commande numérique.

Selon la Direction générale de la formation professionnelle et technique (DGFPT) du ministère de l'Éducation du Québec, il n'est toutefois pas question d'abolir l'ASP en usinage sur machines-outils à commande numérique qui permettra d'approfondir ces connaissances spécifiques (voir page 192).

Les travailleurs de ce secteur occupent une place stratégique au sein des entreprises. Les besoins en pièces usinées sont importants, et ce, dans des secteurs très variés (automobile, camion, aéronautique, train, etc.). Les débouchés se trouvent dans les ateliers d'usinage ou en grandes entreprises comme Bell Helicopter, Bombardier, Pratt & Whitney, etc., entreprises qui occupent un secteur très dynamique de l'économie au Québec.

Selon Michel Desrochers, du ministère de l'Industrie, du Commerce, de la Science et de la Technologie, «il n'y a pratiquement pas de chômeurs dans le domaine. Le manque de main-d'œuvre spécialisée empêche même les entreprises de croître au rythme voulu».

À la DGFPT, on soutient également que le programme présente d'excellentes perspectives d'emploi. En fait, les besoins du marché sont à ce point importants que plusieurs étudiants de l'École des métiers de l'aérospatiale de Montréal poursuivent leurs études tout en travaillant à temps plein. La DGFPT a même recommandé aux entreprises d'embaucher des élèves en leur accordant un horaire particulier, de façon à ne pas nuire à leurs études. Somme toute, cette formule est intéressante pour les employeurs parce qu'elle leur permet d'évaluer l'employé avant de l'embaucher, le cas échéant.

SALAIRE ET CONDITIONS DE TRAVAIL

La Relance au secondaire en formation professionnelle de 1998 évalue le salaire moyen de départ à 480 $ par semaine. La majorité des emplois sont à temps plein. Les aléas de la production entraînent parfois des heures supplémentaires.

12/98

STATISTIQUES

Nombre de diplômés : **624**	Temps plein : **98,2 %**
Proportion de diplômés en emploi (PDE) : **83,0 %**	En rapport avec la formation : **82,6 %**
Taux de chômage : **8,8 %**	Salaire hebdomadaire moyen : **480 $**
Taux de placement : **91,2 %**	*La Relance au secondaire en formation professionnelle*, MÉQ, 1998

Comment interpréter ces statistiques - pages 16 et 17

Secteur 1

DEP 5196

Vente-conseil

PLACEMENT

Même si le programme de vente-conseil n'affiche qu'un taux de placement de 77,4 %, la Direction générale de la formation professionnelle et technique (DGFPT) du ministère de l'Éducation du Québec estime que cette formation est prometteuse, car les besoins en vendeurs sont importants.

Laurier Lemelin, responsable du programme à la Commission scolaire de Kamouraska-Rivière-du-Loup, affirme que tous ses bons étudiants trouvent du travail. «On n'a pas de problème de placement. De plus, si un élève est prêt à être mobile géographiquement pour travailler, il trouvera assurément un emploi.»

D'après lui, le programme souffre d'être mal connu des employeurs. À la DGFPT, on croit que le problème réside dans la façon dont le programme est donné actuellement : selon eux, il devrait être offert partout en alternance travail-études (formation comprenant des stages en entreprise), ce qui facilite l'insertion sur le marché du travail. Les commissions scolaires où l'on retrouve cette formule devraient être plus nombreuses en 1999.

Si l'on considère le secteur privé, l'industrie du commerce du détail est celle qui génère le plus d'emplois au Québec. Le Conseil québécois du commerce de détail indique qu'il y a plus de 27 000 entreprises et 65 000 établissements commerciaux au Québec. Ce sont donc des employeurs potentiels pour les futurs vendeurs. «On connaît une progression des ventes depuis quelques années. On peut donc dire que ça va plutôt bien aujourd'hui et que l'ensemble du secteur est stable», souligne Gaston Lafleur, président et directeur général du Conseil.

«Les débouchés se trouvent surtout dans les grandes entreprises établies, comme les chaînes, les quincailleries, etc., ajoute Laurier Lemelin. Dans les petites entreprises, c'est souvent le propriétaire qui assume toutes les tâches, dont celle de vendeur.» Pourtant, selon lui, les diplômés en vente-conseil ont une bonne longueur d'avance quand il s'agit d'appliquer les règles du métier. «La formation équivaut à trois ou quatre années d'expérience sur le terrain. Être bon vendeur, ce n'est pas seulement bien parler! Il y a d'autres qualités à acquérir, comme la communication efficace avec la clientèle, la capacité de la conseiller et d'être convaincant.»

SALAIRE ET CONDITIONS DE TRAVAIL

La Relance au secondaire en formation professionnelle de 1998 évalue le salaire moyen de départ à 377 $ par semaine. Les horaires sont plutôt normaux pour ceux œuvrant dans des grands magasins, mais les représentants de commerce, qui sont souvent sur la route, peuvent avoir des horaires plus flexibles.

12/98

STATISTIQUES		
Nombre de diplômés : **250**	Temps plein : **81,0 %**	
Proportion de diplômés en emploi (PDE) : **66,5 %**	En rapport avec la formation : **70,6 %**	
Taux de chômage : **22,6 %**	Salaire hebdomadaire moyen : **377 $**	
Taux de placement : **77,4 %**	*La Relance au secondaire en formation professionnelle*, MÉQ. 1998	

Comment interpréter ces statistiques - pages 16 et 17

Diesel

PLACEMENT

À l'École des métiers de l'automobile, on affirme que la majorité des finissants trouvent un emploi au terme de leur formation. En effet, plus de 97 % de leurs diplômés ont du travail. La plupart travaillent à temps plein dans leur domaine d'études.

Pour être admis à cette attestation de spécialisation professionnelle (ASP), les étudiants doivent avoir suivi l'une des deux formations suivantes : mécanique d'engins de chantier (bulldozer, pelle mécanique, etc.), ou mécanique de véhicules lourds routiers (camions).

À la Direction générale de la formation professionnelle et technique (DGFPT) du ministère de l'Éducation du Québec, on note que la demande est extrêmement forte dans ce domaine. Yves Grenier, directeur de l'École des métiers de l'automobile, confirme cet état de fait.

Selon ce dernier, le camionnage est un domaine en expansion et on a donc besoin de main-d'œuvre qualifiée pour réparer et entretenir ces camions.

De plus, à la suite de graves accidents routiers mettant en cause des véhicules lourds, la Société de l'assurance automobile du Québec (SAAQ) surveille de plus près l'état de la mécanique de ce type de véhicules. «La demande pour des réparations et des programmes d'entretien s'est alors accrue», affirme M. Grenier.

Parce que les besoins du marché ne sont pas comblés actuellement, la DGFPT souhaiterait ouvrir les formations en mécanique d'engins de chantier et en mécanique de véhicules lourds routiers à quelques centaines d'élèves chaque année.

Selon les prévisions, environ 200 d'entre eux devraient ensuite opter pour la formation en diesel. Néanmoins, actuellement, seulement 44 personnes se sont inscrites à ce programme en 1998, ce qui est nettement insuffisant pour répondre à la demande des employeurs.

SALAIRE ET CONDITIONS DE TRAVAIL

La Relance au secondaire en formation professionnelle de 1998 évalue le salaire moyen de départ à 501 $ par semaine. La rémunération peut varier d'un employeur à l'autre, suivant la taille de l'entreprise et si le mécanicien est syndiqué ou non. Il faut souvent respecter des échéanciers serrés et être disponible pour des heures supplémentaires.

12/98

STATISTIQUES

Nombre de diplômés : **44**	Temps plein : **100,0 %**
Proportion de diplômés en emploi (PDE) : **97,6 %**	En rapport avec la formation : **97,5 %**
Taux de chômage : **2,4 %**	Salaire hebdomadaire moyen : **501 $**
Taux de placement : **97,6 %**	*La Relance au secondaire en formation professionnelle*, MÉQ. 1998

Comment interpréter ces statistiques - pages 16 et 17

Secteur 9

ASP 5000

CNP 2234   CUISEP 455-310

Estimation
en électricité

PLACEMENT

Tous les estimateurs en électricité sortis des bancs d'école en 1996-1997 ont trouvé leur place sur le marché du travail. Soulignons cependant qu'ils n'étaient à peine qu'une dizaine de finissants.

«Le taux de placement volait assez bas depuis plus de cinq ans, souligne Jacques Robichaud, conseiller d'orientation à l'École des métiers de la construction de Québec. On assiste toutefois à une reprise modérée dans l'industrie ces derniers temps, ajoute-t-il. Il y a davantage de besoins, mais malheureusement trop peu d'inscriptions.»

Responsable de l'embauche chez Gastier, entrepreneur général, André Guénette reconnaît que la demande pour cette main-d'œuvre reprend du tonus, mais que toutefois, en ce qui les concerne, le recrutement n'est pas facile à cause du manque d'expérience des candidats.

«Les estimateurs en électricité doivent aller chercher des contrats et présenter des soumissions intéressantes aux clients, sans pour autant qu'elles compromettent la santé financière de l'entreprise pour laquelle ils travaillent. Cela demande donc un minimum d'expérience.»

Le nouvel élan dans l'industrie de la construction profitera aux diplômés de ce programme engagés dans les domaines commercial, industriel et institutionnel. Cependant, cela n'atteindra probablement pas le niveau d'emploi élevé que l'on connaissait à la fin des années 1980.

«Nos carnets de commandes pour la prochaine année sont déjà bien remplis», affirme toutefois M. Guénette. En outre, dans le site Emploi-Avenir de Développement des ressources humaines Canada, on souligne que le secteur résidentiel devrait aussi reprendre du tonus d'ici l'an 2000, en raison de la baisse des taux d'intérêt.

Parmi les champs de pratique d'avenir pour les diplômés figurent les systèmes d'alarme, le câblage téléphonique, la fibre optique, les câbles coaxiaux et la domotique. Les estimateurs en électricité peuvent aussi trouver preneurs auprès des firmes d'ingénieurs, des cabinets d'architectes et d'estimateurs.

SALAIRE ET CONDITIONS DE TRAVAIL

La Relance au secondaire en formation professionnelle de 1998 évalue le salaire moyen de départ à 482 $ par semaine. Dans ce champ d'activité très vaste, les horaires de travail varient beaucoup en fonction de la nature des mandats dont hérite l'estimateur. Son horaire peut être particulièrement imprévisible (jours, nuits, fins de semaine, jours fériés) sur les chantiers à caractère industriel, car certaines usines fonctionnent sans interruption.

12/98

STATISTIQUES

Nombre de diplômés : **10**

Proportion de diplômés en emploi (PDE) : **100,0 %**

Taux de chômage : **0,0 %**

Taux de placement : **100,0 %**

Temps plein : **100,0 %**

En rapport avec la formation : **100,0 %**

Salaire hebdomadaire moyen : **482 $**

La Relance au secondaire en formation professionnelle, MÉQ, 1998

Comment interpréter ces statistiques - pages 16 et 17

Fabrication —————— de moules

Secteur 11

ASP 5158

PLACEMENT

La fabrication de moules est une spécialisation qui peut suivre le DEP en techniques d'usinage (voir page 185). La Direction générale de la formation professionnelle et technique du ministère de l'Éducation du Québec estime qu'il faudrait bien davantage que les quelques diplômés qui sortent chaque année des écoles pour suffire à la demande.

À la Commission scolaire des Hautes-Rivières, on affiche un taux de placement de 100 % pour les diplômés disponibles à l'emploi en 1997 et 1998. À la Commission scolaire Marguerite-Bourgeoys, une première cohorte de 13 étudiants terminera à l'hiver 1999 et on espère que ces nouveaux arrivants trouveront vite preneurs.

Le domaine de la fabrication de moules connaît actuellement un manque de main-d'œuvre qui ne semble pas vouloir se résorber. L'utilisation croissante des matières plastiques depuis le milieu des années 1980, ainsi que le vieillissement des travailleurs qualifiés en outillage ne font rien pour aider les entreprises qui sont déjà incapables de répondre à la demande.

«Actuellement, l'industrie n'est en mesure de remplir que la moitié des commandes à cause du manque de main-d'œuvre», explique Jean-Guy Ménard, président du Conseil de l'industrie de fabrication de moules, matrices et outillage

À la Direction générale de la formation professionnelle et technique du ministère de l'Éducation du Québec, on affirme que les besoins sont grands pour ce type de diplômés.

On souligne toutefois que ce programme se prête bien à l'alternance travail-études, car les stages en entreprises permettent d'acquérir de l'expérience dans ce métier relativement complexe. Cette formule favoriserait également l'insertion des diplômés sur le marché du travail.

Serge Robitaille, consultant en formation industrielle à la Commission scolaire Marguerite-Bourgeoys, confirme que «ce métier requiert un minimum de cinq ans d'expérience avant d'acquérir une certaine maîtrise des techniques».

SALAIRE ET CONDITIONS DE TRAVAIL

La Relance au secondaire en formation professionnelle de 1998 évalue le salaire moyen de départ à 525$ par semaine. Les horaires de travail sont variables.

12/98

STATISTIQUES		
Nombre de diplômés : **7**	Temps plein : **100,0 %**	
Proportion de diplômés en emploi (PDE) : **83,3 %**	En rapport avec la formation : **100,0 %**	
Taux de chômage : **16,7 %**	Salaire hebdomadaire moyen : **525 $**	
Taux de placement : **83,3 %**	*La Relance au secondaire en formation professionnelle*, MÉQ, 1998	

Comment interpréter ces statistiques - pages 16 et 17

Secteur 14

ASP 5006

Mécanique d'entretien en commandes industrielles

PLACEMENT

Ce programme est le complément du DEP en mécanique industrielle de construction et d'entretien (1490). Il dote les diplômés de compétences pointues dans les domaines de l'hydraulique proportionnelle, des automates programmables et de la logique séquentielle.

«Tous les étudiants qui ont obtenu cette ASP en plus d'un DEP se sont placés dans leur métier, commente Luc Chabot, directeur de la Polyvalente Des Baies. Nous ne fournissons pas à la demande. Cette combinaison est très populaire chez les élèves et elle représente un net avantage sur le marché du travail.»

Au Carrefour formation Mauricie, «le placement se situe autour de 80 %, précise le conseiller pédagogique Jacques Guillemette. Ces diplômés ont un atout sur ceux qui ne possèdent qu'un DEP. Dans notre région, les PME en sont friandes grâce à leurs compétences en hydraulique proportionnelle. Ils ont une formation plus poussée et savent utiliser les nouvelles technologies adaptées à des machines pneumatiques».

À l'aluminerie Reynolds de Baie-Comeau, on affirme apprécier la polyvalence et la spécialisation de ces candidats.

«Toute formation connexe aux tâches du mécanicien est très intéressante à nos yeux, affirme Réal Fecteau, agent principal d'embauche. Dans une grande entreprise comme la nôtre, des spécialités en commandes numériques et en hydraulique sont des compétences très utiles.»

Il est cependant nécessaire pour ce type de travailleurs de savoir s'adapter aux nouvelles technologies. «Nous modernisons continuellement nos équipements et ils doivent s'adapter à ces changements. Bien sûr, nous offrons une formation à tous nos employés. Toutefois, les jeunes diplômés savent déjà utiliser les nouvelles technologies, ce qui est un net avantage pour eux.»

SALAIRE ET CONDITIONS DE TRAVAIL

Selon *La Relance au secondaire en formation professionnelle* de 1998, le salaire moyen de départ est de 504 $ par semaine. Il peut varier selon la taille de l'entreprise. Les horaires sont diversifiés : certains auront droit à la semaine de quatre jours, d'autres travaillent selon des horaires rotatifs. Les heures supplémentaires sont chose courante en période de pointe.

12/98

STATISTIQUES

Nombre de diplômés : **53**	Temps plein : **100,0 %**
Proportion de diplômés en emploi (PDE) : **72,1 %**	En rapport avec la formation : **87,1 %**
Taux de chômage : **18,4 %**	Salaire hebdomadaire moyen : **504 $**
Taux de placement : **81,6 %**	

La Relance au secondaire en formation professionnelle, MÉQ. 1998

Comment interpréter ces statistiques - pages 16 et 17

Sommellerie

PLACEMENT

Les débouchés pour les diplômés de l'ASP en sommellerie s'améliorent avec les années. En fait foi, le taux de placement en hausse constante depuis 1996.

«Chez nous, tous nos diplômés décrochent un emploi. Il faut dire que la majorité des étudiants évoluent déjà dans le milieu de la restauration et de l'hôtellerie», fait remarquer Jacques Orhon, enseignant à l'École hôtelière des Laurentides, et président de l'Association canadienne des sommeliers professionnels.

Selon lui, les employeurs exigent de plus en plus cette formation. «C'est obligatoire pour tous nos serveurs, confirme Pierre Audette, propriétaire du restaurant L'eau à la bouche à Sainte-Adèle. Depuis une vingtaine d'années, les Québécois recherchent des accords entre les mets et les vins plus raffinés. Et ils veulent faire évoluer leurs connaissances en traitant avec des spécialistes.»

L'évolution des plaisirs de la table fait réfléchir les quelque 20 000 établissements hôteliers et de restauration au Québec. S'il est vrai que moins de 300 d'entre eux emploient un sommelier, le nombre devrait pourtant augmenter dans les années 2000.

«Diverses chaînes de restauration songent en effet à enrichir la composition de la carte des vins pour mieux répondre aux besoins de la clientèle. C'est le cas des Rôtisseries Saint-Hubert par exemple», cite M. Orhon.

Les diplômés peuvent également occuper un poste de représentant dans les agences promotionnelles de vins et spiritueux, c'est-à-dire les organismes intermédiaires qui traitent avec les fournisseurs et la Société des alcools du Québec.

«On observe que de plus en plus d'élèves combinent à la fois les fonctions de serveurs et de vendeurs, explique M. Orhon. D'autres chaussent les souliers de conseiller à la Société des alcools du Québec (SAQ). Quelques-uns tentent de réaliser des percées dans l'industrie touristique.»

SALAIRE ET CONDITIONS DE TRAVAIL

La Relance au secondaire en formation professionnelle de 1998 évalue le salaire moyen de départ à 332 $ par semaine. Dans les grands établissements de fine gastronomie, la paie est cependant plus généreuse. Suivant les secteurs d'activité, les horaires de travail diffèrent. Il faut généralement s'attendre à travailler les soirs et les fins de semaine.

12/98

STATISTIQUES

Nombre de diplômés : **31**
Proportion de diplômés en emploi (PDE) : **88,5 %**
Taux de chômage : **0,0 %**
Taux de placement : **100,0 %**

Temps plein : **73,9 %**
En rapport avec la formation : **94,1 %**
Salaire hebdomadaire moyen : **332 $**

La Relance au secondaire en formation professionnelle, MÉQ. 1998

Comment interpréter ces statistiques - pages 16 et 17

Secteur 11

ASP 5019

CNP 9511   CUISEP 455-460

Usinage sur machines-outils à commande numérique

PLACEMENT

À l'échelle du Québec, les chiffres de la Direction générale de la formation professionnelle et technique du ministère de l'Éducation (MEQ) indiquent une situation d'embauche évaluée à 88 % (Proportion de diplômés en emploi). Dans l'ensemble, les professionnels du domaine occupent un emploi à temps plein en relation avec leur champ d'études. Cette formation, qui suit habituellement le diplôme d'études professionnelles (DEP) en techniques d'usinage, ouvre sur un emploi de machiniste capable de faire fonctionner un centre d'usinage, soit une machine-outil contrôlée par l'informatique.

Au terme de leur formation, les finissants peuvent aspirer à un emploi au sein de grandes entreprises comme Pratt & Whitney, Bell Helicopter, Bombardier, etc., compagnies qui occupent un secteur très dynamique de l'économie québécoise. Ils peuvent aussi travailler pour un atelier de sous-traitance. «Il y a aussi tout le domaine de la transformation des matières premières qui emploie beaucoup de nos diplômés», explique Pierre Bélanger, directeur de l'École des métiers de l'aérospatiale de Montréal, où l'on note un taux de placement de près de 100 % pour ce programme.

Dans le site Emploi-Avenir de Développement des ressources humaines Canada, on mentionne que l'emploi pour cette profession devrait connaître un taux de croissance supérieur à la moyenne. De plus, ces employés ont un rôle déterminant à jouer au sein des entreprises. En effet, ils utilisent de l'équipement de haute technologie très précis et sophistiqué, qui permet de respecter les contraintes, tant sur la qualité des produits fabriqués, que sur les délais de livraison. Grâce à cela, les entreprises peuvent donc demeurer compétitives dans un marché où la concurrence est vive.

Michel Desrochers du ministère de l'Industrie, du Commerce, de la Science et de la Technologie, remarque pour sa part que «la demande va en s'accroissant parce qu'on manque de main-d'œuvre qualifiée dans ce secteur. Ces diplômés sont donc convoités par les employeurs».

SALAIRE ET CONDITIONS DE TRAVAIL

La Relance au secondaire en formation professionnelle de 1998 évalue le salaire moyen de départ à 507 $ par semaine. Cela peut toutefois varier en fonction de la taille de l'entreprise. Les horaires sont généralement normaux, mais il est possible de devoir faire des heures supplémentaires.

12/98

STATISTIQUES

Nombre de diplômés : **205**

Proportion de diplômés en emploi (PDE) : **88,3 %**

Taux de chômage : **6,0 %**

Taux de placement : **94,0 %**

Temps plein : **100,0 %**

En rapport avec la formation : **93,7 %**

Salaire hebdomadaire moyen : **507 $**

La Relance au secondaire en formation professionnelle, MÉQ, 1998

Comment interpréter ces statistiques - pages 16 et 17

Avionique

PLACEMENT

À l'École nationale d'aérotechnique, jumelée au Cégep Édouard-Montpetit, on indique qu'en 1998, 75 % des finissants ayant intégré le marché du travail ont un emploi en aéronautique. «Nous sommes sur une belle lancée, déclare Louis-Marie Dussault, conseiller pédagogique aux stages et placement. Plusieurs grandes compagnies sont venues recruter sur le campus, ce qui est inhabituel. Les carnets de commande de nos constructeurs sont bien remplis pour les années à venir, c'est pourquoi il y a un accroissement de la demande pour nos techniciens.»

Avec le départ à la retraite d'un bon nombre de travailleurs du domaine aéronautique, de grands joueurs de l'industrie comme Bombardier, CAE Électronique, Air Canada, Canadian, Bell Helicopter et Pratt & Whitney s'intéressent de près aux techniciens en avionique.

«L'un de nos grands transporteurs nationaux prévoit que, d'ici cinq ans, le tiers de sa main-d'œuvre sera en mesure de prendre sa retraite. C'est une ouverture majeure!», souligne Louis-Marie Dussault.

Selon les prévisions du site Emploi-Avenir de Développement des ressources humaines Canada, cette profession devrait connaître un taux de croissance supérieur à la moyenne. De plus, l'entente canado-américaine sur la déréglementation des espaces aériens contribuera à accroître l'achalandage des aéroports et, par conséquent, les besoins d'entretiens des appareils.

«D'ici l'an 2001, il devrait se créer 128 postes en avionique, sans compter les travailleurs qui changent d'employeurs ou qui prennent leur retraite», estime Carmy Hayes, conseiller en formation au Centre d'adaptation de la main-d'œuvre en aérospatiale du Québec.

Les techniciens qui travaillent à l'inspection et à la réparation de la flotte des compagnies aériennes ont des ouvertures intéressantes. En revanche, les spécialistes en rédaction technique - mise sur pied de cahiers de montage et cahiers d'entretien - trouveront un marché du travail davantage au ralenti.

SALAIRE ET CONDITIONS DE TRAVAIL

Selon *La Relance au collégial* de 1998, le salaire moyen de départ est évalué à 520 $ par semaine. À la Direction de la formation professionnelle et technique du ministère de l'Éducation du Québec, on indique que ce DEC offre des conditions de travail parmi les meilleures, en comparaison avec d'autres formations en électrotechnique offertes au collégial.

12/98

STATISTIQUES

Nombre de diplômés : **34**	Temps plein : **100,0 %**
Proportion de diplômés en emploi (PDE) : **69,7 %**	En rapport avec la formation : **69,6 %**
Taux de chômage : **11,5 %**	Salaire hebdomadaire moyen : **520 $**
Taux de placement : **88,5 %**	*La Relance au collégial*, MÉQ. 1998

Comment interpréter ces statistiques - pages 16 et 17

Formation collégiale

Secteur 18

DEC 571.04

Commercialisation de la mode

PLACEMENT

Selon Christine Levrot, coordonnatrice du département de commercialisation de la mode du Cégep Marie-Victorin, la plupart des étudiants décrochent un emploi assez facilement, notamment grâce aux stages de travail en entreprise. Elle précise que ce sont principalement les commerces de détail et de gros qui embauchent les diplômés, de même que les autres entreprises liées de près ou de loin à l'industrie de la mode.

Une formation dans ce domaine offre quatre profils de carrière différents. «Le diplômé peut travailler dans la vente, les achats, la promotion ou le stylisme de présentation. Mais ce sont les deux premiers secteurs qui présentent les meilleurs débouchés», explique Christine Levrot.

Robert Daigle, agent de développement industriel à la Direction des industries de la mode et du textile du ministère de l'Industrie, du Commerce, de la Science et de la Technologie, précise que ce technicien peut également œuvrer dans le secteur industriel, par exemple à titre de chef de produit. Mais il doit d'abord cumuler un certain nombre d'années d'expérience dans le milieu avant d'accéder à ce type de poste.

Comme on le souligne dans le site Emploi-Avenir de Développement des ressources humaines Canada, dans le domaine de la vente, les entreprises évoluent dans un environnement très compétitif. Pour se démarquer, elles doivent notamment pouvoir compter sur de la main-d'œuvre qualifiée, capable de faire la différence sur le plan de la vente. «Les entreprises commencent à connaître l'existence du diplôme en commercialisation de la mode, et prennent conscience de l'avantage qu'elles auraient à embaucher du personnel compétent», confirme Christine Levrot.

Quant au secteur des achats, pour demeurer concurrentielles, beaucoup de compagnies s'emploient à développer des marques exclusives. On peut citer par exemple les vêtements Tristan et Iseut. «La tâche du technicien en commercialisation de la mode qui travaille comme acheteur est de développer ces lignes "maison". Ces dernières permettent aux entreprises de demeurer concurrentielles dans un marché où on connaît une vive concurrence, c'est pourquoi les entreprises ont besoin de ces techniciens», conclut Christine Levrot.

SALAIRE ET CONDITIONS DE TRAVAIL

La Relance au collégial de 1998 évalue le salaire moyen de départ à 349 $ par semaine. Les horaires varient et dépendent de l'entreprise pour laquelle on œuvre. Il est possible d'avoir à travailler le soir et la fin de semaine.

12/98

STATISTIQUES

Nombre de diplômés : **100**	Temps plein : **91,1 %**
Proportion de diplômés en emploi (PDE) : **70,9 %**	En rapport avec la formation : **64,7 %**
Taux de chômage : **6,7 %**	Salaire hebdomadaire moyen : **349 $**
Taux de placement : **93,3 %**	

La Relance au collégial, MÉQ. 1998

Comment interpréter ces statistiques - pages 16 et 17

Formation collégiale

Design ———— industriel

Formation collégiale

PLACEMENT

Au Cégep du Vieux-Montréal, les dernières données disponibles évaluent le taux de placement des diplômés de 1997 à plus de 80 %.

Le rôle du technicien en design industriel est de dessiner un produit esthétique, fonctionnel, facile à utiliser et économique à produire.

Les diplômés travaillent principalement dans des entreprises industrielles qui œuvrent dans des domaines très variés tels que les meubles, le transport, la machinerie, etc.

Ils peuvent également décrocher un emploi auprès d'une firme de designers, d'architectes ou d'ingénieurs. Selon Florence Lebeau de l'Association québécoise des designers industriels, à peine 10 % des membres de la profession sont établis à leur compte.

La formation de technicien peut mener au marché du travail ou conduire à l'université pour l'obtention d'un baccalauréat en design industriel ou en design de l'environnement.

Florence Lebeau ajoute que les perspectives sont bonnes pour les techniciens en design industriel. «Les entreprises industrielles font de plus en plus appel à un designer, que ce soit sur une base ponctuelle ou par l'entremise d'un bureau de consultants.»

Même constat dans le site Emploi-Avenir de Développement des ressources humaines Canada. Selon cette source, une recherche de la qualité accrue des produits de la part du public et la nécessité de créer des biens concurrentiels et conformes aux besoins des consommateurs expliqueraient la demande favorable pour les techniciens en design industriel.

Plusieurs secteurs offrent d'ailleurs des débouchés plus intéressants que d'autres, comme le meuble, l'équipement de bureau, l'équipement biomédical et le transport.

SALAIRE ET CONDITIONS DE TRAVAIL

Selon *La Relance au collégial* de 1998, le salaire moyen de départ serait de 429 $ par semaine. Les perspectives d'avancement pour les gens de talent sont bonnes. Les horaires de travail sont variables.

12/98

STATISTIQUES

Nombre de diplômés : **32**	Temps plein : **95,7 %**
Proportion de diplômés en emploi (PDE) : **79,3 %**	En rapport avec la formation : **86,4 %**
Taux de chômage : **4,2 %**	Salaire hebdomadaire moyen : **429 $**
Taux de placement : **95,8 %**	

La Relance au collégial, MÉQ. 1998

Comment interpréter ces statistiques - pages 16 et 17

Secteur 18

DEC 571.03

Gestion de la production du vêtement

PLACEMENT

Julie Bourdeau, coordonnatrice du département de la gestion de la production du vêtement au Collège LaSalle, note que tous les diplômés en gestion de la production du vêtement de 1998 ont trouvé un emploi dans l'industrie, et ce, principalement à temps plein.

Certains auraient même décroché un poste avant la fin de leurs études. Elle ajoute que ce programme comprend deux stages en milieu de travail, ce qui favoriserait l'intégration des finissants à la vie active.

«Ils sont formés spécifiquement pour répondre aux besoins de l'industrie en termes de planification et d'organisation du travail. Le diplômé peut intervenir entre autres à titre d'agent de méthode ou d'assistant à la production. Les employeurs recherchent des gens qui possèdent un bon sens du *leadership* et à qui l'on peut faire véritablement confiance», explique Julie Bourdeau.

«Actuellement, on constate un manque de main-d'œuvre au sein des entreprises industrielles. Le vieillissement du personnel combiné à la croissance de l'industrie fait en sorte que les diplômés en gestion de la production du vêtement trouvent facilement de l'emploi», confirme Sylvie Laverdière, agente de promotion des carrières au Comité sectoriel de la main-d'œuvre de l'habillement.

L'Accord du libre-échange, qui allait, croyait-on, porter un coup fatal à l'industrie du vêtement au Québec, s'est révélé plutôt comme une occasion de reprise, explique Sylvie Laverdière, qui ajoute que 10 000 emplois ont été créés dans l'industrie entre 1997 et 1998.

Au total, près de 74 000 emplois devraient être enregistrés dans ce secteur d'ici la fin de 1998.

«Cette relance s'explique en partie par la capacité des entreprises à s'adapter rapidement aux nouvelles conditions du marché. Elles consolident leur part de marché local, et développent aussi leurs exportations, notamment aux États-Unis. D'où l'importance pour les employeurs d'embaucher des techniciens qualifiés», conclut Sylvie Laverdière.

SALAIRE ET CONDITIONS DE TRAVAIL

Selon le Comité sectoriel de la main-d'œuvre de l'habillement, le salaire moyen de départ se situe aux alentours de 480 $ par semaine, mais peut croître rapidement en raison du manque de main-d'œuvre. Le travail s'effectue selon un horaire normal, principalement de jour.

12/98

STATISTIQUES		
Nombre de diplômés : **n/d**		Temps plein : **n/d**
Proportion de diplômés en emploi (PDE) : **n/d**		En rapport avec la formation : **n/d**
Taux de chômage : **n/d**		Salaire hebdomadaire moyen : **n/d**
Taux de placement : **n/d**		

La Relance au collégial, MÉQ. 1998

Comment interpréter ces statistiques - pages 16 et 17

Gestion et exploitation — d'entreprise agricole

Secteur 2

DEC 152.03

PLACEMENT

Le bon taux de placement de cette formation est dû en partie au fait que les étudiants sont majoritairement des enfants d'agriculteurs. Leur diplôme en poche, ils retournent travailler à la ferme familiale, et succéderont finalement à leurs parents aux commandes de l'entreprise. Cependant, actuellement, cette relève n'est pas suffisante pour assurer les besoins croissants des entreprises agricoles. Il existe donc des débouchés pour ceux qui ne sont pas membres d'une famille d'agriculteurs.

Avec une part d'exportations de plus en plus importante et des techniques de productions nouvelles, les entreprises agricoles ont besoin d'une main-d'œuvre bien formée. Cet état de fait est amplifié par la mondialisation des marchés et l'accroissement de la concurrence, qui rendent plus que jamais nécessaire l'embauche de personnel qualifié.

Selon le ministère de l'Agriculture, des Pêches et de l'Alimentation (MAPAQ), depuis plusieurs années, la valeur réelle de l'activité agricole a progressé à un rythme nettement supérieur à celui de l'économie dans son ensemble.

«Il y a une nouvelle mentalité en agriculture, qui est de coller le plus possible aux besoins des consommateurs, explique Roger Martin, conseiller en formation au MAPAQ. Il y a aussi l'ouverture sur le monde : d'une ferme en Beauce, on peut vendre des produits jusqu'au Japon!»

La concurrence étrangère étant toutefois de plus en plus grande, les entreprises agricoles doivent impérativement être rentables. C'est pourquoi ce programme produit de véritables gestionnaires, capables non seulement de procéder à la traite des vaches, mais également de planifier les cultures, d'entretenir les équipements de la ferme, de veiller à la bonne fertilisation des sols, etc. Ils peuvent également se spécialiser dans un domaine spécifique (bovins, porcins, productions laitières, etc.).

Quant aux 2 à 3 % d'élèves qui ne viennent pas de la ferme, leur avenir passe par un emploi de technicien dans une entreprise cherchant un appui ou une relève éventuelle. Car, même en étant bien formé, se lancer à son compte est presque utopique : par exemple, le coût d'une ferme laitière avoisine les 525 000 $!

SALAIRE ET CONDITIONS DE TRAVAIL

Selon *La Relance au collégial* de 1998, le salaire moyen de départ est de 353 $ par semaine, rémunération à laquelle peuvent s'ajouter certains avantages en nature. Le travail est toutefois exigeant : il faut faire preuve d'une bonne résistance physique, et on travaille souvent sept jours sur sept. On conseille aux personnes qui ne sont pas familières avec le milieu de profiter de leur stage en entreprise pour déterminer si ce champ d'activité leur convient.

12/98

STATISTIQUES

Nombre de diplômés : **92**	Temps plein : **93,2 %**
Proportion de diplômés en emploi (PDE) : **85,1 %**	En rapport avec la formation : **92,8 %**
Taux de chômage : **6,3 %**	Salaire hebdomadaire moyen : **353 $**
Taux de placement : **93,7 %**	

La Relance au collégial, MÉQ. 1998

Comment interpréter ces statistiques - pages 16 et 17

Secteur 13

DEC 581.07

Infographie
en préimpression

PLACEMENT

Seul le Collège Ahuntsic offre actuellement cette technique, qui vise à développer les compétences liées à la mise en page et à la préimpression. Les étudiants se familiarisent avec tous les aspects de la chaîne graphique : sur le marché du travail, ils peuvent collaborer avec les graphistes, préparer le matériel pour l'impression, transférer des données numériques et veiller à la qualité des documents produits. Ils sont également formés à travailler en multimédia, un domaine très prometteur dans la région montréalaise, où le gouvernement a d'ailleurs prévu d'établir la Cité du multimédia, qui devrait générer 10 000 emplois en 10 ans. Les travaux ont déjà commencé et des ententes commencent à être signées.

Contrairement aux programmes en graphisme, cette formation vise à produire des techniciens plutôt que des concepteurs. Les diplômés se retrouvent dans les imprimeries et dans les ateliers qui offrent des services de préimpression. Toutefois, comme l'industrie des communications graphiques connaît actuellement une grande évolution en raison des développement technologiques, de nouvelles portes pourraient s'ouvrir pour les spécialistes en préimpression.

«Jusqu'en 2010, on prévoit une évolution continue de l'imprimerie, affirme Guy Racine, responsable du programme au Collège Ahuntsic. Par exemple, on tend de plus en plus à transférer les données des ordinateurs directement aux presses numériques.» Les opérations manuelles disparaissent, et la connaissance de l'informatique devient donc primordiale pour ceux qui désirent œuvrer dans cette industrie.

L'avènement d'Internet et du multimédia ne risquent-ils pas de nuire à l'imprimerie telle qu'on la connaît? «Absolument pas!, affirme Guy Pilon, directeur général de l'Institut des communications graphiques, organisme de formation sans but lucratif. Les nouvelles technologies ouvrent des possibilités. Les différents supports vont simplement trouver leur niche, comme ce fut le cas autrefois alors qu'on croyait que la télévision allait amener la fin de la radio...»

Guy Pilon croit également que toutes les formations en communications graphiques sont promises à un bel avenir. «Actuellement, il n'y a pas assez de gens formés dans ce domaine, dit-il. L'industrie risque donc de vivre le même problème de manque de main-d'œuvre que l'informatique connaît en ce moment.»

SALAIRE ET CONDITIONS DE TRAVAIL

Selon *La Relance au collégial* de 1998, le salaire moyen de départ est d'environ 420 $ par semaine. Toutefois, comme l'industrie est en pleine évolution, l'échelle salariale pourrait bien augmenter. Les horaires de travail sont variables.

12/98

STATISTIQUES

Nombre de diplômés : **50**	Temps plein : **93,2 %**
Proportion de diplômés en emploi (PDE) : **93,6 %**	En rapport avec la formation : **80,5 %**
Taux de chômage : **4,3 %**	Salaire hebdomadaire moyen : **420 $**
Taux de placement : **95,7 %**	

La Relance au collégial, MÉQ, 1998

Comment interpréter ces statistiques - pages 16 et 17

Métallurgie : contrôle de la qualité

Formation collégiale

PLACEMENT

Selon la Direction générale de la formation professionnelle et technique du ministère de l'Éducation du Québec, ce programme est peu connu en dépit de son caractère prometteur. En 1997, au Cégep de Trois-Rivières, 52 offres d'emploi ont été affichées pour une toute petite cohorte de 13 finissants, précise Maryse Paquette, conseillère en emploi.

Une étude menée en 1996 par le service de l'Éducation permanente du Cégep d'Alma, auprès de 75 entreprises œuvrant en fabrication métallique dans la région, a d'ailleurs montré un besoin pour des techniciens en métallurgie.

En 1998, ce Cégep décidait donc d'offrir partiellement cette formation. Seuls les deux premiers semestres sont présentement offerts à Alma, et l'étudiant doit par la suite poursuivre sa formation à Trois-Rivières.

Parce que ces technologues s'assurent que les matériaux qui entrent dans la fabrication de produits métalliques répondent aux critères de qualité, ils occupent un rôle-clé au sein des entreprises qui se sont mises à l'heure de la qualité totale. Pour cette profession, le site Emploi-Avenir de Développement des ressources humaines Canada annonce d'ailleurs un taux de croissance de 3,8 % entre 1997 et 2002, taux supérieur à la moyenne.

De plus, selon Maurice Amram du Comité sectoriel de main-d'œuvre de la fabrication métallique industrielle, «si les entreprises veulent soutenir la compétition internationale, notamment celles qui travaillent en sous-traitance, elles doivent apporter une valeur ajoutée à leur produits : c'est notamment pour la qualité que cela se joue».

C'est pourquoi les exigences auxquelles doivent se soumettre un nombre croissant d'entreprises sous-traitantes, l'implantation des normes ISO 9000 et le développement de nouvelles normes internationales spécifiques à des sous-secteurs d'activités devraient soutenir la demande pour ces techniciens au cours des prochaines années, poursuit Maurice Amram.

SALAIRE ET CONDITIONS DE TRAVAIL

Dans *La Relance au collégial* de 1998, le salaire moyen de départ est évalué à 645 $ par semaine. Les diplômés doivent faire preuve de mobilité géographique et les horaires de travail sont variables.

12/98

STATISTIQUES

Nombre de diplômés : **13**

Proportion de diplômés en emploi (PDE) : **92,3 %**

Taux de chômage : **7,7 %**

Taux de placement : **92,3 %**

Temps plein : **100,0 %**

En rapport avec la formation : **91,7 %**

Salaire hebdomadaire moyen : **645 $**

La Relance au collégial, MÉQ. 1998

Comment interpréter ces statistiques - pages 16 et 17

Secteur 16

DEC 270.04

Métallurgie : procédés métallurgiques

PLACEMENT

Au Cégep de Trois-Rivières, 38 offres d'emploi étaient affichées pour une toute petite cohorte de neuf finissants en 1997. En 1998, le nombre d'offres excédait aussi largement le nombre des candidats disponibles. «Ces techniciens sont spécialisés pour œuvrer surtout dans les fonderies. Ils se chargent du contrôle de la qualité dans la coulée du métal et la fabrication de pièces. Ils assistent la production et font aussi de l'inspection», indique Maryse Paquette, conseillère en emploi au cégep.

Au Cégep d'Alma, on offre les deux premiers semestres de cette formation depuis l'automne 1998. La formation doit être ensuite poursuivie au Cégep de Trois-Rivières. Une étude menée en 1996 par le Service d'éducation permanente du Cégep d'Alma, auprès de 75 entreprises œuvrant en fabrication métallique dans la région, a montré un besoin pour des techniciens en métallurgie.

Le site Emploi-Avenir de Développement des ressources humaines Canada prévoit un taux de croissance de 3,8 % entre 1997 et 2002. Il est vrai que l'industrie de la métallurgie se porte plutôt bien actuellement au Québec. Les secteurs tels que l'aluminium et le magnésium connaissent une bonne évolution, et comme les fonderies, les alumineries et les usines de transformation emploient ces techniciens, on peut penser qu'ils vont trouver preneur sans trop de difficulté.

«Dans l'industrie de la première transformation des métaux, on estime que de 15 % à 25 % des travailleurs seront admissibles à la retraite au cours des cinq prochaines années. Il y a donc une relève à assumer et de bonnes perspectives de ce côté», déclare Gilles Lemay, conseiller en intervention sectorielle chez Emploi-Québec. Néanmoins, la baisse du prix des métaux, conjuguée à l'implantation de nouvelles technologies, pourrait diminuer le nombre d'emplois offerts. Les paris restent donc ouverts...

À la Direction d'intervention sectorielle à Emploi-Québec, Louis Dionne croit que cela demeure une profession d'avenir dans la mesure où les procédés ont beaucoup évolué. «Avec l'implantation des systèmes de contrôle de production informatisés, ces professions sont beaucoup plus techniques qu'auparavant. C'est donc un métier d'avenir mais pas nécessairement dans de grandes proportions. De plus, les grandes entreprises offrent de bonnes conditions de travail et, par conséquent, le roulement de main-d'œuvre est plutôt faible.»

SALAIRE ET CONDITIONS DE TRAVAIL

La Relance au collégial de 1998 indique que le salaire moyen de départ est évalué à 641 $ par semaine. Il faut s'attendre à travailler selon des horaires variables.

12/98

STATISTIQUES

Nombre de diplômés : **14**	Temps plein : **90,0 %**
Proportion de diplômés en emploi (PDE) : **71,4 %**	En rapport avec la formation : **100,0 %**
Taux de chômage : **16,7 %**	Salaire hebdomadaire moyen : **641 $**
Taux de placement : **83,3 %**	

La Relance au collégial, MÉQ. 1998

Comment interpréter ces statistiques - pages 16 et 17

Formation collégiale

Métallurgie : ── soudage

PLACEMENT

En 1997, au Cégep de Trois-Rivières, six étudiants ont obtenu leur diplôme et c'est sans difficulté qu'ils ont intégré le marché du travail puisque 25 offres d'emploi leur étaient destinées. Le taux de placement a donc fait un bond important, car il n'atteignait que 50 % en 1996.

«L'industrie a repris de l'élan. La formule alternance travail-études aide beaucoup les étudiants à trouver du travail», souligne Maryse Paquette, conseillère en emploi au cégep.

Une étude menée en 1996 par le Service de l'Éducation permanente du Cégep d'Alma auprès de 75 entre-prises œuvrant en fabrication métallique dans la région, a montré un besoin pour des techniciens en métallurgie. En 1998, ce cégep décidait donc d'offrir partiellement cette formation. Seuls les deux premiers semestres sont offerts à Alma, l'étudiant doit ensuite poursuivre sa formation à Trois-Rivières.

Pour cette profession, le site Emploi-Avenir de Développement des ressources humaines Canada annonce un taux de croissance de 3,8 % entre 1997 et 2002.

Majoritairement constitué d'entreprises œuvrant en sous-traitance, le secteur de la fabrication de produits métalliques dépend largement de certains domaines de l'économie, tels que la machinerie, le matériel de transport et la construction. Le soudage est donc soumis aux cycles de ces champs d'activités.

«Les soudeurs n'apprennent plus "sur le tas" comme c'était le cas avant. Ils doivent de plus en plus pos-séder une formation complète. Et si on veut faire respecter les normes du Bureau canadien de soudage, ainsi que celles en contrôle de la qualité, les entreprises ont besoin de personnel avec de bonnes connaissances théoriques», précise Denis Hétu, directeur de la Planification et du Partenariat chez Emploi-Québec.

Denis Hétu ajoute qu'au Québec, le secteur de la fabrication métallique représente 40 000 à 50 000 emplois et qu'il y aura toujours de la place pour de la main-d'œuvre en soudage, «domaine qui intéresse malheu-reusement peu les jeunes», déplore-t-il.

SALAIRE ET CONDITIONS DE TRAVAIL

Selon les cégeps qui offrent cette formation, le salaire moyen de départ est d'environ 520 $ par semaine. Si l'on œuvre au sein d'une firme de consultants en soudage, il faut être mobile géographiquement et se rendre là où on a besoin de nos services.

12/98

STATISTIQUES

Nombre de diplômés : **5**	Temps plein : **100,0 %**
Proportion de diplômés en emploi (PDE) : **80,0 %**	En rapport avec la formation : **100,0 %**
Taux de chômage : **0,0 %**	Salaire hebdomadaire moyen : **n/d**
Taux de placement : **100,0 %**	

La Relance au collégial, MÉQ. 1998

Comment interpréter ces statistiques - pages 16 et 17

Formation collégiale

Secteur 1

DEC 410.12

Techniques administratives : option assurances générales

Formation collégiale

PLACEMENT

Les étudiants qui choisissent ce programme sont pour la plupart assurés de décrocher un emploi à la fin de leurs études.

Au Cégep de Sainte-Foy, 90 % des diplômés du printemps 1997 ont trouvé preneur, selon les derniers chiffres disponibles. «Le taux de placement est excellent en assurances générales, indique Brigitte Gagnon, du service du placement. La demande des employeurs est très bonne aussi, et nous recevons davantage d'offres d'emplois que nous n'avons de candidats. Il faut dire que peu de collèges offrent cette spécialité et on connaît des manques de cette main-d'œuvre en région.»

Les techniciens en administration, option assurances générales, sont courtisés par les compagnies d'assurances, les bureaux de courtage et les institutions financières. Certains se tournent aussi vers l'université, où ils poursuivent des études en administration ou en finance.

 «Nous sommes toujours à la recherche de détenteurs de diplômes d'études collégiales pour combler des postes d'agents en assurances générales, explique Francine Leclerc, du service des ressources humaines chez Assurances générales Desjardins. Leurs tâches consistent à vendre des produits d'assurance résidentielle et automobile. Il y a régulièrement des ouvertures de postes dans différentes régions du Québec. À Montréal, par exemple, nous avons de la difficulté à recruter.»

Dans le site Emploi-Avenir de Développement des ressources humaines Canada, on note que l'emploi chez les assureurs devrait connaître un taux de croissance au-dessus de la moyenne. Cependant, selon la même source, le domaine de l'assurance serait en pleine mutation actuellement : décloisonnement des services financiers, nouveaux réseaux de distribution, réorganisation des relations entre les courtiers et les compagnies, etc.

Les assureurs devront faire face à des fusions et à des acquisitions de compagnies, car la vague de concentrations déjà entamée au début de la décennie se poursuit. On ne connaît pas encore les répercussions que cela aura pour les techniciens en assurances générales, et les paris restent donc ouverts.

SALAIRE ET CONDITIONS DE TRAVAIL

Dans l'industrie des assurances, on estime que le salaire moyen de départ est d'environ 380 $ par semaine. *La Relance au collégial* de 1998 affiche quant à elle un salaire hebdomadaire moyen de départ de 429 $. La grande majorité des techniciens travaillent à temps plein.

12/98

STATISTIQUES		
Nombre de diplômés : **57**	Temps plein : **95,6 %**
Proportion de diplômés en emploi (PDE) : **84,9 %**	En rapport avec la formation : **88,4 %**
Taux de chômage : **8,2 %**	Salaire hebdomadaire moyen : **429 $**
Taux de placement : **91,8 %**	

La Relance au collégial, MÉQ, 1998

Comment interpréter ces statistiques - pages 16 et 17

Techniques d'ébénisterie et de menuiserie architecturale

Secteur 5

DEC 233.AO

PLACEMENT

À l'École québécoise du meuble et du bois ouvré de Victoriaville, la première cohorte de diplômés de ce programme est arrivée sur le marché du travail en mai 1998. Selon Jean-Marc Luneau, conseiller pédagogique, la plupart ont trouvé du travail. «Cela dit, ont-ils tous décroché un emploi de technicien? Je sais que certains ont préféré travailler comme ébénistes de plancher», affirme-t-il.

Au Comité sectoriel des industries des portes et fenêtres, du meuble et des armoires de cuisine, Christian Galarneau explique que les véritables débouchés de ces diplômés se préciseront davantage dans l'avenir.

«Ce programme vise à former un technicien capable de travailler en atelier et d'aider l'entrepreneur dans sa gestion. On vise les petites entreprises ainsi que les ateliers d'ébénisterie et de menuiserie architecturale. Ces entrepreneurs doivent d'abord prendre conscience de l'importance de l'apport des connaissances de ce type de technicien, et nous n'en sommes pas encore tout à fait là», explique-t-il.

Selon Jean-Marc Luneau, l'avenir de la profession s'annonce assez prometteur en raison du fait que les petites entreprises prennent de plus en plus d'envergure et que, parmi elles, certaines se positionnent très bien sur le marché international. «Les petites ébénisteries que l'on connaissaient autrefois sont devenues de petites et moyennes entreprises. Leur nombre s'accroît et ce sont elles qui embauchent et vont embaucher nos techniciens.»

Jean-Marc Luneau cite à titre d'exemple l'ébénisterie Beaubois de Saint-Georges-de-Beauce. «En plus de réaliser de nombreux projets pour le Québec, l'entreprise travaille beaucoup aux États-Unis, que ce soit pour le palais de justice de Boston ou un hôtel à Disneyland... Quand une entreprise touche des projets de cette envergure, elle embauche automatiquement davantage de main-d'œuvre.»

Par ailleurs, dans le site Emploi-Avenir de Développement des ressources humaines Canada, on estime le taux de croissance annuel moyen de l'emploi dans le domaine de l'ébénisterie à 1,9 % entre 1997 et 2002.

SALAIRE ET CONDITIONS DE TRAVAIL

Selon les établissements qui offrent ce programme, le salaire de base est de 8 $ à 9 $ de l'heure. On estime toutefois que la rémunération peut facilement monter jusqu'à 10 $ ou 12 $ l'heure, selon les compétences. Les horaires de travail sont normaux mais il faut parfois effectuer des heures supplémentaires.

12/98

STATISTIQUES		
Nombre de diplômés : **n/d**	Temps plein : **n/d**	
Proportion de diplômés en emploi (PDE) : **n/d**	En rapport avec la formation : **n/d**	
Taux de chômage : **n/d**	Salaire hebdomadaire moyen : **n/d**	
Taux de placement : **n/d**		

La Relance au collégial, MÉQ. 1998

Comment interpréter ces statistiques - pages 16 et 17

CNP 4214   CUISEP 553-000

Secteur 20

DEC 322.03

Techniques d'éducation en services de garde

PLACEMENT

Un sondage effectué auprès de la promotion de 1996-1997 révèle que 92 % des diplômés en techniques d'éducation en services de garde du Cégep du Vieux-Montréal ont trouvé un emploi.

«Avec la nouvelle politique familiale et l'introduction des places à 5 $ dans les services de garde en milieu scolaire, le taux de placement pourrait atteindre 95 % pour la prochaine promotion», affirme Carole Lavallée, coordonnatrice du département des techniques d'éducation en services de garde du Cégep et présidente de l'Association des enseignantes et des enseignants en techniques d'éducation en services de garde.

Elle ajoute que la majorité des techniciens en services de garde trouvent de l'emploi dans les Centres de la petite enfance (CPE) et dans les services de garde en milieu scolaire.

Au Service de placement du Cégep de Jonquière, on affirme que les diplômés de 1996-1997 ont trouvé un emploi dans 73 % des cas, mais cependant souvent pour des remplacements.

Actuellement, on parle d'un manque de main-d'œuvre spécialisée en service de garde. Dans la plupart des garderies, les besoins se font de plus en plus criants, soutient Carole Lavallée.

«Jusqu'à l'année dernière, il y avait 2000 places offertes pour les enfants chaque année dans les CPE au Québec. Avec l'introduction de la nouvelle politique familiale, on se retrouve avec 15 000 places chaque année. Mais le nombre de diplômés, lui, n'augmente pas. Selon moi, la demande pour ces techniciens va continuer d'augmenter d'ici les dix prochaines années. Les besoins en milieu scolaire ne cessent de se multiplier», conclut Carole Lavallée.

SALAIRE ET CONDITIONS DE TRAVAIL

La Relance au collégial de 1998 évalue le salaire moyen de départ à 342 $ par semaine. L'horaire de travail est normal et s'effectue du lundi au vendredi, exclusivement de jour.

12/98

STATISTIQUES

Nombre de diplômés : **436**	Temps plein : **76,0 %**
Proportion de diplômés en emploi (PDE) : **83,2 %**	En rapport avec la formation : **92,9 %**
Taux de chômage : **3,4 %**	Salaire hebdomadaire moyen : **342 $**
Taux de placement : **96,6 %**	

La Relance au collégial, MÉQ. 1998

Comment interpréter ces statistiques - pages 16 et 17

Technique d'orthèses —
— et de prothèses orthopédiques

Formation collégiale

PLACEMENT

Au Québec, seul le Collège Montmorency à Laval offre ce programme. Selon les dernières données chiffrées disponibles, tous les étudiants de la promotion de 1997 ont trouvé un emploi à temps plein.

«Le taux de placement est excellent depuis les débuts du programme, affirme Louise Corbeil, du service de placement du Collège. On reçoit régulièrement des offres d'emploi, et on ne parvient pas toujours à trouver des candidats disponibles. On peut donc présumer que les diplômés de mai 1998 ont également tous intégré le marché du travail.»

Les débouchés pour ces techniciens sont variés : laboratoires privés d'orthèses et de prothèses, instituts de réadaptation publics ou privés, centres orthopédiques et centres d'accueil pour personnes âgées.

Les diplômés peuvent travailler tant à la fabrication qu'à la conception d'appareillages orthopédiques. À l'échelle de la planète, certains ont même la possibilité de travailler dans des pays en voie de développement, remarque Louise Corbeil : un organisme belge à vocation internationale aurait même pris contact avec le Collège Montmorency pour recruter des diplômés.

Chez Médicus, un fabricant et un vendeur d'orthèses et de prothèses orthopédiques, les techniciens font principalement de la vente-conseil.

Le directeur de la succursale du boulevard Saint-Laurent, Serge Nobert, attend impatiemment la prochaine cohorte. «Déjà trois étudiants travaillent chez nous et nous prévoyons embaucher un ou deux diplômés dans le courant de l'année. Nous avons souvent besoin de ces techniciens car il y a toujours des postes à combler.»

Selon lui, les petits laboratoires ont beaucoup souffert du désengagement de l'État dans les services de santé. En revanche, les laboratoires plus importants, comme Médicus, présentent de bonnes perspectives de développement et d'emploi pour ces techniciens.

SALAIRE ET CONDITIONS DE TRAVAIL

Selon *La Relance au collégial* de 1998, le salaire moyen de départ est de 467 $ par semaine. Les horaires de travail sont généralement normaux.

12/98

STATISTIQUES

Nombre de diplômés : **20**

Proportion de diplômés en emploi (PDE) : **95,0 %**

Taux de chômage : **0,0 %**

Taux de placement : **100,0 %**

Temps plein : **100,0 %**

En rapport avec la formation : **100,0 %**

Salaire hebdomadaire moyen : **467 $**

La Relance au collégial, MÉQ, 1998

Comment interpréter ces statistiques - pages 16 et 17

Secteur 19

DEC 160.A0

Techniques d'orthèses visuelles

PLACEMENT

Au Québec, seul le Collège Édouard-Montpetit offre la formation. Selon les dernières données disponibles, pour la promotion de mai 1997, le taux de placement était de 100 % à temps plein. «D'année en année, ce taux peut varier mais il frise généralement les 100 %, indique Ginette Lalonde, du service de placement. Nous n'avons pas de mal à placer les étudiants.»

Selon le président de l'Ordre des opticiens et opticiennes d'ordonnances du Québec, Marcel Paquette, les perspectives d'emploi dans ce secteur sont prometteuses. D'ailleurs, la revue de l'Ordre, *Coup d'œil*, publiée six fois par année, regorge à chaque numéro d'une soixantaine d'offres d'emploi.

«Le vieillissement de la population fait en sorte que plus de personnes ont besoin de lunettes, notamment pour corriger la presbytie. Il faut dire aussi que la profession a gagné ses lettres de noblesse auprès du grand public. Par exemple, les lunettes ne sont plus perçues comme une béquille mais comme un accessoire esthétique.»

Alors que les optométristes tournaient littéralement le dos aux techniciens en orthèses visuelles, ou opticiens d'ordonnances, il y a quelques années à peine, ces deux professionnels travaillent désormais davantage côte à côte, ajoute M. Paquette. «Les optométristes se montrent de plus en plus intéressés par l'expertise des techniciens. Ils les embauchent souvent dans leurs bureaux pour remplacer le personnel non qualifié. Cette nouvelle collaboration est intéressante pour les optométristes, pour les techniciens et surtout, pour le public.»

Les nouvelles technologies font partie de l'univers des opticiens d'ordonnances. «Les outils de travail, comme les instruments de mesure par exemple, sont de plus en plus performants et ils doivent s'y adapter. Par ailleurs, il ne faut pas négliger l'essor des chirurgies au laser. Si pour l'instant les opticiens sont encore peu appelés à travailler avec des ophtalmologistes qui pratiquent des chirurgies au laser, il doivent néanmoins se tenir au courant de cette technologie pour mieux conseiller les consommateurs», estime M. Paquette.

SALAIRE ET CONDITIONS DE TRAVAIL

La Relance au collégial de 1998 évalue le salaire moyen de départ à 516 $ par semaine. Les diplômés travaillent généralement dans des bureaux d'opticiens d'ordonnances, dans des bureaux d'optométristes ou à leur compte. Les horaires sont généralement normaux.

12/98

STATISTIQUES

Nombre de diplômés : **46**	Temps plein : **97,5 %**
Proportion de diplômés en emploi (PDE) : **95,2 %**	En rapport avec la formation : **100,0 %**
Taux de chômage : **0,0 %**	Salaire hebdomadaire moyen : **516 $**
Taux de placement : **100,0 %**	

La Relance au collégial, MÉQ, 1998

Comment interpréter ces statistiques - pages 16 et 17

Chimie —
—— analytique

Formation collégiale

PLACEMENT

Actuellement, la technique en chimie analytique offre de multiples débouchés. En effet, les diplômés de ce programme sont très polyvalents et peuvent travailler dans plusieurs domaines, dont les mines, les entreprises pharmaceutiques, les raffineries, etc.

Ces conditions intéressantes font que le programme connaît une popularité grandissante. Au Collège Ahuntsic, on dit avoir accueilli en 1998 un nombre record d'étudiants (80 contre 45 en 1996). En 1997, le département avait d'ailleurs été sollicité par un grand nombre d'employeurs cherchant à embaucher des finissants.

Les techniciens en chimie analytique travaillent souvent en contrôle de la qualité et en recherche et développement, des secteurs-clés pour les grandes entreprises qui veulent demeurer compétitives. Ils sont donc assez recherchés et leur présence est rendue de plus en plus indispensable avec l'arrivée massive de nouvelles technologies. Pour ces raisons, il semble donc que les jeunes diplômés ne devraient pas éprouver trop de difficultés à trouver preneur.

«L'industrie chimique a vécu une certaine période de rationalisation, qui a amené des mises à pied. Mais depuis un an et demi, la tendance est à la stabilisation», explique André Nadeau, coordonnateur du Comité sectoriel de main-d'œuvre de la chimie, de la pétrochimie et du raffinage. «La recherche et le développement prenant de l'ampleur dans beaucoup d'industries, ils n'ont pas de difficulté à se faire embaucher parce qu'ils peuvent travailler dans ce domaine.»

Néanmoins, certains invitent à la prudence lorsqu'un programme devient très achalandé, ce qui est le cas de la chimie analytique. «Actuellement, le taux de placement de nos finissants tourne autour de 90 %, fait valoir Robert Saint-Amour, responsable du programme au Collège Ahuntsic. À court terme, cela va très bien. Mais l'afflux de nouveaux étudiants pourrait changer la situation. En effet, si le nombre d'emplois offerts demeure le même, mais qu'il y a davantage de candidats pour postuler, il risque d'y avoir un problème. Les perspectives sont donc moins sûres à long terme.»

SALAIRE ET CONDITIONS DE TRAVAIL

Selon *La Relance au collégial* de 1998, le salaire moyen de départ est de 536 $ par semaine. Les techniciens en chimie analytique peuvent se retrouver dans des entreprises de tailles et de types très différents, et les horaires peuvent varier considérablement d'un emploi à l'autre, même s'il s'agit habituellement de postes à temps plein et permanents.

12/98

STATISTIQUES

Nombre de diplômés : **108**	Temps plein : **97,1 %**
Proportion de diplômés en emploi (PDE) : **76,4 %**	En rapport avec la formation : **98,5 %**
Taux de chômage : **11,7 %**	Salaire hebdomadaire moyen : **536 $**
Taux de placement : **88,3 %**	

La Relance au collégial, MÉQ. 1998

Comment interpréter ces statistiques - pages 16 et 17

Secteur 6

DEC 210.03

Chimie - biologie

PLACEMENT

Ce programme destine ses étudiants à des secteurs parmi les plus prometteurs du moment, soit les biotechnologies et l'industrie pharmaceutique. Il n'est donc pas étonnant que les diplômés de la technique en chimie-biologie se placent sans difficulté. «Au Cégep Lévis-Lauzon, le taux de placement frôle les 100 % et le taux d'emploi relié à la formation est de 96 %», explique Christine Lévesque, conseillère en placement dans cet établissement. «Les diplômés sont surtout embauchés dans les laboratoires d'analyse et de recherche, dans les établissements scolaires comme techniciens de laboratoire, dans les industries pharmaceutique, alimentaire et du recyclage.»

Au Cégep Ahuntsic, on explique qu'auparavant, les employeurs avaient tendance à n'engager que des universitaires. Aujourd'hui, ils constatent que, si les techniciens sont moins théoriciens, ils sont toutefois plus habiles en laboratoire, et c'est pourquoi ils sont très recherchés.

Toute entreprise qui possède un laboratoire dans lequel sont effectuées des analyses chimiques, biologiques ou biochimiques peut avoir besoin d'un technicien en chimie-biologie. C'est dire combien les débouchés sont nombreux pour les diplômés de ce programme. Martial Gauvin, directeur général de l'Ordre des chimistes, indique d'ailleurs que l'industrie pharmaceutique est l'un des secteurs les plus favorables pour les chimistes actuellement, ce qui comprend également les techniciens en chimie-biologie. «C'est un secteur offrant de vastes perspectives de développement, notamment à cause du vieillissement de la population. La vente de médicaments devrait augmenter en raison de ce facteur démographique.»

Les biotechnologies sont également un domaine en pleine expansion. Utilisant des organismes vivants à des fins industrielles, ces techniques sont notamment employées dans les secteurs de la santé humaine et animale, en agriculture, en foresterie et en environnement. Au ministère de l'Industrie, du Commerce, de la Science et de la Technologie (MICST), on dit qu'un manque de main-d'œuvre qualifiée est l'un des principaux problèmes de l'industrie. Lucie Brouillette, professeure au Cégep Ahuntsic, ajoute que plusieurs élèves poursuivent leurs études à l'université, en biochimie, en biologie ou dans un autre domaine connexe. De nouvelles portes s'ouvrent ainsi à eux, notamment en recherche fondamentale et en conception de produits.

SALAIRE ET CONDITIONS DE TRAVAIL

Selon *La Relance au collégial* de 1998, le salaire moyen de départ est de 439 $ par semaine. Dans la plupart des entreprises, les horaires sont plutôt normaux. Toutefois, les technologues œuvrant dans des hôpitaux peuvent travailler selon des horaires rotatifs, ou encore de nuit.

12/98

STATISTIQUES

Nombre de diplômés : **57**	Temps plein : **97,1 %**
Proportion de diplômés en emploi (PDE) : **71,4 %**	En rapport avec la formation : **94,1 %**
Taux de chômage : **7,9 %**	Salaire hebdomadaire moyen : **439 $**
Taux de placement : **92,1 %**	*La Relance au collégial*, MÉQ. 1998

Comment interpréter ces statistiques - pages 16 et 17

Techniques de gestion des services alimentaires et de restauration

Formation collégiale

PLACEMENT

Selon les dernières données disponibles, six mois après la fin de leurs études, 90,9 % des diplômés de mai 1997 de l'Institut de tourisme et d'hôtellerie du Québec (ITHQ) avaient décroché un emploi dans leur domaine. La majorité d'entre eux travaillaient à temps plein, à raison d'au moins 30 heures par semaine.

«La modification du programme afin d'inclure le secteur de la restauration a beaucoup élargi leurs horizons, explique Bernard Légaré, du service de placement. En plus d'être embauchés par des entreprises de services alimentaires, on les retrouve aussi dans des restaurants ou des services de traiteur. Je crois que ça augure bien pour les prochaines années car tout ce qui concerne l'alimentation demande une gestion serrée.»

Le programme est offert depuis peu au Collège LaSalle «On reçoit beaucoup d'offres d'emplois, indique Diane Pelletier, du service de placement. Malheureusement, on ne peut répondre à la demande par manque de diplômés.»

Le service de cafétéria Hubert-Universel fait régulièrement appel aux services de placement des collèges pour mettre la main sur des techniciens. «Nous devons combler environ cinq postes par année, souligne Patricia Traversy, directrice des ressources humaines. Nos techniciens s'occupent de la gestion d'une cafétéria, tant en ce qui concerne les services alimentaires que les ressources humaines. Comme plusieurs institutions publiques, écoles ou hôpitaux par exemple, se départent de leurs services de restauration, ce secteur présente de bonnes perspectives d'emploi. Notre entreprise est en pleine expansion et nous veillons à assurer la relève.»

Dans le site Emploi-Avenir de Développement des ressources humaines Canada, on souligne que le développement de la restauration, en particulier la restauration rapide, et les habitudes de vie actuelles favorisent le marché des repas préparés au restaurant mais consommés à domicile.

Cela pourrait donc contribuer à la création de débouchés pour les directeurs de la restauration et des services alimentaires.

SALAIRE ET CONDITIONS DE TRAVAIL

La Relance au collégial de 1998 évalue le salaire moyen de départ à 404 $ par semaine. Les horaires de travail sont variables.

12/98

STATISTIQUES

Nombre de diplômés : **39**
Proportion de diplômés en emploi (PDE) : **93,8 %**
Taux de chômage : **3,2 %**
Taux de placement : **96,8 %**

Temps plein : **90,0 %**
En rapport avec la formation : **77,8 %**
Salaire hebdomadaire moyen : **404 $**

La Relance au collégial, MÉQ. 1998

Comment interpréter ces statistiques - pages 16 et 17

Secteur 1

DEC 420.01

Techniques
de l'informatique

PLACEMENT

Comme dans tous les secteurs reliés à l'informatique, le taux de placement est généralement excellent dans cette formation. Le Cégep André-Laurendeau affiche une situation d'embauche de 100 % de ses finissants. «Plusieurs d'entre eux ont trouvé un emploi avant même de terminer leurs études», affirme François Dorais, conseiller au service de placement du Cégep.

La situation est tout aussi favorable au Cégep Édouard-Montpetit. Selon les dernières données chiffrées disponibles, un sondage mené auprès des finissants de mai 1996 montre toutefois une tendance au retour aux études, à l'université, pour les techniciens en informatique.

Les diplômés en informatique industrielle, une option du DEC en informatique, sont aussi très recherchés. Au Cégep Lionel-Groulx, le taux de placement des finissants de 1997-1998 est de 100 %. «La demande dépasse largement l'offre», mentionne Richard Ouellet, aide pédagogique. Les diplômés peuvent par exemple occuper des postes dans les entreprises manufacturières dont le processus de fabrication est informatisé.

Selon le site Emploi-Avenir de Développement des ressources humaines Canada, les besoins pour ce type de main-d'œuvre vont aller en s'accroissant au cours des prochaines années, en raison de l'essor de l'implantation des équipements électroniques et informatiques dans les entreprises. Selon la même source, les diplômés sont appelés à travailler dans des milieux de travail très variés, auprès de petites, moyennes et grandes entreprises commerciales, industrielles ou gouvernementales.

Jacques Gélinas, conseiller en développement industriel au ministère de l'Industrie, du Commerce, de la Science et de la Technologie pour le secteur des technologies de l'information, qualifie les perspectives pour les diplômés en techniques de l'informatique d'excellentes. «Selon nos prévisions, il n'y aura pas de ralentissement de la demande pour ces techniciens jusqu'en 2005», précise-t-il. Selon lui, les besoins accrus à cause du bogue de l'an 2000, de même qu'un certain manque de diplômés, constituent les principaux facteurs qui expliquent la forte demande pour ces techniciens. En outre, même si d'ici un an ou deux les besoins en main-d'œuvre qualifiée pour régler le bogue de l'an 2000 devraient diminuer, l'informatique est un domaine qui n'est pas près de décroître, générant sans cesse de nouveaux emplois.

SALAIRE ET CONDITIONS DE TRAVAIL

Selon *La Relance au collégial* de 1998, le salaire moyen de départ s'établit à 564 $ par semaine. Les horaires de travail sont généralement normaux, mais il est parfois nécessaire de faire des heures supplémentaires.

12/98

STATISTIQUES		
Nombre de diplômés : **777**	Temps plein : **97,3 %**
Proportion de diplômés en emploi (PDE) : **79,4 %**	En rapport avec la formation : **94,3 %**
Taux de chômage : **5,6 %**	Salaire hebdomadaire moyen : **564 $**
Taux de placement : **94,4 %**	

La Relance au collégial, MÉQ. 1998

Comment interpréter ces statistiques - pages 16 et 17

Techniques de la logistique —— de transport

Secteur 17

DEC 410.A0

PLACEMENT

Même s'il est récent, ce programme suscite déjà beaucoup d'intérêt dans l'industrie du transport. À la Direction générale de la formation professionnelle et technique, on estime qu'on aurait besoin de davantage d'inscriptions pour répondre aux besoins du marché du travail. On prévoit aussi la création de plusieurs centaines d'emploi par an pour cette catégorie de travailleurs.

Au Cégep Lionel-Groulx, où cette technique est offerte, on est également très optimiste. En effet, on estime que d'ici les cinq prochaines années, les perspectives d'embauche seraient de 4051 emplois au Québec seulement.

L'émergence de cette profession est directement liée à la mondialisation des marchés. Aujourd'hui, les lieux de fabrication, d'approvisionnement et de consommation des produits sont souvent éparpillés sur la planète. En même temps, de nouvelles technologies rendent les moyens de transport plus rapides que jamais. La bonne gestion de toute cette circulation par un logisticien est donc essentielle à la compétitivité des entreprises de toutes les sphères de l'activité économique.

Selon Jacques Paquin, coordonnateur du département de logistique à l'Institut maritime de Rimouski, il était grand temps que ce programme soit offert au Québec. «Les besoins sont là depuis longtemps, mais il n'y avait pas de formation ici. Les entreprises ont dû engager des gens ayant étudié à l'étranger, ou offrir une formation sur le tas.»

La position stratégique du Québec, entre l'Europe et l'Amérique, est un atout important pour l'industrie du transport. Avec le développement d'une expérience locale en logistique, sa croissance pourrait s'accélérer et avoir des retombées sur toutes les entreprises du transport routier, ferroviaire, maritime et aérien.

Comme cette restructuration en est à ses débuts, les perspectives sont intéressantes pour ceux qui veulent en faire partie. «Il y a actuellement une forte demande de main-d'œuvre qualifiée en logistique, confirme Stephan Poirier, directeur du développement cargo chez Aéroports de Montréal. Comme les clients deviennent de plus en plus exigeants, il faut des spécialistes qui comprennent toute la complexité du transport et puissent faire preuve d'un maximum d'efficacité.»

SALAIRE ET CONDITIONS DE TRAVAIL

Selon La Relance au collégial de 1998, le salaire moyen de départ est estimé à 440 $ par semaine. Cette rémunération peut toutefois être un peu inférieure dans le domaine du transport routier et un peu supérieure dans le secteur industriel.

12/98

STATISTIQUES

Nombre de diplômés : **35**	Temps plein : **84,0 %**
Proportion de diplômés en emploi (PDE) : **75,8 %**	En rapport avec la formation : **90,5 %**
Taux de chômage : **10,7 %**	Salaire hebdomadaire moyen : **440 $**
Taux de placement : **89,3 %**	Ces données sont tirées de la catégorie «Transport» ancien et nouveau programmes confondus, La Relance au collégial, MÉQ. 1998

Comment interpréter ces statistiques - pages 16 et 17

Secteur 6

DEC 210.04

Techniques de procédés chimiques

PLACEMENT

Offerte notamment à l'Institut de chimie et de pétrochimie du Collège de Maisonneuve, cette formation a actuellement la cote sur le marché du travail. En 1997, neuf mois après l'obtention de leur diplôme, 73 % des étudiants occupaient un poste relié à leur domaine d'études.

Initialement formés pour combler des postes d'opérateurs dans les industries chimique et pétrochimique, ces techniciens sont aussi recherchés dans d'autres secteurs assez prospères actuellement.

«La polyvalence de ces étudiants leur permet d'occuper des postes de techniciens dans environ 600 entreprises réparties dans 25 secteurs différents au Québec, estime Daniel Touchette, conseiller pédagogique à l'Institut. Cela va de la métallurgie aux pâtes et papiers, en passant par le traitement des eaux, la chimie fine, les parfums, les solvants, les peintures, les produits pharmaceutiques, etc.»

Pour cette profession, le site Emploi-Avenir de Développement des ressources humaines Canada annonce un taux de croissance de 2,6 % entre 1997 et 2002, un taux supérieur à la moyenne. Selon la même source, le développement de méthodes d'analyse ainsi que celui de nouveaux produits industriels et domestiques devraient accroître les possibilités d'embauche. L'importance particulière accordée à l'environnement, à la qualité des eaux et au contrôle de la qualité devrait également leur être favorable.

«La majorité des opérateurs actuels dans nos industries sont relativement âgés et les compagnies recrutent de façon régulière pour les remplacer. Si la majorité des opérateurs étaient auparavant formés "sur le tas", ce n'est plus le cas aujourd'hui. En effet, si on ne possède pas un diplôme ou une attestation d'études collégiales en procédés chimiques, cela ne passe tout simplement pas. C'est donc un profil de technicien très demandé et qui offre d'excellentes perspectives dans l'avenir», précise André Nadeau du Comité sectoriel de main-d'œuvre de la chimie, de la pétrochimie et du raffinage du Québec.

SALAIRE ET CONDITIONS DE TRAVAIL

La Relance au collégial de 1998 évalue le salaire moyen de départ à 541 $ par semaine. Au Collège de Maisonneuve, on dit que le salaire moyen offert à l'embauche oscillait entre 12,65 $ et 16 $ de l'heure (1997). Les horaires de travail de ce technicien peuvent être variables.

12/98

STATISTIQUES

Nombre de diplômés : **36**	Temps plein : **96,2 %**
Proportion de diplômés en emploi (PDE) : **81,3 %**	En rapport avec la formation : **72,0 %**
Taux de chômage : **10,3 %**	Salaire hebdomadaire moyen : **541 $**
Taux de placement : **89,7 %**	

La Relance au collégial, MÉQ. 1998

Comment interpréter ces statistiques - pages 16 et 17

Formation collégiale

Techniques de production —— manufacturière

Secteur 11

DEC 235.A0

PLACEMENT

Les premières cohortes de ce programme ont facilement intégré le marché du travail en 1998.

Au Cégep Beauce-Appalaches, les dix diplômés ont trouvé preneurs dans cette région, au sein de petites et moyennes entreprises, où ils sont techniciens en usine ou contremaîtres sur les chaînes de production. Au Cégep Lionel-Groulx, une première cohorte de 15 à 20 étudiants sortira en l'an 2000, et on espère qu'ils trouveront preneurs en industrie. Au Cégep de Granby Haute-Yamaska, le taux de placement des cinq diplômés frôle les 100 %.

À la Direction générale de la formation professionnelle et technique du ministère de l'Éducation du Québec, on souligne que la demande pour ce type de personnel est très liée au développement des PME en région, et qu'elle affiche de belles perspectives. Par ailleurs, dans le secteur de Granby, les grandes entreprises signalent aussi des besoins pour ces techniciens.

Selon le site Emploi-Avenir de Développement des ressources humaines Canada, le Québec devrait connaître un accroissement soutenu de la production industrielle à moyen terme. La complexification des procédés de production, due à l'introduction de nouvelles machines et de nouveaux modes d'organisation du travail, fait augmenter les besoins de planification et de suivi de la production. Cela devrait avantager ces techniciens dans les années à venir.

«Ils sont très polyvalents et feront d'abord d'excellents opérateurs en usine. Ils pourraient ensuite accéder à des postes de contremaîtres, mais seulement après avoir acquis de l'expérience dans la production», fait valoir Denis Lanciault, directeur chez Dumco inc., entreprise de fabrication de couvre-sols ayant déjà accueilli quelques étudiants de première année en stage.

SALAIRE ET CONDITIONS DE TRAVAIL

Aucune statistique de salaire n'est encore disponible puisque les premières cohortes ont atteint le marché du travail en 1998. Ce métier s'effectue généralement à temps plein, selon des horaires rotatifs de jour, de soir ou de nuit.

12/98

STATISTIQUES	
Nombre de diplômés : **n/d**	Temps plein : **n/d**
Proportion de diplômés en emploi (PDE) : **n/d**	En rapport avec la formation : **n/d**
Taux de chômage : **n/d**	Salaire hebdomadaire moyen : **n/d**
Taux de placement : **n/d**	

La Relance au collégial, MÉQ. 1998

Comment interpréter ces statistiques - pages 16 et 17

Secteur 20

DEC 384.01

Techniques de recherche, enquête et sondage

PLACEMENT

Les techniciens en recherche, enquête et sondage trouvent assez facilement preneur au sein d'entreprises privées ou publiques extrêmement variées : services de recherche des organismes publics et parapublics, associations et syndicats, firmes de sondage, universités, etc.

Au Collège Mérici de Québec, les diplômés de 1997 ont en grande majorité trouvé du travail. «Mais il faut évaluer ces données avec prudence car les groupes sont petits, précise Hélène Marcoux, du service de placement. C'est une technique qui est peu connue, tant des étudiants que des conseillers d'orientation.»

«On voit souvent ce technicien comme celui qui effectue les sondages, mais ses compétences vont bien au-delà : il peut bâtir les questionnaires, reproduire les résultats de l'analyse, recueillir et compiler des données statistiques.»

«Les diplômés se placent bien, estime Philippe Ricard, coordonnateur du programme au Collège de Rosemont. Plusieurs choisissent aussi de poursuivre leurs études à l'université. Des employeurs nous appellent régulièrement pour recruter nos élèves.

«On remarque aussi que de plus en plus d'associations ayant des besoins de recherche - qu'il s'agisse d'une association de restaurateurs ou de producteurs agricoles - sont intéressés par cette main-d'œuvre.»

Le Groupe Léger & Léger fait partie des employeurs qui prennent à bord des techniciens en recherche, enquête et sondage. «Chez nous, ils occupent principalement des postes de sondeurs par téléphone ou à l'occasion en face-à-face, explique France Saint-Onge, du service des ressources humaines. Comme nous avons un gros roulement d'employés, nous sommes toujours à la recherche de bons sondeurs. Ils doivent cependant bien maîtriser les ordinateurs.»

Les perspectives pour les techniciens en recherche, enquête et sondage semblent donc favorables.

SALAIRE ET CONDITIONS DE TRAVAIL

La Relance au collégial de 1998 évalue le salaire moyen de départ à 392 $ par semaine. Il peut varier en fonction du type d'entreprise dans laquelle on œuvre et de la nature du travail. On travaille le jour et le soir, à temps plein, à temps partiel ou occasionnellement.

12/98

STATISTIQUES

Nombre de diplômés : **18**	Temps plein : **85,7%**
Proportion de diplômés en emploi (PDE) : **77,8%**	En rapport avec la formation : **58,3%**
Taux de chômage : **6,7%**	Salaire hebdomadaire moyen : **392$**
Taux de placement : **93,3%**	

La Relance au collégial, MÉQ. 1998

Comment interpréter ces statistiques - pages 16 et 17

Technologie —— —— de la thanatologie

Formation collégiale

PLACEMENT

André Lépine, coordonnateur du programme au Cégep de Rosemont, seul établissement à offrir ce programme au Québec, affirme que les étudiants se placent bien. Selon lui, cependant, le fait que l'expertise des thanatologues ne soit pas officiellement reconnue par le ministère de la Santé et des Services sociaux peut faire en sorte que les entreprises funéraires puissent leur préférer un personnel non qualifié. «Mais tout le monde n'a pas nécessairement les compétences pour soutenir les familles endeuillées et être directeur de funérailles. Ici, on offre l'une des meilleures formations au Canada. Le programme est solide et dote nos diplômés de compétences de qualité», souligne André Lépine.

Néanmoins, les cohortes sont assez restreintes et se placent sans difficulté. À court terme les perspectives demeurent relativement intéressantes mais elles devraient être encore plus prometteuses à moyen terme.

Les thanatologues peuvent avoir des horizons divers. «Ils se placent dans toutes les entreprises, petites, moyennes ou grandes. Certains se lancent à leur compte, d'autres gèrent des cimetières. Certains diplômés sont même devenus coroners après avoir poursuivi des études universitaires. Il y a des possibilités intéressantes.»

Selon Henri-Paul Gibeau, président de la Corporation des thanatologues, «les perspectives d'emploi dans le futur seront excellentes, mais les thanatologues devront d'abord surmonter certaines difficultés. Actuellement, la tendance est au regroupement d'entreprises funéraires : on peut donc présumer, selon une logique de rationalisation, qu'il y aura une diminution d'employés à court terme.»

Il est cependant évident que le vieillissement de la population provoquera une recrudescence de l'emploi vers 2005, croit-il. «Mais il faudra voir quels seront les rites funéraires à cette époque.» M. Gibeau s'interroge sur la reconnaissance légale des thanatologues. «Pour l'instant, le diplômé n'accède qu'au permis d'embaumeur. Il n'y a pas de reconnaissance professionnelle en ce qui concerne le soutien des proches et la Corporation fait pression sur le gouvernement pour changer cette situation. Certaines entreprises ont comme philosophie d'embaucher des diplômés, mais c'est encore fragile.»

SALAIRE ET CONDITIONS DE TRAVAIL

La Relance au collégial de 1998 estime le salaire moyen de départ à 489 $ par semaine. Les thanatologues sont souvent appelés à travailler le soir, la nuit et les fins de semaine.

12/98

STATISTIQUES

Nombre de diplômés : **17**	Temps plein : **88,2%**
Proportion de diplômés en emploi (PDE) : **100,0%**	En rapport avec la formation : **80,0%**
Taux de chômage : **0,0%**	Salaire hebdomadaire moyen : **489$**
Taux de placement : **100,0%**	

La Relance au collégial, MÉQ, 1998

Comment interpréter ces statistiques - pages 16 et 17

Secteur 11

DEC 241.11

Techniques de transformation des matériaux composites

PLACEMENT

Au Cégep de Saint-Jérôme, seul établissement à offrir cette formation, on estime que le taux de placement de ces techniciens est de 100 %. Chaque année, les diplômés trouvent généralement des emplois reliés à leur domaine. «Ils se placent principalement dans des usines où on fabrique des pièces en matériaux composites. Par exemple, Canadair en emploie plusieurs. Ils travaillent dans le service de fabrication de pièces et celui de l'outillage», explique Chantale Perreault, professeure au cégep.

Le secteur des matériaux composites est en pleine expansion. On les retrouve partout, de la fabrication des motomarines jusqu'à certains accessoires de salles de bain. «Il y a encore beaucoup de place pour l'utilisation de ces matériaux. Ils ont beaucoup de qualité et, par leur légèreté, ils permettent de faire une économie de poids et d'énergie», poursuit Chantale Perreault.

Le site Emploi-Avenir de Développement des ressources humaines Canada annonce un taux de croissance de 3,7 % entre 1997 et 2002, taux supérieur à la moyenne. Occupant des créneaux économiques importants au Québec tels que l'aérospatiale, la plasturgie, la construction et la production industrielle, le secteur des matériaux composites affiche de belles perspectives de développement.

«L'aérospatiale est au carrefour entre la métallurgie et les matériaux composites. Dans ce domaine on aura besoin d'une vingtaine de spécialistes en métallurgie et matériaux d'ici l'an 2001, estime Carmy Hayes, conseiller en formation au Centre d'adaptation de la main-d'œuvre en aérospatiale du Québec. Ces prévisions englobent des postes d'ingénieurs et à l'occasion, des postes de techniciens qui ont de l'expérience.»

À Emploi-Québec, on fait confiance à la flexibilité de ces techniciens pour qu'ils tirent leur épingle du jeu. «Dans le secteur du plastique, il y a une demande de main-d'œuvre, mais ce secteur est très fragmenté à cause des différents procédés utilisés, explique Louis Dionne, de la Direction d'intervention sectorielle. En matériaux composites, la demande est actuellement au beau fixe, mais c'est aussi une industrie cyclique. Mais si on fait une moyenne, on peut dire que le placement est bon parce que les étudiants ont un profil de formation qui leur donne une bonne mobilité dans le secteur.»

SALAIRE ET CONDITIONS DE TRAVAIL

Dans *La Relance au collégial* de 1998, on estime le salaire moyen de départ à 509 $ par semaine. Suivant le type d'entreprise et les besoins de la production, il faudra faire des heures supplémentaires.

12/98

STATISTIQUES

Nombre de diplômés : **8**	Temps plein : **100,0 %**
Proportion de diplômés en emploi (PDE) : **87,5 %**	En rapport avec la formation : **71,4 %**
Taux de chômage : **0,0 %**	Salaire hebdomadaire moyen : **509 $**
Taux de placement : **100,0 %**	

La Relance au collégial, MÉQ. 1998

Comment interpréter ces statistiques - pages 16 et 17

Techniques du meuble ── et du bois ouvré

Secteur 5

DEC 233.01

PLACEMENT

Jean-Marc Luneau, conseiller pédagogique à l'École québécoise du meuble et du bois ouvré de Victoriaville, affirme que le taux de placement de ses étudiants est de 100 %.

«La demande est très grande», renchérit Christian Galarneau, coordonnateur au Comité sectoriel des industries des portes et fenêtres, du meuble et des armoires de cuisine.

Le technicien du meuble et du bois ouvré travaille principalement dans les entreprises de fabrication de meubles en série. Dans ce cadre, il œuvre sur des projets de longue durée dans lesquels il tâche de réduire les coûts de production, d'améliorer la qualité du produit et d'organiser les lieux de production de l'entreprise.

Paradoxalement, cette formation a bien failli disparaître en 1996, explique M. Luneau, parce que le ministère de l'Éducation du Québec n'enregistrait pas suffisamment de diplômés pour ce programme. En effet, ceux-ci décrochaient un emploi avant même la fin de leurs études!

«L'ensemble de l'industrie est en pleine croissance. Les perspectives s'annoncent excellentes, d'autant plus que plusieurs compagnies se positionnent sur le marché international, affirme Christian Galarneau, d'où l'importance de former de plus en plus de techniciens.»

D'autre part, le technicien qui a suivi une spécialisation en gestion peut aussi créer sa propre entreprise. Quant à celui qui possède des connaissances en dessin industriel, notamment assisté par ordinateur, il peut facilement élargir son champ d'activités professionnelles.

Mais, de façon générale, ce technicien devra constamment tenir à jour ses connaissances sur les nouvelles technologies, aussi bien en matière de logiciels, de matériaux que de machines-outils.

SALAIRE ET CONDITIONS DE TRAVAIL

Les établissements qui offrent cette formation estiment que le salaire de base est de 11 $ à 12 $ de l'heure mais que, selon ses compétences, le technicien peut voir sa rémunération augmenter. L'horaire de travail est régulier, de jour et des heures supplémentaires peuvent être effectuées en période de pointe.

12/98

STATISTIQUES	
Nombre de diplômés : **n/d**	Temps plein : **n/d**
Proportion de diplômés en emploi (PDE) : **n/d**	En rapport avec la formation : **n/d**
Taux de chômage : **n/d**	Salaire hebdomadaire moyen : **n/d**
Taux de placement : **n/d**	*La Relance au collégial*, MÉQ. 1998

Comment interpréter ces statistiques - pages 16 et 17

Secteur 12

DEC 232.01

Techniques papetières

Formation collégiale

PLACEMENT

À la Direction générale de la formation professionnelle et technique du ministère de l'Éducation du Québec, on affirme que ce programme gagnerait à être davantage connu, car les élèves le fréquentent peu en dépit de ses débouchés intéressants. Au Cégep de Trois-Rivières, seul établissement à offrir ce programme au Québec, même si le nombre de diplômés a presque triplé depuis 1996, le taux de placement se maintient. «Ils se placent surtout dans les usines de pâtes et papiers et chez les distributeurs de produits chimiques pour cette industrie», indique Maryse Paquette, conseillère en emploi au cégep.

«Avec les départs à la retraite, on prévoit que d'ici cinq ans, il y aura 5000 postes à combler dans l'industrie des pâtes et papiers. Parmi eux, on trouvera des postes pour des techniciens : il y a donc des perspectives intéressantes», soutient Julien Michaud, conseiller en relations industrielles, et directeur à la Législation du travail à l'Association des industries forestières du Québec limitée.

L'industrie des pâtes et papiers étant entrée de plain-pied dans les hautes technologies, la formation en techniques papetières du Cégep de Trois-Rivières est actuellement révisée pour répondre plus adéquatement à ces besoins. Le nouveau programme sera probablement disponible dès l'an 2000.

La mondialisation des marchés, l'augmentation du prix des matières premières, et de nombreux autres facteurs obligent l'industrie à modifier son mode de fonctionnement. Désormais, l'ensemble de l'industrie travaille donc à accroître les compétences et la flexibilité de sa main-d'œuvre afin d'assurer sa compétitivité sur le plan international[1].

«Nos techniciens sont très polyvalents, confirme Jean Leclerc, coordonnateur du programme au Cégep de Trois-Rivières. Ils œuvrent au service technique, au contrôle de la qualité, ils peuvent aussi être représentants techniques pour les fournisseurs de l'industrie, et certains d'entre eux occupent des postes d'opérateurs.» Jean Leclerc remarque que, depuis deux ans, les nombreuses fusions d'entreprises de pâtes et papiers peuvent ralentir l'embauche dans ce secteur mais que dans l'ensemble cette réorganisation est positive et devrait créer des structures plus solides pour l'avenir.

[1] *Le Papetier*, Vol. 34, n° 3 - 1998. «Une main-d'œuvre flexible et polyvalente»

SALAIRE ET CONDITIONS DE TRAVAIL

Selon le centre de placement du Cégep de Trois-Rivières, le salaire moyen de départ est passé d'environ 622 $ par semaine en 1995, à 715 $ en 1998. L'industrie des pâtes et papiers est syndiquée à 95 % au Québec.

12/98

STATISTIQUES

Nombre de diplômés : **12**	Temps plein : **81,8 %**
Proportion de diplômés en emploi (PDE) : **91,7 %**	En rapport avec la formation : **88,9 %**
Taux de chômage : **0,0 %**	Salaire hebdomadaire moyen : **715 $**
Taux de placement : **100,0 %**	

La Relance au collégial, MÉQ. 1998

Comment interpréter ces statistiques - pages 16 et 17

Technologie de l'estimation —— et de l'évaluation du bâtiment

PLACEMENT

Le taux de placement en emploi relié des diplômés de ce programme au Cégep de Drummondville était de 100 % en mai 1998. Selon Pierre Grondin, du service de placement, leur popularité s'explique par le fait qu'ils sont peu nombreux : seuls deux collèges dispensent actuellement la formation au Québec.

«Il y a principalement deux débouchés possibles : le diplômé peut œuvrer comme estimateur, par exemple auprès d'un entrepreneur en construction, ou comme technicien en évaluation, auprès d'un évaluateur agréé, d'une municipalité ou d'une MRC. Chose certaine, le marché du travail n'est pas saturé et absorbe facilement les diplômés.»

Si plusieurs employeurs embauchent un technicien à temps plein, les emplois saisonniers ou contractuels sont très fréquents dans cette profession. «Les cabinets d'évaluateurs agréés fonctionnent surtout entre avril et novembre. Si le diplômé a la chance d'être embauché par une MRC ou une municipalité - ce qui est plutôt rare car ces organismes n'emploient généralement qu'un ou deux techniciens -, il pourra travailler toute l'année.»

Denis Bélair est technicien en estimation et en évaluation chez Exceltech, une firme de Sherbrooke qui a notamment hérité des contrats de la MRC de Drummondville. Il confirme toutefois que les postes permanents se font rares. «Plusieurs diplômés travaillent à contrat et, au bout de six mois, il arrive fréquemment qu'ils soient remerciés de leurs services.»

Mais les perspectives peuvent être prometteuses pour ceux qui savent élargir leur champ de compétence. «Si le technicien ne touche qu'à l'évaluation ou à l'estimation résidentielle, il aura du mal à trouver un travail. En revanche, celui qui se spécialise dans le secteur commercial ajoute une corde à son arc. Il en va de même pour ceux qui se tournent vers différentes expertises, comme l'évaluation d'équipements. Enfin, les entreprises privées telles que les banques peuvent aussi offrir d'intéressantes possibilités d'emploi, par exemple dans l'estimation d'un bâtiment pour l'obtention d'un prêt hypothécaire», conclut Denis Bélair.

SALAIRE ET CONDITIONS DE TRAVAIL

La Relance au collégial estime le salaire moyen de départ à 443 $ par semaine. Les horaires de travail sont généralement normaux, mais les emplois saisonniers ou contractuels sont très fréquents dans cette profession.

12/98

STATISTIQUES

Nombre de diplômés : **43**	Temps plein : **91,2%**
Proportion de diplômés en emploi (PDE) : **81,0%**	En rapport avec la formation : **77,4%**
Taux de chômage : **8,1%**	Salaire hebdomadaire moyen : **443$**
Taux de placement : **91,9%**	

La Relance au collégial, MÉQ. 1998

Comment interpréter ces statistiques - pages 16 et 17

Formation collégiale

Technologie
de la cartographie

Formation collégiale

PLACEMENT

«Le placement en cartographie n'a jamais été aussi bon, avance Alain Godbout, du service de placement du Collège de Limoilou. Nous avons trouvé un emploi à tous les candidats disponibles.»

Cependant, précise-t-il, la majorité des emplois offerts sont de type contractuels. «Les firmes d'arpenteurs-géomètres ou de génie-conseil, par exemple, embauchent beaucoup de contractuels pour six mois ou un an, selon les contrats qu'ils décrochent. Quelques ministères ou organismes publics engagent aussi des techniciens.»

Grâce à l'essor du secteur de la géomatique, les perspectives d'emploi pour les techniciens de la cartographie semblent excellentes. Dans le site Emploi-Avenir de Développement des ressources humaines Canada, on souligne d'ailleurs que la réforme cadastrale, qui a débuté à la fin des années 80, n'a pas encore pris son envol, mais que les débouchés seront importants.

En outre, l'avancée des technologies permet désormais un grand stockage de données. Les perspectives sont donc encore meilleures pour les techniciens maîtrisant l'informatique et les nouvelles technologies de l'information.

Plusieurs entreprises bénéficient également du développement des marchés internationaux. C'est le cas de Géomatique GPL, une firme de Québec en pleine expansion.

«Il y a beaucoup à faire dans les pays en voie de développement, explique la directrice des ressources humaines, Nathalie Harvey. Il faut notamment cibler le territoire, emmagasiner les données cartographiques. Lorsqu'on décroche des contrats importants, nous embauchons des techniciens : le nombre d'employés a donc beaucoup augmenté depuis trois ans. Nous sommes à la merci des marchés étrangers mais l'avenir est de bon augure.»

Grâce aux nouvelles technologies, une foule d'applications ont vu le jour, explique-t-elle. «Il est maintenant facile d'accéder à l'information et plusieurs entreprises ou organismes peuvent utiliser les données cartographiques à toutes sortes de fins. Il n'y a plus de limites!»

SALAIRE ET CONDITIONS DE TRAVAIL

Selon *La Relance au collégial* de 1998, le salaire moyen de départ est de 461 $ par semaine. Les horaires sont généralement normaux.

12/98

STATISTIQUES

Nombre de diplômés : **23**	Temps plein : **95,2 %**
Proportion de diplômés en emploi (PDE) : **95,5 %**	En rapport avec la formation : **90,0 %**
Taux de chômage : **4,5 %**	Salaire hebdomadaire moyen : **461 $**
Taux de placement : **95,5 %**	

La Relance au collégial, MÉQ. 1998

Comment interpréter ces statistiques - pages 16 et 17

Technologie de maintenance industrielle

Secteur 14

DEC 241.05

PLACEMENT

Au centre de placement du Cégep de Trois-Rivières, on est enthousiaste à l'égard de cette formation qui semble susciter un engouement dans le milieu industriel. En 1997, le nombre d'offres d'emploi excédait largement le nombre de diplômés. Six mois après la fin de leurs études, 80 % d'entre eux occupaient un emploi relié à leur domaine.

Au Cégep de Sept-Îles, les huit diplômés de 1997 ont tous décroché un emploi relié à leur champ d'études. «Dans notre région, ils se placent surtout dans les industries minières, papetières, dans les scieries et les alumineries», explique Carl Allard, coordonnateur du département.

La Direction générale de la formation professionnelle et technique du ministère de l'Éducation du Québec fait valoir que, grâce à cette formation, les diplômés sont très polyvalents et qu'ils peuvent œuvrer dans des compagnies spécialisées dans toutes sortes de productions, pour autant qu'elles utilisent de la machinerie.

Une main-d'œuvre vieillissante et la complexité croissante de la machinerie justifient l'augmentation des besoins pour ces technologues dans les années à venir. «Dans plusieurs secteurs de l'industrie, comme le textile, la métallurgie et le plastique, les employeurs ont des besoins marqués du côté de la maintenance industrielle. Les systèmes sont de plus en plus complexes, et ceux qui possèdent une formation ont de bonnes chances de se placer», fait valoir Louis Dionne de la Direction d'intervention sectorielle d'Emploi-Québec.

Au Comité sectoriel de la main-d'œuvre des industries du bois de sciage, Fernand Otis estime qu'il y a une croissance de la demande en maintenance industrielle dans les scieries qui sont bien équipées. «Il y a de l'avenir dans ce secteur et l'embauche se fera probablement davantage au niveau technique qu'au niveau professionnel.»

Le site Emploi-Avenir de Développement des ressources humaines Canada prévoit un taux de croissance moyen de 3,2 % pour cette profession entre 1997 et 2002. On souligne que dans tous les secteurs d'activités on met l'accent sur l'amélioration de la productivité. De ce fait, on mise sur l'automatisation des procédés industriels. La demande pour ces technologues devrait donc être favorisée.

SALAIRE ET CONDITIONS DE TRAVAIL

Dans *La Relance au collégial* de 1998, le salaire moyen de départ est évalué à 600 $ par semaine. Le travail s'effectue à temps plein, mais on peut être amené à travailler la nuit ou la fin de semaine.

12/98

STATISTIQUES

Nombre de diplômés : **56**	Temps plein : **100,0 %**
Proportion de diplômés en emploi (PDE) : **70,2 %**	En rapport avec la formation : **90,9 %**
Taux de chômage : **13,2 %**	Salaire hebdomadaire moyen : **600 $**
Taux de placement : **86,8 %**	*La Relance au collégial*, MÉQ. 1998

Comment interpréter ces statistiques - pages 16 et 17

Secteur 3

DEC 154.A0

Technologie de la transformation des aliments

PLACEMENT

À l'Institut de technologie agroalimentaire (ITA) de Saint-Hyacinthe, on dit recevoir chaque année de deux à deux fois et demie plus d'offres d'emplois qu'il n'y a de finissants! Tous les diplômés décrochent un emploi, certains avant même d'avoir terminé leur formation, durant leur stage en entreprise. «Ma principale préoccupation est d'éviter que les étudiants ne se laissent séduire par un employeur avant d'avoir obtenu leur DEC!», explique Bernard Aurouz, directeur de la formation continue à l'ITA.

Ces technologues ont accès à des secteurs très variés de l'industrie. Selon le site Emploi-Avenir de Développement des ressources humaines Canada, 61,9 % occupent des emplois dans le secteur des aliments, 12,4 % dans celui des viandes et de la volaille, 12 % dans les industries laitières, et 12,2 % dans celui des boissons. Les autres se répartissent dans de moindres proportions dans le domaine de la bière, des boissons gazeuses, des magasins d'alimentation et des produits alimentaires et commerce de gros. Ils peuvent œuvrer aussi bien au contrôle des procédés de production, qu'en recherche et développement, ainsi qu'au contrôle de la qualité.

Selon le ministère de l'Agriculture, des Pêches et de l'Alimentation, la transformation des aliments et des boissons demeure l'un des plus importants secteurs industriels du Québec, en termes d'emplois et d'activité économique. Le Grand Montréal et sa région (y compris Saint-Hyacinthe) serait même l'une des plus importantes agglomérations en Amérique du Nord dans ce domaine. Une grande partie des postes disponibles se trouvent d'ailleurs dans cette région.

Même si la majorité des emplois dans le secteur agroalimentaire sont de type ouvrier, l'intégration de nouvelles technologies et les exigences en matière d'hygiène alimentaire font en sorte que les techniciens spécialisés sont de plus en plus demandés. «Avec l'automatisation des procédés de fabrication dans les usines, on a peut-être besoin de moins de personnel, mais de personnel plus qualifié», fait valoir Bernard Aurouz de l'ITA. De plus, avec l'introduction des normes de qualité ISO, le travail ne devrait pas manquer pour les technologues de la transformation des aliments.

SALAIRE ET CONDITIONS DE TRAVAIL

Selon l'ITA de Saint-Hyacinthe, le salaire moyen de départ est d'environ 460 $ par semaine. *La Relance au collégial* de 1998 le situe à 517 $. Le travail s'effectue généralement à temps plein et de jour. Des périodes de garde les fins de semaine peuvent toutefois faire partie des horaires du technologue. On affirme qu'une personne compétente et qualifiée peut rapidement monter dans l'échelle hiérarchique d'une entreprise.

12/98

STATISTIQUES

Nombre de diplômés : **31**	Temps plein : **96,7 %**
Proportion de diplômés en emploi (PDE) : **96,8 %**	En rapport avec la formation : **93,1 %**
Taux de chômage : **3,2 %**	Salaire hebdomadaire moyen : **517 $**
Taux de placement : **96,8 %**	

La Relance au collégial, MÉQ. 1998

Comment interpréter ces statistiques - pages 16 et 17

Technologie de la transformation — des produits forestiers

Secteur 12

DEC 190.A0

PLACEMENT

Totalement révisé au cours des années 1990, ce programme est maintenant offert dans trois établissements collégiaux.

En l'an 2000, une trentaine de diplômés du Cégep de Sainte-Foy et du Centre matapédien d'études collégiales (Cégep de Rimouski) arriveront sur le marché du travail où ils sont très attendus. «L'industrie du bois s'est beaucoup modernisée et on a besoin de gens bien formés qui sont au fait des nouvelles technologies. Dans les entreprises, ces diplômés seront appelés à devenir des surintendants de production», précise Denis Malenfant, coordonnateur du programme au Cégep de Sainte-Foy.

Soulignons qu'au Centre collégial de Mont-Laurier affilié au Cégep de Saint-Jérôme, 18 premiers étudiants obtiendront leur diplôme en 2001.

«Ces technologues sont effectivement très attendus par les employeurs, affirme Fernand Otis, directeur général au Comité sectoriel de main-d'œuvre des industries du bois de sciage. Avec l'automatisation des usines, de pair avec le savoir-faire, on doit maintenant développer le "savoir-être". C'est-à-dire que l'industrie a besoin de gens capables de résoudre des problèmes, de communiquer et d'entretenir des liens entre les équipes. Ces professionnels seront très actifs dans le cadre de l'optimisation de la production, et dans tout ce qui a trait au virage écologique amorcé au cours des cinq dernières années.»

De plus, les industries ont maintenant tendance à se diriger vers une deuxième transformation du bois, ce qui devrait créer de bons débouchés pour les technologues.

Face à la vive concurrence du marché et à cause de la difficulté de s'approvisionner en matière ligneuse, due à la faible capacité de renouvellement de la forêt, on essaie aujourd'hui de tout récupérer et de fabriquer des produits avec une bonne valeur ajoutée (pavillons de jardin, treillis, etc.).

Enfin, le site Emploi-Avenir de Développement des ressources humaines Canada signale un taux de croissance de cette profession de 1,6 %, entre 1997 et 2002.

SALAIRE ET CONDITIONS DE TRAVAIL

Aucune statistique concernant le salaire n'est encore disponible, car les premières cohortes d'étudiants ne sont pas encore arrivées sur le marché du travail.

12/98

STATISTIQUES

Nombre de diplômés : **n/d**	Temps plein : **n/d**
Proportion de diplômés en emploi (PDE) : **n/d**	En rapport avec la formation : **n/d**
Taux de chômage : **n/d**	Salaire hebdomadaire moyen : **n/d**
Taux de placement : **n/d**	

La Relance au collégial, MÉQ. 1998

Comment interpréter ces statistiques - pages 16 et 17

Formation collégiale

Secteur 9

DEC 243.15

Technologie
de systèmes ordinés

PLACEMENT

De 1995 à 1997, le taux de placement de ce programme est passé de 86,8 % à 100 %, même si le nombre de finissants a légèrement augmenté durant cette période. C'est donc dire que les besoins pour les technologues en systèmes ordinés sont en croissance.

Jean-Marc Bouvrette, coordonnateur du département des technologies du génie industriel au Collège de l'Outaouais, confirme que ces diplômés n'ont pas de difficulté à décrocher un emploi. «Quatre à cinq mois après la fin de la formation, les diplômés sont placés, ce secteur va très bien.»

On retrouve ces technologues partout, selon l'Ordre des technologues du Québec. Par exemple dans les compagnies industrielles, les distributeurs d'équipements informatiques, les commerces d'ordinateurs, les laboratoires de recherche et développement, les établissements d'enseignement, les ministères, les sociétés d'État, les institutions financières, les industries automobile et aéronautique. «La demande va grandissante parce qu'ils peuvent aborder la dimension informatique, mécanique et électronique d'une organisation privée ou publique», fait observer Jean-Luc Archambault, président de la Cvthèque, une entreprise qui se veut à la fois une banque de curriculum vitae, et une agence de placement, principalement pour les technologues. «Les débouchés sur le marché du travail sont considérables. C'est l'équivalent collégial du génie informatique à l'université», enchaîne Martin Ouellet, président de Via Site, une firme de recrutement interactif. «Nous en avons même engagé chez nous», renchérit Daniel Marengère, responsable du service informatique au Casino de Hull.

«Ces technologues sont en effet très polyvalents, explique Jean-Marc Bouvrette du Collège de l'Outaouais. Le programme touche l'aspect matériel (les composantes électroniques), mais aussi les logiciels, avec plusieurs cours de programmation.»

À la Direction générale de la formation professionnelle et technique du ministère de l'Éducation du Québec, on note qu'on peut les retrouver partout où il y a des chaînes de montage automatisées. Selon la même source, les perspectives sont très intéressantes, parce qu'ils évoluent dans un domaine actuellement en pleine expansion, les hautes technologies.

SALAIRE ET CONDITIONS DE TRAVAIL

Selon *La Relance au collégial* de 1998, le salaire moyen de départ est de 505 $ par semaine. Les horaires dépendent du type d'emploi que l'on occupe : en développement et production, ils sont normaux, alors que dans les entreprises de service, il faut se conformer aux besoins des clients.

12/98

STATISTIQUES

Nombre de diplômés : **122**

Proportion de diplômés en emploi (PDE) : **71,3 %**

Taux de chômage : **7,2 %**

Taux de placement : **92,8 %**

Temps plein : **93,5 %**

En rapport avec la formation : **86,1 %**

Salaire hebdomadaire moyen : **505 $**

La Relance au collégial, MÉQ. 1998

Comment interpréter ces statistiques - pages 16 et 17

Technologie — du génie industriel

PLACEMENT

Au Cégep de Trois-Rivières, huit diplômés ont facilement intégré le marché du travail en 1997, puisque 57 offres d'emploi leur étaient destinées. On y qualifie d'ailleurs d'«effarante» la demande pour ces technologues. Le même enthousiasme se retrouve au Cégep de Limoilou, où les 46 diplômés des trois dernières années ont tous du travail. «Nous n'avons personne pour combler les demandes des employeurs actuellement, explique Alain Godbout, conseiller pédagogique. Bombardier est même allé chercher un diplômé qui avait déjà un emploi ailleurs en lui offrant un salaire de départ de 38 000 $. Pour un finissant de cégep, c'est excellent!»

Pour cette profession, le site Emploi-Avenir de Développement des ressources humaines Canada annonce un taux de croissance de 3,7 %, taux supérieur à la moyenne. Selon DRHC, la pénétration des nouvelles technologies, qui s'est fortement accélérée au cours des dernières années, a eu des effets positifs sur la demande pour ce type de main-d'œuvre.

Les besoins en conception, en implantation et en amélioration de procédés de production en vue d'accroître la productivité et l'efficacité, devraient soutenir la demande pour ces technologues.

Pierre Laflamme, directeur des communications au Centre de liaison Entreprises-Éducation, confirme d'emblée qu'avec leur polyvalence, et une certaine débrouillardise, ces technologues ont une niche de choix qui les attend dans l'industrie.

«Nous avons fréquemment des demandes pour ces technologues, car il y a toujours de la place dans une entreprise pour l'amélioration de la productivité. Ils ont l'avantage de coûter moins cher qu'un ingénieur et d'avoir "la force du technicien", c'est-à-dire d'être capables, quand il le faut, de mettre la main à la pâte et de faire les choses très concrètement», souligne-t-il.

SALAIRE ET CONDITIONS DE TRAVAIL

Selon *La Relance au collégial* parue en 1998, le salaire moyen de départ est de 521 $ par semaine. Ces diplômés travaillent généralement dans la grande région de Montréal, en Estrie ou en Beauce, où l'on trouve beaucoup d'entreprises industrielles. Le bilinguisme est un atout. Les horaires de travail sont variables.

12/98

STATISTIQUES

Nombre de diplômés : **46**	Temps plein : **100,0 %**
Proportion de diplômés en emploi (PDE) : **81,0 %**	En rapport avec la formation : **100,0 %**
Taux de chômage : **2,9 %**	Salaire hebdomadaire moyen : **521 $**
Taux de placement : **97,1 %**	

La Relance au collégial, MÉQ. 1998

Comment interpréter ces statistiques - pages 16 et 17

Formation collégiale

Secteur 18

DEC 251.02

Technologie et gestion des textiles : fabrication

PLACEMENT

Le taux de placement pour ces diplômés est de 80 %. Les emplois sont à temps plein, et tous liés à la formation. La plupart des étudiants décrochent d'ailleurs un travail avant même d'avoir fini leurs études, souligne-t-on au Cégep de Saint-Hyacinthe. L'option alternance travail-études proposée dans ce DEC permet aux étudiants d'aller chercher une expérience en milieu de travail, ce qui favorise également leur intégration sur le marché de l'emploi.

Julie Galarneau, conseillère en emploi au Cégep, note que ces diplômés peuvent travailler comme technicien en textile ou encore comme contremaître en usine.

Sylvain Trahan, agent de promotion du Conseil des ressources humaines du textile, explique qu'à l'instar du programme de technologie et gestion des textiles en finition, tous les étudiants décrochent un emploi. «L'industrie du textile est en plein développement. Plus la croissance des entreprises s'amplifie, plus le niveau de production est élevé, et plus on a besoin d'embaucher des gens qualifiés. De plus, on remarque un certain vieillissement de la main-d'œuvre : plusieurs vont bientôt prendre leur retraite, d'où la nécessité d'embaucher la relève.»

Selon le Conseil, l'industrie du textile connaît une croissance importante. Alors qu'on craignait il y a dix ans que l'Accord du libre-échange ne lui porte un coup fatal, il n'en a pas été ainsi, au contraire. Le Canada a vu en effet ses exportations tripler entre 1987 et 1997, passant de 844 millions à près de trois milliards. Le Québec, pour sa part, comprend plus de la moitié des entreprises canadiennes du secteur du textile, et emploie près de 24 000 personnes.

Ces conditions sont donc très favorables aux technologues en gestion des textiles, option fabrication. «Ils peuvent travailler à titre de superviseur de production, de technicien en laboratoire ou de gestionnaire de la qualité. Le travail s'effectue en filature et en tissage», explique Sylvain Trahan.

Il ajoute que l'industrie du textile est appelée à s'informatiser davantage, et qu'un bon technologue doit posséder des connaissances en informatique.

SALAIRE ET CONDITIONS DE TRAVAIL

Au Conseil des ressources humaines du textile, on estime que le salaire moyen de départ se situe aux alentours de 550 $. *La Relance au collégial* l'évalue à 600 $. Après cinq ans d'expérience, il peut cependant monter jusqu'à environ 750 $ par semaine. Le travail s'effectue à raison de 40 heures par semaine, parfois selon des horaires rotatifs.

12/98

STATISTIQUES		
Nombre de diplômés : **7**	Temps plein : **100,0 %**	
Proportion de diplômés en emploi (PDE) : **66,7 %**	En rapport avec la formation : **100,0 %**	
Taux de chômage : **20,0 %**	Salaire hebdomadaire moyen : **611 $**	
Taux de placement : **80,0 %**		

La Relance au collégial, MÉQ. 1998

Comment interpréter ces statistiques - pages 16 et 17

Technologie et gestion — des textiles : finition

PLACEMENT

Au service de placement du Cégep de Saint-Hyacinthe, seul établissement collégial à offrir cette formation, on mentionne que le taux de placement est de 100 % et que la majorité des diplômés ont un emploi relié. La formule de l'alternance travail-études proposée dans ce DEC permet aux étudiants d'aller chercher une expérience en milieu de travail qui faciliterait aussi leur embauche. Plusieurs étudiants décrocheraient même un emploi avant la fin de leurs études.

Julie Galarneau, conseillère en emploi au Cégep, souligne qu'ils peuvent notamment travailler comme technicien en recherche et développement sur la finition d'un produit textile, ou encore au contrôle de la qualité.

Pour sa part, Sylvain Trahan, agent de promotion des carrières en textile du Conseil des ressources humaines de l'industrie du textile, confirme que les diplômés trouvent facilement de l'emploi, et ce, d'autant plus que l'industrie connaît un vieillissement de sa main-d'œuvre.

Selon le Conseil, l'industrie du textile est actuellement en plein essor. Alors qu'il y a dix ans, l'Accord du libre-échange causait des inquiétudes, on se rend compte aujourd'hui que, loin de lui avoir nui, il l'a au contraire stimulée, permettant au Canada de tripler ses exportations passant de 844 millions en 1988 à près de trois milliards en 1997. Le Québec regroupe pour sa part plus de la moitié de toutes les entreprises canadiennes reliées au textile et emploie près de 24 000 personnes.

Cependant, le développement de cette industrie repose sur la qualité et le côté novateur des produits qu'elle a à offrir. En effet, comme le souligne M. Trahan, il est impossible de faire concurrence aux pays asiatiques spécialistes de la production à faible coût, c'est pourquoi on doit compter sur d'autres atouts pour se démarquer. «C'est aussi l'une des raisons pour lesquelles on a besoin d'une main-d'œuvre qualifiée. Auparavant, les entreprises choisissaient un opérateur qui possédait une solide expérience et le propulsaient superviseur. Aujourd'hui, on fait appel aux techniciens pour combler ces postes.»

Il conclut en expliquant que ces diplômés peuvent rapidement obtenir des promotions au sein de l'entreprise dans laquelle ils œuvrent.

SALAIRE ET CONDITIONS DE TRAVAIL

Selon le Conseil des ressources humaines de l'industrie du textile, le salaire moyen de départ se situe aux alentours de 557 $ par semaine. *La Relance au collégial* l'évalue à 611 $. Après cinq ans, il est possible de gagner près de 750 $ par semaine. Le travail s'effectue à raison de 40 heures par semaine. Les horaires peuvent être rotatifs, suivant le poste que l'on occupe.

12/98

STATISTIQUES

Nombre de diplômés : **6**	Temps plein : **100,0 %**
Proportion de diplômés en emploi (PDE) : **100,0 %**	En rapport avec la formation : **100,0 %**
Taux de chômage : **0,0 %**	Salaire hebdomadaire moyen : **611 $**
Taux de placement : **100,0 %**	

La Relance au collégial, MÉQ. 1998

Comment interpréter ces statistiques - pages 16 et 17

Formation collégiale

Secteur 9

DEC 243.14

Technologie physique

PLACEMENT

Ce programme fait partie des techniques du génie électrique, qui offrent toutes d'excellents taux de placement. Il semble toutefois qu'il soit un peu méconnu. Selon Louise Leclerc, responsable du programme au Cégep de La Pocatière, le nombre d'inscriptions est insuffisant pour répondre aux besoins du marché. «On pourrait accepter et placer d'autres étudiants, dit-elle. On n'a pas assez de diplômés pour combler toutes les offres d'emplois qu'on reçoit.»

Il s'agit d'une technique très polyvalente, qui donne notamment des connaissances de base en informatique, électronique, mécanique et matériaux. Les diplômés seront appelés à travailler avec toutes les hautes technologies qui utilisent les règles de la physique, comme le laser, la robotique, les matériaux optiques, l'acoustique, etc.

«En ce moment, l'un des domaines les plus prometteurs est la photonique : il s'agit des différentes applications de la lumière, comme le laser, la fibre optique, etc., ajoute Louise Leclerc. Beaucoup d'entreprises fabriquent actuellement du matériel optique.» Ce constat ne se dément pas lorsqu'on se tourne du côté des compagnies actives dans ce domaine.

«Les technologies physiques, c'est un marché planétaire en forte croissance depuis cinq ans. Et ça ne devrait pas changer dans le futur en raison de l'explosion des nouvelles applications», souligne Benoît Lavigne, président de Fibres Innovation, un fabricant de composantes optiques pour les systèmes de télécommunication. Chez Ultra Optec, une entreprise active dans la recherche et le développement d'équipements de laser, on prévoit aussi des retombées pour ces technologues dans les industries aérospatiale, aéronautique, médicale, métallurgique et informatique.

À la Direction générale de la formation professionnelle et technique du ministère de l'Éducation du Québec, on confirme que ces technologues sont très recherchés dans l'industrie des hautes technologies et de la fabrication de pointe, secteurs qui se développent rapidement et qui sont très importants au sein d'une foule d'industries. «Nos diplômés travaillent majoritairement en recherche et développement, en collaboration avec les chercheurs et ingénieurs, précise Louise Leclerc. Plus la technologie évolue, plus leur rôle sera grand.»

SALAIRE ET CONDITIONS DE TRAVAIL

Selon *La Relance au secondaire* de 1998, le salaire moyen de départ est évalué à 518 $ par semaine. Parce que les champs d'application de la technologie physique sont très vastes, les diplômés doivent être prêts à travailler dans des milieux et des secteurs d'activité très différents.

12/98

STATISTIQUES

Nombre de diplômés : **32**	Temps plein : **95,8 %**
Proportion de diplômés en emploi (PDE) : **75,0 %**	En rapport avec la formation : **87,0 %**
Taux de chômage : **7,7 %**	Salaire hebdomadaire moyen : **518$**
Taux de placement : **92,3 %**	

La Relance au collégial, MÉQ. 1998

Comment interpréter ces statistiques - pages 16 et 17

Actuariat

PLACEMENT

À l'Université Laval, on souligne que le taux de placement est de 100 % et que les diplômés en actuariat sont recherchés partout au Québec, au Canada, aux États-Unis, en Europe et même en Afrique du Sud.

À l'Université Concordia, le nombre de diplômés ne suffirait pas à combler la demande et certaines compagnies seraient même «désespérées» de trouver des diplômés!

Les actuaires peuvent œuvrer dans les bureaux de conseillers, dans les compagnies d'assurance-vie et d'assurances générales, dans certaines grandes entreprises afin de gérer les avantages sociaux, ainsi que dans la fonction publique fédérale et provinciale. Si la demande est soutenue dans ces débouchés traditionnels, on voit aussi se développer de nouveaux secteurs d'activités.

Pour la période allant de 1997 à 2002, le site Emploi-Avenir de Développement des ressources humaines Canada annonce un taux de croissance de 1,9 % pour les actuaires. Avec le vieillissement de la population et la hausse de l'espérance de vie, l'industrie des assurances s'adapte aux besoins accrus du côté des régimes de retraite et de l'assurance-maladie.

De plus, la déréglementation dans le domaine financier permet d'étendre la vente de produits d'assurances, ce qui suscite une demande supplémentaire pour les actuaires.

«On voit actuellement émerger des conglomérats dans le domaine de la "banque-assurance". La distinction devient de plus en plus floue entre les activités bancaires et les activités d'assurances. C'est un marché où les actuaires pourront facilement apporter une contribution intéressante», indique Louis Adam, professeur à l'École d'actuariat de l'Université Laval et Fellow de l'Institut canadien des actuaires.

De son côté, Brigitte Saint-Laurent de l'Institut d'enseignement coopératif de l'Université Concordia, ajoute que «la demande pour les actuaires est grande, particulièrement dans le domaine de l'incendie, de l'accident et des risques divers (IARD) qui représentent un défi mathématique intéressant. En effet, beaucoup de données restent encore à explorer dans cette branche».

SALAIRE ET CONDITIONS DE TRAVAIL

Selon l'étude du ministère de l'Éducation parue en 1998, *Qu'advient-il des diplômé(e)s des universités?*, le salaire moyen de départ est de 805 $ par semaine. La maîtrise de la langue anglaise est un atout, voire une nécessité. Soulignons qu'à l'obtention du baccalauréat, plusieurs étapes restent encore à franchir avant d'obtenir le titre de Fellow de l'Institut canadien des actuaires et de devenir officiellement actuaire.

12/98

STATISTIQUES

Nombre de diplômés : **104**

Proportion de diplômés en emploi (PDE) : **n/d**

Taux de chômage : **n/d**

Taux de placement : **93,4 %**

Temps plein : **98,4 %**

En rapport avec la formation : **92,1 %**

Salaire hebdomadaire moyen : **805 $**

Qu'advient-il des diplômé(e)s des universités?, MÉQ, 1998

Comment interpréter ces statistiques - pages 16 et 17

Formation universitaire

Secteur 2
BAC

Agronomie

Formation universitaire

PLACEMENT

Du côté des universités qui offrent le programme, on fait valoir que le taux de placement pour ces diplômés est de l'ordre d'environ 80 %.

À l'Ordre des agronomes du Québec, on ne tient pas de statistiques sur le placement des membres. Mais on note cependant qu'une augmentation du nombre de candidats voulant s'inscrire à l'Ordre pourrait être interprétée comme un signe de croissance de la profession.

Selon François Bertrand, directeur général de l'Ordre, les secteurs les plus prometteurs seraient l'environnement, la transformation des aliments, les biotechnologies et l'aménagement du territoire. «Ces secteurs devraient se développer à cause de l'arrivée de nouvelles technologies et en raison d'un intérêt croissant pour l'environnement», souligne-t-il. Les production animales (laitière, porcine, etc.) représentent également une part importante de l'industrie agroalimentaire et sont aussi des débouchés valables.

En raison des compressions budgétaires, les ministères et les municipalités embauchent moins d'agronomes qu'auparavant. Mais les ouvertures sont plus favorables dans les entreprises privées, de même que pour ceux qui travaillent à leur compte.

Comme les agriculteurs n'ont généralement pas les moyens de s'assurer les services d'un agronome sur une base régulière, il existe un système de regroupements et de coopératives. «La coopérative engage un conseiller en agronomie, dont une partie du salaire est subventionnée par le gouvernement, explique Roger Martin, conseiller en formation au ministère de l'Agriculture, des Pêcheries et de l'Alimentation (MAPAQ). Le conseiller passe environ une journée par mois chez chaque agriculteur, ce qui est suffisant.» Selon l'Ordre des agronomes, le gouvernement songerait d'ailleurs à encourager cette formule.

Le site Emploi-Avenir de Développement des ressources humaines Canada indique aussi que l'ouverture des marchés internationaux, l'intégration de nouveaux types de production ou d'élevage, la fusion d'entreprises agricoles et la protection de l'environnement, sont des facteurs qui devraient accroître la demande pour les agronomes.

SALAIRE ET CONDITIONS DE TRAVAIL

Selon une étude du ministère de l'Éducation publiée en 1998, *Qu'advient-il des diplômé(e)s des universités?*, le salaire moyen de départ est de 584 $ par semaine. Les horaires sont variables, suivant les saisons.

12/98

STATISTIQUES

Nombre de diplômés : **89**

Proportion de diplômés en emploi (PDE) : **n/d**

Taux de chômage : **20,8 %**

Taux de placement : **79,2 %**

Temps plein : **93,1 %**

En rapport avec la formation : **83,7 %**

Salaire hebdomadaire moyen : **584 $**

Qu'advient-il des diplômé(e)s des universités?, MÉQ. 1998

Comment interpréter ces statistiques - pages 16 et 17

Aménagement ——— ——— et environnement forestiers

Secteur 12

BAC

PLACEMENT

L'Université Laval est le seul établissement à offrir ce programme au Québec. Avec des promotions de 60 à 70 diplômés chaque année, cette formation dépasse en popularité les autres spécialisations du génie forestier que sont le génie du bois et les opérations forestières. Selon Marius Mignault, directeur du programme à l'Université, à la fin de leurs études, 80 % des diplômés trouvent rapidement du travail dans les industries, notamment les compagnies de pâtes et papiers, les scieries et autres usines de transformation du bois. Il ajoute que si l'embauche en industrie est à la hausse, elle est toutefois à la baisse dans la fonction publique.

Cependant, les municipalités pourraient représenter des débouchés intéressants car elles participent de plus en plus à la gestion des forêts. Ces ingénieurs œuvrent aussi en génie-conseil et en forêts privées, et en concertation avec les groupes environnementaux, les responsables de la faune et les autochtones.

«On prévoit que le bois va devenir de plus en plus rare, à cause du faible taux de renouvellement de la forêt, d'ici 20 ou 30 ans au Québec, souligne Gérard Szaraz, directeur du Regroupement des sociétés d'aménagement forestier. On peut donc prédire que les efforts d'aménagement vont s'intensifier.» M. Szaraz complète en disant que l'industrie forestière est de plus en plus reconnue comme l'un des secteurs économiques primordiaux au Québec. «Si on veut maintenir notre part de marché et notre compétitivité dans un contexte de mondialisation, il faut intensifier l'aménagement forestier, particulièrement dans le sud du Québec.»

À l'Université Laval, ainsi qu'à l'Ordre des ingénieurs forestiers du Québec, on souligne que la protection de la forêt, encouragée par l'application de nouvelles lois en matière d'exploitation, influence aussi directement la pratique de cette profession. En effet, si autrefois, on parlait d'un aménagement forestier de base orienté vers la production et la récolte, il est aujourd'hui davantage question de plans d'aménagement très complexes qui font référence au rendement soutenu, au développement durable et à la sylviculture. Ces champs de pratique nécessitent donc des connaissances très larges en foresterie, ce à quoi les ingénieurs en aménagement et environnement forestiers semblent être bien préparés.

SALAIRE ET CONDITIONS DE TRAVAIL

Selon l'étude du ministère de l'Éducation parue en 1998, *Qu'advient-il des diplômé(e)s des universités?*, le salaire moyen de départ est évalué à 631 $ par semaine. La porte d'entrée de cette carrière se trouve souvent en région. Soulignons que les femmes représentent désormais 25 % des étudiants dans cette discipline.

12/98

STATISTIQUES

Nombre de diplômés : **68**	Temps plein : **100,0 %**
Proportion de diplômés en emploi (PDE) : **n/d**	En rapport avec la formation : **96,0 %**
Taux de chômage : **18,4 %**	Salaire hebdomadaire moyen : **631 $**
Taux de placement : **81,6 %**	Ces données sont tirées de la catégorie «Génie forestier, foresterie et sciences du bois», *Qu'advient-il des diplômé(e)s des universités?*, MÉQ, 1998

Comment interpréter ces statistiques - pages 16 et 17

Formation universitaire

Secteur 19

MAÎTRISE

Audiologie/
Orthophonie

PLACEMENT

Audiologistes et orthophonistes trouveront certainement de l'emploi, affirme M. Louis Beaulieu, président de l'Ordre des orthophonistes et audiologistes du Québec. Il admet cependant que dans la région de Montréal on embauche peu bien qu'il y ait des besoins importants, mais remarque qu'un manque d'audiologistes et d'orthophonistes se fait sentir en région. La mobilité géographique favorise la recherche d'emploi. Dans l'ensemble du Québec, il faut quand même s'attendre à des emplois temporaires et à temps partiel en début de carrière. Au département d'audiologie et d'orthophonie de l'Université de Montréal, on ajoute que les diplômés devront compter deux à trois ans avant d'obtenir un emploi permanent dans la région du grand Montréal.

Selon le site Emploi-Avenir de Développement des ressources humaines Canada (DRHC), les compressions budgétaires ont eu pour effet de réduire les possibilités dans le secteur hospitalier et celui de l'éducation. Mais le souci de la prévention, le maintien à domicile et le développement éventuel des services dans les CLSC devraient créer des conditions favorables. Le secteur de la santé communautaire et les centres d'accueil pour personnes âgées devraient aussi créer de nouveaux débouchés.

La pratique privée offre également des perspectives et devrait prendre de l'ampleur avec l'accroissement de la demande par la population de services plus rapides et personnalisés.

Louis Beaulieu ajoute qu'«il est clair que ce sont les services de première ligne en orthophonie qui vont être appelés à se développer, ainsi que les services dans les écoles».

Il souligne qu'il y a beaucoup de travail à faire, notamment dans les services de garde et les centres de la petite enfance en terme de prévention des troubles, de promotion de la santé et dans l'intervention pour la prévention précoce des pathologies.

Selon Emploi-Avenir, en ce qui concerne l'audiologie, la prévention des problèmes d'audition et de langage des personnes âgées devrait être de plus en plus nécessaire en milieu communautaire. Le vieillissement de la population laisse supposer que les besoins augmenteront dans ce domaine.

SALAIRE ET CONDITIONS DE TRAVAIL

Selon l'étude du ministère de l'Éducation publiée en 1998, *Qu'advient-il des diplômé(e)s des universités?*, le salaire moyen de départ est de 559 $ par semaine. Dans le réseau public de la santé, le salaire dépend des taux établis dans la convention du ministère de la Santé et des Services sociaux. Le travail s'effectue à temps plein et suivant des horaires normaux. En pratique privée il est possible de travailler le soir.

12/98

STATISTIQUES

Nombre de diplômés : **48**	Temps plein : **68,0 %**
Proportion de diplômés en emploi (PDE) : **n/d**	En rapport avec la formation : **100,0 %**
Taux de chômage : **0,0 %**	Salaire hebdomadaire moyen : **559 $**
Taux de placement : **100,0 %**	

Qu'advient-il des diplômé(e)s des universités?, MÉQ, 1998

Comment interpréter ces statistiques - pages 16 et 17

Formation universitaire

Chimie

PLACEMENT

Après avoir connu un certain ralentissement au cours des dernières années, l'industrie chimique aurait maintenant retrouvé un certain équilibre. En avril 1998, l'Ordre des chimistes dénotait un taux d'emploi de 94,5 % chez ses membres. De plus, sur le site Emploi-avenir de Développement des ressources humaines Canada, on prévoit un taux de croissance nettement au-dessus de la moyenne pour cette profession.

À l'Université du Québec à Montréal (UQAM), on note que si la biochimie attire beaucoup d'étudiants en raison du fort attrait des biotechnologies, la chimie occupe encore une grande place, car elle fait partie intégrante de la plupart des productions industrielles. Les chimistes peuvent donc œuvrer dans une foule de secteurs comme les raffineries, la métallurgie et la transformation de matériaux, les pâtes et papiers, etc.

Cependant, une bonne partie des finissants entreprend des études supérieures, car obtenir une maîtrise ou un doctorat offre beaucoup plus de débouchés.

Pour les chimistes, l'industrie pharmaceutique est un domaine offrant de bonnes possibilités. «C'est un secteur privilégié, notamment à cause des nombreux besoins en médicaments entraînés par le vieillissement de la population», explique Martial Gauvin, directeur général de l'Ordre des chimistes. De plus, la nouvelle réglementation qui prolonge la protection des brevets des compagnies pharmaceutiques lors du développement de nouveaux médicaments pourrait avoir une influence positive sur la recherche et le développement et stimuler la demande pour les chimistes au cours des prochaines années.

Dans les domaines de la pétrochimie et de la raffinerie, en 2002, de 20 à 25 % des employés devront être remplacés pour cause de départ à la retraite, affirme André Nadeau, coordonnateur du Comité sectoriel de main-d'œuvre de la chimie, de la pétrochimie et du raffinage. «Il devrait donc y avoir de bons débouchés pour ceux qui entreprennent un baccalauréat maintenant.»

Enfin, malgré les fluctuations, il reste que la chimie sera toujours essentielle à l'activité industrielle. «Il y a des chimistes partout : en conception, analyse, production, contrôle de la qualité, etc., et dans toutes sortes d'industries», confirme Yvon Pépin, directeur du module de chimie de l'UQAM.

SALAIRE ET CONDITIONS DE TRAVAIL

Selon l'étude du ministère de l'Éducation parue en 1998, *Qu'advient-il des diplômé(e)s des universités?*, le salaire moyen de départ est d'environ 580 $ par semaine. Les horaires de travail peuvent beaucoup varier selon le domaine dans lequel on œuvre.

12/98

STATISTIQUES

Nombre de diplômés : **164**	Temps plein : **90,2 %**
Proportion de diplômés en emploi (PDE) : **n/d**	En rapport avec la formation : **85,5 %**
Taux de chômage : **15,7 %**	Salaire hebdomadaire moyen : **580 $**
Taux de placement : **84,3 %**	*Qu'advient-il des diplômé(e)s des universités?*, MÉQ, 1998

Comment interpréter ces statistiques - pages 16 et 17

Formation universitaire

Secteur 1

BAC

Comptabilité
et sciences comptables

PLACEMENT

La situation de l'embauche est très favorable aux diplômés en comptabilité. Selon Kathleen Grant, directrice du service de placement de l'École des hautes études commerciales (HÉC), le taux de placement dépasserait 95 % pour ces étudiants.

Le constat est le même du côté des trois ordres comptables (CA, CGA et CMA) qui affichent des taux d'emploi dépassant 90 % pour leurs membres. On peut attribuer cette situation enviable à la reprise économique que l'on connaît depuis le milieu des années 90. Les comptables, que l'on retrouve dans tous les secteurs d'activités, peuvent donc profiter pleinement de cette croissance.

«À court et à moyen terme, les perspectives d'emploi sont très bonnes, excellentes même», affirme Louise Martel, professeur en sciences comptables aux HÉC. En fait, les trois ordres comptables notent un certain manque de professionnels formés pour répondre aux nouveaux défis dans ce domaine.

Au cours des dernières années, leur rôle a subi de profondes mutations et leurs activités se sont remarquablement diversifiées : planification financière, fiscalité, gestion, analyse stratégique, comptabilité de management, etc. Par ailleurs, leur présence est de plus en plus importante au sein de l'entreprise privée. Selon Michel Leboeuf, vice-président de la division *accountants* (finance et comptabilité) de Montréal pour Robert Half Canada, on note une hausse de la demande dans des secteurs tels que la technologie de pointe, l'aérospatiale, l'ingénierie et les ressources naturelles. À Montréal, l'industrie du textile serait aussi un domaine intéressant.

Dans le site Emploi-Avenir de Développement des ressources humaines Canada, on mentionne également que la mondialisation des marchés a aussi changé la profession de façon très concrète. Les entreprises ont désormais besoin d'une expérience plus vaste, de gens capables de jongler avec plusieurs éléments complexes en même temps et maîtrisant les technologies de l'information. Selon la même source, la profession de comptable devrait connaître un taux de croissance supérieur à la moyenne.

SALAIRE ET CONDITIONS DE TRAVAIL

Selon l'étude du ministère de l'Éducation du Québec publiée en 1998, *Qu'advient-il des diplômé(e)s des universités?*, le salaire moyen de départ est de 579 $ par semaine. Ce montant croît de façon significative avec les années d'expérience, les heures supplémentaires et les primes au rendement. L'horaire de travail est généralement normal, mais il faut parfois s'attendre à faire des heures supplémentaires.

12/98

STATISTIQUES

Nombre de diplômés : **1049**

Proportion de diplômés en emploi (PDE) : **n/d**

Taux de chômage : **5,5 %**

Taux de placement : **94,5 %**

Temps plein : **94,8 %**

En rapport avec la formation : **87,9 %**

Salaire hebdomadaire moyen : **579 $**

Qu'advient-il des diplômé(e)s des universités?, MÉQ. 1998

Comment interpréter ces statistiques - pages 16 et 17

Formation universitaire

Design et communication ——— graphiques

PLACEMENT

Frédéric Metz, directeur du programme de design et communication graphiques de l'UQAM fait valoir que «le taux de placement est assez bon, parce que les finissants en design ont une excellente réputation. Beaucoup d'étudiants ont déjà un emploi lorsqu'ils finissent leurs études». Du côté de l'Université Laval, on confirme que le marché est plutôt favorable.

Plusieurs champs d'activité s'offrent aux designers graphiques, et ils sont également recherchés dans les entreprises de multimédia et de création de logiciels, deux domaines en expansion actuellement, et où l'on a grand besoin de main-d'œuvre créative.

Emploi-Avenir, le site de Développement des ressources humaines Canada, estime que les diplômés de ce programme ont tout intérêt à se rapprocher des secteurs spécialisés en informatique, où les besoins en main-d'œuvre sont importants en ce moment. Il faut noter que le portfolio et le talent sont les meilleurs atouts d'un candidat en communication graphique.

Selon Gilles Pilon, directeur général de l'Institut des communications graphiques, organisme sans but lucratif qui offre de la formation aux entreprises et aux personnes ayant déjà un emploi, nous entrerions désormais dans la société de l'information, véritable âge d'or des communications graphiques. «C'est le secteur d'avenir par excellence et les perspectives sont infinies.»

Si les domaines de l'édition, de la publicité et des imprimés sont toujours de bons débouchés pour les designers et concepteurs graphiques, tous les secteurs touchant l'informatique devraient connaître de grands développements et avoir besoin de gens capables de créer des documents visuels. «L'informatique, c'est un outil, pas une fin en soi, explique Gilles Pilon. Les gens commencent tout juste à se rendre compte que pour concevoir un beau site Internet, il faut plus qu'un programmeur : on a besoin de quelqu'un qui sait comment présenter l'information afin qu'elle soit agréable à consulter et bien perçue par ceux à qui elle s'adresse.»

SALAIRE ET CONDITIONS DE TRAVAIL

Une étude du ministère de l'Éducation du Québec publiée en 1998, *Qu'advient-il des diplômé(e)s des universités?*, évalue le salaire de base à 444 $ par semaine. Le travail peut s'effectuer sur une base permanente au sein d'une entreprise, ou encore à forfait pour plusieurs clients, ce qui est la formule la plus courante dans le milieu.

12/98

STATISTIQUES		
Nombre de diplômés : **97**	Temps plein : **86,2 %**
Proportion de diplômés en emploi (PDE) : **n/d**	En rapport avec la formation : **84,7 %**
Taux de chômage : **n/d**	Salaire hebdomadaire moyen : **444 $**
Taux de placement : **88,0 %**	Ces données sont tirées de la catégorie «Arts graphiques», *Qu'advient-il des diplômé(e)s des universités?*, MEQ, 1998.

Comment interpréter ces statistiques - pages 16 et 17

Formation universitaire

Secteur 4

Design industriel

PLACEMENT

À l'Université de Montréal, seul établissement à offrir le baccalauréat en design industriel au Québec, on dit que le taux de placement est de l'ordre de 100 %.

Les diplômés peuvent se diriger vers une foule de domaines, comme les transports, la production de meubles, la fabrication de produits ergonomiques pour les personnes âgées, etc. «On fait de tout, des aiguilles à coudre aux grosses machines, des objets les plus utilitaires jusqu'aux chefs-d'œuvre!», explique Alain Dardenne, professeur agrégé à l'École de design industriel de l'Université de Montréal.

Cependant, cette formation affichait toutefois un faible taux d'emploi relié à la formation selon l'étude du ministère de l'Éducation, *Qu'advient-il des diplômé(e)s des universités?*, publiée en 1998. Le principal obstacle à cette profession était auparavant la méconnaissance des employeurs, peu habitués à travailler avec des spécialistes du design en milieu industriel. «Mais la formation est maintenant plus connue qu'avant, souligne Alain Dardenne. Il y a eu quelques *success stories* en design, et les fabricants commencent à savoir qui nous sommes et ce qu'on peut leur apporter.»

Selon Florence Lebeau de l'Association québécoise des designers industriels, les perspectives d'emploi sont bonnes. «Les entreprises industrielles font de plus en plus souvent appel aux designers, que ce soit sur une base ponctuelle ou par l'intermédiaire d'une firme de consultants.»

En outre, le secteur du meuble, en pleine expansion actuellement, peut offrir des débouchés intéressants pour qui se spécialise dans le design de meubles, sur une base industrielle.

Selon le site Emploi-Avenir de Développement des ressources humaines Canada (DRHC), la compétition mondiale et les exigences accrues du public à l'égard de la qualité des produits augmentent l'importance du rôle des designers industriels. La conception de machines de bureau, d'équipement biomédical, de systèmes de protection de l'environnement, ainsi que la conception dans le domaine du transport sont aussi des créneaux susceptibles d'offrir des débouchés intéressants à l'avenir.

SALAIRE ET CONDITIONS DE TRAVAIL

Selon une étude du ministère de l'Éducation en 1998, *Qu'advient-il des diplômé(e)s des universités?*, le salaire moyen de départ est de 381 $. Toutefois, un designer industriel compétent peut voir rapidement sa rémunération augmenter. Les horaires de travail sont habituellement normaux, bien qu'ils puissent aussi être très chargés selon les projets en cours.

12/98

STATISTIQUES

Nombre de diplômés : **9**

Proportion de diplômés en emploi (PDE) : **n/d**

Taux de chômage : **0,0 %**

Taux de placement : **100,0 %**

Temps plein : **66,7 %**

En rapport avec la formation : **48,1 %**

Salaire hebdomadaire moyen : **381 $**

Qu'advient-il des diplômé(e)s des universités?, MÉQ. 1998

Comment interpréter ces statistiques - pages 16 et 17

Diététique

PLACEMENT

À l'Université Laval, on fait valoir que les diplômés en diététique trouvent facilement du travail mais que, de façon générale, les premiers emplois sont temporaires. La plupart sont embauchés sur une base contractuelle, notamment dans le secteur public de la santé, à cause du virage ambulatoire qui rend les postes permanents beaucoup plus rares.

En revanche, explique Ann Payne, coordonnatrice des stages en nutrition de l'Université Laval, les CLSC bénéficient actuellement de certaines sommes d'argent pour assurer le maintien des soins à domicile, ce qui permet la création de postes permanents dans le réseau communautaire. Ainsi, certains professionnels ont pu décrocher récemment un emploi à temps plein en CLSC.

Pour sa part, l'Ordre professionnel des diététistes du Québec note que le taux de placement à temps plein pour les finissants est de plus de 50 %. On confirme que le réseau public de la santé offre moins de possibilités en raison du virage ambulatoire, mais que le secteur privé devrait sans doute prendre la relève.

La profession s'ouvre donc à de nouveaux horizons. Par exemple, mentionne Ann Payne, l'industrie alimentaire embauche des diététistes pour la promotion, notamment, des neutraceutiques, une nouvelle gamme de produits à valeur nutritionnelle ajoutée, une sorte «d'aliment-médicament» très prometteur pour l'industrie alimentaire.

De plus, ajoute-t-elle, l'industrie pharmaceutique lorgne aussi du côté des diététistes, qui pourraient occuper des postes de représentant auprès des professionnels de la santé pour faire la promotion des préparations nutritionnelles destinées aux hôpitaux.

Par ailleurs, souligne-t-on à l'Ordre professionnel des diététistes du Québec, l'industrie agroalimentaire ainsi que le domaine des communications, offrent également des débouchés intéressants. Certains diététistes trouvent en effet du travail dans des quotidiens, des magazines ou encore à la télévision pour informer le public en matière de nutrition.

SALAIRE ET CONDITIONS DE TRAVAIL

L'étude du ministère de l'Éducation du Québec, *Qu'advient-il des diplômé(e)s des universités?*, évalue le salaire hebdomadaire moyen de départ à 563 $. Le travail en milieu hospitalier s'effectue selon un horaire normal de jour, mais comprend une garde la fin de semaine. Dans le secteur privé, l'horaire est variable et la diététiste peut travailler le soir et la fin de semaine.

12/98

STATISTIQUES

Nombre de diplômés : **123**	Temps plein : **67,8 %**
Proportion de diplômés en emploi (PDE) : **n/d**	En rapport avec la formation : **63,9 %**
Taux de chômage : **8,0 %**	Salaire hebdomadaire moyen : **563 $**
Taux de placement : **92,0 %**	Ces données sont tirées de la catégorie «Diététique et Nutrition», *Qu'advient-il des diplômé(e)s des universités?*, MÉQ, 1998

Comment interpréter ces statistiques - pages 16 et 17

Formation universitaire

Secteur 2

BAC

Économie et gestion agroalimentaires

PLACEMENT

Offert à l'Université Laval et à l'Université McGill, ce programme offre un taux d'emploi en rapport avec la formation de 100 %. Alliant des connaissances en agronomie et des éléments de gestion et de comptabilité, il forme des agroéconomistes capables de comprendre les besoins de l'industrie agroalimentaire (compétences de l'agronome) et de contribuer au développement des entreprises (rôle de l'économiste).

Le placement de ces spécialistes est évidemment lié à la croissance de l'industrie agroalimentaire, un secteur très prometteur actuellement au Québec. Selon le ministère de l'Agriculture, des Pêcheries et de l'Alimentation (MAPAQ), l'agriculture est aujourd'hui un secteur plus important que ceux des mines et de la foresterie réunis, industrie où le Québec est déjà bien connu à l'échelle mondiale.

Comme les agroéconomistes servent de lien entre la production agroalimentaire et les services de gestion et de finance, ils peuvent œuvrer tant auprès des producteurs, dans leurs syndicats de gestion, que dans la fonction publique et les établissements bancaires.

Louisette Rougeau, secrétaire de l'Ordre des agronomes du Québec, explique que les agroéconomistes sont très recherchés actuellement, surtout dans les institutions financières.

«Aujourd'hui, les entreprises agricoles ont une taille de plus en plus grande. Au service de prêts des banques, on a besoin de quelqu'un qui est spécialisé dans le domaine, qui peut estimer la rentabilité des entreprises agricoles, et même suggérer des améliorations dans leur gestion.»

Selon le site Emploi-Avenir de Développement des ressources humaines Canada, avec la mondialisation des marchés et le libre-échange, la demande d'agronomes en planification de la mise en marché et en vente de produits devrait être plutôt favorable. En effet, des connaissances relatives aux domaines financiers et juridique, notamment le crédit agricole, l'économie, la gestion financière, les ententes gouvernementales et le syndicalisme agricole, seraient recherchées.

SALAIRE ET CONDITIONS DE TRAVAIL

Selon une étude du ministère de l'Éducation publiée en 1998, *Qu'advient-il des diplômé(e)s des universités?*, le salaire moyen de départ est de 620 $ par semaine. Les horaires et milieux de travail dépendent de l'entreprise où l'on travaille : par exemple, les conseillers dans des syndicats de gestion agricole sont plus souvent appelés à travailler à l'extérieur.

12/98

STATISTIQUES

Nombre de diplômés : **34**	Temps plein : **100,0 %**
Proportion de diplômés en emploi (PDE) : **n/d**	En rapport avec la formation : **100,0 %**
Taux de chômage : **21,2 %**	Salaire hebdomadaire moyen : **620 $**
Taux de placement : **78,8 %**	Ces données sont tirées de la catégorie «Économie agricole», *Qu'advient-il des diplômé(e)s des universités?*, MÉQ. 1998

Comment interpréter ces statistiques - pages 16 et 17

Formation universitaire

Éducation au préscolaire
et enseignement au primaire

PLACEMENT

Selon le bureau de recherche institutionnel de l'UQAM, d'après un sondage effectué auprès de la cohorte des diplômés de 1996-1997 en éducation au préscolaire et en enseignement au primaire, 97,3 % d'entre eux avaient trouvé un emploi.

À l'Université de Montréal, bien qu'il n'y ait pas eu de diplômés en 1998, le service de placement a toutefois reçu des offres d'emploi pour du personnel enseignant dans le réseau public de l'éducation.

Selon Marie-Claude Marin, conseillère en emploi au Service de placement de l'Université de Montréal, les diplômés trouvent généralement des postes de suppléance en début de carrière.

Cela constitue leur véritable porte d'entrée sur le marché du travail car un enseignant au préscolaire et au primaire qui débute gagne à se faire connaître dans les commissions scolaires. «Généralement, cette suppléance lui permettra d'obtenir par la suite l'un des postes disponibles», explique Mme Marin.

«Il y a un manque de ce type d'enseignants dans ce domaine», affirme Carmen Savard, responsable de la certification du personnel enseignant à la Direction régionale de Montréal du ministère de l'Éducation (MÉQ).

À la Direction des statistiques et des études quantitatives du MÉQ, on souligne d'ailleurs que ce problème de personnel devrait persister jusqu'en 2005.

«Depuis deux ans, les mesures entreprises pour favoriser les programmes de pré-retraite chez les enseignants ont engendré une problématique, explique Carmen Savard, et les commissions scolaires ont dû vider leurs listes de rappel afin de combler les postes ouverts après ces départs. Malgré tout, les diplômés qui arrivent sur le marché du travail ne peuvent répondre à tous les besoins», conclut-elle.

SALAIRE ET CONDITIONS DE TRAVAIL

L'étude du ministère de l'Éducation publiée en 1998, *Qu'advient-il des diplômé(e)s des universités?*, donne un salaire hebdomadaire moyen de départ s'élevant à 550 $. Toutefois, selon la Fédération des syndicats de l'enseignement du Québec, il serait de 581 $, mais pourrait atteindre 624 $ en raison de la refonte du programme de formation qui inclut désormais une quatrième année. À temps plein, la tâche éducative de l'enseignant est de 20 heures par semaine, sans compter la préparation des cours.   12/98

STATISTIQUES		
Nombre de diplômés : **1626**	Temps plein : **54,2 %**	
Proportion de diplômés en emploi (PDE) : **n/d**	En rapport avec la formation : **83,8 %**	
Taux de chômage : **9,4 %**	Salaire hebdomadaire moyen : **550 $**	
Taux de placement : **90,6 %**	Ces données sont tirées de la catégorie «Formation des enseignants au préscolaire et au primaire», *Qu'advient-il des diplômé(e)s des universités?*, MÉQ. 1998	

Comment interpréter ces statistiques - pages 16 et 17

Formation universitaire

Secteur 20

BAC

Enseignement au secondaire : mathématiques

PLACEMENT

Selon le Bureau de recherche institutionnel du Québec de l'UQAM, le taux de placement de ces diplômés serait de 100 %. Tous les étudiants de la cohorte de 1996-1997 ont trouvé un emploi et, comme l'indique M. Louis Charbonneau, directeur du baccalauréat d'enseignement au secondaire de l'UQAM, certains d'entre eux ont décroché un emploi permanent.

«Il y a actuellement un manque d'enseignants en mathématiques au Québec et les finissants trouvent vite preneur sur le marché du travail. La plupart obtiennent un contrat de six mois à un an, mais plusieurs décrochent des postes permanents.»

Il ajoute qu'il reçoit de nombreuses demandes de la part des commissions scolaires, mais qu'il est difficile de répondre à la demande.

Une étude publiée par la Direction des statistiques et des études quantitatives du ministère de l'Éducation révèle que l'indice-carrière en enseignement des mathématiques est très favorable.

De 1998 à 2005, on prévoit des manques sérieux. Les besoins sont estimés à 332 diplômés par an pour la période 2002-2006, et à 165 diplômés par an pour la période 2006-2008.

Dans leurs programmes de formation en enseignement des mathématiques, la plupart des universités ne parviennent pas à atteindre le nombre de places autorisé par le contingentement, admet cependant M. Charbonneau.

Il ajoute que même en remplissant le nombre de places prévues, il n'y aurait de toute façon pas assez de diplômés pour combler tous les besoins. «Il semble y avoir une baisse marquée de l'intérêt à l'égard des mathématiques et des sciences en général, ce qui explique la diminution des inscriptions», conclut M. Charbonneau.

SALAIRE ET CONDITIONS DE TRAVAIL

L'étude du ministère de l'Éducation publiée en 1998, *Qu'advient-il des diplômé(e)s des universités?*, donne un salaire hebdomadaire moyen de départ s'élevant à 550 $. Toutefois, selon la Fédération des syndicats de l'enseignement du Québec, il serait de 581 $, mais pourrait atteindre 624 $ en raison de la refonte du programme de formation qui inclut désormais une quatrième année. À temps plein, la tâche éducative de l'enseignant est de 20 heures par semaine, sans compter la préparation des cours.

12/98

STATISTIQUES

Nombre de diplômés : **1125**	Temps plein : **62,0 %**
Proportion de diplômés en emploi (PDE) : **n/d**	En rapport avec la formation : **73,1 %**
Taux de chômage : **10,3 %**	Salaire hebdomadaire moyen : **550 $**
Taux de placement : **89,7 %**	

Ces données concernent l'ensemble des diplômés en enseignement au secondaire, *Qu'advient-il des diplômé(e)s des universités?*, MÉQ, 1998

Comment interpréter ces statistiques - pages 16 et 17

Formation universitaire

Enseignement au secondaire : —— sciences

PLACEMENT

Selon Louis Charbonneau, directeur du baccalauréat en enseignement secondaire de l'UQAM, le taux de placement des étudiants en enseignement des sciences est de 80 % en 1998.

En outre, un sondage réalisé auprès des diplômés de l'année 1996-1997 par le Bureau de recherche institutionnel de l'UQAM, révèle que 100 % des finissants ont trouvé un emploi.

«La plupart décrochent des postes de suppléant pour enseigner, entre autres, la chimie, la physique et la biologie. Et à l'instar de l'enseignement des mathématiques, les besoins ressentis par les commissions scolaires sont très grands en ce qui a trait aux sciences. Cette situation devrait se maintenir pour les prochaines années», affirme Louis Charbonneau.

Une étude réalisée par la Direction des statistiques et des études quantitatives du ministère de l'Éducation du Québec révèle que le niveau des inscriptions en enseignement des sciences est insuffisant pour les besoins du Québec, d'ici les quatre prochaines années.

Pour sa part, Louis Charbonneau affirme que les programmes en enseignement des sciences au secondaire sont difficiles à combler, en raison du manque d'intérêt des étudiants pour les sciences en général.

«Les demandes des commissions scolaires pour du personnel enseignant se font pressantes et certains diplômés en sciences doivent même répondre à la demande en mathématiques», ajoute-t-il

«En revanche, les besoins concernant l'enseignement des sciences vont sensiblement diminuer à partir de l'année 2006. Selon une étude du ministère de l'Éducation, actuellement les besoins sont de l'ordre de 226 diplômés par an pour la tranche 2002-2006, et de 123 par an à compter de 2006 jusqu'en 2009», conclut Louis Charbonneau.

SALAIRE ET CONDITIONS DE TRAVAIL

L'étude du ministère de l'Éducation publiée en 1998, *Qu'advient-il des diplômé(e)s des universités?*, donne un salaire hebdomadaire moyen de départ s'élevant à 550 $. Toutefois, selon la Fédération des syndicats de l'enseignement du Québec, il serait de 581 $, mais pourrait atteindre 624 $ en raison de la refonte du programme de formation qui inclut désormais une quatrième année. À temps plein, la tâche éducative de l'enseignant est de 20 heures par semaine, sans compter la préparation des cours. 12/98

STATISTIQUES		
Nombre de diplômés : **1125**	Temps plein : **62,0 %**
Proportion de diplômés en emploi (PDE) : **n/d**	En rapport avec la formation : **73,1 %**
Taux de chômage : **10,3 %**	Salaire hebdomadaire moyen : **550 $**
Taux de placement : **89,7 %**	Ces données concernent l'ensemble des diplômés en enseignement au secondaire, *Qu'advient-il des diplômé(e)s des universités?*, MÉQ. 1998

Comment interpréter ces statistiques - pages 16 et 17

Formation universitaire

Secteur 20

Enseignement au secondaire : français

PLACEMENT

Selon un sondage effectué par le Bureau de recherche institutionnel de l'UQAM auprès des diplômés de cet établissement pour l'année 1996-1997, le taux de placement est de 96 %.

En revanche, explique Louis Charbonneau, directeur du baccalauréat de l'enseignement au secondaire de l'UQAM, les diplômés devront tout de même patienter quelques années avant de décrocher un poste permanent. À court et moyen terme, l'enseignement offre la plupart du temps des postes de suppléance.

«D'ici les prochaines années, on s'attend à connaître un vrai problème de recrutement, annonce M. Charbonneau, à cause du départ massif à la retraite d'un bon nombre d'enseignants. On s'attend également à voir une augmentation du nombre requis dans les écoles d'enseignants en français, en raison des nouveaux programmes de français qui s'organiseront selon de nouvelles grilles horaires. Ils devraient être en vigueur dès 2001.»

Une étude réalisée par la Direction des statistiques et des études quantitatives du ministère de l'Éducation du Québec, révèle clairement que l'indice-carrière en enseignement du français au secondaire devient nettement favorable à compter de l'année 2001 pour se poursuivre jusqu'en 2005.

«Cependant, le niveau actuel des inscriptions dans les programmes de formation n'est pas suffisant pour combler les besoins des quatre prochaines années», constate Jean-Claude Bousquet, agent de recherche à la Direction des statistiques et des études quantitatives du ministère de l'Éducation du Québec.

Ce témoignage est corroboré par M. Charbonneau, qui affirme d'ailleurs que même si on doublait le nombre actuel des diplômés issus des universités, cela ne serait pas suffisant pour répondre à la demande.

SALAIRE ET CONDITIONS DE TRAVAIL

L'étude du ministère de l'Éducation publiée en 1998, *Qu'advient-il des diplômé(e)s des universités?*, donne un salaire hebdomadaire moyen de départ s'élevant à 550 $. Toutefois, selon la Fédération des syndicats de l'enseignement du Québec, il serait de 581 $, mais pourrait atteindre 624 $ en raison de la refonte du programme de formation qui inclut désormais une quatrième année. À temps plein, la tâche éducative de l'enseignant est de 20 heures par semaine, sans compter la préparation des cours. 12/98

STATISTIQUES

Nombre de diplômés : **1125**
Proportion de diplômés en emploi (PDE) : **n/d**
Taux de chômage : **10,3 %**
Taux de placement : **89,7 %**

Temps plein : **62,0 %**
En rapport avec la formation : **73,1 %**
Salaire hebdomadaire moyen : **550 $**

Ces données concernent l'ensemble des diplômés en enseignement au secondaire, *Qu'advient-il des diplômé(e)s des universités?*, MÉQ, 1998

Comment interpréter ces statistiques - pages 16 et 17

Formation universitaire

Finance

PLACEMENT

La situation de l'embauche des finissants en administration option finance est excellente selon Kathleen Grant, directrice du service de placement de l'École des hautes études commerciales (HÉC). Elle souligne que l'ensemble des baccalauréats en administration affichent un taux de placement de 95 %. «Les offres d'emploi sont en croissance et on en reçoit de plus en plus. En marketing et en finance, comme dans d'autres secteurs, on a eu plus de 30 % d'augmentation des offres d'emploi au printemps 1998. Je crois que la situation va perdurer. Même si ce n'est pas dans de telles proportions, cela devrait demeurer néanmoins très bon», poursuit-elle.

L'option finance ouvre un large éventail de carrières dans les secteurs privé et public : responsable des services financiers, agent de gestion financière, analyste financier, etc. Dans le site Emploi-Avenir de Développement des ressources humaines Canada, on note cependant que la croissance des emplois pourrait être réduite au cours des prochaines années dans le secteur public, à cause des compressions budgétaires.

Néanmoins, les diplômés en finance peuvent aussi œuvrer au sein d'entreprises industrielles et de services, dans les banques, les caisses populaires, les sociétés de fiducie, les sociétés d'assurances, les firmes d'analystes financiers et les courtiers.

Les débouchés sont donc très prometteurs. François Limoges, conseiller en ressources humaines à la Fédération des Caisses populaires Desjardins, confirme d'ailleurs qu'une chasse aux jeunes diplômés s'effectue chaque année. Entre 1997 et 1998, des dizaines de nouveaux directeurs de services financiers ont ainsi intégré les rangs de la Fédération.

Selon Emploi-Avenir, la mondialisation des marchés qui pousse les entreprises à rechercher une plus grande productivité afin d'augmenter leurs profits, devrait par ailleurs favoriser la croissance des emplois d'analystes financiers.

SALAIRE ET CONDITIONS DE TRAVAIL

Selon l'étude du ministère de l'Éducation publiée en 1998, *Qu'advient-il des diplômé(e)s des universités?*, le salaire moyen de départ est de 647 $ par semaine. Les horaires de travail sont normaux, mais il faut parfois s'attendre à faire des heures supplémentaires.

12/98

STATISTIQUES

Nombre de diplômés : **225**	Temps plein : **97,4 %**
Proportion de diplômés en emploi (PDE) : **n/d**	En rapport avec la formation : **76,3 %**
Taux de chômage : **9,4 %** *	Salaire hebdomadaire moyen : **647 $**
Taux de placement : **90,6 %**	

Ces données sont tirées de la catégorie «Finance et opération bancaire», *Qu'advient-il des diplômé(e)s des universités?*, MÉQ. 1998
* Interpréter avec prudence à cause de la marge d'erreur que comporte cette valeur

Comment interpréter ces statistiques - pages 16 et 17

Formation universitaire

Secteur 19

BAC

Ergothérapie

PLACEMENT

À l'Université de Montréal, pour les diplômés en ergothérapie, on parle d'un taux de placement de 95 % tandis qu'à l'Université Laval, les chiffres varient entre 60 % et 70 %, suivant les années.

Pour sa part, Louise Tremblay, responsable des services professionnels de l'Ordre des ergothérapeutes du Québec, affirme que le placement est excellent pour les membres de l'Ordre, mais admet que les diplômés devront se contenter d'emplois temporaires, d'emplois à temps partiel et de remplacements, avant de pouvoir décrocher un emploi permanent.

Selon le site Emploi-Avenir de Développement des ressources humaines Canada, avec le virage ambulatoire, les ergothérapeutes devraient être de plus en plus demandés dans le réseau communautaire et leur rôle de consultant prendre de l'importance.

 «Contrairement aux hôpitaux, les CLSC ouvrent de nouveaux postes. Des services en ergothérapie ont en effet été déplacés vers ces établissements. On parle donc de création d'emplois dans ce secteur», soutient Louise Tremblay. À l'Université de Montréal, on remarque aussi depuis 1998 une augmentation de l'embauche en CLSC.

«Que ce soit dans les centres hospitaliers, les centres hospitaliers de soins de longue durée (CHSLD) ou les CLSC, les perspectives d'emploi vont principalement toucher la clientèle des personnes âgées, explique Louise Tremblay. Des besoins se développent en réadaptation et en évaluation des capacités physiques et mentales de ces personnes, afin de favoriser leur maintien à domicile.»

Il s'ajoute à cela certains besoins en santé mentale qui visent la réadaptation et l'intégration à la communauté des personnes en difficulté.

Plusieurs ouvertures sont aussi à prévoir dans le secteur privé en raison du maintien dans la communauté des personnes aux prises avec des incapacités physiques ou mentales.

SALAIRE ET CONDITIONS DE TRAVAIL

Selon l'étude du ministère de l'Éducation publiée en 1998, *Qu'advient-il des diplômé(e)s des universités?*, le salaire moyen de départ est évalué à 677 $ par semaine. Le travail s'effectue à temps plein ou à temps partiel suivant des horaires normaux, mais le secteur privé doit s'adapter à des horaires flexibles afin de répondre aux besoins de la clientèle.

12/98

STATISTIQUES

Nombre de diplômés : **195**	Temps plein : **83,3 %**
Proportion de diplômés en emploi (PDE) : **n/d**	En rapport avec la formation : **97,3 %**
Taux de chômage : **1,5 %**	Salaire hebdomadaire moyen : **677 $**
Taux de placement : **98,5 %**	

Qu'advient-il des diplômé(e)s des universités?, MÉQ. 1998

Comment interpréter ces statistiques - pages 16 et 17

Génie —————— alimentaire

PLACEMENT

À l'automne 1995, l'Université Laval a commencé à offrir cette nouvelle discipline de génie, qui débouche officiellement sur le titre d'ingénieur depuis le printemps 1998. La première cohorte complète de diplômés terminera au printemps 1999. Actuellement, seulement huit diplômés ont achevé leur formation et ces derniers ont tous trouvé un emploi, confirme-t-on au centre de placement.

«C'est une nouvelle formation et il faudra quelques années pour la faire connaître à l'industrie, note Roger Thériault, directeur de programme au département des sols et de génie alimentaire de l'Université Laval. Les diplômés devront peut-être se vendre un peu plus que dans les disciplines de génie traditionnelles. Cependant, les stages en entreprises les aident à se faire valoir auprès des employeurs que sont les industries alimentaires, les entreprises produisant des équipements destinés aux industries alimentaires et les firmes de génie-conseil.»

Chez SNC Lavalin-Audet, bureau d'ingénieur-conseil spécialisé dans les procédés industriels agroalimentaires, Luc Audet, président, avance que plusieurs facteurs de développement sont susceptibles de favoriser la demande pour ces ingénieurs. «On parle beaucoup des nutraceutiques, aliments qui seront développés et utilisés pour leur valeur "médicinale". Par exemple, des carottes améliorées génétiquement et qui peuvent aider à régler un problème de cancer, en les incluant dans l'alimentation d'une personne qui souffre de cette maladie. Les usines devront développer ces aliments et l'ingénieur aura un rôle à jouer dans ce processus. Des travaux se font également sur différents types d'emballages qui pourraient améliorer la conservation. De plus, la question du contrôle de la qualité va obliger l'industrie à avoir des systèmes encore plus sophistiqués pour assurer la salubrité des aliments.»

Le secteur de la transformation des aliments et des boissons est l'un des plus importants groupes industriels du Québec. En 1996, il employait 50 400 personnes et avait un PIB de près de trois milliards de dollars. Cette formation a d'ailleurs été mise sur pied à la suite d'une étude du Comité d'élaboration du programme, réalisée en 1990, qui montrait que 97 entreprises de transformation des aliments au Québec seraient prêtes à embaucher un total de 179 diplômés en génie alimentaire au cours des dix années suivantes. En outre, la croissance des besoins en recherche pourrait ouvrir de nombreux débouchés à l'avenir.

SALAIRE ET CONDITIONS DE TRAVAIL

Le salaire moyen de départ pourrait se situer entre 570 $ et 670 $ par semaine, selon Roger Thériault, directeur de programme à l'Université Laval. Les horaires de travail sont variables, et il faut s'attendre à faire des heures supplémentaires.

12/98

STATISTIQUES

Nombre de diplômés : **n/d**	Temps plein : **n/d**
Proportion de diplômés en emploi (PDE) : **n/d**	En rapport avec la formation : **n/d**
Taux de chômage : **n/d**	Salaire hebdomadaire moyen : **n/d**
Taux de placement : **n/d**	

Qu'advient-il des diplômé(e)s des universités?, MÉQ. 1998

Comment interpréter ces statistiques - pages 16 et 17

Formation universitaire

Secteur 6

BAC

Génie chimique

PLACEMENT

À l'Université de Sherbrooke, on indique que sur 38 diplômés inscrits au centre de placement en 1997-1998, seulement quatre sont encore sans emploi. D'autre part, l'ensemble de la cohorte de 1998 à l'École polytechnique a aussi trouvé preneur. «La majorité œuvre dans le domaine des procédés en milieu industriel, alors que d'autres ont intégré des firmes de génie-conseil. Il est à noter que très peu se sont placés dans le secteur de l'environnement», remarque Marc Groleau, conseiller en emploi.

L'ingénieur chimiste peut être recherché dans différentes industries dont celles des produits chimiques, des pâtes et papiers, du caoutchouc et des plastiques, de la première transformation des métaux et des aliments et boissons. On le retrouve aussi dans le secteur public et dans le service aux entreprises.

Dans le site Emploi-Avenir de Développement des ressources humaines Canada, on estime que l'emploi dans cette profession devrait connaître un taux de croissance de 3,1 % entre 1997 et 2002, soit un taux nettement supérieur à la moyenne. La complexité des produits chimiques, la mise au point de fibres plastiques et synthétiques et l'utilisation de plus en plus répandue des biotechnologies sont des facteurs susceptibles de favoriser l'embauche de ces ingénieurs. Le génie chimique serait d'ailleurs l'une des disciplines de génie qui prépare le mieux à œuvrer dans le domaine des biotechnologies.

Selon André Nadeau, du Comité sectoriel de main-d'œuvre de la chimie, de la pétrochimie et du raffinage du Québec, la main-d'œuvre vieillissante des ingénieurs chimistes au sein de la grande industrie chimique laisse présager de bonnes possibilités d'embauche, faisant de 2002 une année critique dans le renouvellement des troupes.

Si certains sous-secteurs comme celui des produits de nettoyage sont stables, d'autres montrent des signes d'expansion. «Le développement de créneaux très pointus et de produits à forte valeur ajoutée sont des voies d'avenir. Cependant, il faut considérer que le secteur de la chimie fine ne représente que 287 des 17 000 emplois générés par l'industrie chimique québécoise», souligne André Nadeau. Du côté de l'industrie pharmaceutique, les ingénieurs chimistes peuvent aussi œuvrer en hygiène industrielle, ainsi que dans les activités reliées à la protection de l'environnement.

SALAIRE ET CONDITIONS DE TRAVAIL

Selon l'étude du ministère de l'Éducation publiée en 1998, *Qu'advient-il des diplômé(e)s des universités?*, le salaire moyen de départ est évalué à 773 $ par semaine. Les horaires varient en fonction de l'entreprise pour laquelle on œuvre, et des projets en cours.

12/98

STATISTIQUES

Nombre de diplômés : **195**	Temps plein : **97,6 %**
Proportion de diplômés en emploi (PDE) : **n/d**	En rapport avec la formation : **88,3 %**
Taux de chômage : **n/d**	Salaire hebdomadaire moyen : **773 $**
Taux de placement : **96,9 %**	

Qu'advient-il des diplômé(e)s des universités?, MÉQ. 1998

Comment interpréter ces statistiques - pages 16 et 17

Génie de la production automatisée

PLACEMENT

L'École de technologie supérieure (ÉTS) est l'unique établissement universitaire au Québec à offrir cette formation. Les diplômés se placent généralement à 100 %. D'ailleurs on note un nombre plus élevé d'offres d'emploi que de diplômés pour les combler. «Cinquante pour cent de nos étudiants décrochent un emploi au sein d'une entreprise dans laquelle ils ont fait un stage dans le cadre du programme coopératif», fait valoir Claude Olivier, directeur du programme en génie de la production automatisée à l'ÉTS. Il ajoute qu'environ deux tiers des employeurs sont des petites et moyennes entreprises qui ont besoin d'un ingénieur mais qui n'ont pas les moyens d'embaucher plusieurs spécialistes.

Cette formation multidisciplinaire est orientée vers l'automatisation et intègre quatre grands axes de formation tels que la mécanique, l'électrique et l'électronique, l'informatique et une part de génie industriel. Si on retrouve ces diplômés principalement dans les secteurs industriels et des services, on en retrouve aussi en enseignement ou œuvrant à l'intérieur de secteurs de développement plus pointus, comme celui de la vision artificielle et de la robotique.

L'avenir est prometteur pour ces spécialistes, dont l'expertise sera précieuse aux entreprises désireuses de prendre le tournant du 21e siècle. «Je dirais que le Québec et le Canada ont pris de cinq à dix ans de retard dans la modernisation des environnements industriels, avance Claude Olivier. L'industrie est en train de renouveler ses équipements, et les entreprises apprécient que nos étudiants soient au fait des dernières technologies.»

Chez Walsh Automation inc., une firme de génie-conseil internationale active dans l'industrie, on confirme que ces ingénieurs seront au cœur d'une grande révolution. «Les entreprises cherchent à acquérir de plus grandes parts de marché. Dans un souci de rationalisation et afin de tirer parti au maximum de leurs investissements, elles choisissent d'automatiser et d'optimiser leurs procédés de fabrication. Ces ingénieurs ont donc un avenir prometteur, affirme François Gariépy, vice-président aux ressources humaines et à l'administration. De plus, dans le site Emploi-Avenir de Développement des ressources humaines Canada, on estime que cette profession devrait connaître un taux de croissance bien supérieur à la moyenne.

SALAIRE ET CONDITIONS DE TRAVAIL

Selon l'étude du ministère de l'Éducation publiée en 1998, *Qu'advient-il des diplômé(e)s des universités?*, le salaire moyen de départ est évalué à 815 $ par semaine. Les horaires de travail peuvent varier suivant le milieu dans lequel on évolue.

12/98

STATISTIQUES

Nombre de diplômés : **136**	Temps plein : **100,0 %**
Proportion de diplômés en emploi (PDE) : **n/d**	En rapport avec la formation : **100,0 %**
Taux de chômage : **n/d**	Salaire hebdomadaire moyen : **815 $**
Taux de placement : **97,9 %**	Ces données sont tirées de la catégorie «Génie informatique et de la construction des ordinateurs», *Qu'advient-il des diplômé(e)s des universités?*, MÉQ. 1998

Comment interpréter ces statistiques - pages 16 et 17

Formation universitaire

Secteur 9
BAC

Génie des systèmes électromécaniques

PLACEMENT

À l'Université du Québec à Rimouski, une première cohorte de 23 finissants se plaçait à 100 % en 1998. Sur ce nombre, huit ont choisi de poursuivre des études de 2ᵉ cycle. Basée sur l'intégration de connaissances de génie mécanique et électrique, cette formation vise à combler les besoins des industries dont la productivité repose sur des équipements liés à des automates.

«Ces ingénieurs font le pont entre les deux disciplines et leur polyvalence répond très bien aux besoins des PME qui ne peuvent engager qu'un nombre réduit d'ingénieurs», fait valoir Adrian Ilinca, directeur du département de mathématiques, d'informatique et de génie à l'UQAR.

À l'Université du Québec en Abitibi-Témiscamingue, on offre jusqu'à présent les trois premières années d'un programme de génie électromécanique. C'est une formation assez similaire menant à la maîtrise des aspects mécaniques et électriques des différentes applications industrielles. En 1999-2000, on offrira pour la première fois les quatre années de ce baccalauréat.

Récemment diplômé de l'UQAR, Martin Sirois a ouvert son bureau de génie-conseil spécialisé en recherche et développement. Il est aujourd'hui le président d'Audace Technologies inc., à Rimouski. Parce que son entreprise connaît d'excellents débuts, il assure que ces ingénieurs ont un bel avenir devant eux.

«Les systèmes mécaniques sont maintenant liés à l'électrique, l'électronique et à l'informatique. Cette formation est donc très bien perçue, car les entreprises veulent des ingénieurs capables de toucher à tout», affirme-t-il.

Outillés pour travailler au développement de nouveaux produits, ces ingénieurs œuvrent aussi à l'amélioration des technologies et des équipements implantés en industries. «Leur polyvalence leur ouvre des postes de gestion. Les grandes entreprises de transformation de bois et de minerai en Abitibi ont besoin de "managers" et de gens capables d'implanter les meilleures technologies disponibles», indique Éric Bordeleau, chargé de projet chez Bioptic Vision inc., bureau de génie-conseil spécialisé en gestion des affaires à Val D'or.

SALAIRE ET CONDITIONS DE TRAVAIL

Selon Régis Beaulieu, coordonnateur des stages en sciences et génie à l'UQAR, le salaire moyen de départ oscillerait entre 576 $ et 673 $ par semaine. Soulignons que cette formation a été reconnue par le Bureau canadien d'accréditation des programmes en ingénierie au printemps 1998 : elle peut donc mener au titre d'ingénieur.

12/98

STATISTIQUES

Nombre de diplômés : **n/d**	Temps plein : **n/d**
Proportion de diplômés en emploi (PDE) : **n/d**	En rapport avec la formation : **n/d**
Taux de chômage : **n/d**	Salaire hebdomadaire moyen : **n/d**
Taux de placement : **n/d**	

Qu'advient-il des diplômé(e)s des universités?, MÉQ. 1998

Comment interpréter ces statistiques - pages 16 et 17

Formation universitaire

Génie ——
—— du bois

PLACEMENT

Très recherchés actuellement, les étudiants en génie du bois ne sont pourtant qu'une dizaine à obtenir leur diplôme chaque année. À l'Université Laval, seul établissement à offrir ce programme au Québec, on souligne que des cohortes de vingt finissants répondraient déjà mieux aux besoins du marché. Le placement est donc excellent, principalement dans les industries de première transformation du bois qui visent à faire du papier, des panneaux ou du bois de sciage. Ces informations ne peuvent être précisées dans l'enquête provinciale *Qu'advient-il des diplômé(e)s des universités?* qui regroupe ce type de programmes dans la catégorie «Génie forestier, foresterie et sciences du bois». Ces diplômés sont aussi très demandés dans l'industrie québécoise du meuble qui connaît actuellement une période d'effervescence.

Pour cette profession, le site Emploi-Avenir de Développement des ressources humaines Canada annonce un taux de croissance de 2,2 % entre 1997 et 2002, taux qui est supérieur à la moyenne.

En cette période de forte concurrence et de rationalisation de la coupe de bois, la deuxième et troisième transformation de la matière ligneuse devient un secteur très chaud vers lequel se tourne 95 % de l'industrie forestière.

«On ne fait plus seulement des planches de 2X4, on offre bien davantage, notamment au niveau des revêtements», indique Gérard Szaraz, directeur du Regroupement des sociétés d'aménagement forestier.

Chez Industries Maibec inc. par exemple, en plus du traditionnel bois de sciage destiné à la construction, on fabrique maintenant du treillis et des pavillons de jardin, produits à forte valeur ajoutée. «Cela implique des processus jointifs et l'utilisation de colles, on a donc besoin de connaissances de pointe en ingénierie. L'ingénieur du bois doit non seulement avoir des connaissances dans les machines de transformation primaire, mais de plus en plus dans les équipements de transformation davantage spécialisés», fait valoir Charles Tardif, directeur des approvisionnements chez Industries Maibec inc.

«Ces ingénieurs sont actuellement parmi les mieux placés sur le marché du travail avec les informaticiens. D'ailleurs, il n'est pas rare qu'ils reçoivent deux ou trois offres d'emploi, voire quatre ou cinq», conclut-il.

SALAIRE ET CONDITIONS DE TRAVAIL

Selon l'étude du ministère de l'Éducation parue en 1998, *Qu'advient-il des diplômé(e)s des universités?*, le salaire moyen de départ est évalué à 631 $ par semaine. Soulignons que plusieurs occasions d'emploi se trouvent hors des milieux urbains et que ces ingénieurs utilisent des équipements de hautes technologies.

12/98

STATISTIQUES

Nombre de diplômés : **68**	Temps plein : **100,0 %**
Proportion de diplômés en emploi (PDE) : **n/d**	En rapport avec la formation : **96,0 %**
Taux de chômage : **18,4 %**	Salaire hebdomadaire moyen : **631$**
Taux de placement : **81,6 %**	Ces données sont tirées de la catégorie «Génie forestier, foresterie et sciences du bois», *Qu'advient-il des diplômé(e)s des universités?*, MÉQ. 1998

Comment interpréter ces statistiques - pages 16 et 17

formation universitaire

Secteur 9

BAC

Génie électrique

PLACEMENT

Selon Normand Lalonde, responsable du service de placement à l'École de technologie supérieure (ÉTS), la majorité des finissants décrochent un emploi dans le cadre de leurs trois stages en entreprise. «Souvent, ils effectuent leur dernier semestre à temps partiel parce qu'ils ont déjà un contrat en poche», observe-t-il.

À l'Université Concordia, on note une augmentation de 37 % du nombre d'offres d'emploi dans cette discipline en 1998. À l'Université Laval, on fait remarquer qu'à cause de la forte demande de main-d'œuvre en informatique, beaucoup d'ingénieurs électriques se tournent vers ce champ d'activité où leur intégration se fait aisément. Cela créerait un problème de recrutement pour les entreprises d'autres secteurs à la recherche d'ingénieurs électriques.

Le site Emploi-Avenir de Développement des ressources humaines Canada prévoit un taux de croissance pour cette profession de 3,2 % entre 1997 et 2002, taux nettement supérieur à la moyenne. On indique également que l'évolution rapide des nouvelles technologies fait croître le besoin d'ingénieurs électriques, particulièrement dans les secteurs dynamiques que sont les télécommunications, l'aérospatiale et les produits électriques et électroniques.

Les ingénieurs électriques jouiraient donc d'une excellente cote sur le marché et seraient stratégiquement bien placés pour négocier leurs conditions de travail. «Les entreprises se plient en quatre pour garder leurs ingénieurs électriques, et les emplois sont beaucoup plus stables qu'auparavant», ajoute Normand Lalonde.

Dans l'industrie, on note aussi que le marché est très compétitif et qu'il est difficile de recruter des ingénieurs électriques, surtout lorsque l'on n'a pas la possibilité de leur offrir des conditions de travail très intéressantes.

À l'Ordre des ingénieurs du Québec, on met toutefois un bémol. Selon Robert Loiselle, conseiller en développement professionnel et emploi, «il n'y a pas de début de pénurie, mais plutôt un accroissement de la demande. Par conséquent, les délais de recrutement sont plus longs et les exigences des candidats concernant les conditions de travail plus élevées».

SALAIRE ET CONDITIONS DE TRAVAIL

Selon une étude du ministère de l'Éducation en 1998, *Qu'advient-il des diplômé(e)s des universités?*, le salaire moyen de départ est de 726 $ par semaine. En raison de la forte demande pour ces professionnels, il ira probablement à la hausse. Les horaires de travail sont variables, suivant l'entreprise pour laquelle on œuvre.

12/98

STATISTIQUES

Nombre de diplômés : **550**	Temps plein : **99,4 %**
Proportion de diplômés en emploi (PDE) : **n/d**	En rapport avec la formation : **93,9 %**
Taux de chômage : **4,5 %**	Salaire hebdomadaire moyen : **726 $**
Taux de placement : **95,5 %**	

Qu'advient-il des diplômé(e)s des universités?, MÉQ. 1998

Comment interpréter ces statistiques - pages 16 et 17

Formation universitaire

Génie —— industriel

PLACEMENT

À l'Université Concordia, en 1998, on dénombre 44 postes offerts en génie industriel pour une promotion de seulement dix finissants. «Tous nos étudiants se placent donc très bien», confirme André Gagnon, coordonnateur du centre de placement.

Maryse Deschênes, directrice du Service de placement et des stages à l'École polytechnique, déclare que, sur les 48 finissants en 1998, seulement deux n'ont toujours pas trouvé preneurs. «Les gens sans emploi n'ont peut-être pas mis l'ardeur qu'il fallait pour trouver du travail parce que la demande est bel et bien là!»

Les ingénieurs industriels peuvent trouver du travail dans les petites, moyennes ou grandes entreprises, dans les industries manufacturières et les firmes de génie-conseil.

Selon le site Emploi-Avenir de Développement des ressources humaines Canada, l'automatisation et la modernisation des équipements de production créent de nombreux débouchés pour les ingénieurs industriels, car ils possèdent de bonnes connaissances des nouvelles méthodes de production. De plus, selon la même source, cette profession devrait connaître un taux de croissance bien supérieur à la moyenne.

L'ingénieur industriel est de plus en plus appelé à intégrer les rangs d'équipes de travail multidisciplinaires. Chez Devonyxx Technologies inc., une firme de génie-conseil, l'ingénieur industriel, dans un projet de conception d'usine par exemple, déterminera l'agencement stratégique des équipements de façon à optimiser la production, tant l'écoulement des matériaux que les mouvements des travailleurs.

«Avec un très bon aménagement, on peut gagner jusqu'à 15 % en rapidité, ce qui représente un profit supplémentaire pour le client», explique Gilles Cayouette, ingénieur et président de la firme.

En termes de défis de demain, l'ingénieur industriel devra bientôt exploiter la réalité virtuelle comme un outil de travail. «Je pense que, d'ici cinq ans, un client va pouvoir marcher dans son usine virtuelle avant même que l'usine réelle ne soit construite», avance Gilles Cayouette. Pour rester dans la course, les ingénieurs devront donc garder l'esprit ouvert et s'adapter aux changements technologiques rapides.

SALAIRE ET CONDITIONS DE TRAVAIL

Selon l'étude du ministère de l'Éducation parue en 1998, *Qu'advient-il des diplômé(e)s des universités?*, le salaire moyen de départ est évalué à 701 $ par semaine. Les horaires de travail demeurent flexibles.

12/98

STATISTIQUES

Nombre de diplômés : **169**	Temps plein : **95,7 %**
Proportion de diplômés en emploi (PDE) : **n/d**	En rapport avec la formation : **87,3 %**
Taux de chômage : **n/d**	Salaire hebdomadaire moyen : **701 $**
Taux de placement : **96,3 %**	

Qu'advient-il des diplômé(e)s des universités?, MÉQ. 1998

Comment interpréter ces statistiques - pages 16 et 17

Formation universitaire

Secteur 1

BAC

Génie informatique

PLACEMENT

À l'Université Concordia, on dénombre cette année une augmentation de 28 % du nombre de postes offerts en génie informatique. Le taux de placement frise les 100 %, et c'est également le cas à l'Université Laval et à l'Université du Québec à Chicoutimi.

Selon les prévisions du site Emploi-Avenir de Développement des ressources humaines Canada, cette profession devrait connaître un taux de croissance annuel de 5,9 % entre 1997 et 2002, taux largement supérieur à la moyenne. L'utilisation grandissante de l'informatique, tant pour la production de biens que de services, continuera de soutenir la demande d'ingénieurs informaticiens, aussi bien pour le développement de matériel que de logiciels.

Cette tendance se confirme concrètement sur le terrain, où un manque de main-d'œuvre commence à se faire sentir.

«Les premiers à ressentir les effets d'une pénurie de main-d'œuvre en génie informatique sont les petites et moyennes entreprises, qui ont de la difficulté à concurrencer les géants de l'industrie capables d'offrir des conditions de travail et de développement de carrière plus intéressantes, remarque Robert Loiselle, conseiller en développement professionnel et emploi à l'Ordre des ingénieurs du Québec. Les projets d'expansion de ces entreprises peuvent alors être freinés et l'un des moyens palliatifs utilisés sera de recruter des ingénieurs en électricité qui auront déjà une certaine base en informatique.»

Le cas d'Exfo inc., une entreprise spécialisée dans le développement et la fabrication d'instruments de mesure de la fibre optique, peut témoigner de ces conséquences. «Le manque d'ingénieurs informatiques limite un peu notre croissance. Nous avons retardé certains projets et nous cherchons aussi à recruter quelques candidats à l'étranger», confie Annie Simard, directrice des ressources humaines chez Exfo inc.

Pour contrer la pénurie de main-d'œuvre qualifiée, les entreprises élargissent leur territoire de chasse aux candidats en se tournant vers l'étranger. «C'est une situation qui est propre à l'ensemble du monde occidental. Des entreprises françaises et américaines recrutent ici et les nôtres recrutent là-bas», fait valoir Robert Loiselle.

SALAIRE ET CONDITIONS DE TRAVAIL

Selon l'étude du ministère de l'Éducation parue en 1998, *Qu'advient-il des diplômé(e)s des universités?*, le salaire moyen de départ est évalué à 815 $ par semaine. Les horaires de travail sont généralement flexibles et parfois fort chargés. L'ingénieur qui est affecté au soutien technique doit fréquemment être disponible en plus des heures de bureau.

12/98

STATISTIQUES

Nombre de diplômés : **136**

Proportion de diplômés en emploi (PDE) : **n/d**

Taux de chômage : **n/d**

Taux de placement : **97,9 %**

Temps plein : **100,0 %**

En rapport avec la formation : **100,0 %**

Salaire hebdomadaire moyen : **815 $**

Qu'advient-il des diplômé(e)s des universités?, MÉQ. 1998

Comment interpréter ces statistiques - pages 16 et 17

Génie ——— ——— mécanique

PLACEMENT

Maryse Deschênes, directrice du service de placement et des stages à l'École polytechnique, affirme que 86 % des diplômés en génie mécanique ont intégré le marché du travail dans les trois mois qui ont suivi l'obtention de leur diplôme.

Un peu partout dans les autres universités de la province, on note aussi un taux de placement élevé, voire un certain accroissement de la demande de main-d'œuvre en génie mécanique.

«Il y a une augmentation de 27 % du nombre de postes offerts cette année, soit 169, et nous n'avions que 70 finissants, déclare André Gagnon, coordonnateur au service de placement à l'Université Concordia.

La demande provient surtout du milieu industriel, de tous les secteurs de fabrication, autant de la petite, que de la moyenne et la grande entreprise. Auparavant, la majorité des offres touchaient le service aux entreprises par l'entremise des firmes de génie-conseil. La demande tend maintenant à se diversifier», ajoute-t-il.

Les nouvelles technologies influencent les tâches de l'ingénieur mécanique. Les entreprises ont besoin de professionnels qui connaissent bien la robotique et l'automatisation des procédés.

Les meilleures possibilités d'emploi se retrouvent actuellement du côté du secteur industriel, notamment dans les industries d'équipement, de transport et de machinerie.

Chez Pétro-Canada par exemple, où l'on investit bon an mal an 25 millions de dollars dans la réalisation de nouveaux projets en raffinage du pétrole, les ingénieurs mécaniques sont vite propulsés au rang de chargés de projet. «Ce sont des projets de remplacement d'équipements ou d'ajout de nouvelles unités dans l'usine, explique Michel Roy, directeur des services techniques. De plus, lorsque cela est possible, nous favorisons l'embauche de finissants, car nous pouvons alors les former à notre culture d'entreprise», précise-t-il.

Par conséquent, les jeunes diplômés en génie mécanique ne devraient pas avoir trop de difficultés à trouver du travail, même lorsqu'ils sortent de l'université.

SALAIRE ET CONDITIONS DE TRAVAIL

Selon l'étude du ministère de l'Éducation publiée en 1998, intitulée *Qu'advient-il des diplômé(e)s des universités?*, le salaire moyen de départ est évalué à 692 $ par semaine. Les horaires de travail peuvent varier selon la nature du travail, mais ils sont généralement chargés.

12/98

STATISTIQUES		
Nombre de diplômés : **684**	Temps plein : **98,8 %**	
Proportion de diplômés en emploi (PDE) : **n/d**	En rapport avec la formation : **94,0 %**	
Taux de chômage : **4,8 %**	Salaire hebdomadaire moyen : **692 $**	
Taux de placement : **95,2 %**	*Qu'advient-il des diplômé(e)s des universités?*, MÉQ. 1998	

Comment interpréter ces statistiques - pages 16 et 17

Formation universitaire

Secteur 16

BAC

Génie
des matériaux/métallurgie

À l'Université Laval et à l'École polytechnique, on fait valoir qu'il est plutôt rare pour ces diplômés de se retrouver sans emploi. Ils trouveraient preneurs surtout dans l'industrie de la transformation des métaux de base et dans l'industrie aérospatiale.

Pour cette profession, le site Emploi-Avenir de Développement des ressources humaines Canada annonce un taux de croissance de 2,4 % entre 1997 et 2002, taux nettement supérieur à la moyenne. Selon la même source, une grande proportion des ingénieurs métallurgistes travaillent dans le secteur industriel, notamment dans les industries de première transformation des métaux et de fabrication de matériel de transport. Leurs connaissances sont aussi recherchées dans les domaines des télécommunications et de la métallurgie, mais les meilleures perspectives se situent dans l'industrie aérospatiale, où l'on prévoit d'ailleurs une croissance soutenue au cours des prochaines années. «L'industrie aérospatiale aura besoin d'une vingtaine de spécialistes en métallurgie d'ici l'an 2001, et ces prévisions englobent des ingénieurs métallurgistes et des matériaux», soutient Carmy Hayes au Centre d'adaptation de la main-d'œuvre en aérospatiale du Québec.

Selon le site Emploi-Avenir, la création de matières plastiques, de céramiques, etc., constitue un défi permanent pour cet ingénieur qui doit concevoir des matériaux non seulement résistants, mais également recyclables.

S'il désire travailler dans le secteur minier, cet ingénieur devra peut-être penser à boucler ses valises. «Au Québec et au Canada, les possibilités d'embauche sont assez limitées. Ils réussissent à se placer dans des entreprises canadiennes qui œuvrent souvent en dehors du Québec, comme en Afrique, en Australie ou en Amérique du Sud», remarque Daniel Richard, directeur des essais technologiques au Centre de recherche minérale du ministère québécois des Ressources naturelles.

De plus, selon une enquête réalisée en 1997-98 par le Comité sectoriel de main-d'œuvre en fabrication métallique, le développement de services de conception dans les entreprises offrant un service de fabrication métallique, industrielle, électrique et électronique, devrait engendrer une bonne demande pour ces ingénieurs, dans ce milieu où ils étaient pourtant peu représentés auparavant.

Selon une étude du ministère de l'Éducation parue en 1998, *Qu'advient-il des diplômé(e)s des universités?*, le salaire moyen de départ est évalué à 830 $ par semaine. Les horaires de travail sont normaux, mais il faut parfois faire des heures supplémentaires.

12/98

STATISTIQUES

Nombre de diplômés : **38**	Temps plein : **100,0 %**
Proportion de diplômés en emploi (PDE) : **n/d**	En rapport avec la formation : **92,6 %**
Taux de chômage : **n/d**	Salaire hebdomadaire moyen : **830 $**
Taux de placement : **94,6 %**	

Qu'advient-il des diplômé(e)s des universités?, MÉQ. 1998

Comment interpréter ces statistiques - pages 16 et 17

Formation universitaire

Génie —
— physique

PLACEMENT

À l'Université Laval, on est extrêmement enthousiaste quant à l'excellence du taux de placement des diplômés en génie physique, qui est de 100 %.

On précise toutefois que la plupart des étudiants poursuivent des études de 2ᵉ ou de 3ᵉ cycle, ce qui, selon Robert Loiselle, conseiller en développement professionnel et emploi à l'Ordre des ingénieurs du Québec, est relativement logique. «Le génie physique est l'un des génies les plus exigeants du point de vue de la formation. Il requiert davantage de connaissances théoriques, notamment en mathématiques. S'il veut faire de la recherche et du développement, non seulement en milieu universitaire mais aussi en milieu industriel, l'étudiant sera porté à effectuer une maîtrise.»

À l'École polytechnique, on mentionne cependant que les diplômés de premier cycle en génie physique ont généralement de la difficulté à trouver un emploi. «Mais cette année, je remarque que quatre diplômés de premier cycle sur neuf ont intégré le marché du travail, ce qui est exceptionnel», souligne Marc Groleau, conseiller en emploi à l'École.

Dans le site Emploi-Avenir de Développement des ressources humaines Canada, on estime que cette profession devrait enregistrer une croissance supérieure à la moyenne au cours des prochaines années.

Les connaissances de l'ingénieur physicien sont précieuses dans tout ce qui touche l'optique et l'électronique. Les télécommunications, l'industrie aérospatiale ainsi que le domaine de la métallurgie constituent aussi de belles avenues pour cet ingénieur.

Exfo inc., une entreprise spécialisée dans le développement et la fabrication d'instruments de mesure de la fibre optique, connaît des difficultés de recrutement pour des ingénieurs physiques spécialisés en optique. «Il y a de grands axes d'optique à Montréal et à Ottawa, et beaucoup de produits liés à l'autoroute de l'information utilisent aussi l'optique, souligne Annie Simard, directrice des ressources humaines chez Exfo inc. Selon DRHC, il n'y aurait pas de pénurie officielle pour ces ingénieurs, mais de notre côté, dans l'industrie, nous remarquons pourtant que nous avons beaucoup de difficultés à en trouver.»

SALAIRE ET CONDITIONS DE TRAVAIL

Selon l'étude du ministère de l'Éducation publiée en 1998, *Qu'advient-il des diplômé(e)s des universités?*, le salaire moyen de départ est évalué à 722 $ par semaine. Les horaires de travail peuvent varier selon le milieu dans lequel l'ingénieur physicien évolue.

12/98

STATISTIQUES	
Nombre de diplômés : **37**	Temps plein : **100,0 %**
Proportion de diplômés en emploi (PDE) : **n/d**	En rapport avec la formation : **92,0 %**
Taux de chômage : **0,0 %**	Salaire hebdomadaire moyen : **722 $**
Taux de placement : **100,0 %**	

Qu'advient-il des diplômé(e)s des universités?, MÉQ. 1998

Comment interpréter ces statistiques - pages 16 et 17

Formation universitaire

Secteur 1

BAC

Gestion des opérations et de la production

PLACEMENT

À l'École des hautes études commerciales (HÉC), on parle de plein emploi pour les gestionnaires des opérations et de la production. Au cours des dix dernières années, tous les diplômés ont trouvé du travail, et ce, dans les six mois suivant la fin de leurs études. «Ils occupent principalement des postes dans le domaine industriel en tant qu'acheteurs, planificateurs en approvisionnement, superviseurs et contremaîtres d'équipe», précise Kathleen Grant, directrice des communications, du recrutement et du placement étudiant. Mentionnons toutefois qu'il s'agit de petites cohortes de diplômés.

Federico Pasin, professeur agrégé au service de l'enseignement de la gestion des opérations et de la production des HÉC, remarque que la majorité des diplômés occupent deux types d'emploi spécifiques. «Ils travaillent soit aux approvisionnements, soit à la planification et au contrôle de la production. Il faut savoir que de plus en plus de PME recherchent des personnes qui ont les deux expertises, car elles n'ont pas les moyens de se payer deux spécialistes.»

Au Québec, plusieurs secteurs en plein essor comme l'aéronautique, les télécommunications et l'industrie pharmaceutique, recherchent des spécialistes en planification et en gestion des stocks. Dans une moindre mesure, la construction d'automobiles et de camions offre aussi des ouvertures. Les spécialistes en approvisionnement quant à eux, trouvent preneurs un peu partout dans le secteur industriel. Avec la mondialisation des marchés et la forte compétition, la sous-traitance industrielle engendre aussi un besoin marqué pour de bons négociateurs. «L'approvisionnement va prendre un rôle de plus en plus stratégique au sein des entreprises par l'entremise d'alliances stratégiques avec des partenaires, dans le but de partager les risques et les bénéfices, fait valoir Stéphane Rioux, chef du service de l'approvisionnement chez Bombardier Aéronautique. Nous avons régulièrement des ouvertures pour des acheteurs, et le noyau du service de l'approvisionnement est constitué de gens qui ont une formation en gestion des opérations.»

L'essor des nouvelles technologies, ainsi que le partage de l'information au sein des réseaux d'entreprises, imposent aussi de nouveaux défis. «Quelqu'un qui serait très à l'aise avec l'informatique et qui posséderait aussi une bonne base en gestion des opérations pourra bien se positionner sur le marché du travail», souligne Federico Pasin des HÉC.

SALAIRE ET CONDITIONS DE TRAVAIL

Au service de placement des HÉC, on évalue le salaire moyen de départ entre 576 et 653 $ par semaine. L'horaire de travail varie suivant l'entreprise dans laquelle on travaille.

12/98

STATISTIQUES

Nombre de diplômés : **6**	Temps plein : **100,0 %**
Proportion de diplômés en emploi (PDE) : **n/d**	En rapport avec la formation : **100,0 %**
Taux de chômage : **0,0 %**	Salaire hebdomadaire moyen : **n/d**
Taux de placement : **100,0 %**	

Ces données sont tirées de la catégorie
«Gestion de la production»,
Qu'advient-il des diplômé(e)s des universités?, MÉQ, 1998

Comment interpréter ces statistiques - pages 16 et 17

Gestion des systèmes d'information
——— Gestion de l'information des systèmes

PLACEMENT

«Le taux de placement est excellent, affirme Paul-André Bergeron, du service des stages et du placement de l'Université de Sherbrooke. Cela suit la tendance des secteurs reliés à l'informatique.» Les diplômés de l'École des hautes études commerciales (HÉC) n'ont pas de difficulté à décrocher un emploi eux non plus selon Kathleen Grant, directrice du service de placement.

À l'Université du Québec à Chicoutimi (UQAC), seulement 5 % des étudiants de la promotion de 1996-1997 étaient sans emploi six mois après avoir obtenu leur diplôme, ce qui constitue d'ailleurs le taux d'embauche le plus élevé pour les programmes offerts par cette université.

Ce programme forme des analystes, non pas des programmeurs. «Les diplômés vont gérer le réseau, veiller à son bon fonctionnement, procéder à des analyses de besoin et à de l'installation d'équipement. Ils font aussi de la formation de personnel», précise Paul-André Bergeron.

Cette formation mène à des postes de gestionnaires de réseaux informatisés au sein d'entreprises variées (télécommunications, commerces de gros et de détail, finance, etc.) et dans l'administration publique.

Il y a aussi du travail pour ces diplômés au sein des firmes de consultants en gestion de réseaux informatiques qui offrent leurs services principalement aux PME.

Dans le site Emploi-Avenir de Développement des ressources humaines Canada, on annonce que les perspectives d'emploi en gestion des systèmes d'information sont excellentes, d'une part parce que la présence de l'informatique continuera de se multiplier au sein des entreprises québécoises, et aussi parce que ces dernières, pour rester compétitives, doivent réaliser des gains en productivité qui passent souvent par l'outil informatique.

Ces spécialistes devraient donc trouver un marché de l'emploi très favorable au cours des années à venir.

SALAIRE ET CONDITIONS DE TRAVAIL

Une étude menée en 1996 par le Centre de promotion du logiciel québécois (CPLQ) sur les pratiques salariales pour les gestionnaires de réseaux indique que le salaire minimum moyen est d'environ 615 $ par semaine, alors que le salaire maximum moyen serait supérieur à 880 $. Les heures supplémentaires ne sont pas rares dans le domaine, particulièrement au sein des firmes de consultants.

12/98

STATISTIQUES

Nombre de diplômés : **725**	Temps plein : **98,9 %**
Proportion de diplômés en emploi (PDE) : **n/d**	En rapport avec la formation : **94,8 %**
Taux de chômage : **1,9 %**	Salaire hebdomadaire moyen : **768 $**
Taux de placement : **98,1 %**	Ces données sont tirées de la catégorie «Sciences de l'informatique», Qu'advient-il des diplômé(e)s des universités?, MÉQ, 1998

Comment interpréter ces statistiques - pages 16 et 17

Formation universitaire

Secteur 1
BAC

Informatique

Formation universitaire

PLACEMENT

En pleine croissance, l'industrie québécoise des technologies de l'information connaît une importante demande de travailleurs qualifiés. Selon une étude d'Emploi-Québec menée en mars 1998, 70 % des entreprises de ce secteur éprouvent des difficultés à recruter de la main-d'œuvre spécialisée en informatique. Au Canada, les emplois de programmeurs en informatique et d'analystes de systèmes ont presque doublé entre 1992 et 1997, selon Statistique Canada.

«Tous les secteurs évoluent très rapidement», explique Sylvie Gagnon, coordonnatrice de TechnoCompétences, le comité sectoriel de main-d'œuvre en technologie de l'information et des communications.

Tous ceux qui ont une bonne formation reliée au domaine informatique sont donc assurés de trouver du travail. Mais il est à noter que les entreprises donnent la priorité à ceux qui possèdent aussi certaines qualités personnelles comme le sens de la communication, l'esprit d'équipe, etc., suivant leurs besoins spécifiques. La capacité de s'adapter à la culture de l'entreprise est aussi un point important.

Toutes les études montrent que les informaticiens ont du pain sur la planche pour encore plusieurs années. Selon une enquête menée par l'Association canadienne des technologies de pointe, 175 entreprises canadiennes avaient l'intention d'embaucher 10 000 employés en 1998.

Les perspectives d'emploi sont présentes dans les entreprises de toutes tailles, mais de nombreuses études affirment que la création d'emploi est plus grande dans les petites et moyennes entreprises. Statistique Canada a aussi constaté que le nombre de programmeurs en informatique et d'analystes de systèmes ayant un statut de travailleurs autonomes a presque triplé de 1992 à 1997.

En ce moment, le bogue de l'an 2000 accapare beaucoup d'informaticiens, privant ainsi les autres secteurs de précieuses ressources. Mais selon Sylvie Mireault, travaillant au recrutement chez Beltron, firme de services-conseils en informatique, le manque de main-d'œuvre ne se réglera pas en 2001. «Les gens travaillant en ce moment pour l'an 2000 ne seront pas au fait des dernières technologies. Ils devront rattraper le temps perdu, ce qui va prendre un certain temps.»

SALAIRE ET CONDITIONS DE TRAVAIL

Selon l'étude du ministère de l'Éducation parue en 1998, *Qu'advient-il des diplômé(e)s des universités?*, le salaire moyen de départ est de 768 $ par semaine. Toutefois, la situation de pénurie de main-d'œuvre actuelle favorise l'augmentation de l'échelle des salaires, même pour les nouvelles recrues.

12/98

STATISTIQUES

Nombre de diplômés : **725**	Temps plein : **98,9 %**
Proportion de diplômés en emploi (PDE) : **n/d**	En rapport avec la formation : **94,8 %**
Taux de chômage : **1,9 %**	Salaire hebdomadaire moyen : **768 $**
Taux de placement : **98,1 %**	Ces données sont tirées de la catégorie «Sciences de l'informatique», *Qu'advient-il des diplômé(e)s des universités?*, MÉQ. 1998

Comment interpréter ces statistiques - pages 16 et 17

Informatique
—— de gestion

PLACEMENT

Ce type de professionnel est à la croisée des chemins entre l'informatique et la gestion. Son travail consiste essentiellement à résoudre les problèmes de gestion des compagnies par l'entremise de l'informatique, par exemple la gestion des stocks ou le paiement des factures. Comme dans toutes les formations reliées de près ou de loin aux technologies de l'information, surtout au niveau universitaire, il est recherché par les employeurs de tous les secteurs, qui doivent gérer un système informatique ou intégrer de nouveaux outils informatiques dans leur entreprise. «Les technologies de l'information connaissent un développement énorme. Ce sont elles qui portent la croissance d'emploi au pays», dit Sylvie Gagnon, coordonnatrice de TechnoCompétences, le comité sectoriel de main-d'œuvre en technologies de l'information et des communications.

Cette croissance a été particulièrement remarquable dans le sous-secteur des services informatiques : selon une enquête d'Emploi-Québec menée en 1998, l'emploi y a doublé depuis le début des années 1990 et quadruplé depuis le milieu des années 1980.

Le site Emploi-Avenir de Développement des ressources humaines Canada note que la profession d'informaticien de gestion devrait connaître un taux de croissance nettement supérieur à la moyenne.

Très au fait des nouvelles technologies et aptes à comprendre les besoins des gestionnaires, ces professionnels aident leurs clients à tirer profit des dernières innovations informatiques pour gérer leurs informations. «Les technologies évoluent tellement vite que les entreprises doivent remplacer leurs équipements au bout de quelques années, parce qu'elles savent que c'est un facteur de compétitivité important», fait valoir Sylvie Mireault, employée au recrutement de la firme de services-conseils en informatique Beltron. C'est pourquoi on a de grands besoins de main-d'œuvre dans ce domaine.

Selon TechnoCompétences, plusieurs entreprises-conseils seraient également confrontées à un autre phénomène : plutôt que d'être employés au sein d'une compagnie, les informaticiens d'expérience préféreraient travailler de façon autonome, à leur propre compte. Ce mode de travail est pour eux plus avantageux du point de vue fiscal et leur permet également de choisir les contrats qu'ils jugent les plus intéressants.

SALAIRE ET CONDITIONS DE TRAVAIL

Selon l'étude du ministère de l'Éducation parue en 1998, *Qu'advient-il des diplômé(e)s des universités?*, le salaire de départ moyen est évalué à 768 $ par semaine, mais dépend des compétences de l'informaticien de gestion, du type d'entreprise où il travaille ainsi que des contrats qu'il parvient à décrocher. Il faut s'attendre à faire des heures supplémentaires, surtout dans le domaine de la consultation.

12/98

STATISTIQUES

Nombre de diplômés : **725**	Temps plein : **98,9 %**
Proportion de diplômés en emploi (PDE) : **n/d**	En rapport avec la formation : **94,8 %**
Taux de chômage : **1,9 %**	Salaire hebdomadaire moyen : **768 $**
Taux de placement : **98,1 %**	Ces données sont tirées de la catégorie «Sciences de l'informatique», *Qu'advient-il des diplômé(e)s des universités?*, MÉQ. 1998

Comment interpréter ces statistiques - pages 16 et 17

Formation universitaire

Secteur 1

BAC

Marketing

PLACEMENT

Les diplômés en marketing trouveraient du travail assez aisément selon le service de placement de l'Université de Sherbrooke. «Certains diplômés ont même décroché un emploi avant même la fin de leurs études», affirme Paul-André Bergeron du service des stages et du placement. Il souligne qu'il reçoit de nombreuses offres d'emploi, et ce, de façon régulière.

Même affirmation du côté de l'École des hautes études commerciales, où l'on note que tous les diplômés en marketing sont embauchés, parfois même avant d'avoir terminé leur formation. Les offres d'emploi reçues par le service de placement ont elles aussi connu une augmentation depuis deux ans environ.

Dans le site Emploi-Avenir de Développement des ressources humaines Canada, on mentionne que les principaux secteurs d'emploi sont le commerce de gros (25 %) et de détail (11 %), les services aux entreprises (9,9 %), la publicité (5 %) et les communications (4,6 %).

Selon la même source, les perspectives s'annoncent désormais prometteuses après quelques années difficiles dues à une période de rationalisation au sein des entreprises.

«Depuis trois ans, nous avons doublé nos effectifs, confirme Claude Rousseau, associé chez POC Communications, une firme spécialisée en marketing. C'est même difficile de combler les postes ouverts. Plusieurs personnes qui avaient envoyé leur CV avaient déjà trouvé un emploi quand nous les avons appelées pour une entrevue.»

Cette jeune entreprise fait la part belle aux nouveaux outils de marketing, comme Internet par exemple, car une grande partie de la communication avec les clients se fait par l'entremise de l'autoroute électronique.

Une nouvelle approche que vient d'ailleurs attester Paul-André Bergeron de l'Université de Sherbrooke. «Les diplômés en marketing doivent désormais maîtriser ces nouveaux outils. Cela devient quasiment une condition d'embauche, tout comme la nécessité de parler anglais», conclut-il.

SALAIRE ET CONDITIONS DE TRAVAIL

Selon l'étude du ministère de l'Éducation du Québec parue en 1998, *Qu'advient-il des diplômé(e)s des universités?*, le salaire moyen de départ est de 580 $ par semaine. C'est un domaine où les horaires de travail fluctuent considérablement, et il n'est pas rare que ces professionnels doivent faire des heures supplémentaires.

12/98

STATISTIQUES

Nombre de diplômés : **210**	Temps plein : **100,0 %**
Proportion de diplômés en emploi (PDE) : **n/d**	En rapport avec la formation : **70,2 %**
Taux de chômage : **13,2 %**	Salaire hebdomadaire moyen : **580 $**
Taux de placement : **86,8 %**	

Ces données sont tirées de la catégorie «Marketing et achats», *Qu'advient-il des diplômé(e)s des universités?*, MÉQ, 1998.

Comment interpréter ces statistiques - pages 16 et 17

Formation universitaire

Mathématiques- économie

PLACEMENT

À l'Université de Montréal tout comme à l'UQAM, on affiche un excellent taux de placement des finissants, aux alentours de 90 %.

Cette formation bi-disciplinaire offre un large éventail de débouchés comme économiste, par exemple, ou en recherche et analyse, en statistiques, etc. Le principal employeur demeure la fonction publique mais le secteur privé (institutions financières, grandes entreprises, firmes d'experts-conseils, organisations ouvrières et patronales, organismes de développement, etc.) offre également des perspectives d'emploi et de carrière intéressantes.

L'avenir s'annonce prometteur pour les diplômés en mathématiques-économie, notamment parce qu'ils possèdent une double formation. Ainsi, dans une étude de l'Association des économistes québécois (AÉQ) effectuée en 1998, on relève une augmentation accrue de la demande d'économistes pour les prochaines années. Plusieurs facteurs expliquent cette situation, dont la fin de la période de compressions budgétaires massives dans le secteur public, de même qu'une croissance soutenue de l'emploi dans l'entreprise privée.

D'autre part, une diminution du nombre d'inscriptions dans ce domaine dans les universités a été enregistrée depuis le début des années 90. Cette baisse se chiffrerait à 7,6 % environ selon l'AÉQ, et la décroissance du nombre de diplômés favoriserait également la demande.

De plus en plus d'économistes travailleraient aussi à leur compte, selon Jocelyn Boisvert, directeur exécutif de l'AÉQ. «Comme il y a eu beaucoup de mises à pied dans la fonction publique au cours des dernières années, les économistes se sont débrouillés pour obtenir des contrats par leurs propres moyens», explique-t-il. Cette situation fait en sorte qu'ils sont aujourd'hui plus polyvalents, ayant développé leurs compétences en finance et en marketing, par exemple.

SALAIRE ET CONDITIONS DE TRAVAIL

Selon l'étude du ministère de l'Éducation publiée en 1998, *Qu'advient-il des diplômé(e)s des universités?*, le salaire moyen de départ est de 579 $ par semaine. Les horaires sont variables, selon que l'on travaille dans une entreprise privée, un organisme public ou à son propre compte.

12/98

STATISTIQUES	
Nombre de diplômés : **196**	Temps plein : **65,4 %**
Proportion de diplômés en emploi (PDE) : **n/d**	En rapport avec la formation : **79,0 %**
Taux de chômage : **7,0 %**	Salaire hebdomadaire moyen : **579 $**
Taux de placement : **93,0 %**	Ces données sont tirées de la catégorie «Mathématiques», *Qu'advient-il des diplômé(e)s des universités?*, MÉQ. 1998

Comment interpréter ces statistiques - pages 16 et 17

Formation universitaire

Secteur 1

BAC

Mathématiques-informatique

PLACEMENT

À l'Université du Québec à Chicoutimi (UQÀC), on mentionne que les diplômés de ce baccalauréat se placent à 100 %. Selon Michel Bergeron, conseiller en emploi, un sondage mené auprès de la promotion de 1997 montre que la majorité d'entre eux occupent un emploi à temps plein.

L'étudiant peut choisir d'effectuer un majeur en mathématiques et un mineur en informatique ou l'inverse, ce qui mène à des emplois différents. Le premier permet l'enseignement des mathématiques et de l'informatique au niveau collégial ou d'œuvrer en recherche opérationnelle, au contrôle des procédés, des sondages et de la modélisation.

Ceux qui optent pour le majeur en informatique et le mineur en mathématiques travaillent principalement en gestion et direction de projets informatiques, en conception et réalisation d'applications informatiques, ainsi qu'en gestion et mise en œuvre de réseaux informatiques. Dans le site Emploi-Avenir de Développement des ressources humaines Canada, on note d'ailleurs que les perspectives d'emploi en gestion des systèmes d'information sont excellentes, d'une part parce que la présence de l'informatique continuera de s'accroître au sein des entreprises, mais aussi parce que ces dernières, pour rester compétitives, doivent améliorer leur productivité, ce qui passe souvent par l'outil informatique.

Il est aussi possible de décrocher des emplois au sein de firmes de service-conseil en informatique. Simon Langlois, directeur général de l'Association professionnelle des informaticiens du Québec, assure que ce domaine est en pleine expansion, et qu'en informatique en général, on n'est pas près de voir le bout du tunnel. Le ministère de l'Industrie, du Commerce, de la Science et de la Technologie du Québec dénombre d'ailleurs environ 2850 entreprises qui œuvrent dans le service-conseil en informatique.

Selon Emploi-Avenir, il y a aussi des débouchés prometteurs au sein des entreprises de conception de logiciels. Dans ce dernier cas, Véronique Aubry, directrice du développement des affaires au Centre de promotion du logiciel du Québec, fait valoir que l'industrie doit pouvoir compter sur une main-d'œuvre hautement qualifiée, afin de répondre rapidement aux exigences du marché. «Mais le manque de ressources humaines est flagrant et les entreprises s'arrachent souvent les bons éléments», souligne-t-elle.

SALAIRE ET CONDITIONS DE TRAVAIL

Selon un sondage mené en 1998 par l'UQÀC auprès de ses diplômés, le salaire moyen de départ s'établit entre 570 et 760 $ par semaine. Il dépend aussi du secteur dans lequel on œuvre. Les horaires de travail sont variables. Consultez la rubrique «Salaire et conditions de travail» en informatique, page 258.

12/98

STATISTIQUES

Nombre de diplômés : **196**	Temps plein : **65,4 %**
Proportion de diplômés en emploi (PDE) : **n/d**	En rapport avec la formation : **79,0 %**
Taux de chômage : **7,0 %**	Salaire hebdomadaire moyen : **579 $**
Taux de placement : **93,0 %**	Ces données sont tirées de la catégorie «Mathématiques», *Qu'advient-il du diplômé(e)s des universités?*, MÉQ. 1998

Comment interpréter ces statistiques - pages 16 et 17

Formation universitaire

Médecine : —— anesthésie-réanimation

Secteur 19

Études de premier cycle
en médecine, suivies
de la spécialisation en
anesthésie-réanimation

PLACEMENT

Selon la Fédération des médecins spécialistes du Québec (FMSQ), plusieurs spécialités connaissent à l'heure actuelle des pénuries, notamment l'anesthésie-réanimation. Le site Emploi-Avenir de Développement des ressources humaines Canada (DRHC) signale lui aussi un manque criant de main-d'œuvre dans ce champ de pratique.

Le D' O'Donnell Bédard, président de l'Association des anesthésistes et réanimateurs du Québec, confirme que les besoins sont très grands, et ce, partout au Québec. «Actuellement, il manque 60 anesthésistes au Québec, dont une vingtaine à Montréal seulement, et cette tendance pourrait s'accentuer en raison des départs à la retraite qui s'annoncent d'ici les prochaines années. On attend les diplômés à bras ouverts!», lance-t-il.

Depuis février 1996, 711 médecins spécialistes ont pris leur retraite au Québec. Parmi eux, on retrouve 97 anesthésistes, qui constituent la plus forte proportion. Ces départs ont fait mal dans le milieu hospitalier québécois, et ont eu un impact direct sur le volume d'activités dans certains blocs opératoires.[1] Cet état de fait a également eu des conséquences directes sur les anesthésistes, qui doivent affronter des conditions de travail difficiles.

«Soixante à soixante-dix pour cent du travail de l'anesthésiste se passe en salle d'opération. Mais la pratique ne s'effectue pas uniquement dans le bloc opératoire. Plusieurs créneaux accessoires se développent. L'anesthésie obstétricale lors d'un accouchement difficile en est un exemple», explique le D' O'Donnell Bédard.

Avec le virage ambulatoire, le travail de l'anesthésiste est appelé à prendre une nouvelle tournure. «Par exemple, on trouve de plus en plus d'anesthésistes dans ce que l'on appelle les "cliniques de pré-admission" des hôpitaux, où l'on rencontre le patient une première fois», fait valoir le D' O'Donnell Bédard.

Mentionnons que le nombre de places disponibles pour les étudiants dans une spécialité médicale est prédéterminé par le ministère de la Santé et des Services sociaux. Pour l'année 1998-1999, le nombre de places est contingenté à 141.

[1] *La Presse*, 16 novembre 1998

SALAIRE ET CONDITIONS DE TRAVAIL

Selon l'entente établie entre le ministère de la Santé et des Services sociaux du Québec et la Fédération des médecins spécialistes du Québec, la rémunération de l'anesthésiste est de 185 000 $ par an. L'horaire de travail est plus ou moins normal et dépend des besoins en salle d'opération. Une période de garde de jour et de nuit est obligatoire.

12/98

STATISTIQUES

Nombre de diplômés : **n/d**	Temps plein : **n/d**
Proportion de diplômés en emploi (PDE) : **n/d**	En rapport avec la formation : **n/d**
Taux de chômage : **n/d**	Salaire hebdomadaire moyen : **n/d**
Taux de placement : **n/d**	

Qu'advient-il des diplômé(e)s des universités?, MÉQ, 1998

Comment interpréter ces statistiques - pages 16 et 17

Formation universitaire

Secteur 19

Études de premier cycle
en médecine, suivies
de la spécialisation en
gériatrie

Médecine : gériatrie

PLACEMENT

Selon le Collège des Médecins du Québec, les spécialistes en gériatrie se placent tous sans difficulté. On explique qu'en raison du vieillissement de la population, la demande pour ces professionnels est appelée à devenir de plus en plus importante.

«Actuellement, six postes sont offerts chaque année dans le réseau public de la santé, et on n'a pas de difficulté à les combler, explique le Dr Adrien Dandavino, directeur des études médicales au Collège des Médecins du Québec. Cependant, les besoins continuent d'augmenter et les spécialistes en gériatrie devraient avoir des débouchés au cours des années à venir.»

À la Fédération des médecins spécialistes du Québec, on confirme que le gériatre est appelé à répondre à une clientèle sans cesse grandissante et que les besoins vont se faire de plus en plus pressants.

En revanche souligne Pierre Cantin, directeur de Médi-Source, une firme spécialisée dans le recrutement et le placement des médecins, le manque de personnel n'est pas aussi criant que dans d'autres spécialités. «Divers spécialistes, hormis les médecins en gériatrie, interviennent auprès des personnes âgées et répondent également à leurs besoins. En fait, tous les médecins interviennent auprès d'elles, même les omnipraticiens.»

Par ailleurs, la gériatrie est une «jeune» spécialité reconnue depuis seulement 1987. «Parfois, on ne pense pas à recruter un spécialiste en gériatrie, car on ne sait même pas que cette spécialité existe», admet Pierre Cantin.

Il ajoute que le nombre de diplômés prévu pour les trois prochaines années est de neuf. Cela suppose un déficit par rapport au nombre de postes offerts dans l'ensemble des hôpitaux du Québec, évalué à six par an.

Mentionnons que le nombre de places disponibles pour les étudiants dans une spécialité médicale est prédéterminé par le ministère de la Santé et des Services sociaux. En gériatrie, le contingentement s'établit à 14 places en 1998-1999.

SALAIRE ET CONDITIONS DE TRAVAIL

Selon la Fédération des médecins spécialistes du Québec, le revenu moyen d'un spécialiste tourne aux alentours de 180 000 $. Le travail s'effectue selon un horaire variable le jour, le soir et la fin de semaine en période de garde.

12/98

STATISTIQUES		
Nombre de diplômés : **n/d**		Temps plein : **n/d**
Proportion de diplômés en emploi (PDE) : **n/d**		En rapport avec la formation : **n/d**
Taux de chômage : **n/d**		Salaire hebdomadaire moyen : **n/d**
Taux de placement : **n/d**		

Qu'advient-il des diplômé(e)s des universités?, MÉQ. 1998

Comment interpréter ces statistiques - pages 16 et 17

Médecine : —— néphrologie

Secteur 19

Études de premier cycle
en médecine, suivies
de la spécialisation
en néphrologie

PLACEMENT

Selon le Collège des médecins du Québec, le taux de placement pour ces diplômés est de 100 %. On estime également que pour répondre aux besoins, huit postes devraient être comblés chaque année dans le réseau public de la santé. Seulement quatre le sont actuellement.

Le D' Jean Cardinal, directeur du programme de formation en néphrologie de l'Université de Montréal, affirme que le placement est de 100 % pour les diplômés, et considère que cette tendance devrait se maintenir. «On peut facilement compter cinq ans avant que tous les postes ne soient comblés au Québec, notamment en régions éloignées comme l'Abitibi, où il manque actuellement au moins deux néphrologues. Dans la grande région de Montréal, il y a une quinzaine de postes à pourvoir.»

Vingt pour cent des néphrologues ont aujourd'hui plus de 60 ans et devraient bientôt prendre leur retraite, note le D' Marc Houde, professeur adjoint à l'Université de Montréal. Selon lui, on prévoit des besoins pour six à dix nouveaux spécialistes par an. Chez Médi-Source, une firme spécialisée dans le recrutement et le placement des médecins, on affirme que le nombre de diplômés en néphrologie prévu pour les trois prochaines années est de l'ordre de 16 au total, ce qui laisse évidemment un vide à combler.

À la Fédération des médecins spécialistes du Québec (FMSQ), on affirme que les perspectives d'emploi pour les diplômés en néphrologie s'annoncent plutôt bien, en raison du manque d'effectif. Cependant, explique le D' Houde, le ministère de la Santé et des Services sociaux pourrait décider de restreindre le nombre de postes en milieu hospitalier, ce qui entraînerait une véritable problématique.

En effet, ces spécialistes exercent principalement dans ce milieu, bien que certains d'entre eux choisissent toutefois d'œuvrer en milieu universitaire, en recherche ou en enseignement.

Mentionnons que le nombre de places disponibles pour les étudiants dans une spécialité médicale est prédéterminé par le ministère de la Santé et des Services sociaux. En néphrologie, le contingentement s'établit à 27 places en 1998-1999.

SALAIRE ET CONDITIONS DE TRAVAIL

Selon la FMSQ, le revenu moyen d'un spécialiste en néphrologie est d'environ 180 000 $ brut par année. Le travail s'effectue selon un horaire variable, le jour, le soir et la fin de semaine et comprend une période de garde obligatoire.

12/98

STATISTIQUES

Nombre de diplômés : **n/d**	Temps plein : **n/d**
Proportion de diplômés en emploi (PDE) : **n/d**	En rapport avec la formation : **n/d**
Taux de chômage : **n/d**	Salaire hebdomadaire moyen : **n/d**
Taux de placement : **n/d**	

Qu'advient-il des diplômé(e)s des universités?, MÉQ, 1998

Comment interpréter ces statistiques - pages 16 et 17

Formation universitaire

Secteur 19

Études de premier cycle en médecine, suivies de la spécialisation en psychiatrie

Médecine : psychiatrie

PLACEMENT

Le Dr Jean-François Trudel, directeur du programme de médecine psychiatrique de la faculté de médecine de l'Université de Sherbrooke, affirme que la totalité des diplômés en psychiatrie de cet établissement décrochent un emploi dans leur branche d'activité.

Le Dr Brian Bexton, président de l'Association des médecins psychiatres du Québec (AMPQ), confirme que ces professionnels se placent très bien. «Une étude réalisée par l'Association en septembre 1998 révèle que d'ici cinq ans on manquera d'environ 200 psychiatres au Québec. Les besoins en psychiatrie sont très grands et nous arrivons difficilement à les combler», poursuit le Dr Bexton.

Selon la Fédération des médecins spécialistes du Québec (FMSQ), plusieurs spécialités connaissent à l'heure actuelle des pénuries, et la psychiatrie est l'une d'entre elles. À l'Association des médecins psychiatres du Québec, on affirme qu'on manquera de ce type de professionnels d'ici les prochaines années, en raison des nombreux départs à la retraite. «Le gouvernement fait la gestion de l'offre et non celle de la demande. Actuellement, avec les compressions budgétaires, on coupe dans l'offre. Il y a donc moins de services et la demande n'est jamais satisfaite», fait valoir le Dr Bexton.

Quatre-vingt-huit pour cent du travail en psychiatrie se fait en centre hospitalier ou en clinique externe et 10 % à 12 % en pratique privée. D'autres secteurs, comme les centres de détention, offrent également des possibilités, mais le nombre des psychiatres y est assez limité.

Selon l'Association, de nombreux besoins se font actuellement sentir, notamment en pédopsychiatrie et en gérontopsychiatrie, dans ce dernier cas en raison du vieillissement de la population. Avec le virage ambulatoire, les CLSC sont également appelés à prendre la relève du milieu hospitalier, mais le psychiatre y interviendra alors davantage à titre de consultant. Le psychiatre pourra également exercer sa profession en pratique privée et répondre aux besoins d'une clientèle qui recherche de plus en plus une approche personnalisée.

Mentionnons que le nombre de places disponibles pour les étudiants dans une spécialité médicale est prédéterminé par le ministère de la Santé et des Services sociaux. Pour l'année 1998-1999 le nombre de places est contingenté à 256.

SALAIRE ET CONDITIONS DE TRAVAIL

Selon l'AMPQ, le revenu moyen d'un psychiatre tourne autour de 148 000 $ par an. Les horaires de travail sont concentrés le jour, mais il est possible de travailler le soir, avec une période de garde obligatoire en milieu hospitalier. En pratique privée, le spécialiste peut travailler le jour et le soir.

12/98

STATISTIQUES

Nombre de diplômés : **n/d**	Temps plein : **n/d**
Proportion de diplômés en emploi (PDE) : **n/d**	En rapport avec la formation : **n/d**
Taux de chômage : **n/d**	Salaire hebdomadaire moyen : **n/d**
Taux de placement : **n/d**	

Qu'advient-il des diplômé(e)s des universités?, MÉQ. 1998

Comment interpréter ces statistiques - pages 16 et 17

Médecine :
—— radio-oncologie

Secteur 19

Études de premier cycle
en médecine, suivies
de la spécialisation en
radio-oncologie

PLACEMENT

Au Collège des médecins du Québec, on affirme que les récents diplômés en radio-oncologie ne peuvent répondre à la demande dans le milieu hospitalier en raison des trop nombreux besoins qui se font sentir, et ce, sans compter les départs à la retraite qui s'annoncent.

Pierre Cantin, président de Médi-Source, une firme spécialisée dans le recrutement et le placement des médecins, annonce pour sa part que le nombre de diplômés en radio-oncologie prévu pour les trois prochaines années est de 14, ce qui laisse supposer un manque de spécialistes, car actuellement, on aurait besoin de 63 d'entre eux au Québec.

Le Dr Adrien Dandavino, directeur des études médicales au Collège des médecins du Québec, soutient que le réseau public de la santé garantit 25 postes permanents à raison de cinq nouveaux postes par an, et ce, pour les cinq prochaines années, ce qui laisse entendre que les diplômés trouveront preneurs à la fin de leurs études.

À la Fédération des médecins spécialistes du Québec (FMSQ), on confirme aussi que les perspectives d'emploi pour les diplômés demeurent excellentes pour les prochaines années.

Par ailleurs, un article publié dans le journal *La Presse* en novembre 1998, révèle que les services de radio-oncologie des hôpitaux sont engorgés et que la charge de travail des spécialistes du Québec est deux fois plus lourde que celle de leurs collègues des autres provinces.

Avec seulement 37 radio-oncologues actifs dans la province, le système de santé accuserait donc un sérieux manque de spécialistes.

Mentionnons que le nombre de places disponibles pour les étudiants dans une spécialité médicale est prédéterminé par le ministère de la Santé et des Services sociaux. En radio-oncologie, le contingentement s'établit à 50 places en 1998-1999.

SALAIRE ET CONDITIONS DE TRAVAIL

Selon la FMSQ, le revenu moyen est d'environ 180 000 $ par an. Le travail s'effectue selon un horaire variable, le jour, le soir et la fin de semaine en période de garde, obligatoire pour tous les médecins.

12/98

STATISTIQUES

Nombre de diplômés : **n/d**	Temps plein : **n/d**
Proportion de diplômés en emploi (PDE) : **n/d**	En rapport avec la formation : **n/d**
Taux de chômage : **n/d**	Salaire hebdomadaire moyen : **n/d**
Taux de placement : **n/d**	*Qu'advient-il des diplômé(e)s des universités?*, MÉQ. 1998

Comment interpréter ces statistiques - pages 16 et 17

Formation universitaire

Secteur 12

BAC

Opérations forestières

PLACEMENT

L'alternance travail-études qui caractérise ce programme (coopératif) offert à l'Université Laval permet aux étudiants de se faire connaître des employeurs, ce qui leur facilite la tâche. Chaque année, une vingtaine de diplômés trouvent aisément du travail dans les industries forestières, notamment les compagnies de pâtes et papiers, les scieries et autres usines de transformation du bois. Bien que les statistiques provinciales rendent compte d'un taux de placement de 81,6 % pour la catégorie générale des formations en «Génie forestier, foresterie et sciences du bois», l'établissement affiche un taux de placement de 100 % pour ce programme en particulier.

À l'Université Laval, on remarque que si l'embauche en industrie est à la hausse, elle est en revanche à la baisse dans la fonction publique, quoique les municipalités se montrent désormais un pari intéressant, car elles s'engagent davantage dans la gestion des forêts.

La vive concurrence qui sévit sur le marché des matières ligneuses et les contraintes environnementales engendrent la nécessité d'opérations forestières rigoureuses et bien calculées. L'expérience de l'ingénieur forestier jouera donc un rôle-clé dans ce secteur au cours des prochaines années.

Dans l'industrie, on souligne qu'il est aujourd'hui question de plans d'aménagement très complexes tenant compte de critères reliés au rendement soutenu, au développement durable et à la sylviculture. Il faut également agir en concertation, ce qui n'était pas le cas auparavant. En ce sens, l'Ordre des ingénieurs forestiers du Québec souligne que l'ingénieur forestier travaille maintenant de concert avec les municipalités, les groupes environnementaux, les responsables de la faune et les autochtones.

Dorénavant, de nouveaux défis pointent à l'horizon pour ce type de professionnels. En effet, les industries doivent récolter et transporter le bois à des prix concurrentiels tout en faisant en sorte de ne pas nuire au milieu naturel. Selon Gérard Szaraz, directeur du Regroupement des sociétés d'aménagement forestier, de la machinerie plus adaptée à l'environnement sera de plus en plus utilisée pour la récolte du bois. Les ingénieurs forestiers auront une part active dans ce processus.

SALAIRE ET CONDITIONS DE TRAVAIL

Selon une étude du ministère de l'Éducation parue en 1998 *Qu'advient-il des diplômé(e)s des universités?*, le salaire moyen de départ est évalué à 631 $ par semaine. La porte d'entrée d'une carrière en génie forestier se trouve souvent en région, les ingénieurs forestiers doivent donc faire preuve de mobilité géographique.

12/98

STATISTIQUES

Nombre de diplômés : **68**	Temps plein : **100,0 %**
Proportion de diplômés en emploi (PDE) : **n/d**	En rapport avec la formation : **96,0 %**
Taux de chômage : **18,4 %**	Salaire hebdomadaire moyen : **631 $**
Taux de placement : **81,6 %**	Ces données sont tirées de la catégorie «Génie forestier, foresterie et sciences du bois», *Qu'advient-il des diplômé(e)s des universités*, MÉQ. 1998

Comment interpréter ces statistiques - pages 16 et 17

Formation universitaire

Orthopédagogie

PLACEMENT

À l'Université de Montréal, on souligne que la grande majorité des diplômés en orthopédagogie devraient trouver de l'emploi, mais généralement sous la forme de suppléance dans les commissions scolaires ou de contrats auprès d'écoles privées.

«Dès leur arrivée sur le marché du travail les diplômés trouvent de l'emploi. Mais il faut toutefois compter de cinq à six ans avant de pouvoir obtenir un poste permanent», explique Michelle Comeau, directrice du département de psychopédagogie et d'andragogie de l'Université de Montréal.

Cependant, en raison de la refonte du programme de formation en orthopédagogie, les diplômés n'auront plus à cumuler un certain nombre d'heures de travail avant de pouvoir décrocher leur brevet d'enseignement. Dorénavant, ils pourront l'obtenir dès la fin de leurs études. Selon l'Université de Montréal, cette nouvelle règle du jeu pourrait faciliter l'embauche des jeunes orthopédagogues.

Jacinthe Leblanc, présidente de l'Association des orthopédagogues du Québec, constate qu'avec les départs volontaires à la retraite et l'arrivée de la maternelle à plein temps, il y a une augmentation de l'embauche dans les écoles. Selon elle, le manque de suppléants en orthopédagogie ferait aussi en sorte que l'on aurait de la difficulté à répondre à la demande. De nombreux besoins se font sentir, principalement dans des écoles primaires, en raison de l'intégration des élèves en difficulté dans les classes ordinaires.

Michelle Comeau observe pour sa part qu'à la suite de la fusion des commissions scolaires, les services d'orthopédagogie devront être réorganisés. «Pour le moment, il est difficile de prévoir la tendance qui va émerger de ces changements.»

C'est l'une des raisons pour lesquelles le secteur privé est amené à se développer. De plus en plus d'orthopédagogues offrent en effet leurs services en dehors des heures de classe pour venir en aide aux élèves qui présentent des difficultés d'apprentissage. Néanmoins, les commissions scolaires demeurent actuellement toujours leur principal employeur, affirme Michelle Comeau.

SALAIRE ET CONDITIONS DE TRAVAIL

Selon l'étude du ministère de l'Éducation publiée en 1998, *Qu'advient-il des diplômé(e)s des universités?*, le salaire moyen de départ est de 576 $ par semaine. Le travail s'effectue selon l'horaire normal des enseignants, mais en pratique privée il faut s'adapter aux besoins de la clientèle.

12/98

STATISTIQUES

Nombre de diplômés : **606**	Temps plein : **62,8 %**
Proportion de diplômés en emploi (PDE) : **n/d**	En rapport avec la formation : **84,0 %**
Taux de chômage : **6,3 %**	Salaire hebdomadaire moyen : **576 $**
Taux de placement : **93,7 %**	Ces données sont tirées de la catégorie «Formation des enseignants spécialistes en adaptation scolaire», *Qu'advient-il des diplômé(e)s des universités?*, MÉQ. 1998

Comment interpréter ces statistiques - pages 16 et 17

Formation universitaire

Secteur 19

BAC

Pharmacie

PLACEMENT

Marc Desgagné, directeur du programme de baccalauréat en pharmacie à l'Université de Montréal, affirme qu'à sa connaissance la majorité des diplômés trouvent de l'emploi chaque année.

À l'Association des pharmaciens des établissements de santé du Québec (APESQ), on dit même craindre un certain manque de main-d'œuvre dans le secteur public qui, déjà, compte un déficit d'effectif en pharmacie de 7 %. Selon Manon Lambert, directrice générale de l'APESQ, cela pourrait atteindre 14 % en janvier 1999, en raison des départs à la retraite et des congés de longue durée.

Normand Cadieux, directeur général de l'Association québécoise des pharmaciens propriétaires (AQPP) explique aussi ce manque d'effectif par le nombre croissant de pharmacies qui embauchent en moyenne deux à trois pharmaciens par établissement.

Toutefois, les conditions de travail pour les pharmaciens ne sont pas toujours faciles en début de carrière : ils devront souvent travailler dans deux pharmacies à la fois pour effectuer une semaine de travail complète.

Tous les secteurs seraient en développement selon l'AQPP, particulièrement celui de la pharmacie communautaire qui, de plus en plus, offre des services complémentaires au renouvellement des ordonnances en termes de prévention, d'intervention dans la vente libre des médicaments et de suivi auprès de la clientèle.

À l'APESQ, on souligne que dans les centres hospitaliers on recherche des pharmaciens qui ont une expérience clinique en oncologie, cardiologie et gériatrie, domaines dans lesquels de nombreux besoins se font sentir.

Mme Lambert ajoute ce sont les établissements de santé publique qui présentent actuellement les meilleures possibilités d'emploi. La pratique en CLSC et CHSLD (Centres hospitaliers de soins de longue durée) serait également amenée à se développer en raison du virage ambulatoire.

Selon le site Emploi-Avenir de Développement des ressources humaines Canada, les pharmaciens auront aussi des débouchés intéressants dans l'industrie pharmaceutique et l'introduction des biotechnologies devrait leur offrir des ouvertures en pharmacie industrielle.

SALAIRE ET CONDITIONS DE TRAVAIL

L'étude du ministère de l'Éducation publiée en 1998, *Qu'advient-il des diplômé(e)s des universités?*, affiche le salaire moyen de départ à 900 $ par semaine. Toutefois, selon l'AQPP, le salaire moyen serait de 692 $ par semaine dans le secteur privé et il s'élèverait à 884 $ par semaine dans le secteur public selon l'APESQ. Il faut donc demeurer prudent quant aux informations sur le sujet. Les horaires sont variables suivant que l'on œuvre dans le secteur public ou privé.

12/98

STATISTIQUES

Nombre de diplômés : **201**	Temps plein : **92,3 %**
Proportion de diplômés en emploi (PDE) : **n/d**	En rapport avec la formation : **100,0 %**
Taux de chômage : **1,7 %**	Salaire hebdomadaire moyen : **900 $**
Taux de placement : **98,3 %**	

Qu'advient-il des diplômé(e)s des universités?, MÉQ. 1998

Comment interpréter ces statistiques - pages 16 et 17

Psychoéducation

Secteur 20

BAC

PLACEMENT

L'Association des psychoéducateurs du Québec est très claire à propos du placement. Les diplômés qui seront prêts à être mobiles géographiquement et ouverts à travailler dans plusieurs champs d'activité (services de garde, centres jeunesse, hôpitaux, milieu communautaire, etc.), trouveront de l'emploi.

En outre, on ajoute qu'avec les départs à la retraite qui s'annoncent dans le secteur public, tous les espoirs sont permis.

À l'Université de Montréal, on indique également que le taux de placement est intéressant, aux alentours de 90 %. Mais, comme c'est le cas dans plusieurs secteurs de la santé, les diplômés doivent faire preuve de patience avant de décrocher un emploi stable et à temps plein.

Le domaine le plus susceptible de connaître une hausse de son effectif en matière de psychoéducation est le secteur public, notamment en milieu scolaire, en raison de l'intégration des élèves des centres jeunesse dans des classes dites «normales».

Ce changement engendre une augmentation de demande de services et réclame l'appui d'un plus grand nombre de psychoéducateurs selon Monique Bleau, adjointe au président de l'Association des psychoéducateurs du Québec.

De nombreux besoins se font également sentir en milieu de réadaptation physique et mentale, ainsi que dans le champ des soins hospitaliers de longue durée.

Les CLSC, nouveau champ d'activité pour les psychoéducateurs, offrent également des possibilités d'emploi. Les organismes communautaires se multiplient et devraient aussi engendrer des besoins de services en psychoéducation.

Pour sa part, le secteur privé demeure moins populaire pour des raisons financières, car les personnes en difficulté qui font appel aux services d'un psychoéducateur connaissent parfois des situations précaires, ce qui rend la rémunération de ces professionnels plus aléatoire.

SALAIRE ET CONDITIONS DE TRAVAIL

Selon l'étude du ministère de l'Éducation publiée en 1998, intitulée *Qu'advient-il des diplômé(e)s des universités*, le salaire moyen de départ est évalué à 506 $. Il peut toutefois être moins élevé dans le réseau communautaire. Le travail peut s'effectuer le jour, le soir et la fin de semaine suivant des horaires variables. Seul le milieu scolaire offre un horaire normal de jour.

12/98

STATISTIQUES

Nombre de diplômés : **272**	Temps plein : **57,2 %**
Proportion de diplômés en emploi (PDE) : **n/d**	En rapport avec la formation : **82,4 %**
Taux de chômage : **4,0 %**	Salaire hebdomadaire moyen : **506 $**
Taux de placement : **96,0 %**	*Qu'advient-il des diplômé(e)s des universités?*, MÉQ. 1998

Comment interpréter ces statistiques - pages 16 et 17

Formation universitaire

Secteur 19

BAC

Physiothérapie

PLACEMENT

Au service de placement de l'Université de Montréal, on indique que les diplômés en physiothérapie connaissent un taux de placement de 100 %. À l'Ordre professionnel des physiothérapeutes du Québec (OPPQ), on ajoute que la situation actuelle est très favorable. «Aucun de nos membres n'est en disponibilité pour le moment. Tout le monde trouve du travail», indique Mariette L. Lanthier, présidente de l'OPPQ.

Mais on note cependant un ralentissement de l'embauche dans le secteur public, en raison des compressions budgétaires dans le domaine de la santé.

En outre, les jeunes diplômés doivent s'attendre à occuper des postes temporaires, mais généralement à temps plein, dans le secteur public de la santé. Seul le secteur privé peut offrir des postes permanents à temps plein en début de carrière.

«Avec le virage ambulatoire et le ralentissement des activités dans le secteur public, ce sont les services de première ligne en santé communautaire qui vont nécessiter le plus grand nombre de professionnels», soutient Mme Lanthier, qui ajoute que la gériatrie et la pédiatrie constituent des cibles importantes pour les physiothérapeutes.

Le site Emploi-Avenir de Développement des ressources humaines Canada indique également que le système de soins à domicile et dans les cliniques externes devrait prendre de l'ampleur et entraîner un besoin supplémentaire de physiothérapeutes en santé communautaire.

Par ailleurs, de nombreux besoins se font également sentir en milieu scolaire et en milieu de travail, en terme de prévention et de dépistage précoce des lésions musculo-squelettiques.

«La prévention demeure une activité importante de la profession et touche plusieurs secteurs, tels que les sports et les loisirs. L'orthopédie compte aussi pour beaucoup en physiothérapie. C'est le domaine où l'on compte le plus grand nombre d'interventions», explique Mme Lanthier.

SALAIRE ET CONDITIONS DE TRAVAIL

Selon l'étude du ministère de l'Éducation parue en 1998, *Qu'advient-il des diplômé(e)s des universités?*, le salaire moyen de départ est de 719 $ par semaine. L'horaire de travail varie d'un secteur à l'autre. Le secteur public offre un horaire normal de jour pouvant inclure la fin de semaine, tandis que le secteur privé doit s'adapter aux besoins de sa clientèle et offrir des horaires plus flexibles.

12/98

STATISTIQUES

Nombre de diplômés : **192**	Temps plein : **87,6 %**
Proportion de diplômés en emploi (PDE) : **n/d**	En rapport avec la formation : **98,6 %**
Taux de chômage : **0,0 %**	Salaire hebdomadaire moyen : **719 $**
Taux de placement : **100,0 %**	

Qu'advient-il des diplômé(e)s des universités?, MÉQ, 1998

Comment interpréter ces statistiques - pages 16 et 17

Formation universitaire

Recherche opérationnelle

PLACEMENT

À l'Université du Québec à Trois-Rivières (UQTR), on enregistre un taux de placement des diplômés supérieur à 90 %.

Kathleen Grant, directrice du service de placement à l'École des hautes études commerciales (HÉC) mentionne également que les étudiants se placent très bien, et il n'est pas rare que les diplômés du baccalauréat décident d'effectuer une maîtrise dans le but de se diriger vers la recherche.

René Gélinas, professeur au département des sciences de la gestion et de l'économie, et ancien directeur du programme de recherche opérationnelle (RO) à l'UQTR, définit la RO comme étant la modélisation par des méthodes quantitatives de problèmes de différentes natures, tels que la gestion des stocks, la planification de la production, la logistique du transport, etc. La RO vise essentiellement à l'amélioration du fonctionnement des entreprises par l'application de l'approche scientifique.

La formation mène à un large éventail d'emplois dans les entreprises de fabrication, de distribution et de commerce au détail dans différents secteurs (mines, transport, construction, etc.).

Selon la Société canadienne de recherche opérationnelle, depuis une dizaine d'années, le champ d'application du domaine s'est élargi à l'économie, à la finance, au marketing et à la planification, à la gestion des systèmes de santé et d'éducation, de même qu'à la résolution de problèmes environnementaux.

Dans le site Emploi-Avenir de Développement des ressources humaines Canada, on souligne que la demande pour des spécialistes en recherche opérationnelle devrait connaître un taux de croissance largement supérieur à la moyenne au cours des prochaines années.

Le souci des entreprises de rester concurrentielles dans un marché de plus en plus compétitif et la rapidité des changements technologiques constituent des facteurs favorables pour eux.

SALAIRE ET CONDITIONS DE TRAVAIL

Selon l'étude du ministère de l'Éducation du Québec publiée en 1998, *Qu'advient-il des diplômé(e)s des universités?*, le salaire moyen de départ est de 425 $ par semaine. Ce traitement peut varier d'une entreprise à l'autre et selon les responsabilités du spécialiste en recherche opérationnelle. Les horaires de travail sont généralement normaux dans les grandes entreprises, mais peuvent varier si l'on œuvre au sein d'une PME.

12/98

STATISTIQUES

Nombre de diplômés : **7**	Temps plein : **100,0 %**
Proportion de diplômés en emploi (PDE) : **n/d**	En rapport avec la formation : **85,7 %**
Taux de chômage : **0,0 %**	Salaire hebdomadaire moyen : **425 $**
Taux de placement : **100,0 %**	

Qu'advient-il des diplômé(e)s des universités?, MÉQ. 1998

Comment interpréter ces statistiques - pages 16 et 17

Formation universitaire

Secteur 3
BAC

Sciences et technologies des aliments

PLACEMENT

La situation des finissants en sciences et technologies des aliments est enviable si l'on se fie aux chiffres avancés par Jean Amiot, directeur du programme à l'Université Laval. «Le taux de placement de nos finissants est de 96 %», affirme-t-il.

La majorité des diplômés occupent un emploi à temps plein relié directement à leur domaine d'études. En moyenne, ils ont mis sept semaines avant de décrocher un emploi, et 33 % des étudiants avaient déjà un emploi avant de terminer leurs études.

L'industrie agroalimentaire compte environ 2000 entreprises de différentes tailles. «Les emplois sont principalement reliés à l'industrie de la transformation et de la distribution des aliments», affirme M. Amiot. «Le noyau le plus fort des emplois se retrouve dans le domaine du contrôle et de la gestion de la qualité, explique pour sa part Robert Dupuis, porte-parole de l'Association des diplômés en sciences et technologies des aliments (ADSTA). Il y en a aussi en recherche et développement et en production alimentaire.»

Selon M. Dupuis, le domaine offre de belles possibilités de carrière. «Le marché est dynamique et en constante évolution, explique-t-il. Actuellement, nous assistons à des fusions ou des regroupements d'entreprises. Certaines cherchent à se diversifier, plusieurs visent l'exportation. C'est pourquoi les travailleurs du domaine doivent développer une grande capacité d'adaptation. De plus, comme la technologie évolue très rapidement, les gens ont tout intérêt à se perfectionner et à faire appel à la formation continue.»

Selon M. Amiot, la concurrence, autant sur les marchés nationaux qu'internationaux, est de plus en plus forte dans le domaine alimentaire. Les entreprises exportatrices doivent se conformer à des normes de qualité sévères. «Dans ce contexte, les diplômés sont très recherchés puisqu'ils sont chargés de l'implantation de système de contrôle de la qualité», conclut-il.

SALAIRE ET CONDITIONS DE TRAVAIL

Selon l'étude du ministère de l'Éducation du Québec parue en 1998, *Qu'advient-il des diplômé(e)s des universités?*, le salaire moyen de départ est de 550 $ par semaine. Les perspectives d'avancement sont bonnes dans le secteur et elles ont rapidement un effet à la hausse sur le salaire. Les horaires de travail sont variables.

12/98

STATISTIQUES

Nombre de diplômés : **30**	Temps plein : **100,0 %**
Proportion de diplômés en emploi (PDE) : **n/d**	En rapport avec la formation : **92,9 %**
Taux de chômage : **8,0 %**	Salaire hebdomadaire moyen : **550 $**
Taux de placement : **92,0 %**	Ces données sont tirées de la catégorie «Vivres, sciences et technologies des aliments», *Qu'advient-il des diplômé(e)s des universités?*, MÉQ. 1998

Comment interpréter ces statistiques - pages 16 et 17

Sciences —— géomatiques

PLACEMENT

À l'Université Laval, on indique que 90 % des diplômés en sciences géomatiques travaillent dans leur domaine d'études et que les autres se dirigent vers des études supérieures. Michel Mainville, directeur du programme, indique d'ailleurs qu'il reçoit davantage d'offres d'emplois qu'il n'y a de finissants.

Actuellement, la géomatique est un secteur d'activité qui suscite beaucoup d'enthousiasme au Québec. La très bonne réputation de la province dans ce domaine permet en effet aux entreprises d'obtenir des contrats à l'étranger, surtout dans les pays en voie de développement, où les besoins en géomatique sont grands. Selon Industrie Canada, le taux de croissance du secteur de la géomatique au pays serait de 20 % par année ; c'est pourquoi on s'attend à ce que le marché de l'emploi demeure très favorable.

Le secteur qui se développe le plus est le génie géomatique, lié aux nouvelles technologies. Son développement tient au fait qu'il peut être utilisé dans toutes les sphères de l'économie. Par exemple, une chaîne de restauration pourra voir l'emplacement de tous ses concurrents dans un secteur donné et connaître le revenu moyen des habitants. Pendant la crise du verglas de janvier 1998, on a même dû localiser toutes les écoles, les hôpitaux et les poteaux électriques de la province !

«C'est toutefois une lame à double tranchant, prévient Denis Parot, président de la section montréalaise de l'Association canadienne des sciences géomatiques. Comme les outils de géomatique sont de plus en plus faciles à utiliser, beaucoup de gens peuvent aujourd'hui s'en servir sans avoir de formation dans le domaine. Mieux vaut donc se diriger en conception de logiciels spécialisés pour la géomatique, où les perspectives sont très bonnes.»

Quant à la profession d'arpenteur-géomètre, la branche traditionnelle de la géomatique, elle présente actuellement une situation d'emploi plutôt moyenne. «Il n'y a pas de travaux d'arpentage importants, en ce moment, explique Yvon Chabot, de l'Ordre des arpenteurs-géomètres du Québec. Mais le début du gros projet gouvernemental de la rénovation cadastrale, d'une durée de 15 ans, devrait avoir des retombées sur la pratique des arpenteurs.»

SALAIRE ET CONDITIONS DE TRAVAIL

Selon l'étude du ministère de l'Éducation parue en 1998, *Qu'advient-il des diplômé(e)s des universités?*, le salaire moyen de départ est actuellement d'environ 573 $ par semaine pour les diplômés du secteur plus général de «Géodésie (arpentage)». L'Ordre des arpenteurs-géomètres du Québec confirme la validité de ce chiffre pour le domaine des sciences géomatiques. La rémunération, tout comme les horaires de travail, varie cependant beaucoup en fonction du secteur des sciences géomatiques dans lequel on évolue.   12/98

STATISTIQUES

Nombre de diplômés : **n/d**	Temps plein : **n/d**
Proportion de diplômés en emploi (PDE) : **n/d**	En rapport avec la formation : **n/d**
Taux de chômage : **n/d**	Salaire hebdomadaire moyen : **n/d**
Taux de placement : **n/d**	

Qu'advient-il des diplômé(e)s des universités?, MÉQ. 1998

Comment interpréter ces statistiques - pages 16 et 17

Formation universitaire

Secteur 20

BAC

Service
social

À l'Université de Montréal, on s'entend pour dire que les diplômés en service social décrochent en grande majorité un emploi.

En revanche, comme l'explique Louise Boulanger, chargée des affaires professionnelles à l'Ordre professionnel des travailleurs sociaux du Québec (OPTSQ), «il est relativement ardu pour les nouveaux diplômés de dénicher un emploi stable à temps plein dans le secteur public de la santé. Cependant, aujourd'hui, il est beaucoup plus facile de trouver de l'emploi à temps partiel, en remplacement ou à contrat».

Le site Emploi-Avenir de Développement des ressources humaines Canada prévoit, d'ici 2002, des besoins d'environ 100 travailleurs sociaux par an au Québec, auxquels viendront s'ajouter 150 autres postes pour combler les départs à la retraite. Le total s'élève donc à 250 personnes par an.

Selon l'OPTSQ, le secteur public de la santé et des services sociaux demeure un secteur d'activité important pour les jeunes diplômés et présente plusieurs débouchés, même si ce sont des emplois précaires.

En raison du virage ambulatoire, le secteur communautaire prend la relève du secteur public et les services de maintien à domicile et en santé mentale, entre autres, connaissent une véritable croissance qui permet de recruter bon nombre de diplômés. Les organismes communautaires embauchent les jeunes professionnels, souvent à contrat, pour offrir des services à diverses clientèles, par exemple dans les centres d'aide pour victimes d'agressions criminelles ou dans les centres jeunesse.

Mme Boulanger indique également que le secteur privé offre des possibilités intéressantes dans divers champs de la pratique, comme la médiation familiale ou encore dans le cadre de programmes d'aide aux employés en milieu de travail.

Selon Emploi-Avenir, l'expérience des travailleurs sociaux est aussi très recherchée dans nombre de nouveaux secteurs d'intervention et d'évaluation psychosociale, notamment pour l'ouverture ou la révision des régimes de protection des majeurs inaptes et pour les procédures d'adoption internationale.

Selon l'étude du ministère de l'Éducation parue en 1998, intitulée *Qu'advient-il des diplômé(e)s des universités?*, le salaire moyen de départ est de 545 $ par semaine. Le travail s'effectue selon un horaire variable de jour et de soir. Le secteur privé, quant à lui, doit s'adapter aux besoins de sa clientèle.

12/98

STATISTIQUES

Nombre de diplômés : **568**	Temps plein : **73,2 %**
Proportion de diplômés en emploi (PDE) : **n/d**	En rapport avec la formation : **84,8 %**
Taux de chômage : **7,5 %**	Salaire hebdomadaire moyen : **545 $**
Taux de placement : **92,5 %**	

Qu'advient-il des diplômé(e)s des universités?, MÉQ, 1998

Comment interpréter ces statistiques - pages 16 et 17

Formation universitaire

Statistiques

PLACEMENT

À l'Université Laval, on enregistre un taux de placement qui frôle les 100 %. «Nous affichons même des offres d'emploi qui ne trouveront pas preneur», note Nadia Ghazzali, directrice du programme de baccalauréat en statistiques.

Au cours de la formation, les étudiants prennent contact avec le marché du travail dans le cadre d'un stage qui, pour certains, devient un emploi permanent à la fin de leur études. Encore là, Mme Ghazzali affirme qu'elle ne peut répondre à toutes les demandes de stages des entreprises.

Elle considère que la situation devrait demeurer favorable dans le domaine de la statistique au cours des prochaines années et n'a aucune inquiétude à ce sujet. Elle regrette toutefois que ce programme ne soit pas davantage connu de la population étudiante.

Selon Christian Genest, secrétaire de la Société statistique du Canada, la profession souffrirait d'un problème de perception. «La formation n'est pas très connue, soutient-il. Souvent, le seul contact que les étudiants ont avec le domaine se fait au cégep, et cela ne rend pas justice à la science statistique.»

C'est pourquoi plusieurs d'entre eux vont choisir l'informatique, les mathématiques ou l'actuariat, trois domaines qui sont aux frontières de la statistique, au lieu d'opter pour le baccalauréat en statistique en tant que tel.

La fonction publique autant provinciale que fédérale est le principal employeur des statisticiens (ministères, Statistique Canada, le Bureau de la statistique du Québec, Loto-Québec, etc.). Les maisons de sondage, les centres hospitaliers et les compagnies pharmaceutiques embauchent également des spécialistes de la statistique pour évaluer l'efficacité d'un vaccin, par exemple.

Il s'agit généralement d'emplois à temps plein, quoique la fonction publique offre surtout des contrats de durée variable qui peuvent toutefois se transformer en travail permanent.

SALAIRE ET CONDITIONS DE TRAVAIL

Selon l'étude du ministère de l'Éducation du Québec parue en 1998, *Qu'advient-il des diplômé(e)s des universités?,* le salaire moyen de départ est de 699 $. Les horaires de travail sont généralement normaux.

12/98

STATISTIQUES		
Nombre de diplômés : **38**	Temps plein : **63,6 %**	
Proportion de diplômés en emploi (PDE) : **n/d**	En rapport avec la formation : **79,8 %**	
Taux de chômage : **n/d**	Salaire hebdomadaire moyen : **699 $**	
Taux de placement : **86,8 %**	Ces données sont tirées de la catégorie «Probalitités et statistiques», Qu'advient-il des diplômé(e)s des universités?, MÉQ. 1998	

Comment interpréter ces statistiques - pages 16 et 17

Formation universitaire

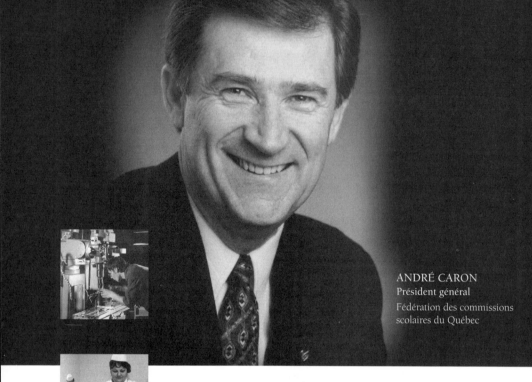

ANDRÉ CARON
Président général
Fédération des commissions
scolaires du Québec

La compétence,
une passion à partager!

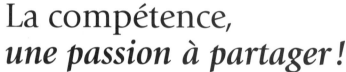

**La Fédération
des commissions
scolaires
du Québec**

La formation professionnelle, c'est notre affaire...
60 commissions scolaires préparent la relève!

Branchée
SUR L'AVENIR

Les grands génies font carrière dans l'industrie de la fibre optique

Dans nos installations de Vanier, au coeur de la ville de Québec, nous développons, concevons et fabriquons des appareils de test et de mesure pour la fibre optique. Nos filiales en France, en Suisse, aux États-Unis et en Asie assurent notre présence internationale. Nous avons aussi des ententes de coopération avec des universités et des centres de recherche dans plusieurs pays.

Au sein de notre entreprise, vous pourrez utiliser vos connaissances pour dépasser les limites actuelles de la technologie. Vous disposerez des meilleurs outils de conception, de programmation, de modélisation et de construction pour réaliser vos projets de recherche et développement.

Votre carrière

Ingénieur(e) en électronique numérique
Ingénieur(e) en électronique analogique
Ingénieur(e) en optique
Ingénieur(e) en traitement de signal
Ingénieur(e) en mécanique
Ingénieur(e) en informatique

EXFO, service des ressources humaines
465, avenue Godin, Vanier (Québec) G1M 3G7
Télécopieur : (418) 683-2170
www.exfo.com/carrieres

EXFO

MODE **D'EMPLO**

Pour les jeunes en quête d'une carrière d'ave

Les gens d'affaires vous refilent trois tuyaux pour faire carrière dans l'économie du savoir :

1 Ciblez un programme d'études qui présente d'intéressantes possibilités d'emploi

CIBLER

PERSÉVÉRER

BÂTIR

2 Persévérez dans ce programme jusqu'à l'obtention de votre diplôme

3 Bâtissez des relations avec les gens d'affaires à l'occasion de vos emplois d'été et de vos stages

« Les employeurs recherchent vos compétences. Il vous appartient de les développer et de les communiquer. »

Michel Audet, président
Chambre de commerce du Québec

CHAMBRE DE COMMERCE DU QUÉBEC
500, place d'Armes, bureau 3030
Montréal (Québec) H2Y 2W2
www.ccq.ca

FORMATION
D'UNE NOUVELLE GÉNÉRATION

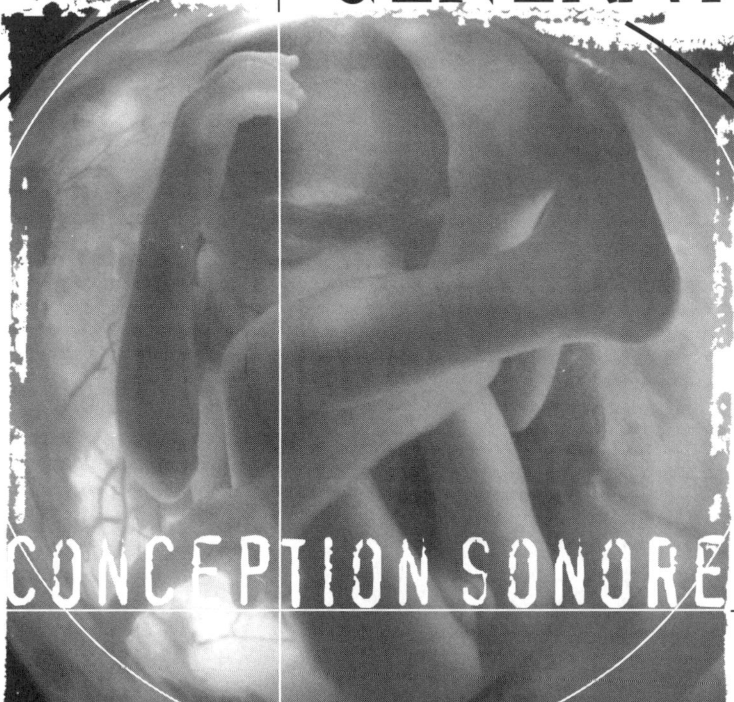

CONCEPTION SONORE

technique
et artistique
360° sur le
showbusiness

musi·technic

À l'ÈRE DU MULTIMÉDIA

http://www.musitechnic.com

la tête de l'emploi

Radio-Canada
Télévision

du **lundi**
au **vendredi**
à **17h30**

La Tête de l'Emploi est un jeu-questionnaire diffusé sur les ondes de Radio-Canada du lundi au vendredi à 17 h 30. Cette émission, animée par Véronique Cloutier, assistée de son complice Martin Héroux est enregistrée devant public. **La Tête de l'Emploi** accueille tous les jours six participants exerçant chacun un métier ou une profession donné ou pratiquant un passe-temps particulier. Trois concurrents doivent déterminer, à la lumière des renseignements fournis par les participants, quel métier, profession ou activité, parmi ceux énoncés, se rapporte à chacun des participants.

Dans un premier temps, les concurrents essaient de réunir le plus d'indices possible en attribuant aux participants de leur choix des questions associées à un des emplois ou passe-temps dont ils se réclament. Dans un deuxième temps, les participants sont soumis à certaines épreuves visant à démontrer leur expertise ou leurs connaissances. À cette étape, ceux-ci peuvent être sollicités plus d'une fois, au gré des concurrents.

Finalement, une période sprint leur permettra d'attribuer pendant une minute des questions aux participants de leur choix. Les concurrents doivent donc faire appel à leur esprit de déduction et à leur sens de l'observation, ou en dernier recours, s'en remettre à leurs premières impressions pour qu'un d'entre eux accède au jeu final où il sera temps de déterminer qui fait quoi parmi les six participants.

Vous voulez être concurrent ou participant? Appelez-nous au (514) 597-5422

PARTICIPANT : candidat qui exerce une activité (métier, loisir…) à découvrir par les trois concurrents. Il y a six (6) participants par émission.

CONCURRENT : candidat qui cherche à découvrir l'activité exercée par chacun des six (6) participants. Les concurrents sont au nombre de trois (3).

● Les gens qui désirent être ***concurrent*** à l'émission **La Tête de l'Emploi**, doivent téléphoner au **(514) 597-5422** et laisser ***un message*** en ce sens. Les personnes rejointes sont convoquées aux enregistrements afin d'assister aux émissions. **Sur place**, avant l'enregistrement de chacune des émissions, les concurrents ainsi que les juges sont choisis **au hasard**.

● Les gens qui désirent être ***participant*** à l'émission **La Tête de l'Emploi** doivent téléphoner au **(514) 597-5422** et laisser ***un message*** en ce sens. Les personnes rejointes sont convoquées à une séance d'inscription. Suite à cette séance, le responsable de la sélection des participants analyse tous les dossiers et convoque aux émissions les participants choisis. Les questions ainsi que le défi à relever lors de l'enregistrement sont préparés par le concepteur et son équipe avec l'étroite collaboration du participant (le tout se fait par téléphone). On attend vos appels!

Ne manquez pas...
Notre semaine thématique sur les carrières d'avenir!

En collaboration avec Les éditions Ma Carrière découvrez cinq domaines porteurs d'avenir.
Les carrières de l'ingénierie, de l'administration, du vêtement,
des biotechnologies/pharmaceutique et de l'informatique/télécommunications
seront représentées dans une semaine spéciale du 8 au 12 février 1999.

La tête de l'emploi, tous les jours dès 17h30!!!

Radio-Canada
Télévision

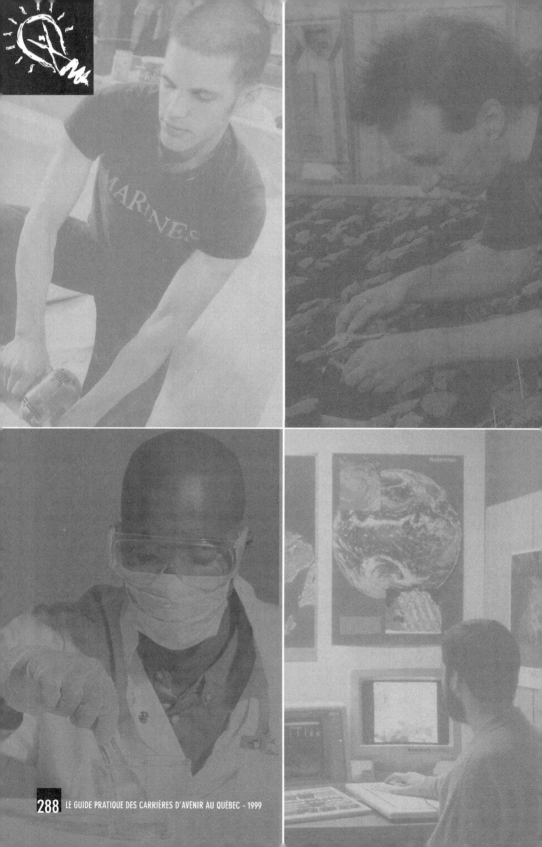

Guide de préparation au choix de carrière

Chantal

Mario

Photographie : PPM Photo

Flash
Consultation
Orientation

Voici un scénario adapté d'une conférence sur la réflexion qu'implique le choix d'une formation et d'une carrière. Offerte dans plusieurs régions du Québec, cette conférence met en scène Mario Charette, conseiller d'orientation, et Chantal Hallé, une jeune femme qui se questionne sur son choix de carrière. Une situation où vous vous reconnaîtrez peut-être...

Pages 292 à 296 .....➤

Flash

Consultation Orientation

Après quatre années d'études universitaires, un diplôme en poche et un emploi dans son domaine, Chantal réalise qu'elle n'est pas heureuse dans sa vie professionnelle. Elle décide de consulter Mario Charette, un conseiller d'orientation, en espérant trouver des solutions à son problème. Leur discussion enrichissante expose les différentes étapes d'un choix de carrière.

Chantal
J'ai choisi, après le cégep, d'entreprendre des études universitaires dans le grand domaine de la finance! Maintenant que j'ai mon baccalauréat et un emploi dans le domaine, je n'aime pas mon travail. Est-ce normal?

Mario
Oui, c'est normal. Au moment où tu as fait ce choix, tu l'as fait au meilleur de tes connaissances, selon tes goûts et tes intérêts. De nos jours, on demande aux jeunes de faire ces choix difficiles très tôt dans la vie. Il n'est donc pas surprenant que, plus tard, certains le regrettent. Mais dis-moi, qu'est-ce qui t'avait attirée dans le domaine de la finance?

J'étais convaincue que, pour me tailler une place de choix dans le monde des affaires, il me fallait suivre ce cheminement, qui me semblait tout à fait approprié. De plus, cela représentait un super défi pour moi.

Alors, lorsque tu as eu ton premier emploi, les tâches à accomplir te déplaisaient. Ça ne correspondait pas à ce que tu espérais?

Non, ça ne correspondait plus à mes attentes. Pourtant, je croyais adorer travailler avec les chiffres. Malgré cela, je me sentais, en quelque sorte, coincée dans ce travail. Ce domaine n'était pas compatible avec ma personnalité.

Mais pourtant, tu avais réussi à relever ton défi; tu étais sur le point d'obtenir ta place de choix...

Eh oui! Mais malgré cela, je n'aimais pas mon travail. Je ne me suis pas trop posé de questions quand est venu le temps de m'inscrire à l'université. Je voulais seulement relever un défi en effectuant un baccalauréat plutôt difficile.

Tu t'es montrée très courageuse. Beaucoup de gens reculent devant un défi à relever. Toi, tu l'as affronté et tu as pensé que tu aurais un sentiment d'accomplissement une fois ton bac terminé. Maintenant que c'est fait, tu trouves au contraire que c'est vide.

C'est ça!

Tu vois, relever des défis, c'est très bien, à condition de relever les **bons défis,** ceux qui nous permettent d'exceller tels que nous sommes une fois sur le marché du travail. À quoi bon relever un défi s'il ne correspond pas à nos goûts et aptitudes? Pourquoi as-tu choisi ce domaine exactement?

Flash

Ce n'est pas si simple! Chaque choix que l'on fait en ce qui concerne le travail doit pouvoir concilier, autant que possible, deux dimensions : **ce que nous sommes et ce que le marché du travail est.** D'un côté, il y a toi, avec tes goûts, tes aspirations, tes habiletés. De l'autre côté, il y a le marché du travail, avec ses exigences et les possiblités qu'il t'offre. Regarde les questions suivantes et essaie d'y répondre. Elles t'aideront à mieux t'orienter :

❶ **Ce que je veux :**

(quels sont tes goûts, tes intérêts et tes aspirations?)

❷ **Ce que je peux :**

(quels sont tes talents ou aptitudes, que peux-tu apprendre ou développer?)

❸ **Ce qui est possible :**

(quelles sont les occasions présentes sur le marché du travail?)

❹ **Ce qui est nécessaire :**

(quelles sont les exigences de l'emploi aujourd'hui, dans un domaine spécifique ou en général?)

❺ **Ce que je vais faire :**

(quelles sont les occasions d'emploi qui te conviennent le mieux?)

J'ai choisi ce domaine parce que je voulais être assurée d'obtenir un emploi. Je voulais me placer. N'est-ce pas ce qu'il faut faire ?

Je pense que tu es tombée dans un piège dans lequel beaucoup de jeunes tombent. Tu as choisi la finance non seulement parce que tu croyais qu'il s'agissait là d'un défi pour toi, mais aussi parce que tu pensais pouvoir facilement y trouver du travail. Cependant, il ne faut pas saisir n'importe quelle occasion simplement parce qu'elle est là.

Mais quand j'ai choisi la finance, c'était ce que je connaissais de mieux comme tremplin pour me lancer sur le marché du travail. Ai-je mal fait d'agir de la sorte?

Comme je te l'ai dit au début, tu as fait ton choix, alors, au **meilleur de tes connaissances.** Mais, encore une fois, on ne doit pas choisir un programme d'étude simplement parce qu'il semble accessible et obtient un fort taux de placement. Pour faire face aux exigences de bien des emplois, aujourd'hui, on a besoin d'une forte **motivation.** Il faut donc choisir un domaine que l'on aime. Comment être motivé dans un emploi que l'on n'aime pas?

Donc, tu me dis que j'aurais dû choisir en fonction de ce qui me plaît, de ce qui me convient, et non pas en fonction du marché du travail?

Flash

À l'aide de ces questions, il faut ensuite trouver pour toi un ou plusieurs types d'emploi qui te conviennent. Ainsi, on augmente autant que possible tes chances de pénétrer le marché du travail avec succès.

Je crois que maintenant, je comprends mieux! C'est comme un compromis entre ce que j'aime et les ouvertures sur le marché du travail.

Oui... mais j'aime mieux parler d'une **synthèse** qui prend en considération les risques que tu es prête à prendre et ce que tu es prête à faire pour obtenir l'emploi que tu veux. Quel que soit ton choix, il y aura des **coûts** : par exemple, le temps et l'énergie que tu dois investir dans une formation. Il y aura aussi des **risques** qui, eux, représentent la difficulté de concrétiser ton choix sur le marché du travail. Certains coûts, tu auras les moyens de les assumer, d'autres pas. Certains risques, tu seras prête à les prendre, d'autres pas. Mais il est vrai que les situations parfaites sont rares.

En répondant aux cinq questions et en connaissant le domaine qui correspond le plus à mon profil, c'est garanti que je vais trouver un travail que j'aime?

Ce n'est pas tant une question de garantie que **la nécessité d'être prête** autant qu'il est possible de l'être. Il est nécessaire d'avoir une idée bien claire de ce que l'on veut et de ce que l'on peut faire. C'est pourquoi il faut bien se connaître et connaître son potentiel avant de commencer une formation ou d'entreprendre une recherche d'emploi.

Eh bien! Cela veut dire que j'ai complètement raté mon coup en choisissant la finance. Maintenant, tout est à recommencer...

Tu vas trop vite! Les cinq questions dont je te parlais tout à l'heure, il faut y répondre **au présent.** Que veux-tu maintenant? Il ne faut pas regretter tes choix passés, mais plutôt faire en sorte que ta **formation te serve différemment aujourd'hui.** Ces dernières années, tu as appris des choses sur toi-même, sur l'emploi, et tu as sans aucun doute acquis de nouvelles connaissances et habiletés, à travers ton engagement scolaire, par exemple. On va donc chercher des occasions qui te conviennent dans un futur proche, pas celles que tu as manquées hier!

Voyons voir... J'ai organisé plusieurs activités parascolaires quand j'étais à l'université et j'ai aussi créé de nouveaux services, et fait leur promotion pour une association professionnelle et des organismes bénévoles. Quand j'y pense, je me rends compte que je préférais ça à mon tra-

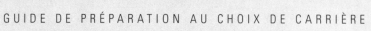

vail actuel en finance. Je réalise que j'aime bien aussi organiser toutes sortes d'événements comme des spectacles, des galas...

 Comment sais-tu que tu aimes faire ça?

Bien... c'est comme tu as dit tout à l'heure : quand je le fais, je m'amuse et je ne trouve pas ça trop difficile, même quand il y a des problèmes. Je me sens dans mon élément.

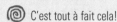 Alors résumons : tu aimes créer de nouveaux services, faire leur promotion par la communication, organiser des événements, régler des problèmes, mener des projets à terme...

C'est tout à fait cela!

À première vue, ce dont nous sommes en train de parler, c'est un mélange de communications et de marketing d'un côté, et de gestion de projets de l'autre. Nous sommes dans le grand domaine de la gestion. As-tu suivi des cours de gestion à l'université ?

Bien sûr!

Tu vois, **tout n'est pas perdu!** Mais est-ce que tu crois réussir à répondre à toutes les exigences d'un travail en marketing ou en communications, comme le développement des affaires, par exemple? Crois-tu que ton bac comblera toutes les exigences d'un travail en marketing et en gestion?

C'est sûr que j'aimerais bien compléter ma formation, même si j'ai déjà beaucoup appris sur le tas grâce à mon engagement scolaire.

Tu vois, tous ces organismes, comités étudiants et équipes sportives dans lesquels tu t'es investie quand tu étais à l'école, ces expériences comptent une fois sur le marché du travail. Elles peuvent même compenser une partie de la formation que tu n'as pas. Tu as développé des qualités et aptitudes

qui te serviront grandement dans un futur emploi : l'autonomie, l'initiative, le sens de l'organisation et des responsabilités, etc.

Tu as bien raison. C'est d'ailleurs ce qui me rend confiante à l'égard de mon futur emploi. Je sais que j'ai déjà une expérience pertinente, même si je suis nouvelle sur le marché de l'emploi. Vraiment, **l'engagement scolaire est un investissement!**

Alors, tu vois, une fois qu'on cerne les compétences que tu as et celles que tu dois acquérir, on peut te préparer un plan d'action. Par exemple, tu peux prendre une formation courte en marketing, à l'université, ou même une des formations privées reconnues par Emploi-Québec. N'oublie pas, d'ailleurs, que ton expérience sur le tas est un acquis en soi aux yeux de bien des employeurs, ce qui n'est pas dépourvu d'intérêt. Toutes les entreprises qui explorent **le marché des mutations** sont des employeurs potentiels pour toi.

Le marché de quoi?

Le marché des mutations. Les grands changements économiques et sociaux que l'on connaît sont en train de créer quatre grands marchés **prometteurs pour l'emploi.**

Flash

 Regardons-les de plus près.

Le marché des mutations

Ce marché est formé d'entreprises qui cherchent à changer leur façon de faire pour s'adapter à tous les changements sociaux et économiques. Ce type de marché répond à de nouveaux besoins engendrés par ces changements : nouveaux services de santé, nouveaux services financiers, nouvelles formes de vente au détail, etc.

Le marché de la créativité

Ce marché cherche de nouvelles façons de résoudre de vieux problèmes : informatique, télécommunications, biotechnologies, environnement, diverses formes de génie, etc.

Le marché de la technicité

Ici, on cherche comment utiliser de façon efficace les machines et l'équipement : plastiques, meubles, design, etc. On y trouve plusieurs professions techniques.

Le marché de la signification

On y cherche à comprendre les changements en cours afin de pouvoir y faire face : analyse marketing, analyse financière, actuariat, consultation en gestion, marketing international, plusieurs spécialités du droit, etc.

 Wow! À t'entendre parler, je pourrais faire n'importe quoi! C'est super génial! C'est justement ce que je veux faire... toujours de nouvelles choses!

Tu vois, on a déjà un premier plan d'action. On sait ce que tu peux faire, ce que tu as envie de faire, ce qui est exigé et on a commencé à cerner ce qui est possible. On se rend compte aussi que pour faire face à certaines exigences, tu devrais avoir un peu plus de formation. Maintenant, on peut recenser des entreprises, des employeurs potentiels qui auraient besoin de tes services. **Utilise ton réseau de contacts,** des annuaires d'entreprises ou fais des entrevues d'exploration. Il faut aussi te munir d'un CV et te préparer plus exactement aux entrevues.

Mon Dieu! Ça semble si simple quand tu en parles.

C'est simple à expliquer...mais attention! Ce n'est pas toujours simple à faire. Souviens-toi : un peu plus tôt, je parlais de coûts et de risques. Selon ce que tu choisis, tu devras y mettre temps, énergie et efforts en assumant les coûts et les risques que ton choix implique. Ne te décourage surtout pas! En suivant les étapes, question par question, tu mets toutes les chances de ton côté.

Donc, finalement, il est encore possible pour moi de trouver une place que j'aime... Je peux m'attendre à quelque chose d'intéressant?

Bien sûr! Si tu es prête à faire ce qu'il faut...

À vous de jouer!

Où en êtes-vous? Auto-évaluez votre situation d'orientation à l'aide du guide préparé par Mario Charette (pages 297 à 308). Remplissez le questionnaire du conseiller d'orientation et faites le point sur votre choix de carrière. ■

Guide d'auto-évaluation de votre situation d'orientation

Où en êtes-vous?

Notre conseiller d'orientation,
Mario Charette, a préparé pour vous
une série d'exercices utiles pour faire
le point sur votre choix de carrière.

Les éditions Ma Carrière

Je m'interroge

Guide d'auto-évaluation
de votre situation d'orientation

Le moment est venu de choisir votre carrière ou de vous préparer à entrer sur le marché du travail? Voilà une étape excitante et stimulante quand on s'y prend de la bonne façon! Cependant, il y a tellement à apprendre à propos de soi-même, du marché, des occupations, qu'on peut facilement se sentir dépassé par l'ampleur de la tâche. Pourtant, rien ne sert d'être défaitiste ou, au contraire, optimiste à souhait. Il faut plutôt voir l'avenir avec un réalisme stratégique.

Le réalisme stratégique est vraiment un mélange des deux attitudes extrêmes. Il ne s'agit ni de se décourager à l'avance, ni de s'imaginer que tout viendra à point au moment voulu. IL FAUT SIMPLEMENT SE PRÉPARER!

Ce que ce document peut faire pour vous

Dans les lignes qui suivent, on vous propose d'identifier des tâches que vous avez à effectuer pour bien vous préparer. Certaines de ces tâches vous paraîtront surprenantes, d'autres pas. Pour chacune, vous trouverez un petit exercice à faire. Vous découvrirez ainsi ce qui est fait et ce qu'il vous reste à faire pour préparer votre entrée sur le marché du travail.

Les tâches peuvent être divisées en trois groupes.

Les tâches qui ont trait à la décision, soit

❶ Connaître vos intérêts, vos aptitudes ou talents.

❷ Savoir ce qui est important pour vous.

❸ Choisir une occupation dans laquelle vous pouvez exceller.

Les tâches qui ont trait à la compréhension, soit

❹ Reconnaître ce qui pourrait vous empêcher de choisir une formation et de vous préparer au marché du travail.

❺ Comprendre les exigences des formations que vous envisagez et leur lien avec le marché du travail.

❻ Comprendre que vous ne vivrez pas dans le même monde que vos parents.

Les tâches qui ont trait à l'apprentissage, soit

❼ Développer toutes les habiletés de base nécessaires à l'emploi.

❽ Développer les habiletés mentales qui sont exigées maintenant dans la plupart des emplois.

❾ Développer les habiletés personnelles qui vous permettront de conserver un emploi et d'avoir du succès.

Ce travail sur vous-même vous donnera non pas la garantie d'une place sur le marché du travail, mais plutôt l'assurance d'avoir fait tout ce que vous pouviez pour mettre toutes les chances de votre côté afin de trouver un emploi qui vous convient et dans lequel vous pourrez exceller. Parce que c'est l'excellence dans ce que vous faites (un concept que nous verrons un peu plus loin) qui vous permettra d'obtenir et de garder une bonne place sur le marché. C'est la nouvelle sécurité!

Les tâches qui ont trait à la décision

❶ Connaître vos intérêts et vos aptitudes ou talents.

La connaissance de soi, de ses intérêts et talents est essentielle pour une bonne orientation. Chaque fois que vous postulez un emploi, vous vous trouvez en compétition avec des personnes pour lesquelles le poste offert représente l'emploi rêvé. Les employeurs, d'ailleurs, cherchent cette perle rare dont les cordes sensibles vibreront au travail, parce qu'ils savent que l'engagement dans le travail passe par une forte motivation.

Vous avez donc peu de chances d'obtenir un emploi que vous avez postulé simplement parce que vous en avez besoin, sans démontrer un intérêt marqué.

Où en êtes-vous dans votre connaissance de vos intérêts et de vos aptitudes?

exercice

Cochez les tâches que vous aimez faire et celles que vous avez déjà faites avec facilité. (1)

Informations	J'aime	Je peux
lire des documents écrits	—	—
lire des plans ou des graphiques	—	—
calculer	—	—
utiliser des informations sur ordinateur	—	—
prendre et réussir des cours	—	—
écrire des histoires	—	—
faire des recherches en bibliothèque	—	—
écouter un documentaire	—	—
exprimer mes propres idées oralement	—	—
écouter les opinions des autres	—	—
exprimer mes idées par écrit	—	—
écrire des rapports	—	—
Choses		
manipuler le bois, le plastique, les métaux	—	—
utiliser des outils ou des équipements	—	—
construire ou assembler des objets	—	—
démonter des appareils électroniques	—	—
conduire ou opérer des véhicules	—	—
réparer des objets endommagés	—	—

Je m'interroge

Je m'interroge

Personnes	J'aime	Je peux
communiquer de personne à personne	—	—
communiquer à un groupe	—	—
partager avec une autre personne	—	—
réconforter, soutenir, aider	—	—
persuader une autre personne	—	—
écouter une autre personne	—	—
produire une performance pour d'autres personnes	—	—

AVEZ-VOUS EU DE LA FACILITÉ OU DE LA DIFFICULTÉ À RÉPONDRE À CES QUESTIONS? Les réponses vous venaient-elles aisément ou, au contraire, aviez-vous l'impression de ne pas trop savoir quoi répondre? Chaque métier ou profession fait appel à certaines habiletés avec des choses, des personnes et des informations. Il est important de découvrir vos intérêts et vos talents pour vous préparer au marché du travail.

suggestion 1

Consultez un conseiller d'orientation. Il utilise des tests complets qui vous permettront d'identifier précisément vos intérêts et talents, et de connaître des occupations possibles qui y correspondent.

suggestion 2

Engagez-vous dans des activités. On n'apprend pas facilement quels sont ses intérêts et ses talents en restant chez soi. Il faut sortir, voir du monde, participer à diverses activités ou à la réalisation d'un projet.

❷ Savoir ce qui est important pour vous.

La petite phrase des Spice Girls : «What you want, what you really, really want...», s'applique parfaitement au domaine de l'orientation et de l'emploi.

La première chose à faire pour obtenir ce qu'on veut, c'est de savoir ce que c'est.

Pour bien fonctionner dans le marché du travail, il faut être motivé. Et ce qui nous motive, c'est d'obtenir ce qui a de la valeur à nos yeux. Lorsqu'on l'obtient, on se sent récompensé. C'est vrai pour tout le monde, malgré le fait que ce qui a de la valeur varie d'une personne à l'autre. (2) Au travail, si la motivation n'y est pas, les énergies et le moral n'y seront pas non plus.

exercice

Savez-vous ce que vous voulez? Lisez les huit phrases suivantes et numérotez-les de 1 à 8, 1 représentant ce que vous voulez le plus dans un travail; 8, le moins. (3)

Je désire d'un travail qu'il me permette...

d'acquérir, de posséder des choses.	—
d'être responsable, en position d'autorité.	—
de compétitionner, de gagner.	—
de me surpasser, de développer tous mes talents.	—
de me faire valoir auprès d'autrui.	—

de rencontrer les besoins des autres. —

d'influencer les autres, le cours des évènements. —

de créer de nouveaux services, produits ou procédures. —

Si vous avez trouvé cet exercice difficile, voici quelques suggestions.

suggestion 1

Ces énoncés représentent différentes façons d'être récompensé au travail. Rappelez-vous une ou deux occasions où vous étiez fier de vous-même. Expliquez exactement ce que vous avez fait ou ce qui vous est arrivé et qui vous a rendu fier. Était-ce un compliment reçu, un prix, une victoire, un remerciement, la satisfaction d'avoir créé quelque chose? Vous rappeler ces histoires vous aide-t-il à répondre aux questions précédentes?

suggestion 2

Si cela vous semble toujours difficile, pensez aux gens qui vous entourent et aux récompenses qu'ils reçoivent et qu'ils apprécient! À leur place, apprécieriez-vous aussi être récompensé de cette façon? Si vous consultez un conseiller d'orientation, vous aurez évidemment l'occasion de discuter plus en détail de ce qui vous semble le plus important.

❸ Choisir une occupation dans laquelle vous pouvez exceller.

Maintenant, vous devez choisir une occupation qui convient à vos intérêts, à vos talents et à vos motivations, parce que vous pourrez alors exceller. Et l'excellence est la nouvelle règle de base du fonctionnement du marché du travail.

L'excellence ne consiste pas à obtenir des résultats scolaires au-dessus de la moyenne. Il faut plutôt découvrir le domaine dans lequel on excelle. Travailler dans un domaine où l'on excelle est la meilleure façon de faire face à un marché de l'emploi compétitif. (4) Et cela ne signifie pas automatiquement entreprendre des études universitaires. Il existe de nombreux métiers qui ne demandent pas de formation universitaire et pour lesquels on cherche des personnes qui excellent. Vous en trouverez bien des exemples dans ce guide.

La prise de décision finale implique elle-même des tâches plus précises. Certaines sont énumérées dans la liste de vérification ci-dessous.

exercice

Feuille de vérification pour la prise de décision (cochez la case appropriée). (5)

	Pas du tout	+ ou -	Tout à fait
1. Je sais ce qui m'intéresse.	___	___	___
2. Je connais la plupart de mes aptitudes ou talents.	___	___	___
3. Je peux démontrer mes aptitudes par mes engagements bénévoles, dans les loisirs, etc.	___	___	___
4. Je connais mes valeurs, ce que je considère comme des récompenses valables.	___	___	___
5. Je connais des occupations qui correspondent à mes intérêts, talents et valeurs.	___	___	___
6. Je connais la nature des tâches de ces occupations.	___	___	___
7. Je peux expliquer pourquoi ces tâches me conviennent.	___	___	___

Je m'interroge

Je m'interroge

	Pas du tout	+ ou -	Tout à fait
8. Je peux mettre ces occupations en ordre, de celle qui me convient le plus à celle qui me convient le moins.	——	——	——

Ce petit exercice résume l'essentiel. Si vous avez répondu «tout à fait» à toutes ces questions, vous êtes probablement sur le point de finaliser votre choix. Par contre, si vous avez répondu «plus ou moins» ou «pas du tout» à plusieurs de ces questions, il vous reste du chemin à faire avant de prendre une décision sur votre choix de carrière.

Les tâches qui ont trait à la compréhension

Pour bien vous préparer au marché du travail, un certain nombre d'autres tâches, où il s'agit de comprendre plutôt que de décider, sont également nécessaires.

❹ Reconnaître ce qui pourrait vous empêcher de choisir une formation et de vous préparer au marché du travail.

Vous trouvez peut-être la prise de décision concernant votre choix de carrière très ardue. Il ne faut cependant pas négliger l'étape de la décision si vous voulez faire un choix réfléchi qui vous permettra de trouver votre place sur le marché du travail.

exercice

Voici une liste d'énoncés décrivant des difficultés communes devant le choix de formation ou d'occupation. Cochez les cases qui correspondent à votre situation. (6)

Je me dis que...

	Parfois	Souvent	Toujours
1. choisir une formation, c'est si compliqué que je ne veux pas m'y mettre.	——	——	——
2. plus j'essaie de me comprendre et de comprendre le monde du travail, plus je deviens mêlé.	——	——	——
3. c'est si frustrant d'essayer de faire un choix que j'aime mieux ne plus y penser.	——	——	——
4. il y a tant de champs de formation qui me sont accessibles que je ne sais plus quoi choisir.	——	——	——
5. je suis inquiet de ne pas faire le bon choix.	——	——	——
6. j'ai peur d'oublier une formation importante.	——	——	——
7. dès que je m'intéresse à une formation, d'autres personnes me montrent leur désaccord.	——	——	——
8. je suis confus face aux carrières d'avenir. J'en entends souvent parler et je ne sais pas quoi en penser.	——	——	——

Cet exercice ne présente que quelques-unes des difficultés les plus communes, mais si vous avez répondu «toujours» ou «souvent» à l'une ou à l'autre des affirmations, il est bien possible qu'elles vous empêchent de faire votre choix.

suggestion

Si, pour une raison ou une autre, vous avez tendance à mettre de côté la tâche de choisir une formation et que vous n'êtes pas sûr de pouvoir faire ce choix sans aide, consultez un conseiller d'orientation dans les meilleurs délais.

❺ Comprendre les exigences des formations que vous envisagez et leur lien avec le marché du travail.

Il est parfois difficile de saisir les liens qui existent entre les formations scolaires et les besoins auxquels elles répondent sur le marché du travail. Il peut aussi être difficile de comprendre quelles sont les entreprises ou les personnes qui ressentent ces besoins et qui pourraient avoir besoin de main-d'œuvre.

De plus, certaines formations coûtent plus «cher» que d'autres, c'est-à-dire qu'elles demandent plus d'investissement en temps, en efforts et en énergie. Ces formations exigent de plus longues études et il peut être difficile de s'y inscrire sans un bon dossier scolaire, ce qui implique de nombreux efforts au départ. Il vaut mieux savoir clairement dans quoi on s'embarque avant de s'embarquer!

Certaines formations présentent également plus de «risques» que d'autres en ce qui concerne le placement. Toutes les formations n'ont pas les mêmes perspectives sur le marché du travail. Il n'y a pas de règle magique disant qu'il faut éviter le risque à tout prix et n'aller que dans les occupations où les débouchés sont bons. D'ailleurs, trop de personnes le font et finissent par abandonner leurs études en cours de route. Toutefois, en choisissant une formation plus risquée, on peut avoir plus de difficulté à s'intégrer au marché du travail.

En guise d'exemple, prenons le programme de pharmacie. (7)

Pharmacie

Formation préalable : baccalauréat en pharmacie de 4 ans

Fonctions et lieux de travail :
Pharmacien d'hôpital, dans les divers établissements de santé
Pharmacien clinique, dans des pharmacies commerciales
Pharmacien industriel, pour les grandes compagnies pharmaceutiques
Pharmacien entrepreneur, dans une pharmacie indépendante, à son propre compte

Conditions générales d'admission :
DEC en sciences de la nature, très bon dossier scolaire exigé, possibilité d'entrevue à l'admission

Contingentement : 33 % des dossiers soumis sont acceptés

Taux de placement : 98 %

Perspectives d'avenir jusqu'en 2002 :
stables, pas plus de débouchés prévus que de pharmaciens formés et disponibles

Autres exigences : stage préalable nécessaire avant d'exercer le métier

Dans le cas de cette formation, on peut dire que le coût est assez élevé, parce qu'il faut une bonne performance scolaire pour être admis et que les études sont longues. Mais le risque est assez faible, considérant le taux de placement élevé et le fait que les besoins restent stables.

℮xercice

Tracez le portrait des professions qui vous intéressent. Répondez aux questions suivantes, en vous servant de l'exemple ci-dessus comme modèle.

1. Écrivez les titres de trois formations susceptibles de vous intéresser.

2. Pour chacune, répondez maintenant aux questions suivantes :

Je m'interroge

- Quels sont les métiers ou professions auxquels mène cette formation? (Attention, quelquefois, il y en a plus d'un.)
- Quels sont les divers types d'entreprises où on trouve ce métier ou profession?
- Quelles sont les exigences préalables pour être admis dans le programme?
- La formation est-elle contingentée?
- Faut-il prévoir une bonne performance scolaire avant de faire une demande d'admission?
- Le placement des diplômés est-il bon, acceptable, mauvais?
- Prévoit-on des besoins futurs dans ce métier ou profession?

Comment trouver ces informations? De façon étonnante, plusieurs de ces informations sont déjà accessibles. Il s'agit d'aller les chercher dans un centre de documentation scolaire, de faire quelques achats ou de naviguer un peu sur Internet.

suggestion

Il est toujours bon de faire au moins une partie de la recherche soi-même. Voici quelques outils particulièrement utiles.

Pour connaître les occupations auxquelles conduisent les formations, consultez les guides des éditions Ma Carrière *(Les Carrières du Collégial, Les Carrières de la Formation Universitaire, Les Métiers de la Formation Professionnelle)*. Ils vous donneront aussi des informations sur les établissements, les taux de placement, ils indiquent quels sont les intérêts et aptitudes requis et vous présentent bien souvent des dossiers sur les tendances de l'emploi dans divers domaines.

Pour connaître les exigences de formation et les contingentements, les guides du SRAM sont tout indiqués (le *Guide Pratique des Études Collégiales*, le *Guide Pratique des Études Universitaires*, le *Guide Pratique des Adultes au Cégep*). Ces guides donnent aussi des informations supplémentaires sur le placement, grâce à une enquête faite dans divers collèges.

Ces guides sont disponibles dans toutes les grandes librairies.

Pour les navigateurs, le site Emploi-Avenir Québec contient une foule d'informations sur les métiers et professions. On y présente des statistiques sur la demande de main-d'œuvre et des dossiers expliquant la nature des débouchés et les besoins dans chaque occupation. L'adresse est :

http://www.qc.hrdc-drhc.gc.ca/emploi-avenir/index.html.

On peut aussi consulter le site IDclic, à http://idclic.collegebdeb.qc.ca, qui offre des statistiques de placement concernant des centaines de formations offertes au Québec aux trois niveaux scolaires, des dizaines de portraits de professionnels et d'industries, de grands dossiers sur le marché du travail, des «visites» d'écoles et d'entreprises, etc.

suggestion

Il est possible qu'après avoir fait votre propre recherche, vous vous sentiez plus confus qu'avant. C'est une chose d'obtenir de l'information; c'est autre chose de savoir s'en servir. Consultez alors un conseiller d'orientation dans les meilleurs délais. Il vous aidera à comprendre la portée de l'information recueillie et vous aidera à formuler un objectif de formation qui vous convient.

suggestion

Il peut s'avérer difficile aussi de trouver certaines informations particulières. Consultez le conseiller en information scolaire et professionnelle. Il a accès à plus d'instruments de recherche et d'informations et pourra vous aider à identifier ce que vous n'avez pas pu trouver.

6 Comprendre que vous ne vivrez pas dans le même monde que vos parents.

Le monde change et avec lui la façon dont fonctionne le marché du travail. Plusieurs en concluent que les choses empirent. Il faut plutôt réaliser que les choses CHANGENT! Certaines personnes viennent voir les conseillers en espérant trouver l'emploi de leurs rêves : un emploi permanent, avec de bonnes conditions de travail, bien rémunéré et qui offre la sécurité. Malheureusement, les situations de ce genre se font de plus en plus rares. Autrement dit, rien ne sert de se préparer au monde du travail en ignorant le fait qu'il est en train de changer.

exercice

Choisissez parmi chacun des deux termes suivants celui qui, d'après vous, correspond à ce que sera votre situation au travail après l'école. (7)

temporaire — permanente	changeante — stable
limitée — sans frontière	comme une croisière — comme du surf
toute tracée — imprévisible	libre — structurée
flexible — «pognée»	dirigée — autonome
risquée — sûre	indépendante — dépendante
routinière — variée	

Qu'avez-vous choisi le plus souvent, le terme *en italiques* ou le terme en caractères normaux? Si vous avez choisi davantage le terme *en italiques*, vous avez une bonne idée de l'état du marché de l'emploi d'aujourd'hui.

Résumons : la plupart des emplois au XXIe siècle vous donneront plus d'autonomie et d'indépendance, et seront plus temporaires. Ils vous donneront moins de sécurité, mais vous permettront de bouger d'une situation d'emploi à une autre. C'est l'inverse d'il y a quelques années, où les emplois étaient plus stables et plus sûrs, mais offraient moins d'autonomie, et où l'on pouvait passer 20 ans à la même place.

suggestion

N'essayez donc pas de choisir une formation pour obtenir un emploi sûr. Choisissez plutôt une formation où vous pourrez exceller et qui vous permettra de vous tailler une place de choix.

Retenez ce qui suit : votre vie professionnelle apportera sa part de décisions à prendre. Vous aurez à faire des choix sur votre orientation professionnelle, des choix qui auront comme conséquence de vous mener d'un emploi à l'autre. Ce qu'il faut faire maintenant, c'est décider quelle formation scolaire acquérir. Par la suite, votre vie au travail bougera et vous aurez bien des occasions d'acquérir de nouvelles compétences.

Je m'interroge

Les tâches qui ont trait à l'apprentissage

Les tâches qui restent à explorer ont trait aux apprentissages ou à ce qu'on nomme dans mon jargon le développement de l'"employabilité". Elles concernent certaines compétences et attitudes qui vous permettront d'entrer plus facilement sur le marché du travail.

❼ Développer toutes les habiletés de base nécessaires à l'emploi.

L'économie est maintenant basée sur les connaissances (voir le dossier sur la nouvelle économie à la page 28). Pourtant, quand on demande aux employeurs les principales faiblesses de leurs jeunes recrues, ils nous parlent souvent de lacunes de base : lire, écrire, compter.

Pour pouvoir intégrer le marché du travail avec succès, il faut absolument maîtriser les compétences de base qui permettent de fonctionner sans problème dans une société comme la nôtre.

Voici un petit exercice pour évaluer certaines de ces compétences.

exercice

Vos compétences de base. (9) Cochez la case qui décrit le mieux votre degré de maîtrise de chaque compétence.

Je maîtrise cette compétence...

	Parfaitement	+ ou -	Pas vraiment
Lecture			
1. Trouver de l'information dans un livre, un magazine, un journal.	___	___	___
2. Résumer verbalement le contenu d'un document écrit.	___	___	___
3. Distinguer les faits des opinions dans une communication écrite.	___	___	___
4. Suivre des directives écrites.	___	___	___
5. Lire et comprendre le sens d'un tableau de chiffres ou d'un graphique.	___	___	___
Écriture			
1. Pouvoir écrire un court texte sans aucune faute d'orthographe ou de grammaire.	___	___	___
2. Organiser mes idées par écrit dans un ordre logique.	___	___	___
3. Résumer par écrit le contenu d'un autre écrit.	___	___	___
4. Écrire des lettres.	___	___	___
5. Remplir des formulaires.	___	___	___
6. Écrire un rapport de mes activités.	___	___	___
7. Prendre des notes résumant une présentation orale.	___	___	___
Compter			
1. Additionner, multiplier, diviser, soustraire sans erreur (sans calculatrice)			
• des nombres entiers	___	___	___
• des nombres décimaux	___	___	___
• des fractions	___	___	___
2. Pouvoir tenir une caisse et compter de l'argent sans erreur.	___	___	___
3. Comprendre et appliquer la notion de pourcentage.	___	___	___
4. Concilier un chéquier avec le relevé de la banque.	___	___	___

Toutes ces tâches impliquent la mise en application des trois habiletés de base (lire, écrire et compter) que vous devez maîtriser parfaitement avant de vous lancer sur le marché du travail.

8 Développer les habiletés mentales qui sont exigées maintenant dans la plupart des emplois.

Il existe un certain nombre d'habiletés mentales (ou cognitives) qui sont maintenant exigées dans un grand nombre d'emplois et qu'il est important de développer. Il s'agit au fond de capacités de résolution de problèmes.

De plus en plus, on désire que tous les travailleurs gèrent leurs propres tâches, donc qu'ils puissent prendre des initiatives et résoudre certains problèmes. Par exemple, un opérateur de machinerie industrielle doit pouvoir identifier les problèmes communs sur sa machine et savoir décider quels sont les gestes à poser.

exercice

Vos habiletés de résolution de problèmes. (10)

Je maîtrise cette compétence...	Parfaitement	+ ou -	Pas vraiment
1. Reconnaître un problème lorsqu'il apparaît.	___	___	___
2. Identifier les causes d'un problème.	___	___	___
3. Identifier les gestes possibles à poser.	___	___	___
4. Évaluer les conséquences possibles de chaque action.	___	___	___
5. Choisir l'action la plus appropriée.	___	___	___
6. Évaluer les résultats de l'action.	___	___	___
7. Poser d'autres gestes si le premier s'avère inadéquat.	___	___	___

suggestion

Cet exercice peut paraître plus abstrait que les autres. Pour vous aider à le compléter, pensez à un problème auquel vous avez dû faire face dans votre vie personnelle. Prenez le temps d'écrire en quelques lignes en quoi consistait ce problème. Souvenez-vous des événements dans l'ordre. Qu'avez-vous vu ou entendu? Qu'avez-vous pensé? Qu'avez-vous fait? Complétez maintenant l'exercice comme si vous reviviez cet événement! Avez-vous mis en application certaines, plusieurs ou toutes ces compétences?

9 Développer les habiletés personnelles qui vous permettront de conserver un emploi et d'avoir du succès.

Les dernières habiletés dont il est question sont des habiletés plus personnelles. Complétez l'exercice qui suit.

exercice

Vos habiletés personnelles. (11)

Je peux...	Parfaitement	+ ou -	Pas vraiment
1. me faire confiance, me montrer sûr de moi.	___	___	___
2. me montrer ouvert à de nouveaux apprentissages.	___	___	___
3. montrer de l'initiative, être autonome.	___	___	___
4. montrer de la persévérance, finir une tâche commencée.	___	___	___
5. m'établir des objectifs personnels.	___	___	___

Je m'interroge

Je m'interroge

Je peux...	Parfaitement	+ ou -	Pas vraiment
6. gérer mon temps, mes activités.	—	—	—
7. accepter la responsabilité des gestes que je pose.	—	—	—
8. accepter les différences de personnalités et de points de vue.	—	—	—
9. m'engager dans la poursuite d'un objectif.	—	—	—
10. participer efficacement à un travail d'équipe.	—	—	—
11. écouter sans interrompre, dans le but de mieux comprendre la situation dont on discute.	—	—	—

Ce sont là quelques habiletés qui semblent toutes simples, mais leur maîtrise peut être très difficile. On croit d'ailleurs que plusieurs difficultés d'intégration en emploi sont dues à un faible développement de ces habiletés chez certains travailleurs. Elles concernent la responsabilité personnelle, la gestion du temps, le travail d'équipe, la communication et d'autres comportements positifs.

suggestion

La meilleure façon de développer ces habiletés personnelles est de s'engager, encore une fois, dans une variété d'activités sportives, culturelles ou parascolaires, ce qui favorise le contact avec les gens et la poursuite d'objectifs communs.

Un dernier conseil...

TOUT LE MONDE DOIT APPRENDRE À UTILISER UN ORDINATEUR ET SES PRINCIPAUX LOGICIELS.

La montée de l'informatique a déjà modifié de très nombreux emplois, et tout porte à croire qu'au XXIe siècle, l'ordinateur sera un outil de travail omniprésent dans la majorité des emplois, quel que soit le domaine. Cela ne veut pas dire qu'il faut devenir informaticien, mais qu'il est nécessaire d'apprendre à utiliser les outils informatiques disponibles. Ne refusez pas d'apprendre un logiciel parce qu'il vous semble inutile dans le poste que vous comptez occuper. Tout apprentissage de logiciel vous donnera l'habileté d'en apprivoiser d'autres. ■

Conclusion

Vous avez maintenant une idée des tâches que vous avez à accomplir pour choisir une formation, pour comprendre le marché du travail et pour vous y préparer autant que possible. Un sentiment de découragement vous guette peut-être devant l'ampleur de cette préparation.

- N'essayez pas de tout faire en même temps!
- Concentrez-vous sur une seule tâche à la fois.
- Si ce n'est pas déjà fait, réalisez d'abord les tâches qui ont trait à la prise de décision.

Un sage a dit un jour : «Le plus long des voyages commence par un premier pas.» Il avait bien raison!

Le nouveau marché du travail peut devenir pour vous une aventure passionnante, mais comme pour toute aventure, il faut s'y préparer. J'espère que ce petit texte pourra vous y aider.

Notes pour les professionnels et autres curieux

(1) Tiré et adapté de Bolles, Richard (1991). *How to Create a Picture of Your Ideal Job or Next Career.* Berkeley, CA : Ten Speed Press, pages 3-4 et pages 34-35.

(2) Ces notions s'inspirent de la théorie de la motivation de Vroom, ou théorie des attentes. Pour un bref résumé, voir Côté, Nicole et al. (1986). *Individu, groupe et organisations.* Chicoutimi : Gaétan Morin, pages 102 et suivantes.

(3) Tiré, résumé et adapté de Bolles (1991), page 20.

(4) Ceci est d'ailleurs préoccupant, parce que forcer trop de jeunes dans une seule direction ne peut qu'augmenter les décrochages. Pour une discussion très pertinente là-desssus, voir Gray, Kenneth C. et Herr, Edwin L. (1995). *Other Ways to Win, Creating Alternatives for High School Graduates.* Thousand Oaks, CA : Corwin/Sage, particulièrement les pages 95 et suivantes.

(5) Bien qu'il s'agisse là de tâches qui s'inscrivent dans l'enfance de l'art en orientation, je me suis inspiré de la mise en ordre proposée par O'Byrne, Bill (1998). *Discovering Futures.* Toronto : University of Toronto Guidance Center.

(6) Cet exercice est inspiré de Sampson, J. P. et al. (1998). «The Design and Use of a Measure of Dysfunctionals Career Thoughts among Adults, College Students and High School Students.» *Journal of Career Assessment,* 6 (2), pages 115 et suivantes.

(7) Les données de ce tableau sont tirées des outils mentionnés dans la suggestion qui le suit.

(8) Tiré, résumé et adapté de Moses, Barbara (1997). *Career Intelligence, Mastering the New Work and Personal Realities.* Toronto : Stoddart, pages 135-136.

(9) Tiré, résumé et adapté de Krieg, Fred et al. (1995). *Transition from School to Work, Models of Effective Transition Planning.* Bethesda, MD: National Association of School Psychologists, pages E2-E4.

(10) Tiré et adapté de Krieg, Fred et al. (1995), page E-21.

(11) Tiré, résumé et adapté de Campbell, Colin (1997). *Where the Jobs are, Career Survival for Canadians in the New Global Economy.* Toronto : McFarlane, Walter and Sons, page 405.

Je m'engage!

Activités parascolaires et engagement étudiant
C'est l'expérience qui parle!

par **Julie Calvé**

S'engager sur les plans scolaire et parascolaire, c'est payant! Stages, activités scientifiques ou bénévolat peuvent aider à se démarquer au moment de chercher un emploi. Les employeurs sont sensibles à ce type d'expérience, alors, engagez-vous!

Nadia Drapeau, jeune ingénieure en construction, est coordonnatrice de projet pour la rénovation de l'hôpital des Monts, à Sainte-Anne-des-Monts, en Gaspésie. Enfin, elle l'était. Car au moment de lire ces lignes, Nadia aura déménagé ses pénates à Rimouski pour prendre en charge un projet de même type, mais de plus grande envergure, pour un foyer d'accueil.

Pendant un an et demi, Nadia Drapeau aura supervisé toutes les opérations de chantier en tenant compte du fonctionnement de l'hôpital. «Je devais coordonner tous les déménagements de façon à minimiser l'impact des travaux sur la clientèle. Et respecter les échéanciers! J'étais le lien entre l'entrepreneur, les professionnels et l'hôpital», précise-t-elle.

> «Étant une femme dans le milieu de la construction, je devais vendre ma candidature. Je devais prouver que j'étais capable de foncer. Mon expérience au Vietnam a été un argument de poids.»
> — Nadia Drapeau

Coût du projet? 4,4 millions! Une grande responsabilité pour une débutante? C'est que Nadia ne se classe pas tout à fait dans cette catégorie, bien qu'elle ait décroché ce contrat à peine quelques semaines après avoir obtenu son diplôme. Nadia a étudié à l'École de technologie supérieure (ÉTS), où on met l'accent sur la formation pratique des futurs diplômés, notamment au moyen de plusieurs stages obligatoires. Nadia a poussé la logique de l'expérience encore plus loin, s'inscrivant à une activité parascolaire hors de l'ordinaire : le PRECI, Programme de regroupement étudiant pour la coopération internationale, grâce auquel elle est partie pour le Vietnam. Mission : la conception d'un séchoir à riz.

Traditionnellement, les paysans étendent le riz sur la route pour le faire sécher... ce qui crée des pertes substantielles. Nadia et son équipe se sont donc penchés sur ce délicat problème pendant presque un an avant de s'envoler pour un séjour de quatre mois à Dainghia, un village de 300 personnes situé en plein cœur de l'ancienne Indochine.

Outre l'expérience de travail en tant que telle, c'est l'aspect humain qui a le plus séduit la jeune ingénieure. «On ne peut pas avoir réalisé un tel projet et demeurer la même personne», pense-t-elle. De fait, c'est cette réalisation — outre le fait qu'elle soit une fille du coin qui a joué en sa faveur lors de la sélection pour le contrat de l'hôpital. «Étant une femme dans le milieu de la construction, je devais vendre ma candidature. Je devais prouver que j'étais capable de foncer. Mon expérience au Vietnam a été un argument de poids.»

Au-delà de cet aspect spectaculaire, c'est la planification elle-même du projet qui aura le plus contribué à préparer Nadia au marché de l'emploi : le travail d'équipe, la recherche de financement et de ressources, bref, l'ensemble des tâches liées à la gestion de projet.

➤

Je m'engage!

➤ Profession : inventeur

Se préparer au marché du travail rime aussi avec engagement étudiant. Mais pour ça, pas besoin de s'exiler au bout du monde! Il existe une palette infinie d'activités parascolaires, telles que le programme Expo-sciences, par exemple. Chaque année, au-delà de 5000 projets d'aspirants-scientifiques sont présentés dans les écoles du Québec. Un certain nombre d'entre eux seront sélectionnés pour les finales régionales, puis canadiennes, voire internationales.

> «Certains jeunes participent aux Expo-sciences à partir de la première année du secondaire jusqu'au collégial, un peu comme s'ils s'inscrivaient à un club sportif. Ils disent qu'Expo-sciences les a aidés à faire leur place, et pas seulement en sciences.»
> — Françoise Lavigne

Le Conseil de développement du loisir scientifique, qui organise, de concert avec le réseau scolaire, la tenue des expo-sciences, évalue que 40 % des écoles québécoises participent activement au projet, attirant environ 75 000 visiteurs chaque année. À quoi attribuer un tel succès? «Les jeunes font de la science. Ils ne font pas qu'apprendre, ils y touchent, fait valoir Françoise Lavigne, porte-parole du Conseil de développement du loisir scientifique. Certains participent à partir de la première année du secondaire jusqu'au collégial, un peu comme s'ils s'inscrivaient à un club sportif, poursuit-elle. Ils disent qu'Expo-sciences les a aidés à faire leur place, et pas seulement en sciences.»

Le programme, qui existe depuis 30 ans, aura donc permis à des centaines de jeunes de découvrir la science tout en développant leur confiance en eux-mêmes, voire en les préparant à une carrière scientifique.

Les affaires sont les affaires

Le mouvement Les Jeunes Entreprises du Québec poursuit le même objectif en matière d'entrepreneur-ship avec des programmes comme Mini-entreprises, son projet le plus connu et le plus couru. Au-delà de 50 000 jeunes y ont participé jusqu'à maintenant, créant leur propre entreprise d'une quinzaine de personnes pour une période de 25 semaines en comptant sur l'expertise de parrains issus de la communauté des affaires.

Louis-Philippe Sirois, 22 ans, diplômé en administration des affaires, en a presque fait une carrière. Le jeune stagiaire de Samson, Bélair, Deloitte & Touche — il poursuit une formation professionnelle pour l'obtention du titre de CA — s'est inscrit au programme deux années de suite, y a travaillé comme conseiller pendant quatre ans et continue d'y faire du bénévolat. Qu'en a-t-il retiré? «Les JE te permettent d'entrer en contact très tôt avec la réalité du travail. C'est non seulement une véritable expérience d'entreprise, mais une façon de mieux connaître le milieu des affaires. Mais, surtout, ça permet de prendre beaucoup de confiance en soi.»

Photo : PPM

Jean-Pierre Gaumont, directeur général des JE, renchérit : «C'est l'école de la vie! On leur apprend à couper le cordon, à développer leur autonomie. Ils apprennent à fonctionner en groupe, de façon démocratique, à affronter le public. C'est un défi quand on a 15 ans!»

Ainsi, une expérience au sein des JE profite même à ceux qui ne projettent pas de se lancer en affaires, leur transmettant un «esprit d'entrepreneurship» essentiel à la recherche d'emploi et, plus globalement, à la planification de leur avenir professionnel. Une expérience aux JE peut aussi aider à se démarquer au moment de faire de la recherche d'emploi.

«Aux HÉC, on nous dit que les plus performants, les plus débrouillards sont souvent passés par les JE», souligne Jean-Pierre Gaumont. «C'est toujours la première question qu'on me posait en entrevue, affirme Louis-Philippe Sirois : "Parle-moi de ton expérience aux Jeunes Entreprises."»

Louisette Jean, conseillère d'orientation à l'Université du Québec à Montréal, observe le même phénomène en ce qui concerne la participation à des activités scolaires et parascolaires : «Certains étudiants, après une entrevue, nous rapportent que celle-ci n'a porté que sur leur engagement social. Cela peut faire une très grande différence dans l'insertion professionnelle. Tous ne sont pas dans les meilleures conditions pour le faire, précise-t-elle cependant. Avec les études à temps plein, le travail à temps partiel, on est souvent coincé. Mais il faut apprendre à voir à plus long terme. Moi, j'y crois beaucoup.»

S'engager, oui. Mais pas à n'importe quel prix. «L'engagement, doit être une affaire de cœur autant que de tête. Celui qui veut faire une carrière en administration va à la Jeune chambre de commerce. Mais s'il déteste l'expérience, il vaut mieux pour lui ne pas y aller», fait valoir Louisette Jean. Autrement dit, on ne se créera pas un réseau de contacts dans un milieu qu'on n'aime pas.

Elle cite également le cas de cet homme d'affaires, amateur de plongée sous-marine, activité grâce à laquelle il a élargi son cercle de connaissances tout en développant son goût du risque. «Qu'on parle d'activités sociales, artistiques, scientifiques ou sportives, on veut toujours ajouter des cordes à son arc. La question qu'il faut se poser est celle-ci : où sont les gens qui s'intéressent à ma vie et qui peuvent m'aider dans mes activités professionnelles?» ■

Où s'adresser?

Si on veut s'engager activement, ce n'est pas le choix qui manque : associations, radio et journaux étudiants, organisation des bals et autres festivités de finissants, tenue de journées-carrière et d'événements thématiques, bénévolat dans un secteur d'emploi particulier, etc. L'étudiant aura tout avantage à s'informer d'abord auprès des ressources locales, à l'école, mais également dans son quartier. Voici quelques coordonnées utiles.

Organismes communautaires :

Centre d'action bénévole de sa région. La fédération qui les regroupe peut fournir les coordonnées : (514) 843-6312.

Projets internationaux :

- Office franco-québécois pour la jeunesse (18-35 ans) : (514) 873-4255

- Association Québec-Wallonie-Bruxelles (18-30 ans) : (514) 873-4355.

- Jeunesse Canada Monde : (514) 931-3933.

Entrepreneurship :

Jeunes Entreprises du Québec proposent plusieurs activités d'initiation au monde des affaires, et ce, dès la sixième année du primaire. Programme reconnu par le ministère de l'Éducation : (514) 285-8944, http://www.jeq.org.

Activités scientifiques :

Expo-sciences : s'informer au Conseil de développement du loisir scientifique (514) 252-3027.

Je m'inscris!

Voici un résumé des grandes étapes menant à l'inscription dans un établissement d'enseignement de chacun des trois niveaux scolaires. À vos marques!

Au secondaire

Pour s'inscrire dans un programme de formation professionnelle (DEP, ASP) offert dans une commission scolaire autre que celle où il étudie habituellement, l'élève doit obtenir un formulaire d'inscription de la commission scolaire, de l'école ou au centre de formation offrant le programme.

• Il se procure la «demande d'admission pour l'extérieur».

• Il doit obtenir le consentement de ses parents s'il a moins de 18 ans.

• Il doit remettre le formulaire dûment rempli et les documents qui l'accompagnent (le dernier bulletin scolaire de l'année en cours; une copie du diplôme, certificat ou bulletin de la dernière année d'études

achevée; une copie du relevé de notes du ministère de l'Éducation; un certificat de naissance grand format ou un baptistaire émis avant le 1er janvier 1994 au responsable désigné à son établissement d'enseignement d'origine ou celui choisi, avant le 1er mars.

• Les élèves recevront une réponse environ un mois plus tard.

• Toutes les demandes (internes ou externes) reçues entre le 1er mars et le 30 avril seront traitées lors d'un deuxième tour d'admission.

Renseignez-vous à la commission scolaire offrant le ou les programmes concernés. Certaines commissions scolaires admettent des élèves en formation professionnelle tout au long de l'année.

Au cégep

Pour être admissible à un programme conduisant au diplôme d'études collégiales (technique ou général), on doit satisfaire aux conditions suivantes :

• être titulaire d'un DES ou d'un DEP (ou l'équivalent);

• avoir réussi ses cours d'histoire et de sciences physiques de 4e secondaire;

• avoir réussi un cours de mathématiques de 5e secondaire (ou un cours de 4e comparable);

• avoir réussi ses cours de langue d'enseignement et de langue seconde de 5e secondaire;

• satisfaire aux conditions particulières du pro-

gramme et du collège ou posséder une formation jugée équivalente par le cégep ou le collège qu'on désire fréquenter.

Pour s'inscrire au niveau collégial, sauf exception, on doit faire parvenir une demande d'inscription au Service régional d'admission du Montréal métropolitain (SRAM), au Service régional d'admission de Québec (SRAQ) ou au Service régional d'admission du Saguenay-Lac-Saint-Jean (SRAS), selon le cas. Dans cette demande, on doit indiquer le programme de notre choix, ainsi que le cégep que l'on désire fréquenter. Cette demande doit également être accompagnée de certains documents, dont un certificat de naissance et des relevés de notes.

Dates importantes

1er mars : date limite pour faire parvenir la demande d'admission à l'un des trois services d'admission.
Mi-avril : les candidats reçoivent la réponse du SRAM, du SRAQ ou du SRAS à leur demande d'admission.
En cas de refus, le candidat peut participer à un deuxième et à un troisième tour d'admission, en choisissant un autre programme ou un autre cégep.

À l'université

De façon générale, on accède à l'université grâce à un DEC général ou technique ou encore en possédant une formation jugée équivalente. Par ailleurs, chaque université peut imposer des préalables supplémentaires pour certains programmes ou effectuer un contingentement dont elle détermine les modalités.

Les dates limites pour s'inscrire sont le 1er mars pour la session d'automne de la même année, et le 1er novembre pour la session qui commence en janvier de l'année suivante. Les collèges fournissent généralement les formulaires d'inscription des universités. ∎

Je m'inscris!

Programmes professionnels

- Techniques de l'informatique DEC & AEC (903.64 - Programmeur-analyste)
- Techniques juridiques DEC & AEC
- Techniques administratives DEC (Spécialisations commerce international et marketing)
- Techniques de commerce international AEC
- Techniques de bureau AEC (Spécialisations juridique, médicale et direction)

Collège O'Sullivan de Montréal

(514) 866-4622

Plus qu'un collège, un avenir!

Portes ouvertes
Mercredi 10 février 1999 de 17h à 21h

Programmeur-analyste A.E.C. 903.64

Cours offerts le jour et le soir en français et en anglais

- Formation informatique intensive de 15 mois
- Incluant 12 semaines de stage en entreprise
- Taux de placement de 95%

Possibilités de financement
- Prêts et bourses, SPRINT
- Service de placement à vie et sans frais

Collège O'Sullivan de Montréal
1191, rue de la Montagne, Montréal (Québec) H3G 1Z2
Sans frais: 1-800-621-8055

Peel ou Lucien-L'Allier

www.osullivan.edu

L'UNIVERSITÉ DE SHERBROOKE

Les plus
belles années
de ma vie !

Reconnue pour l'importance qu'elle accorde à la formation pratique
et à l'innovation dans l'enseignement et la recherche,
l'Université de Sherbrooke accueille plus de 20 000 étudiantes et étudiants
dans un environnement de qualité exceptionnelle.

Programmes de baccalauréat

Activité physique*
Adaptation scolaire et sociale
Administration des affaires*
Biochimie
Biologie*
Chimie*
Droit
Économique*
Enseignement au préscolaire et au primaire
Enseignement au secondaire
Enseignement en éducation physique et à la santé
Enseignement professionnel
Études anglaises*
Études françaises*
Génie chimique*
Génie civil*
Génie électrique*
Génie informatique*
Génie mécanique*
Géographie*
Géographie physique*
Histoire
Information et orientation professionnelles*
Informatique*
Informatique de gestion*
Mathématiques*
Multidisciplinaire
Musique
Philosophie
Physique*
Psychoéducation
Psychologie
Sciences infirmières
Service social
Théologie

*Programmes offerts selon le régime coopératif fondé sur l'alternance de sessions d'études et de stages rémunérés en entreprise

1-800-267-UdeS
http://www.usherb.ca

UNIVERSITÉ DE
SHERBROOKE

WWW

TOP 100
Internet

des sites de la carrière et de la formation

Mario Charette, c.o.,
en collaboration avec Le Guide
pratique des carrières d'avenir au
Québec, présente ici une
sélection des meilleurs sites
portant sur la carrière et
sur la formation.

Classé en grandes catégories,
ce Top 100 vous permettra
de découvrir une foule d'adresses
intéressantes destinées aux
étudiants, aux parents, aux
conseillers ainsi qu'aux adultes
en réorientation de carrière
ou à la recherche d'un emploi.

Pages 318 à 333 .....➤

Ceci est la deuxième version du répertoire de sites Web, *Les 100 meilleurs sites Internet de la carrière et de la formation.* La première version a été publiée dans *Les Carrières du collégial* et *Les Carrières de la formation universitaire,* en septembre 1998, et a fait l'objet d'un cahier spécial du journal *La Presse* en octobre 1998.

Vous trouverez dans les pages qui suivent les meilleurs sites dans les domaines de l'emploi, de la formation et de la carrière. Le répertoire ne se limite pas à des ressources produites au Québec ou en français. Son objectif est plutôt de recenser les sites les plus utiles, c'est-à-dire ceux qui apportent des réponses aux questions souvent posées par les étudiants, les adultes en réorientation de carrière ou les chercheurs d'emploi en général. Cela implique que, dans quelques cas, des ressources de langue anglaise, canadiennes ou américaines, ont été retenues, tant pour leur pertinence que pour leur qualité.

Les sites Web sélectionnés sont donc présentés en fonction de la question principale à laquelle répond leur contenu.

Chacun est brièvement commenté. On trouvera aussi fréquemment un **«Conseil»** pour l'utilisation efficace du site et/ou un **(PIC)** ou Point d'Intérêt pour la Carrière, qui attire l'attention sur une page ou une section particulièrement intéressante.

Environ une dizaine de sites de la première version ont été remplacés. Certains des sites n'étaient plus accessibles ou, dans certains cas, des ressources plus adéquates ont fait leur apparition depuis la première compilation. Certaines descriptions ont aussi été modifiées. Toutes les adresses étaient exactes le 22 novembre 1998. Si vous vous rendez compte que l'adresse qui vous intéresse n'est plus disponible, il est souvent possible de retrouver l'information désirée en naviguant depuis la page d'accueil du site.

La recherche a été restreinte aux sites dont l'accès est gratuit. Certains, dans la section «Où trouver des offres d'emploi?», peuvent exiger des frais de la part des employeurs qui en utilisent les services.

La sélection de Mario

Les sites sont classés en fonction des neuf questions suivantes :

01 - Où se former pour l'emploi?

02 - Comment chercher un emploi?

03 - Où trouver des offres d'emploi?

04 - Comment acquérir de l'expérience?

05 - Quel est le marché du travail?

06 - Comment créer son emploi?

07 - Où trouver de l'aide?

08 - Que faire pour étudier ou travailler hors-Québec?

09 - Où trouver plus d'information?

10 - Quoi d'autre d'intéressant?

Une dernière section, nommée simplement «Quoi d'autre d'intéressant?» présente des ressources variées, difficiles à classer ailleurs, mais que je crois importantes à présenter.

01 Où se former pour l'emploi?

■ LES MÉTIERS ET TECHNIQUES

Inforoute FPT
(Formation professionnelle et technique)

http://www.inforoutefpt.org/

Vous voulez tout connaître sur les formations professionnelles et techniques? Dans la section «Programmes professionnels et techniques» de ce site, vous trouverez des descriptions de tous les programmes offerts par les commissions scolaires et les cégeps du Québec.

(PIC) Allez voir la liste TOP 50 des métiers et techniques d'avenir, dressée par Emploi-Québec et le ministère de l'Éducation, à http://www.inforoutefpt.org/dgfpt/superchoix/default.htm et les Relances des diplômés de la formation collégiale et professionnelle, à http://www.inforoutefpt.org/dgfpt/relance/relance3.htm

■ TOUT SUR LA FORMATION COLLÉGIALE

Ministère de l'Éducation du Québec (MÉQ) - Établissements collégiaux

http://www.meq.gouv.qc.ca/ens-sup/
ens-coll/etablis.htm

La plupart des collèges offrent maintenant sur le Web une description de leurs programmes et de leurs services. Mais comment trouver le site du collège qui vous intéresse? Les collèges publics, les collèges privés subventionnés par le ministère de l'Éducation du Québec et les établissements de formation qui dépendent d'autres ministères se trouvent tous ici. Cliquez sur le nom de l'établissement et voilà!

(PIC) Si vous voulez seulement savoir quels sont les programmes offerts par les divers établissements, allez voir http://www.meq.gouv.qc.ca/ens-sup/ens-coll/ program/treparti.htm

Répertoire des cours et des programmes de l'enseignement collégial

http://www.meq.gouv.qc.ca/ens-sup/
ens-coll/Cahiers/cahiers.htm

Si vous désirez en savoir encore davantage, vous trouverez sur ce répertoire du ministère de l'Éducation du Québec (Les Cahiers du Collégial) non seulement une description des programmes de formation technique, mais aussi une brève description de chacun de leurs cours. Les programmes préuniversitaires y seront bientôt également tous décrits.

Conseil : vous trouverez probablement votre recherche plus facile si vous utilisez d'abord la «Liste des disciplines», à http://www.meq.gouv.qc.ca/ens-sup/ens-coll/Cahiers/ discipli.htm

Service régional de l'admission de Québec (SRAQ)

http://www.sraq.qc.ca/sommaire.html

Faire sa demande d'admission au cégep au moyen d'Internet? Quelle bonne idée! Un guide vous conduit pas à pas à travers toutes les étapes de la demande d'admission; vous n'avez plus qu'à la transmettre au SRAQ directement à partir de votre fureteur. Le SRAQ reçoit les demandes d'admission pour les cégeps des régions de Québec, de Chaudière-Appalaches, de l'Amiante et du Bas-du-Fleuve. Tous les autres renseignements importants sont inclus : les programmes offerts par les divers établissements, les conditions d'admission, les contingentements, les documents à fournir, etc.

Conseil : pour bien remplir votre demande d'admission, suivez avec soin les liens marqués par un point orange à partir de la page d'accueil du site.

Commission d'évaluation de l'enseignement collégial (CÉEC) - Programmes d'études

http://www.ceec.gouv.qc.ca/P2S3.HTM

Vous avez des questions sur la formation collégiale? Vous hésitez entre deux établissements qui offrent le même pro-

gramme? Le site de la Commission présente des évaluations de divers programmes collégiaux offerts dans les établissements du Québec. Comme les travaux de cette commission sont encore jeunes, on ne trouve pour l'instant que des évaluations des programmes d'informatique, de sciences humaines et de techniques de garde. D'autres seront bientôt évalués.

Conseil : n'oubliez pas de visiter les «Nouveautés» de ce site, à http://www.ceec.gouv.qc.ca/BOUTONS/NOUVEAU.HTM, pour découvrir d'autres informations intéressantes.

Conseil : le langage utilisé dans les évaluations pourra peut-être poser problème aux jeunes étudiants; pourquoi ne pas les imprimer et les lire avec l'aide d'un parent ou d'un conseiller?

■ UNIVERSITÉS D'ICI ET D'AILLEURS

Universités du Canada via l'Université de Sherbrooke

http://callisto.si.usherb.ca/universites/

Vous cherchez le site Web d'une université canadienne ou même d'une université étrangère? Ne cherchez plus! Ce répertoire vous permet d'accéder aux sites de toutes les universités au Canada. Vous pouvez chercher l'université qui vous intéresse à l'aide d'une liste alphabétique, d'une liste provinciale ou tout simplement en cliquant sur une carte du Canada pour découvrir les universités établies dans une région précise. On trouvera aussi des liens conduisant à des répertoires d'institutions situées partout dans le monde.

Conseil : si vous vous intéressez à un programme universitaire québécois, consultez d'abord le guide Les Carrières de la formation universitaire, des éditions Ma Carrière, pour découvrir quels sont les établissements qui l'offrent, et utilisez ce répertoire pour accéder à leurs sites Web et en apprendre davantage.

AUPELF-UREF, Réseau des établissements francophones

http://www.refer.qc.ca/rsf/fr_etab.htm

Si vous vous intéressez à poursuivre des études universitaires ailleurs dans la francophonie, vous trouverez ici une liste importante d'établissements dans tout le monde français. Chacun est brièvement décrit et vous trouverez un lien à leur site lorsqu'il existe. Vous serez surpris de réaliser combien de pays du monde ont des universités de langue française !

The Ideas of a University

http://quarles.unbc.edu/ideas/index.html

Qu'est-ce qu'on apprend au juste dans un programme universitaire d'économie, d'agriculture ou de génie? Quelle est l'utilité de ces apprentissages sur le marché du travail? Ce site répond à ces questions pour une trentaine de domaines d'études universitaires. Des experts décrivent chacun leur spécialité et répondent aux questions les plus souvent posées par les jeunes étudiants qui pensent suivre leurs traces.

(PIC) Comme les experts ont répondu aux questions dans le même ordre, vous pourrez comparer deux domaines d'étude

entre eux sur un aspect précis. Pour cela, allez voir http://quarles.unbc.edu/ideas/net/interviews/question.html

School Finder

http://www.schoolfinder.com/newsearch/ucat03.htm

School Finder est un moteur de recherche qui vous permet de trouver l'établissement de vos rêves. Facile à utiliser et bien fait! Effectuez vos recherches en précisant le programme de formation qui vous intéresse; vous pouvez ensuite choisir selon la taille de l'établissement, la région et la langue d'enseignement désirés, les frais de scolarité et bien d'autres critères. Le site répondra à votre requête par une description complète des établissements correspondant à ces critères. Il permet aussi de chercher, à l'aide de ces mêmes critères, les divers établissements collégiaux (cégeps, collèges communautaires, collèges universitaires, instituts de technologie, allez voir http://www.schoolfinder.com/newsearch/ccat03.htm). Bien que le site soit anglophone, les descriptions des établissements qui enseignent en français apparaissent aussi dans la langue de Molière.

(PIC) Vous y trouverez aussi deux instruments d'auto-évaluation, portant sur les intérêts et sur les talents et aptitudes. Après les avoir remplis en ligne, le site vous suggérera des formations qui correspondent à votre profil. Très intéressant pour une première exploration, mais ne basez pas votre choix d'orientation uniquement là-dessus. Allez à http://www.schoolfinder.com/careers/index.htm

Canadian University Programs

http://www.planetpostcard.com/uniprog/l

Si vous n'avez pas besoin d'un moteur de recherche aussi sophistiqué que School Finder, mais que vous voulez quand même savoir quelle université canadienne offre le programme qui vous intéresse, visitez ce site. Il suffit de cliquer sur un programme de formation (dans la section «Programs») pour découvrir la liste des universités qui l'offrent. Cliquez ensuite sur le nom de l'université pour accéder directement à la description du programme sur son site Web.

Conseil : ce site est très «intelligent», mais malheureusement incomplet. Utilisez School Finder si vous voulez repérer plus d'établissements.

Université Laval - Moteur de recherche

http://www.ulaval.ca/Al/cherchons.html

Ce moteur de recherche très efficace vous permettra de découvrir tout ce que vous voulez savoir sur la formation à l'Université Laval. Pour trouver un programme de formation de premier, deuxième ou troisième cycle, tapez-en le nom dans la boîte appropriée, sélectionnez les critères de recherche pertinents (par ex. : «Programmes de premier cycle») et lancez votre recherche. Les descriptions sont très complètes; elles incluent la liste des cours, une courte description de chacun de ceux-ci, les objectifs ainsi que les critères d'admission.

Service de l'admission de l'Université de Montréal

http://www.progcours.umontreal.ca/programme/index.html

À partir de cette page du site de l'Université de Montréal, il est possible de découvrir tous les programmes de premier, deuxième et troisième cycles. Dans la page correspondant au cycle qui vous intéresse, cliquez simplement sur le nom du programme pour en obtenir la description. Vous y trouverez également les programmes de certificat. Vous accéderez à une description complète, incluant les critères d'admission et quelques statistiques sur le nombre de candidatures acceptées. Bien utile!

(PIC) Ceux qui s'intéressent aux études de deuxième et troisième cycles voudront consulter http://www.fes.umontreal.ca/ pour en savoir plus long.

Page d'accueil du réseau de l'Université du Québec

http://www.uquebec.ca

Pour tout, mais absolument tout apprendre sur le réseau des universités du Québec : descriptions des établissements, critères d'admission, recherches en cours, vie étudiante et, évidemment, programmes d'études. Un moteur de recherche très efficace vous permet d'identifier la description de n'importe quelle formation dans le site de l'établissement où elle est offerte. Vous apprendrez alors tout ce que vous devez savoir, y compris les incontournables exigences d'admission.

Université de Sherbrooke - section Études

http://www.usherb.ca/PP/etudes.html

Toutes les descriptions des programmes de formation de l'université sont accessibles à partir de cette page. Elles sont répertoriées par grands domaines d'études (génie, santé, etc.) et par facultés. On y trouvera aussi trois listes alphabétiques des programmes, une pour chacun des cycles d'études. La description inclut toute l'information essentielle sur le programme et indique si le système coopératif est offert, le cas échéant.

(PIC) Si vous voulez mieux comprendre le régime d'alternance travail-études (ou régime coopératif) de l'Université de Sherbrooke, visitez http://www.usherb.ca/coop/

■ N'OUBLIONS PAS L'ARGENT

Ministère de l'Éducation du Québec (MÉQ) - Prêts et bourses

http://www.meq.gouv.qc.ca/afe

Vous trouverez ici tout ce qu'il faut savoir sur les programmes d'aide financière aux étudiants du ministère de l'Éducation : les programmes de prêts et bourses, les prêts pour achat de micro-ordinateurs, les bourses pour l'apprentissage d'une langue seconde et les programmes de remboursement différé. On peut aussi s'y tenir au courant des changements apportés au régime de prêts et bourses. Il sera bientôt possible de télécharger les formulaires de demande directement du site, pour les retourner par la poste ensuite. Mieux que de faire la file à l'école!

(PIC) Vous pouvez télécharger le logiciel Waide pour Windows 95 ou 3.1, qui permet d'évaluer le montant de l'aide auquel vous avez droit. Allez à http://www.meq.gouv. qc.ca/afe/waide/index.html

Association des universités et collèges du Canada (AUCC)- bourses et échanges

http://homer.aucc.ca/francais/exchanges/

Vous trouverez ici une liste d'une quarantaine de bourses offertes par des organismes ou des associations professionnelles aux étudiants universitaires canadiens. Peut-être qu'une d'entre elles est là pour vous.

■ ET LA FORMATION... CONTINUE!

CURSUS : La formation à distance sur demande

http://www.cursus.edu/

Cursus est un répertoire des «produits» de formation à distance offerts au Québec et ailleurs au Canada francophone (cours, livres pour auto-apprentissage, didacticiels). On peut rechercher les cours et autres produits dérivés par les champs d'activité professionnelle, les champs d'études ou les organismes qui les offrent. Le site contient également une description des étapes à suivre pour les adultes qui aimeraient compléter des études secondaires, collégiales ou universitaires. Les divers organismes de formation y sont présentés.

Conseil : faites votre recherche par «sujet»; c'est la méthode la plus efficace.

Télé-université (TÉLUQ)

http://www.teluq.uquebec.ca/

Le site de la Télé-université offre un ensemble de cours (avec ou sans crédits) et de programmes complets de formation dans une variété de domaines d'études universitaires. On y explique le fonctionnement de la formation à distance. Les cours et les programmes sont répertoriés par grands secteurs d'enseignement, de façon à faciliter la recherche, et sont accompagnés d'une description.

Centre collégial de formation à distance (CCFD)

http://www.crosemont.qc.ca/ccfd/

On trouvera dans ce site tout ce qui est nécessaire pour continuer ses études collégiales à la maison. Il contient la description de tous les cours offerts par correspondance et permet d'imprimer un formulaire d'inscription à retourner par la poste. Certains des cours sont aussi offerts par le biais d'Internet ou de cédéroms; d'autres suivront bientôt.

(PIC) Il est possible, dans certains cas, de faire reconnaître ses expériences de travail pour obtenir des crédits collégiaux. Lisez la foire aux questions sur le sujet à http://www.crosemont.qc.ca/ccfd/acquis/html/default.htm

02 Comment chercher un emploi?

■ LES MEILLEURS GUIDES FRANCOPHONES

CyberStage

http://cyberstage.collegebdeb.qc.ca/candidat/candidat.html

C'est le meilleur site au Québec pour tout comprendre sur les exigences de la recherche d'emploi. On y trouvera des indications très utiles sur la rédaction de CV (avec exemples à l'appui), la préparation aux entrevues, la recherche d'emploi au moyen d'Internet, les attentes des employeurs. On peut aussi consulter un guide complet sur la recherche d'un emploi d'été.

(PIC) Le site comprend également une liste des questions les plus souvent posées en entrevue. Allez la voir à http:// cyberstage.collegebdeb.qc.ca/quest_6.htm et préparez vos réponses à l'avance!

Projet Emploi

http://www.projetemploi.gc.ca/

Projet Emploi est un site très riche. L'internaute est conduit à travers une série d'exercices et de renseignements dont le but est de l'aider à déterminer quel sera son projet personnel de recherche d'emploi. On y discute de connaissance de soi, de techniques de recherche, de services d'information sur les carrières, de travail autonome et de soutien durant la recherche d'emploi. Un moteur de recherche permet de passer en revue les emplois offerts au sein de la fonction publique et du Guichet emplois (voir page 323).

Conseil : pour faciliter votre navigation dans ce site de Développement des ressources humaines Canada et trouver l'information désirée, utilisez surtout le cadre intitulé «Où vous pouvez aller», dans le coin inférieur gauche (ou utilisez la version «Sans fenêtre»).

Guide de la recherche d'emploi

http://www.cam.org/~emplois/guide.html

Un livre sur Internet portant sur tous les aspects de la recherche d'emploi! On y traite tous les thèmes importants : connaissance de soi, motivation, recherche, CV, préparation des entrevues. Les textes sont courts et vont directement à l'essentiel. Une bonne introduction au processus de recherche!!

Série «Se prendre en main»

http://www.hrdc-drhc.gc.ca/hrdc/hrib/hrif/leis/career/takchr_f.html

Plus simple mais moins complet que le Projet Emploi, ce guide produit par Développement des ressources humaines Canada n'en demeure pas moins un outil intéressant. Il offre des conseils sur tous les aspects importants à considérer pendant une recherche d'emploi : connaissance de soi, planification, préparation à l'entrevue, options de perfectionnement et aspect financier.

(PIC) Le site comprend un petit questionnaire d'auto-évaluation vous permettant de vérifier si vous êtes fin prêt à commencer votre recherche, à http://www.hrdc-drhc.gc.ca/hrdc/hrib/hrif/leis/career/lm285_f.html

■ LES MEILLEURS GUIDES ANGLOPHONES

The Riley Guide

http://www.dbm.com/jobguide/

Le guide de Margaret Riley est un classique du Web. On y trouve des liens conduisant à tous les sites d'offres d'emplois, y compris ceux consacrés à des secteurs d'activité spécifiques, des renseignements sur les carrières, les salaires, des sections sur le recrutement électronique, des profils de secteurs et d'employeurs, et bien plus encore. La plupart des renseignements concernent évidemment nos voisins du Sud, mais si vous connaissez quelqu'un qui pense travailler aux États-Unis, faites-lui découvrir ce site.

(PIC) Si vous voulez en savoir plus sur un métier ou une profession, vous trouverez plusieurs outils intéressants à http://www.dbm.com/jobguide/careers.html

University of Waterloo Career Manual on Line

http://www.adm.uwaterloo.ca:80/infocecs/CRC/manual-home.html

Destiné principalement aux finissants et aux nouveaux diplômés des universités, ce site guide l'internaute à travers les étapes de la planification de carrière et de la réalisation d'une recherche d'emploi efficace. On y trouve des exercices d'auto-évaluation et de connaissance de soi, des indications sur le marché du travail, des références portant sur les emplois de l'avenir, et encore davantage.

Conseil : au lieu de simplement fureter dans ce site, suivez-en toutes les étapes dans l'ordre. Vous aurez alors en main un plan d'action personnel qui saura vous démarquer. Les conseillers pourraient même s'en servir pour animer un groupe de chercheurs d'emploi.

What Color Is Your Parachute? The Net Guide

http://www.tenspeedpress.com/parachute/front.htm

Un autre classique du Web, ce site est celui de Richard Bolles, auteur du livre sur la recherche d'emploi le plus vendu au monde : *What Color Is Your Parachute?* Bolles présente, commente et évalue une série de sites, correspondant à cinq activités de recherche d'emploi : chercher des occasions d'emploi, afficher son CV en ligne, obtenir des conseils, établir un réseau et se renseigner sur le marché. Vous y trouverez aussi de très précieux conseils de la part d'un expert chevronné.

Conseil : les sites marqués d'un parachute sont les meilleurs parmi ceux ayant été retenus. Pourquoi ne pas prendre le temps de les visiter?

Career Resources Center

http://www.careers.org

Ce site est une véritable bibliothèque virtuelle de tout ce qui concerne l'emploi, la formation et les carrières, tant au Canada qu'aux États-Unis. Un point de départ important pour toutes vos recherches sur l'emploi en Amérique du Nord. Vous y trouverez des sites d'offres d'emploi, des répertoires de formation continue, des ressources sur les carrières, la petite entreprise et plus encore. Une énorme source d'informations!

(PIC) À http://www.careers.org/topic/0612.html, vous trouverez un impressionnant bottin de sites sur la carrière pour une grande variété de secteurs d'activité.

■ LES INCONTOURNABLES

Career Mosaic Québec

http://www.careermosaicquebec.com/index.html

Career Mosaic Québec est une adaptation pour la province d'un site très populaire aux États-Unis. On y trouve des milliers d'offres d'emploi, provenant de tout le Canada, des États-Unis et d'autres pays, dont plus de 60 offres d'emploi québécoises (novembre 1998). Il est également possible de déposer son CV dans une banque que les employeurs peuvent consulter. Des profils d'employeurs, des conseils pour les chercheurs d'emploi et une liste de liens utiles aux diplômés cherchant leur premier emploi complètent ce site.

(PIC) Des analyses de possibilités d'emploi dans certains secteurs d'activité se trouvent à http://www.careermosaicquebec.com/trucs/trucs_secrets.htm. Ces analyses sont tirées des guides des éditions Ma Carrière.

Impact Emploi

http://www.viasite.com/

Impact Emploi se définit comme un centre d'emploi interactif. Il permet aux chercheurs d'emploi de poser directement leur candidature pour les offres qui s'y trouvent, de rédiger leur CV en ligne pour permettre aux employeurs de le consulter dans une banque ou encore de le diffuser à tous les employeurs qui utilisent le service (approximativement 1120 en novembre 1998). Le site offre également les services d'Alex, un agent intelligent qui vous prévient par courrier électronique lorsqu'une nouvelle offre pouvant vous convenir est reçue. De plus, Impact Emploi a créé des partenariats avec plusieurs intermédiaires de l'emploi, dont des services de placement étudiant, certaines agences privées de placement, des regroupements professionnels et des services communautaires de main-d'œuvre. Les clients de ces intermédiaires peuvent avoir accès, dans le site, aux offres d'emploi qu'ils reçoivent.

Le Guichet emplois

http://jb-ge.hrdc-drhc.gc.ca/owa_job/owa/intro.show?clang=f

Ce site de Développement des ressources humaines Canada est un moteur de recherche de première importance. Toutes les offres d'emploi reçues par les Centres de ressources humaines du Canada (CRHC) se trouvent ici. Ce sont les mêmes offres d'emploi qu'on peut consulter dans les guichets emplois situés dans les CRHC, les services d'emploi et les centres commerciaux. Il est possible de faire une recherche rapide en précisant qu'on ne désire voir que les offres disponibles dans une région précise. On peut aussi restreindre sa recherche à la région et aux offres reçues depuis moins de

48 heures. La méthode de recherche la plus sophistiquée consiste à indiquer votre titre d'emploi et la région qui vous intéresse. Le site offre alors des titres d'emploi précis parmi lesquels vous sélectionnez celui qui vous convient le mieux, afin d'identifier les emplois disponibles les plus appropriés.

Conseil : la première fois que vous ferez une recherche à l'aide de votre titre d'emploi, cliquez sur le bouton «Sauvegarder votre profil» sur la page des résultats de votre recherche. Le site vous fournira un mot de passe qu'il vous suffira d'indiquer la prochaine fois pour découvrir les nouvelles offres d'emploi correspondant à votre profil.

Système de placement électronique (SPE)

http://www.spe-ele.org/ele-html/introF.html

Le SPE est un système d'appariement très sophistiqué des offres et des demandes d'emploi. Il s'agit d'abord d'indiquer votre titre d'emploi dans vos propres mots. Ce site de Développement des ressources humaines Canada répondra par une liste de titres d'emploi précis. Choisissez celui qui vous convient le mieux et vous obtiendrez un profil de compétences spécifiques à ce titre. Créez votre profil personnalisé en cochant les compétences que vous avez acquises ou exercées et publiez-le : les employeurs potentiels pourront dorénavant le trouver dans le site. Il est également possible de demander de jumeler votre profil à des offres d'emploi conservées en banque.

Conseil : n'oubliez pas de sauvegarder votre profil la première fois, en cliquant sur le bouton «Sauvegarde» sous le formulaire complété. Le système vous attribuera un mot de passe qu'il suffira d'indiquer la prochaine fois pour découvrir de nouvelles offres d'emploi.

The Monster Board - Canada Français

http://french.monster.ca/home.htm

Une autre adaptation québécoise d'un site américain populaire, The Monster Board, est extrêmement fournie. Le site contient usuellement quelque 800 offres d'emplois (les 200 dernières seulement étant affichées pour le Québec). On peut aussi y accéder à d'autres offres au Canada, dans les divers États américains et partout dans le monde. Les offres sont aussi organisées par secteurs d'activités (génie, enseignement, etc.). Le site propose un agent intelligent, le Chasseur d'Emploi, qui peut trouver parmi les nouvelles offres celles qui peuvent vous convenir. On peut évidemment rédiger son CV directement sur le site et l'inclure dans une banque. Il comprend aussi un répertoire d'employeurs et une section «conseil» pour les professionnels du recrutement.

(PIC) *Jetez aussi un coup d'œil aux divers articles sur la recherche d'emploi et les tendances du marché, à http://french.monster.ca/pf/careerc/resource.htm*

Conseil : *pour accéder à toutes les offres québécoises qui pourraient vous convenir, faites une recherche dans les domaines d'activités qui vous intéressent, dans la section «Dénichez un emploi - Canada».*

ActivEmploi

http://www.activemploi.com

Vous trouverez sur ce site pas moins de 600 offres d'emploi, dans des domaines variés d'activité. Vous pouvez y afficher votre CV et lire les profils des employeurs qui utilisent ce service. Les travailleurs autonomes peuvent également s'y afficher.

Conseil : *il est toujours recommandable d'avoir une version papier de votre CV prête avant de remplir un formulaire en ligne comme celui que vous trouverez ici. Cela vous rendra la tâche beaucoup plus facile.*

■ LES SPÉCIALISÉS

Recru-Direct

http://www.recru-direct.com/

Réservé aux professionnels du domaine de l'informatique et du multimédia à la recherche de contrats ou d'emplois permanents, le site permet de diffuser les offres reçues aux chercheurs d'emploi par courrier électronique, de mener des recherches dans une banque de CV et inclut un tableau d'affichage d'offres d'emploi. Notez qu'il faut s'inscrire en remplissant un formulaire pour pouvoir utiliser le service; il demeure anonyme tant que le chercheur d'emploi ne décide pas d'entrer en contact avec l'employeur.

La CVthèque

http://www.cvtheque.com/

La CVthèque, c'est une banque de CV destinée particulièrement aux chercheurs d'emploi possédant des compétences techniques ou technologiques. Les CV sont classés en une trentaine de secteurs d'activité, incluant l'informatique, l'architecture, l'administration, le génie, le graphisme et bien d'autres encore. La CVthèque contient aussi un bon nombre d'offres d'emploi, classées selon les mêmes catégories. Il est évidemment possible de rédiger son CV grâce à un formulaire prévu à cette fin.

Conseil : *cliquez d'abord sur «Nouveaux emplois», dans le cadre de gauche, afin d'éviter de consulter des offres d'emploi déjà comblées.*

La Presse, Carrières et Professions

http://lapresse.monster.ca/pf/welcomepf.htm

Ce site est une banque d'offres d'emploi dans des domaines professionnels ou spécialisés. Vous pouvez recenser les offres qui vous intéressent à l'aide de nombreux critères de recherche. Il est possible de postuler directement un emploi. On vous propose un formulaire de création de CV, qui pourra alors être envoyé à l'employeur. Les services du Chasseur d'Emploi (voir Monster Board ci-dessus) y sont également disponibles. Il faut noter que les postes ne sont affichés que durant un mois.

Conseil : *comme c'est le cas avec bien d'autres moteurs de recherche, si vous utilisez trop de critères, vous risquez de ne rien trouver. N'utilisez que les plus pertinents.*

■ POUR LES NOUVEAUX ARRIVANTS

La Campagne de recrutement postsecondaire via la CFP

http://www.psc-cfp.gc.ca/recruit/psrhomf.htm

Durant les mois de septembre et d'octobre, la Commission de la fonction publique (gouvernement du Canada) recrute des jeunes diplômés des collèges et des universités. Vous trouverez ici les offres d'emploi réservées aux nouveaux diplômés durant la campagne de recrutement. Il est possible d'offrir sa candidature directement dans le site.

Conseil : *il faut noter que si vous visitez ce site après la fin de la campagne, l'information aura probablement disparu. Mais elle redeviendra disponible durant les mois d'août et de septembre.*

Conseil : *comme la sélection est faite par concours, prenez le temps de bien lire les descriptions des examens, à http://www.psc-cfp.gc.ca/recruit/psrtestf.htm*

Répertoire national des diplômés (RND)

http://rnd.rescol.ca/

Développé par Rescol et Industrie Canada, le Répertoire national est une banque de CV réservée aux diplômés récents des collèges et des universités. Les diplômés peuvent inclure leur profil dans la banque grâce à un formulaire. Les employeurs pourront ensuite y faire une recherche. Le site comprend une liste et une description de tous les employeurs qui se sont prévalus de ces services.

(PIC) Les universités anglophones du Québec et quelques collèges francophones utilisent les services de WorkLink sur RND. Si vous êtes un client de leurs services de placement, vous pouvez vérifier les offres d'emploi reçues récemment à http://rnd.rescol.ca/home/worklink/fworklink.html

■ AILLEURS AU CANADA

The Online Career Center
http://www.occ.com/

Comme tous les sites précédents, le Online Career Center permet de rédiger et d'afficher son CV, d'explorer un grand nombre d'offres d'emploi et conserve les CV reçus en banque pour que les employeurs puissent les consulter. On y trouve aussi des articles et des conseils sur la recherche d'emploi et la gestion de carrière, des informations sur les salaires et une section consacrée à l'immigration et l'emploi (Canada et États-Unis). Une autre section présente les tendances dans le monde du recrutement. En cliquant sur «International» puis sur «Canada», à partir de la page d'accueil, on pourra accéder à quelque 800 offres d'emploi canadiennes, dont plusieurs au Québec.

(PIC) Le site comprend un guide complet et fort intéressant de recherche d'emploi à http://www.occ.com/occ/career/assistance/diy/

JobSat - OnLine Employment Database
http://www.jobsat.com

JobSat est une banque proposant plus de 8500 emplois au Canada et dans certaines régions des États-Unis. Pour la consulter, vous aurez à produire un profil décrivant vos qualifications et vos attentes; le site cherchera alors à l'apparier aux offres d'emploi disponibles. Le profil peut être sauvegardé de façon à éviter de consulter deux fois les mêmes offres et à être informé des nouvelles occasions.

Canada Jobs
http://www.canadajobs.com/

Ce répertoire cherche à recenser toutes les offres d'emploi canadiennes offertes sur le Web. Toutes les banques d'emplois, les compagnies qui embauchent au moyen de leur site Web ainsi que les babillards régionaux d'offres d'emploi et les *news groups* contenant des offres s'y trouvent! Il est particulièrement utile si vous cherchez un emploi dans un domaine spécifique! Les ressources dont une partie du contenu est en français sont repérées par une fleur de lys.

04 Comment acquérir de l'expérience?

■ PAR UN TRAVAIL D'ÉTÉ

Placement étudiant du Québec (PEQ)
http://www.placement-etudiant.micst.gouv.qc.ca/

Produit par le ministère de l'Industrie, du Commerce, de la Science et de la Technologie (Québec), ce site décrit tous les programmes d'aide à la recherche d'emploi d'été du gouvernement du Québec : placement dans la fonction publique québécoise, dans les entreprises privées, échanges interprovinciaux pour diplômés universitaires, aide au lancement ou à la création d'une entreprise d'été, expériences de travail dans des secteurs stratégiques et quelques autres. Il est possible de faire une demande d'emploi directement.

(PIC) À http://www.placement-etudiant.micst.gouv.qc.ca/trucs/trucs_f.htm, vous trouverez des pistes et des suggestions pour votre recherche d'emploi d'été.

Programme fédéral d'expérience de travail étudiant (PFETE)
http://www.psc-cfp.gc.ca/recruit/fswtempf.htm

La Commission de la fonction publique offre aux étudiants, tous les ans, un certain nombre d'emplois d'été au sein de divers organismes du gouvernement fédéral. On trouvera ici (à partir du mois d'octobre ou de novembre) la liste de tous les emplois et des programmes de stages d'été. Des indications précieuses, que les candidats devraient lire attentivement, sont également incluses. Il y est bien entendu possible de remplir et d'expédier un formulaire de demande d'emploi.

Programmes de langues officielles (PLO)
http://www.cmec.ca/olp/plo-f.htm

Pourquoi ne pas profiter de l'été pour perfectionner votre connaissance de l'autre langue officielle du Canada? Produit par le Conseil des ministres de l'Éducation du Canada (CMEC), ce site présente trois programmes d'apprentissage et d'enseignement de la langue, vous indique comment y participer et avec qui communiquer pour en savoir davantage.

■ PAR UN STAGE

Avantage Carrière
http://www.avantage.org/

Avantage Carrière propose des stages rémunérés pour les jeunes diplômés de tous les niveaux d'enseignement. On y trouve une description complète de leur programme et de son fonctionnement. Il est possible de proposer sa candidature comme stagiaire directement en ligne. Les entreprises qui désirent recevoir un stagiaire peuvent également y remplir un formulaire.

À la Source

http://www.epi.ca/welcomef.htm

À la Source offre des stages aux diplômés de l'enseignement collégial et universitaire qui sont bénéficiaires de l'assurance-emploi ou qui y sont admissibles. Le site décrit le fonctionnement des stages qui permettent d'acquérir une précieuse expérience tout en recevant des prestations d'assurance-emploi. Les candidats peuvent rédiger leur CV sur le site et l'expédier directement. Il faut prendre note que les stages ne sont offerts que dans sept domaines précis.

Expérience Canada

http://www.experiencecanada.com/french/findex.htm

Expérience Canada offre un programme de stages rémunérés dans une autre province pour les jeunes diplômés. Le stage est précédé et suivi de périodes de formation à la planification de carrière, comprend un système de mentorat et un soutien est offert après le stage lors de la recherche d'un emploi. Un formulaire d'application au programme est disponible sur le site.

Initiatives Jeunesse de Développement des ressources humaines Canada (DRHC)

http://jeunesse.hrdc-drhc.gc.ca/index.html

Développé dans le cadre de la Stratégie Emploi Jeunesse du gouvernement fédéral, ce site vous expliquera tout ce que vous avez besoin de savoir sur ses diverses initiatives de développement de l'emploi pour les jeunes : la création de stages rémunérés en entreprise, les subventions aux employeurs pour la création d'emplois d'été et le développement de services pour les jeunes dans les organismes communautaires.

Conseil : revenez voir cette page de temps à autre, car on y trouvera plus d'informations sur les diverses occasions de stage ou d'emploi au fur et à mesure qu'elles sont disponibles.

05 Quel est le marché du travail?

■ POUR UN APERÇU D'ENSEMBLE

Ministère de l'Industrie, du Commerce, de la Science et de la Technologie (MICST)

http://www.micst.gouv.qc.ca/

Pour comprendre le marché de l'emploi, il faut souvent commencer par comprendre un peu l'économie du Québec et de ses régions. Vous trouverez dans ce site quantité de renseignements sur les secteurs d'activité et sur le développement économique des régions. Cela permettra au lecteur avisé de cerner des pistes d'emploi.

(PIC) Si vous en avez assez de lire des mauvaises nouvelles, consultez La Bonne Nouvelle Économique, un bulletin où on annonce des projets de développement économique et de création d'emplois, à http://www.micst.gouv.qc.ca/ bonne_nouv/index.html

IDclic Carrière et Formation

http://idclic.collegebdeb.qc.ca

Destiné surtout aux adolescents et aux jeunes adultes, IDclic Carrière et Formation est le grand site de l'emploi et de la formation au Québec, et l'étendue de l'information qu'on y trouve sur le marché du travail (1500 pages Web) justifie le fait qu'on le présente ici. On y trouve des descriptions de secteurs économiques en croissance, des témoignages de travailleurs et de professionnels, des dossiers de presse portant sur l'emploi, des conseils pour les étudiants et pour les chercheurs d'emploi et encore bien d'autres choses. Ce site proposera un service de Cybermentorat expérimental en cours d'année 1998-1999 en plus de visites virtuelles d'entreprises (Bell Helicopter, École polytechnique, formation professionnelle à Montréal). Un *must!*

Conseil : pour trouver rapidement ce que vous cherchez, il faut absolument utiliser la carte du site à http://idclic.col-legebdeb.qc.ca/main/carte.html

(PIC) Votre humble serviteur offre un service de «conseiller virtuel» dans ce site, à http://idclic.collegebdeb.qc.ca/ques-tions/main_co.html Vous pouvez m'y adresser toutes vos questions sur l'emploi, la carrière et la formation.

(PIC) Vous voulez connaître le taux de placement des diverses formations et pouvoir les comparer entre elles, même s'il s'agit de formations de niveaux différents? Visitez Les statistiques de l'emploi, à http://idclic.collegebdeb.qc.ca/ques-tions/relance/main_relance.html

Développement des ressources humaines Canada (DRHC) - Bureau des ressources humaines pour les employeurs du Québec

http://projetemploi.gc.ca/hroffice/pq/index_f.html

Ce site s'adresse principalement aux employeurs et aux professionnels du recrutement. Mais les chercheurs d'emploi y trouveront aussi des informations intéressantes sur le marché du travail. Parmi les thèmes abordés, il y a les techniques de recrutement, les normes du travail, les indemnisations, les services de reclassement, la santé et la sécurité au travail ainsi que les salaires et traitements.

Manuel d'information sur le marché du travail

http://www.gov.nb.ca/ael/lmab/manuel/indexf.htm

Mais que veulent dire tous ces termes et ces chiffres qu'on trouve dans les sites consacrés au marché du travail? Si vous vous êtes déjà posé cette question, voici la réponse. Ce petit site du ministère de l'Enseignement supérieur et du Travail du Nouveau-Brunswick démythifie l'information sur le marché du travail. À visiter en premier si on veut pleinement profiter du reste!

Conseil : si vous cherchez seulement le sens d'un terme précis, utilisez la table des matières à http://www.gov.nb.ca/ael/lmab/manuel/chap4f.htm

Strategis - Réseau des entreprises canadiennes

http://strategis.ic.gc.ca/sc_coinf/ccc/frndoc/home-page.html

Connaître le marché, c'est aussi connaître les entreprises. Lorsqu'on cherche un emploi, une démarche essentielle consiste à créer une liste d'employeurs potentiels, aussi nommée «piste d'emploi». Rien de mieux pour cela qu'un répertoire d'entreprises, et celui-ci est probablement le meilleur disponible sur Internet. En utilisant la recherche détaillée, vous pouvez limiter votre exploration à une seule province, aux secteurs d'activité économique et aux villes qui vous intéressent. D'autres critères utiles sont aussi mentionnés. Vous trouverez également des liens conduisant à d'autres répertoires sur la page d'accueil.

■ LES PROFESSIONS ET LEUR AVENIR

Emploi-Avenir Québec

http://www.qc.hrdc-drhc.gc.ca/emploi-avenir/index.html

Si vous voulez comprendre l'avenir d'un métier ou d'une profession au Québec, voici le site à visiter. Très bien fait et facile à utiliser, Emploi-Avenir Québec offre des informations sur 212 groupes professionnels, qui rassemblent encore plus de métiers et de professions. Son moteur de recherche vous offre plusieurs façons d'obtenir des renseignements sur l'occupation qui vous intéresse. Pour chaque groupe professionnel, vous aurez droit à des statistiques sur les demandes en main-d'œuvre jusqu'en 2002 et à une analyse des tendances qui affectent cette demande. Ce sont surtout ces analyses, très fouillées, qui font la qualité de ce site de Développement des ressources humaines Canada.

Conseil : si vous vous intéressez à plus d'une profession et que vous voulez les comparer, générez un «Rapport» (en cliquant sur le bouton dans le cadre du bas) pour chacune et imprimez-les. Vous aurez alors en main un outil de comparaison très intéressant.

Info-Carrières

http://www.hrdc-drhc.gc.ca/career-carriere/directions98/fr/intro_f.shtml

Alors, c'est décidé, vous en êtes sûr, vous ne voulez pas faire d'études universitaires? Bon, allez faire un tour du côté d'Info-Carrières. Ce site répertorie et présente de nombreux métiers ou professions qui n'exigent pas nécessairement d'études avancées. Un tableau en indique les salaires et les perspectives. Chaque profession et chaque métier sont également décrits en détail : nature des tâches, profil d'intérêts, exigences du travail et où s'adresser pour en apprendre davantage.

Coup d'œil sur les carrières

http://www.hrdc-drhc.gc.ca/career-carriere/career/car-fre/index-f.shtml

Ce petit site, aussi réalisé par Développement des ressources humaines Canada, présente des exemples de métiers et professions associés à 19 secteurs d'activité différents. On y décrit chacun d'entre eux et on y indique également leurs exigences de formation. Un excellent outil pour permettre aux jeunes de faire un premier débroussaillage des grandes options de carrière!

The Princeton Review - Career Find-O-Rama

http://www.review.com/career/find/index.cfm

Ce site reflète une réalité américaine, mais la qualité des descriptions mérite qu'on s'y arrête. Tapez simplement le nom du métier ou de la profession qui vous intéresse dans la boîte appropriée, et le site vous présentera une liste de titres d'emploi plus précis. Cliquez sur celui de votre choix et vous trouverez une description incluant une présentation très pragmatique de la nature des tâches, des enjeux qui entourent cette occupation et du déroulement typique d'une carrière dans ce domaine. Très intéressant!

(PIC) Le site comprend également des articles fort pertinents sur la recherche d'emploi à http://www.review.com/career/.

■ L'EMPLOI DANS UN SECTEUR

Développement des ressources humaines Canada (DRHC) - Études sectorielles

http://www.hrdc-drhc.gc.ca/hrdc/hrib/hrp-prh/ssd-des/

Si vous savez exactement dans quel secteur d'activité économique vous cherchez un emploi, il sera bon d'en savoir un peu plus sur ce domaine afin de vous aider à mieux vous préparer aux entrevues. Vous trouverez ici des résumés d'études faites par les comités sectoriels de main-d'œuvre de Développement des ressources humaines Canada. Ces études font le point sur les changements, les défis et les besoins en main-d'œuvre au sein de différents secteurs. Il est également possible d'obtenir les rapports d'études complets.

(PIC) Un bon nombre de comités sectoriels ont leur propre site Web, où vous pourrez en apprendre davantage. Consultez-en la liste à http://www.hrdc-drhc.gc.ca/hrdc/hrib/hrp-prh/ssd-des/info_f.html

Strategis - Aperçu industriel (Industrie Canada)

http://strategis.ic.gc.ca/SSGF/io00201f.html

Strategis est inégalé comme source de renseignements sur les secteurs industriels. Vous trouverez ici de l'information sur les activités de tous les secteurs de transformation, des statistiques sur la production et le rendement, des commentaires sur l'évolution de l'emploi et la liste des principaux employeurs. Une information complète!

(PIC) Stratégis contient également de l'information sur des secteurs en forte croissance. Allez voir la carte du site, à http://strategis.ic.gc.ca/frndoc/sitemap.html, qui vous

permettra d'accéder à de l'information sur ces secteurs (dans la section «Information d'affaires par secteur»).

Action Carrière

http://www.hrdc-drhc.gc.ca/hrib/hrp-prh/pi-ip/career-carriere/moves/index_f.shtml

Ce site de Développement des ressources humaines Canada s'adresse particulièrement aux jeunes et trace le portrait de huit grands domaines d'activité (administration, santé, sciences naturelles, etc.). On y trouvera de l'information sur l'évolution de chaque secteur, les intérêts des personnes qui y travaillent, les exigences et beaucoup d'autres renseignements intéressants.

■ L'EMPLOI DANS UNE RÉGION

Développement des ressources humaines Canada (DRHC) - Québec

http://www.qc.hrdc-drhc.gc.ca/

Ce site vous permettra de mieux comprendre le marché régional du travail. En cliquant sur la mention «Nos publications socio-économiques», on trouve toute une série de bulletins et d'études sur l'évolution du marché du travail dans les diverses régions du Québec. Le site contient aussi de l'information sur les programmes et services de DRHC et des liens conduisant à d'autres sites Web sur l'emploi.

(PIC) À partir de http://www.qc.hrdc-drhc.gc.ca/socio-ec/menu_loc.html, on pourra accéder à des listes de métiers et professions en demande dans certaines régions.

Développement des ressources humaines Canada (DRHC) - Information sur le marché du travail

http://lmi-imt.hrdc-drhc.gc.ca/

Quels sont les emplois présents dans votre région? En quoi consistent-ils? Quelles en sont les perspectives? Quels en sont les salaires et les voies d'accès? Vous trouverez dans ce site les réponses à ces questions et à plusieurs autres. À partir de la page d'accueil, cliquez sur la province canadienne et ensuite sur la région qui vous intéressent particulièrement pour obtenir une liste de ces professions et une analyse complète de chacune. Pour l'instant, onze régions du Québec sont incluses, mais d'autres s'ajouteront.

Conseil : un bouton «Glossaire» se trouve sur la page de chaque description d'emploi. Cliquez dessus et prenez le temps de lire les définitions des termes employés, pour mieux profiter du site.

06 Comment créer son emploi?

■ DES INFORMATIONS

EnterWeb

http://www.enterweb.org

Source quasi inépuisable d'information, EnterWeb est un répertoire de sites Web destinés aux travailleurs autonomes, aux entrepreneurs et aux PME. Les sites sont d'abord classés selon les grands thèmes abordés, soit le commerce international, l'entrepreneuriat, le développement économique, le financement, la gestion, le cybercommerce et plusieurs autres. Certains sont répertoriés selon le pays d'origine et tous sont également classés en ordre alphabétique. On peut y trouver à peu près tout ce qu'on espère!

EntreWorld

http://www.EntreWorld.org/

Un centre d'information tout à fait impressionnant sur l'entrepreneuriat. On y trouvera des articles et des conseils sur tous les sujets, des difficultés de démarrage jusqu'à la planification pour la croissance, en passant par l'équilibre entre vie familiale et professionnelle.

(PIC) Si vous êtes en train de vous questionner sur la possibilité de vous lancer à votre propre compte, vous trouverez, dans la section Entrepreneurship as a Career, à http://www.EntreWorld.org/Content/SYB.cfm?Topic=YouECarr, de nombreux textes et outils qui mousseront votre réflexion.

Fondation de l'entrepreneurship

http://www.entrepreneurship.qc.ca/

On trouve ici bien des informations utiles aux aspirants entrepreneurs. Le site comprend des nouvelles sur les initiatives de développement de l'entrepreneuriat au Québec, une description de plusieurs outils utiles (livres, vidéo, etc.) et un répertoire de sites Web portant sur une grande variété de thèmes.

(PIC) Consultez BASE, la description d'un programme de mentorat pour jeunes entrepreneurs à http://www.entrepreneurship.qc.ca/Fondation/Ressources/base01.html

(PIC) Il est possible d'y remplir directement l'Instrument de sensibilisation sur vos caractéristiques entrepreneuriales (ISCE), un outil validé, et dont vous recevrez les résultats par courrier électronique. Allez à http://www.entrepreneurship.qc.ca/Fondation/Potentiel/questionnaire.html

Info entrepreneurs

http://www.infoentrepreneurs.org/fre/index2.html

Il s'agit ici du volet québécois des Centres de services aux entreprises du Canada (CSEC). On y trouvera d'abord un moteur de recherche permettant d'identifier les lois et les règlements affectant la pratique des affaires et les programmes et services gouvernementaux d'aide aux entrepreneurs. On peut obtenir par ce moyen tous ces renseignements pertinents à son projet d'entreprise. Le site contient également des Info-Guides, qui résument certaines informations clés sur des questions souvent posées.

(PIC) Les aspirants travailleurs autonomes feront bien de consulter l'Info-Guide qui leur est spécifiquement consacré, à http://www.infoentrepreneurs.org/fre/bis/6011.html

■ DES OUTILS

Québec Affaires - Comment démarrer son entreprise

http://www.gouv.qc.ca/affaires/demarref.htm

Ce site propose une démarche en quatre étapes en vue du démarrage d'une entreprise (réflexion, planification, organisation, action). Au moment approprié en cours de démarche, on trouvera des renseignements sur les types d'entreprises, les formes juridiques, la gestion et tous les autres thèmes pertinents. Des services ou des outils utiles sont également présentés.

Canadian Youth Business Foundation - Canadian Youth Business On-Line

http://www.cybf.ca/main.htm

La Fondation est un organisme privé qui offre une aide technique aux jeunes entrepreneurs. On y trouvera un ensemble d'outils facilitant la création d'une entreprise : un guide de rédaction et des modèles de plan d'affaires, un répertoire des sources de financement, un guide des règlements gouvernementaux, un journal et bien d'autres choses encore. Le site offre également un forum de discussion pour jeunes entrepreneurs et un service-conseil en ligne. La Fondation y présente également ses programmes de mentorat et de microfinancement.

(PIC) Vous voulez savoir si vous avez le profil d'un entrepreneur, consultez la liste d'outils d'auto-évaluation à http://www.cybf.ca/station/learning/equiz.htm

Mauldin Inc. - L'abécédaire du plan d'affaires

http://WWW.CAM.ORG/~jmauld/Francais/abeced.html

Un petit guide intéressant qui présente les étapes essentielles de la rédaction d'un plan d'affaires : recherche, planification et choix des moyens de mise en marché. L'information est très pertinente et comporte plusieurs liens conduisant à des sites Web qui faciliteront la réalisation des diverses étapes. Très utile à tout créateur de PME en devenir!

On-Line Small Business Workshop

http://www.sb.gov.bc.ca/smallbus/workshop/workshop.html

Produit par le CSEC de la Colombie-Britannique, ce site est un véritable guide complet de création d'entreprise. On y discute absolument de tout, de l'idée initiale jusqu'au démarrage, en passant par le financement, la mise en marché et la planification. Chaque section contient des renseignements précieux, des conseils et, notamment, des consignes pour préparer le mieux possible le jour béni de l'ouverture officielle. C'est si complet qu'il faut le voir pour le croire!

Conseil : pour en retirer pleinement les bénéfices, suivez ce guide pas à pas du début jusqu'à la fin.

(PIC) La section sur les idées d'entreprises est une petite merveille. À voir à http://www.sb.gov.bc.ca/smallbus/workshop/concepts.html.

■ DES IDÉES

Paul et Sarah Edwards Web Site

http://www.paulandsarah.com/index.asp

Il s'agit d'auteurs à succès de plusieurs livres sur la micro-entreprise et le travail à domicile. Ce site est une petite bible de ces formes d'emploi. On y trouvera une grande variété de ressources, entre autres des exemples d'entreprises possibles, des idées de marketing, des informations sur la vie du travailleur autonone et bien des inspirations. L'information concerne souvent les États-Unis, mais leur expertise saura néanmoins vous être utile.

Occupez-vous de vos affaires

http://www.hrdc-drhc.gc.ca/career-carriere/minding/mind-fre/index-f.shtml

Ce petit site de Développement des ressources humaines Canada est une bonne introduction à l'entrepreneuriat. Son but est de vous aider à identifier ce qu'il faut prendre en considération avant de se lancer dans l'aventure. On y discute des intérêts et des qualités des entrepreneurs, des choix à faire au départ et des changements qu'amène dans sa vie le travail autonome.

Conseil : commencez ici avant de visiter les autres sites. C'est le seul que je connaisse à discuter de la «vie» de l'entrepreneur. Cela vous permettra de savoir dès le départ si celle-ci vous convient.

Passeport Affaires

http://www.passeportaffaire.com/main.htm

Ce site est un répertoire des sources de financement pour le démarrage et le développement d'entreprise ou le travail autonome. Les divers programmes sont classés par grand thèmes, incluant agriculture, arts et lettres, main d'œuvre, technologies de l'information, tourisme et plusieurs autres. On trouvera pour chaque programme une brève description et le nom de l'organisme ou de la personne à contacter. On peut aussi y commander un répertoire écrit plus complet.

07 Où trouver de l'aide?

■ POUR SAVOIR OÙ ON S'EN VA

Ordre professionnel des conseillers et conseillères d'orientation du Québec
http://www.orientation.qc.ca/bottin/index.html

Où trouver un c.o.? Vous cherchez un service d'orientation? Vous trouverez sur le site officiel de l'OPCCOQ des indications précieuses pour vous permettre de trouver un conseiller ou une conseillère d'orientation, soit dans le secteur public, soit dans la pratique privée.

Conseil : profitez-en pour en consulter le répertoire des services d'aide à l'emploi, à http://www.orientation.qc.ca/bottin/communautaire.html

Infobourg de la carrière et de l'orientation (ICARO)
http://carriere.infobourg.qc.ca/

Vous trouverez sur ce site «Icaroscope». Cet outil vous permettra d'explorer les diverses options de carrière par le moyen de listes : secteurs d'activité, métiers ou professions, établissements d'enseignement, programmes de formation, profils personnels correspondant aux diverses professions. Ces listes sont interreliées, ce qui vous permet, si vous vous intéressez à une profession donnée, par exemple, d'en découvrir le profil, les formations préparatoires et les établissements qui les offrent. Le site contient aussi un répertoire de sites Web qui vous aidera à explorer davantage vos possibilités de carrière.

(PIC) La section «Parcours», à http://carriere.infobourg.qc.ca/Parcours.asp, contient des textes intéressants qui répondent à des questions courantes et qui comprennent des références à d'autres sites fort utiles.

Conseil : utilisez ce site avec l'aide d'un conseiller ou d'une conseillère d'orientation, qui vous aidera à déterminer votre propre profil et à le comparer à ceux des diverses professions.

■ POUR DE L'AIDE EN CHEMIN

Ministère de l'Emploi et de la Solidarité (MES)
http://www.mes.gouv.qc.ca/

Ce site présente les nouveaux Centres locaux d'emploi (CLE). On y trouvera les coordonnées des CLE, les divers services offerts (information, apprentissage, conseil d'emploi, orientation), les descriptions des divers programmes de la Sécurité du revenu et les services aux employeurs. Dans la section «Ministère», on trouvera de la documentation sur l'établissement des CLE et divers bulletins et informations sur le marché du travail du Québec et de ses régions.

La Jeunesse du Québec - Emploi
http://www.jeunes.gouv.qc.ca/emploi.htm

Vous trouverez ici un répertoire de sites Web sur tout ce qui concerne l'emploi pour les jeunes. Les sites portent sur les offres d'emploi, la recherche d'emploi d'été, les stages à l'étranger ou au pays, les divers organismes d'aide au placement et les techniques de recherche d'emploi. Une visite très intéressante!

Collectif des entreprises d'insertion du Québec (CEIQ)
http://www.francomedia.qc.ca/~col-ei/

Les entreprises d'insertion sont de vraies entreprises, qui produisent des biens ou des services, mais qui ont également comme objectif de favoriser l'insertion en milieu de travail. Elles permettent à des jeunes d'acquérir de l'expérience concrète en emploi. Vous trouverez sur ce site une liste de toutes les entreprises membres du Collectif. Un bulletin électronique, Agir, y sera bientôt disponible.

Association des Clubs de recherche d'emploi (CRE)
http://www.cre.qc.ca/

Les Clubs de recherche d'emploi sont présents au Québec depuis 1984. Ils proposent une méthode dynamique et intensive de recherche d'emploi, avec supervision et services de soutien (secrétariat, documentation, salle d'informatique). Vous trouverez ici la liste des CRE dans toutes les régions et un accès à leur site Web particulier lorsque disponible. La philosophie, les méthodes et les programmes sont également décrits.

■ QUAND ON TRACE SON PROPRE CHEMIN

Sociétés d'aide au développement des collectivités (SADC)
http://www.reseau-sadc.qc.ca/

Les SADC sont responsables, dans les diverses régions du Québec, de la promotion du développement économique des collectivités. Elles peuvent être une source d'information et proposer des pistes utiles pour les chercheurs d'emploi. Ce sont elles qui gèrent en régions périphériques le programme fédéral d'Aide au travail indépendant (ATI), qui permet aux bénéficiaires de l'assurance-emploi de devenir travailleurs autonomes. Le site comprend la description de leurs services et la liste de leurs coordonnées partout au Québec.

Service d'aide aux jeunes entrepreneurs (SAJE)

http://www.saje.qc.ca/

Au nombre de 102 à travers le Québec, les SAJE ont pour rôle d'appuyer les jeunes entrepreneurs dans leur démarche de création d'entreprise. Le site décrit tous leurs programmes et services et contient la liste de leurs points de services à travers l'ensemble de la province. Sous la section «Entrepreneurship», on trouvera un petit guide à l'usage des entrepreneurs ou des aspirants travailleurs autonomes. On y discute de profil entrepreneurial, de démarrage, de financement et de brevets. Le site inclut également un babillard de nouvelles, un forum de discussion et un service-conseil en ligne.

(PIC) La liste de liens utiles propose la visite de nombreux sites Internet sur l'entrepreneuriat et les sujets connexes. Un excellent point de départ pour une exploration plus poussée du sujet!

■ POUR CHEMINER PLUS À SON AISE

Développement des ressources humaines Canada - Guide des programmes et services

http://www.hrdc-drhc.gc.ca/dept/guide98/guidex.shtml

Pour tout savoir sur les programmes et services offerts par DRHC. On y présente en détail le programme d'assurance-emploi et tous les services de soutien à la main-d'œuvre et aux chercheurs d'emploi. Le texte est organisé en quatre grands chapitres et un index permet de trouver rapidement ce qu'on cherche. Vous en apprendrez beaucoup plus ici sur les services que sur le site de DRHC-Québec (voir page 328).

08 Que faire pour étudier ou travailler hors Québec?

■ ALLER AUX ÉTATS

Study in the USA

http://www.studyusa.com/

Vous pensez aller étudier aux États-Unis, mais votre anglais n'est pas tout à fait ce qu'il devrait être? Vous trouverez ici une liste complète de tous les programmes d'apprentissage de la langue anglaise destinés aux étudiants étrangers offerts dans tous les États. Vous y trouverez également une section «Ressources» contenant des informations essentielles pour tous ceux qui désireront poursuivre leurs études au pays de l'Oncle Sam. Certaines informations sont maintenant en français.

(PIC) Ceux qui ont une bonne connaissance de l'anglais voudront simplement se préparer au TOEFL (Test of English as a Foreign Language), dont la réussite est exigée la plupart du temps pour étudier aux États-Unis. Vous trouverez de nombreux outils pour vous aider en cliquant sur la bannière de la page d'accueil (http://www.toefl.org).

Peterson's Education & Career Center

http://www.petersons.com/

Ceux qui connaissent les guides Peterson's savent qu'il n'existe pas de meilleurs outils d'information sur les programmes américains de formation. Comme il y a littéralement des centaines d'établissements postsecondaires aux États-Unis, le site propose des moteurs de recherche permettant de recenser ceux offrant les programmes qui nous intéressent, au premier comme au deuxième cycle. Chaque établissement est ensuite décrit. On y trouvera aussi des renseignements sur les écoles d'été, la formation continue, les écoles spécialisées, les voyages d'études et les diverses procédures d'admission. Très complet!

Conseil : il vous sera plus facile d'accéder à l'information en cliquant sur «International Students», sur la page d'accueil http://www.petersons.com/ac/

College Edge

http://www.collegeedge.com/

Mais peut-être préférerez-vous «The Edge»? College Edge inclut un moteur de recherche très puissant, qui vous permettra de trouver très facilement tous les collèges américains qui pourraient vous intéresser. Vous avez le choix entre plusieurs critères de sélection : la formation désirée, l'État où vous voulez étudier, la taille de l'établissement, s'il se trouve en milieu rural ou urbain, et même les activités sportives ou culturelles offertes. Une fois les établissements trouvés, vous aurez accès à leur site Web, à de l'information très complète sur chacun (historique, admission, vie étudiante), à un formulaire à remplir en ligne et qui leur sera expédié pour vous permettre de recevoir plus de renseignements et, dans certains cas, à une demande d'admission prête à être remplie et expédiée. Le site foisonne d'autres renseignements sur les carrières, les procédures d'admission, etc.

Conseil : bien que le moteur de recherche vous offre le choix d'un grand nombre de critères, ne les utilisez pas tous ou votre recherche risque fort de ne rien donner!

(PIC) Visitez également http://www.CollegeEdge.com/cm/, où vous trouverez de l'information intéressante sur plusieurs carrières, mais je ne recommande pas le moteur de recherche portant sur le type de professions que vous y trouverez.

American University and English as a Second Language Information Service

http://www.iac.net/~conversa/S_homepage.html

Ce site est incontournable! Si on désire étudier chez nos voisins du Sud, il est nécessaire de comprendre comment fonctionne leur système d'éducation, les procédures d'admission, la façon de s'y prendre pour obtenir un visa d'étudiant et tous les autres petits détails tels que les assurances, le logement, etc.

U.S. News and World Reports (USNWR) - 1997 Graduate School Rankings

http://www4.usnews.com/usnews/edu/beyond/bcrank.htm

D'accord, vous avez déjà un bac, alors vous vous demandez : «Quel établissement américain offre la meilleure formation de maîtrise dans mon domaine?» Alors, commencez par explorer ce site. USNWR propose tous les ans des palmarès des meilleurs programmes américains de maîtrise. Par exemple, le palmarès des études en droit, spécialisation droit d'auteur, présentera un classement des universités offrant cette spécialisation. On trouvera aussi des renseignements utiles sur chaque établissement, y compris les critères d'admission, des informations et des articles sur les carrières.

Conseil : prenez le temps de bien lire la méthodologie utilisée pour dresser les palmarès. Il est essentiel ici de bien comprendre la signification du classement.

(PIC) Pour quelques renseignements rapides et fort utiles sur les diverses spécialités, visitez le «Career Planner», à http: //www4.usnews.com/usnews/edu/beyond/grad/gbcareer.htm

■ AILLEURS QU'AUX ÉTATS?

Christina DeMello's World List of Lists

http://www.mit.edu:8001/people/cdemello/univ.html

Il faut le voir pour le croire. Si une université, quelque part au monde, a un site Web, vous trouverez ici un lien conduisant à ce site Web. Pour ratisser large lorsqu'on se prépare à étudier à l'étranger, il n'y a pas mieux! La France, le Maroc, l'Indonésie, wow! Un passage obligé!

Commission de la fonction publique - Programmes internationaux

http://www.psc-cfp.gc.ca/intpgm/epbf1.htm

La Commission de la fonction publique propose des postes pertinents pour les Canadiens et Canadiennes dans les organismes internationaux (ONU, OCDE, BIT, etc.) et conserve un répertoire de candidats qualifiés. Ces derniers doivent souvent posséder des connaissances spécialisées et de l'expérience. On trouve ici des renseignements sur la nature des postes offerts et un répertoire de tous les organismes concernés. Très intéressant si vous voulez effectuer un changement de carrière!

Agence canadienne de développement international (ACDI)

http://w3.acdi-cida.gc.ca/

Le site de l'ACDI présente diverses possibilités pour ceux qui désirent travailler dans le domaine du développement interna-

tional. Les jeunes trouveront ici la description et les exigences des programmes Jeunes stagiaires internationaux, Volontaires des Nations Unies et Administrateurs stagiaires aux Nations Unies. Un point de repère sur la carrière en développement international s'avérera utile à toute personne intéressée par ce domaine.

Ministère des Affaires étrangères et du Commerce international (MAECI) - Programmes internationaux d'échanges jeunesse et d'échanges de jeunes travailleurs

http://www.dfait-maeci.gc.ca/francais/culture/youthex.htm

Un site à ne pas manquer si vous pensez aller faire un tour à l'étranger. Vous trouverez ici la description d'un très grand nombre de programmes (sinon tous) permettant aux jeunes d'aller faire un stage de travail à l'extérieur du Canada. L'information est organisée par pays et par types de programmes. Lorsque c'est possible, un lien à un autre site Web offrant plus d'information est proposé. Les adresses et numéros de téléphone des organismes responsables sont aussi mentionnés. Très utile!

(PIC) Vous trouverez à http://www.dfait-maeci.gc.ca/francais/culture/canstud.htm une importante liste de programmes d'échanges internationaux et de bourses d'études à l'étranger. Un point de départ intéressant si vous pensez continuer des études ailleurs dans le monde.

09 Où trouver plus d'information?

Info Emploi

http://www.info-emploi.ca/cwn/francais/main.html

Info Emploi est le grand répertoire canadien des sites portant sur la carrière, la formation et l'emploi. Les sites sont organisés selon des catégories logiques : emplois et recrutement, planification de carrière, formation et qualification, information sur le marché du travail, soutien financier, milieux de travail et associations ou services. Il est possible de limiter la recherche aux ressources d'une province canadienne. Malgré certaines redondances, c'est un excellent endroit où continuer votre exploration des sites Internet.

(PIC) Sur la page d'accueil de langue anglaise, jetez un coup d'œil aux «Daily Career News», tirées de Career Explorer (un site commercial), où vous trouverez régulièrement de nouveaux dossiers sur des carrières d'avenir et l'évolution du marché du travail. Aussi offerts sur BC WorkInfoNet (ci-contre).

L'Infobourg

http://www.infobourg.qc.ca/default.asp

L'Infobourg est un répertoire de ressources éducatives qui peut s'avérer très utile pour ceux qui cherchent une formation. Plusieurs préféreront son répertoire des collèges à celui du MÉQ (voir page 319), car il contient plus de liens Web, incluant ceux d'établissements privés et d'établissements francophones hors-Québec. Le répertoire des universités propose aussi un accès direct à plusieurs sites de facultés ou d'organismes de recherche, en plus d'une variété d'établissements universitaires francophones.

Réseau d'information Jeunesse du Canada

http://www.youth.gc.ca/menu_f.shtml

Ce répertoire spécialisé se présente comme un ensemble d'outils facilitant la transition entre l'école et le marché du travail. On y trouvera des ressources sur la formation, les stages, la recherche et les occasions d'emploi et plusieurs autres thèmes. Un répertoire à utiliser si on cherche de l'information pertinente pour les jeunes!

BC WorkInfoNet

http://workinfonet.bc.ca

Ce site contient un répertoire de tous les outils permettant de mieux comprendre le marché du travail, le cheminement de carrière et la recherche d'emploi. Bien que la plupart de ces outils soient en anglais, un certain nombre existent également en français. Les professionnels trouveront ici bien des idées. Les outils sont classés par clientèles, par thèmes et selon leurs supports (imprimés, logiciels, vidéo, jeux, etc.). On y trouve aussi un grand répertoire de sites Web très bien organisé.

(PIC) Jetez un coup d'œil sur les «Daily Career News», tirées de Career Explorer (un site commercial), où vous trouverez régulièrement de nouveaux dossiers sur des carrières d'avenir et l'évolution du marché du travail. Aussi offerts sur Info Emploi. Très intéressant!

10 Quoi d'autre d'intéressant?

■ POUR LES JEUNES

Agora étudiante francophone

http://www.etudiant.org

L'Agora est un site rassemblant plusieurs associations étudiantes québécoises. On y trouvera des articles tirés de la presse étudiante ainsi qu'une liste des associations et des journaux étudiants et un lien conduisant à leur site Web lorsque disponible. Le bottin présente également de nombreux organismes pour les jeunes, dans une grande variété de domaines (culture, environnement, vie communautaire, etc.)

Jeunesse, j'écoute!

http://jeunesse.sympatico.ca/

«Jeunesse, j'écoute» est aussi le nom d'un service d'écoute téléphonique offert uniquement aux jeunes (1-800-668-6868).

Ce site d'accompagnement du service contient des textes et des conseils sur des sujets qui préoccupent les jeunes : l'amour, la famille, la sexualité, les drogues, et bien d'autres encore. On y trouve aussi un forum de discussion confidentiel.

■ POUR LES AMIS

Canadian Council on Rehabilitation and Work - WorkINK

http://www.workink.com/workink/national/default.asp

WorkInk est un site interactif consacré à l'égalité en emploi. On y trouve, par exemple, des articles sur les besoins des chercheurs d'emploi aux prises avec un handicap fonctionnel, des conseils particuliers pour la recherche d'emploi, des occasions de formation, un certain nombre d'offres, des nouvelles et des forums de discussion. Il inclut aussi des informations sur des problèmes communs de santé au travail et des liens menant à d'autres sites sur des questions connexes.

(PIC) La section «Articles for work seekers with a disability» est pleine d'idées intéressantes. Elle explique, entre autres, quand dévoiler sa situation à un employeur durant un processus de sélection.

The Integrated Network of Disability Information and Education (Indie)

http://www.indie.ca/

Ce site est un grand répertoire de ressources pour l'intégration en emploi de personnes ayant un handicap fonctionnel. Le répertoire contient des sites Web spécialisés, l'adresse de services offerts, des titres de livres ou de magazines et les descriptions d'événements spéciaux. On peut obtenir la liste des ressources par catégories ou faire une recherche précise. Les ressources en question proviennent de partout dans le monde et chacune est brièvement décrite. Certaines sections du site sont en français.

■ POUR LES NOUVEAUX AMIS!

Centre d'information canadien sur les diplômes internationaux
Canadian Information Centre for International Credentials

Centre d'information canadien sur les diplômes internationaux (CICDI)

http://www.cmec.ca/cicic/

Si vous êtes nouvellement arrivé au Canada, et que vous désirez vous inscrire à un programme universitaire, il vous faut vérifier si vous possédez l'équivalent des apprentissages normalement exigés pour l'admission. Vous devriez visiter ce site; de nombreuses informations sur l'équivalence des apprentissages scolaires y sont présentées. Vous trouverez aussi des informations sur la reconnaissance des titres d'emploi étrangers au Canada. Un bottin vous fournira l'adresse de services susceptibles de vous aider dans votre démarche et plusieurs sites Web où trouver plus d'information sont indiqués. ■

Êtes-vous
- à l'heure d'un choix de carrière?
- en réorientation de carrière?
- désireux de connaître les meilleures perspectives d'emploi?

Consultez **Emploi-Avenir (Québec)**, un outil de référence pour vous aider à planifier votre carrière. Élaboré par Développement des ressources humaines Canada, ce site comprend 512 groupes professionnels répertoriés dans le document Classification nationale des professions (CNP). Quelque 250 groupes font l'objet d'une analyse détaillée : perspectives d'avenir, adresses utiles, formation exigée, remarques importantes.

Emploi-Avenir (Québec) permet une consultation dynamique de données sur les professions qui composent chaque groupe ainsi que leur taux de croissance prévu, les salaires, les divers secteurs économiques où oeuvrent les travailleurs et travailleuses, etc. Un site incontournable afin d'évaluer les perspectives d'emploi au Québec jusqu'à l'an 2002.

Consultez Emploi-Avenir (Québec) sur Internet, c'est faire un bon choix!

http://www.qc.hrdc-drhc.gc.ca/emploi-avenir

Canada

COMMENCEZ
LA RECHERCHE

Profitez de cette OFFRE EXCEPTIONNELLE D'ABONNEMENT à Châtelaine

Pour moins de 2 $ par mois, faites-vous livrer chez vous le mensuel féminin le plus lu au Québec.

Reportages bien documentés, chroniques d'intérêts divers, conseils judicieux, nouveautés, réflexions, personnalités, découvertes, nutrition, santé, arts, spectacles, voyages et plus encore...

Chaque mois, dans Châtelaine, des rubriques essentielles pour la femme active :

- **Infos mode :** des idées pratiques mais originales
- **Un médecin vous répond :** les réponses aux questions que vous nous posez
- **Argent :** pour vous aider à prendre en main vos finances personnelles
- **Femmes au volant :** ce que toute conductrice avertie a besoin de savoir
- **Chef Express :** les recettes préférées et faciles à réaliser des chefs d'ici

4017

Vous offrir des reportages inspirés sur des sujets qui vous touchent : voilà l'esprit de Châtelaine !

CARRIÈRE

Châtelaine vous informe et vous donne l'heure juste sur la place qu'occupent les femmes sur le marché de l'emploi. Découvrez également quelles sont les carrières de l'avenir et partagez le vécu de femmes exerçant des métiers non-traditionnels.

MODE-BEAUTÉ

Découvrez, grâce à Châtelaine, une mode abordable et originale. Dénichez les bonnes adresses. Soyez au courant des nouveautés côté beauté : une information précise pour les femmes modernes et actives !

CUISINE

Châtelaine vous aide à manger mieux et à préparer des repas savoureux en peu de temps et avec un minimum de stress.

Profitez de cette offre dès maintenant !

**Téléphone (514) 843-2552 ou
1 888 235-3055
Télécopieur (514) 845-6261**

Châtelaine
**1001, boul. de Maisonneuve Ouest, C.P. 848, Succ. B
Montréal (Québec) H3B 3K5**

Répertoire

Voici la liste des établissements d'enseignement des niveaux secondaire, collégial et universitaire, ainsi que quelques ressources utiles.

Les commissions scolaires

 BAS ST-LAURENT

Commission scolaire de Kamouraska-Rivière-du-Loup
(418) 862-8201

Commission scolaire des Monts-et-Marées
(418) 629-6200

Commission scolaire des Phares
(418) 723-5927
www.csphares.qc.ca

Commission scolaire du Fleuve-et-des-Lacs
(418) 854-2370

 SAGUENAY- LAC-SAINT-JEAN

Commission scolaire De La Jonquière
(418) 542-7551

Commission scolaire des Rives-du-Saguenay
(418) 698-5000

Commission scolaire du Lac Saint-Jean
(418) 669-6000
www.cslacst-jean-qc.ca

Commission scolaire du Pays-des-Bleuets
(418) 275-2332
www.cspaysbleuets.qc.ca

Région 3 QUÉBEC

Commission scolaire de Charlevoix
(418) 665-3905

Commission scolaire de la Capitale
(418) 686-4040
www.cscapitale.qc.ca

Commission scolaire de Portneuf
(418) 285-2600
www.csportneuf.qc.ca

Commission scolaire des Découvreurs
(418) 652-2121

Commission scolaire des Premières-Seigneuries
(418) 666-4666
www.csdps.qc.ca

Central Quebec School Board
(418) 688-8730
www.cqsb.qc.ca

Aviron (Québec) inc.
(418) 529-1321

 MAURICIE

Commission scolaire de l'Énergie
(819) 539-6971

Commission scolaire du Chemin-du-Roy
(819) 379-6565

École Québécoise du meuble et du bois ouvré
(819) 758-6401
www.cgpvicto.qc.ca

Commission scolaire de la Région-de-Sherbrooke
(819) 822-5544
www.csrs.qc.ca

Commission scolaire des Hauts-Cantons
(819) 832-4953
www.cshauts-cantons.qc.ca

Commission scolaire des Sommets
(819) 847-1500

Eastern Townships School Board
(819) 868-3100

École de secrétariat Notre-Dame-des-Neiges
(819) 821-2199
pages.infinit.net/nddn

Commission scolaire de la Pointe-de-l'Île
(514) 642-9520
www.cspi.qc.ca

Commission scolaire de Montréal
(514) 596-6000
www.csdm.qc.ca

Commission scolaire Marguerite-Bourgeoys
(514) 487-8844
www.csmb.qc.ca

Commission scolaire English-Montréal
(514) 483-7200
www.emsb.qc.ca

Commission scolaire Lester-B.-Pearson
(514) 697-2480
www.lbpsb.qc.ca

Aviron Ltée (Institut technique)
(514) 739-3010

Collège de Céramique-poterie Bonsecours inc.
(514) 866-6531

Collège de Secrétariat Moderne
(514) 932-1122

Collège Inter-DEC
(514) 939-4444
www.interdec.qc.ca

Institut de tourisme et d'hôtellerie du Québec (ITHQ)
(514) 282-5108
www.ithq.qc.ca

Commission scolaire au Coeur-des-Vallées
(819) 986-8511

Commission scolaire des Draveurs
(819) 663-9221
www.csdraveurs.qc.ca

Commission scolaire des Hauts-Bois-de-l'Outaouais
(819) 449-7866
www.cshbo.qc.ca

Commission scolaire des Portages-de-l'Outaouais
(819) 771-4548

Western Quebec School Board
(819) 684-2336
www.wqsb.qc.ca

Région 8 — ABITIBI-TÉMISCAMINGUE

Commission scolaire de l'Or-et-des-Bois
(819) 825-4220

Commission scolaire de Rouyn-Noranda
(819) 762-8161
www.csnoranda.qc.ca

Commission scolaire du Lac Abitibi
(819) 333-5411
www.csabitibi.qc.ca

Commission scolaire du Lac Témiscamingue
(819) 629-2472

Commission scolaire Harricana
(819) 732-6561
www.csharricana.qc.ca

Région 9 — CÔTE-NORD

Commission scolaire de la Moyenne Côte-Nord
(418) 538-3044

Commission scolaire de l'Estuaire
(418) 589-0806

Commission scolaire du Fer
(418) 968-9901

Commission scolaire du Littoral
(418) 962-5558

Région 10 — NORD-DU-QUÉBEC

Commission scolaire de la Baie-James
(418) 748-7621

Commission scolaire Cree
(418) 923-2764
www.cscree.qc.ca

Commission scolaire Kativik
(514) 482-8220

Région 11 — GASPÉSIE - ÎLES DE LA MADELEINE

Commission scolaire des Chics-Chocs
(418) 368-3499

Commission scolaire des Îles
(418) 986-5511

Commission scolaire René-Lévesque
(418) 364-7062
www.cs-renelevesque.qc.ca

Eastern Shores School Board
(418) 752-2247
www.easternshores.qc.ca

Centre spécialisé des pêches
(418) 385-2241
www.cgaspesie.qc.ca

Région 12 — CHAUDIÈRE-APPALACHES

Commission scolaire de la Beauce-Etchemin
(418) 228-5541
www.csbe.qc.ca

Commission scolaire de la Côte-du-Sud
(418) 248-2016
www.cscotesud.qc.ca

Commission scolaire de L'Amiante
(418) 338-7801

Commission scolaire des Navigateurs
(418) 839-0500
www.csnavigateurs.qc.ca

Région 13 — LAVAL

Commission scolaire de la Seigneurie des Mille-îles
(450) 974-7000
www.cspatriotes.qc.ca

Commission scolaire de Laval
(450) 625-6951
www.cslaval.qc.ca

Sir Wilfrid Laurier School Board
(450) 668-4380

 **LANAUDIÈRE**

Commission scolaire des Affluents
(450) 581-6411
www.csaffluents.qc.ca

Commission scolaire des Samarres
(450) 889-5531

 **LAURENTIDES**

Commission scolaire de la Rivière-du-Nord
(450) 436-5040

Commission scolaire des Laurentides
(819) 326-0333
www.cslaurentides.qc.ca

Commission scolaire Pierre-Neveu
(819) 623-4310
www.cspierreneveu.qc.ca

Région 16 MONTÉRÉGIE

Commission scolaire de la Vallée-des-Tisserands
(450) 225-2788

Commission scolaire de Saint-Hyacinthe
(450) 773-8401
www.cssh.qc.ca

Commission scolaire de Sorel-Tracy
(450) 746-3990

Commission scolaire des Grandes-Seigneuries
(450) 444-4484
www.csdgs.qc.ca

Commission scolaire des Hautes-Rivières
(450) 359-6411
www.csdhr.qc.ca

Commission scolaire des Patriotes
(450) 467-9323

Commission scolaire des Trois-Lacs
(450) 455-9311

Commission scolaire du Val-des-Cerfs
(450) 372-0221
www.csvdc.qc.ca

Commission scolaire Marie-Victorin
(450) 670-0730
www.csmv.qc.ca

New Frontiers School Board
(450) 691-1440
www.csnewfrontiers.qc.ca

Riverside School Board
(450) 672-4010

École d'Administration et de Secrétariat de la Rive-Sud
(450) 670-5060

Région 17 CENTRE DU QUÉBEC

Commission scolaire de la Riveraine
(819) 233-2757
www.csriveraine.qc.ca

Commission scolaire des Bois-Francs
(819) 758-6453
www.csbf.qc.ca

Commission scolaire des Chênes
(819) 478-6700
www.csdeschenes.qc.ca

Les collèges

Cégep André-Laurendeau
(514) 364-3320
www.claurendeau.qc.ca

Cégep Beauce-Appalaches
(418) 228-8896
www.cegepbceapp.qc.ca

Cégep d'Alma
(418) 668-2387
www.calma.qc.ca

Cégep de Baie-Comeau
(418) 589-5707
www.cegep-baie-comeau.qc.ca

Cégep de Chicoutimi
(418) 549-9520
www.cegep-chicoutimi.qc.ca

Cégep de Drummondville
(819) 478-4671
www.cdrummond.qc.ca

Cégep de Granby Haute-Yamaska
(450) 372-6614
www.college-granby-hy.qc.ca

Cégep de Jonquière
(418) 547-2191
www.cjonquiere.qc.ca

Cégep de l'Abitibi-Témiscamingue
(819) 762-0931
www.cegepat.qc.ca

Cégep de la Gaspésie et des Îles
(418) 368-2201
www.cgaspesie.qc.ca

Cégep de La Pocatière
(418) 856-1525
www.cglapocatiere.qc.ca

Cégep de la Région de l'Amiante
(418) 338-8591
www.cegep.ra.qc.ca

Cégep de Lévis-Lauzon
(418) 833-5110
www.clevislauzon.qc.ca

Cégep de Limoilou
(418) 647-6600
www.climoilou.qc.ca

Centre de formation et de consultation en métiers d'arts
- École-atelier de sculpture du Québec
  (418) 524-7767
- École de joaillerie du Québec
  (418) 648-8003
  www3.sympatico.ca/ecolejoail.que

Cégep de Maisonneuve
(514) 254-7131
www.cmaisonneuve.qc.ca

Cégep de Matane
(418) 562-1240
www.cgmatane.qc.ca

Cégep de Rimouski
(418) 723-1880
www.cegep-rimouski.qc.ca

Cégep de Rivière-du-Loup
(418) 862-6903
www.cegep-rdl.qc.ca

Cégep de Rosemont
(514) 376-1620
www.crosemont.qc.ca

Cégep de Saint-Félicien
(418) 679-5412
www.cstfelicien.qc.ca

Cégep de Sainte-Foy
(418) 659-6600
www.cegep-ste-foy.qc.ca

Cégep de Saint-Hyacinthe
(450) 773-6800
www.cegepsth.qc.ca

Cégep de Saint-Jean-sur-Richelieu
(450) 347-5301
www.cstjean.qc.ca

Cégep de Saint-Jérôme
(450) 436-1580
www.cegep-st-jerome-qc.ca

Cégep de Saint-Laurent
(514) 747-6521
www.cegep-st-laurent.qc.ca

Cégep de Sept-Îles
(418) 962-9848
www.cegep-sept-iles.qc.ca

Cégep de Shawinigan
(819) 539-6401
www.collegeshawinigan.qc.ca

Cégep de Sorel-Tracy
(450) 742-6651
www.cegep-sorel-tracy.qc.ca

Cégep de Trois-Rivières
(819) 376-1721
www.cegeptr.qc.ca

Cégep de Victoriaville
(819) 758-6401
www.cgpvicto.qc.ca

Cégep du Vieux-Montréal
(514) 982-3437
www.cvm.qc.ca
- École de joaillerie de Montréal
  (514) 281-9922
  www3.sympatico.ca/ecoledejoaillerie

Cégep régional de Lanaudière
Collège constituant de l'Assomption
(450) 589-0230
www.collanaud.qc.ca

Cégep régional de Lanaudière
Collège constituant de Joliette
(450) 759-1661
www.collanaud.qc.ca

Cégep régional de Lanaudière
Collège constituant de Terrebonne
(450) 966-0142
www.collanaud.qc.ca

Centre de formation à distance
(514) 864-6464
www.crosemont.qc.ca/ccfd

Centre de formation textile et reliure, Est du Québec
(418) 647-3030

Centre d'études collégiales de Montmagny
(418) 248-7164
www.cec.montmagny.qc.ca

Centre Matapédien d'études collégiales
(418) 629-4190
www.cemec.qc.ca

Centre spécialisé des pêches
(418) 385-2241
www.cgaspesie.qc.ca

Collège Ahuntsic
(514) 389-5921
www.collegeahuntsic.qc.ca

Collège de Bois-de-Boulogne
(514) 332-3000
www.collegebdeb.qc.ca

Collège de l'Outaouais
(819) 770-4012
www.coll-outao.qc.ca

Collège de Sherbrooke
(819) 564-6350
www.collegesherbrooke.qc.ca

Collège de Valleyfield
(450) 373-9441
info@colval.qc.ca

Collège Edouard-Montpetit
- Campus Longueuil
  (450) 679-2630
  www.collegeem.qc.ca
- Campus Saint-Hubert
  École nationale d'aérotechnique
  (450) 678-3560

Collège François-Xavier-Garneau
(418) 688-8310
www.cegep-fxg.qc.ca

Collège Lionel-Groulx
(450) 430-3120
www.clg.qc.ca

Collège Marie-Victorin
(514) 325-0150
www.collegemv.qc.ca

Collège Montmorency
(450) 975-6100
www.cmontmorency.qc.ca

École-atelier de céramique de Québec
(418) 648-8822

École nationale de Cirque
(514) 982-0859
www.enc.qc.ca

École québécoise du meuble et du bois ouvré
(affiliée au Cégep de Victoriaville)
(819) 758-6401
www.cgpvicto.qc.ca

Institut de technologie agroalimentaire de La Pocatière
(418) 856-1110
www.sraq.qc.ca

Institut de technologie agroalimentaire de Saint-Hyacinthe
(450) 778-6504
ita.qc.ca

Institut de tourisme et d'hôtellerie du Québec
(514) 282-5108
www.ithq.qc.ca

Institut maritime du Québec
(affilié au Cégep de Rimouski)
(418) 724-2822
www.imq.qc.ca

Institut québécois d'ébénisterie
(418) 525-7060
www.iqe.edu

Les collèges privés

Campus Notre-Dame-de-Foy
(418) 872-8041
www.cndf.qc.ca

Centennial Academy / L'Académie Centennale
(514) 486-5533
www.centennial.qc.ca

Collège André-Grasset
(514) 381-4293
www.grasset.qc.ca

Collège Bart
(418) 522-3906
www.bart.qc.ca

Collège d'affaires Ellis inc.
(819) 477-3113
www.ellis.qc.ca

Collège dans la cité (CDC)
de la Villa Sainte-Marcelline
(514) 488-2528
www.villa-marcelline.qc.ca

Collège de Lévis
(418) 833-1249

Collège Delta
(514) 849-1234
www.collegedelta.qc.ca

Collège Français
(514) 495-2581
www.collegefrancais.ca

Collège Inter-DEC
(514) 939-4444
www.interdec.qc.ca

Collège Jean-de-Brébeuf
(514) 342-1320
www.brebeuf.qc.ca

Collège Laflèche
(819) 375-7346
www.clafleche.qc.ca

Collège LaSalle
(514) 939-2006
www.clasalle.qc.ca

Collège Marsan
(514) 525-3030
www.collegemarsan.qc.ca

Collège Mérici
(418) 683-1591
www.college-merici.qc.ca

Collège Moderne 3-R
(819) 378-1123
www.cmtr.qc.ca

Collège O'Sullivan - Montréal
(514) 866-4622
www.osullivan.edu

Collège O'Sullivan - Québec
(418) 529-3355
www.osullivan-quebec.qc.ca

Collège Salette
(514) 388-5725

Conservatoire Lassalle
(514) 288-4140
www.colass.qc.ca

École commerciale du Cap
(819) 691-2600
www.ecc.qc.ca

École de Musique Vincent-D'Indy
(514) 735-5261
www.psnm.qc.ca

Institut Teccart inc.
(514) 526-2501
www.teccart.qc.ca

Institut Trebas
(514) 845-4141
www.trebas.com

Marianopolis
(514) 931-8792
www.marianopolis.edu

Musitechnic, Services éducatifs
(514) 521-2060
www.musitechnic.com

Petit séminaire de Québec
(418) 694-1020
www.petit-seminaire.qc.ca

Séminaire de Sherbrooke
(819) 563-2050
www.seminaire-sherbrooke.qc.ca

Les collèges offrant de la formation en langue anglaise

Champlain Régional College
(819) 564-3666
www.lennox.champlaincollege.qc.ca
- **Campus Lennoxville**
 (819) 564-3666
-**Campus St-Lambert**
 (450) 672-7360
www.champlaincollege.qc.ca
- **Campus St-Lawrence**
 (418) 656-6921
 www.slc.qc.ca

Dawson College
(514) 931-8731
www.dawsoncollege.qc.ca

Heritage College
(819) 778-2270
www.cegep-heritage.qc.ca

John-Abbott College
(514) 457-6610
www.johnabbott.qc.ca

Vanier College
(514) 744-7100
www.vaniercollege.qc.ca

Les universités

École de technologie supérieure
(514) 396-8800
www.etsmtl.ca

École des Hautes Études Commerciales
(514) 340-6000
www.hec.ca

École polytechnique
(514) 340-4711
www.polymtl.ca

Télé-université
 (514) 522-3540
1 888 843-4333
1 800 665-4333
www.teluq.uquebec.ca

Université Bishop's
(819) 822-9600
www.ubishops.ca

Université Concordia
(514) 848-2424
www.concordia.ca

Université de Moncton
(506) 858-4000
www.umoncton.ca

Université de Montréal
(514) 343-6111
www.umontreal.ca

Université de Sherbrooke
(819) 821-7000
www.usherb.ca

Université d'Ottawa
(613) 562-5800
www.uottawa.ca

Université du Québec à Chicoutimi
(418) 545-5011
www.uqac.uquebec.ca

Université du Québec à Hull
(819) 595-3900
1 800 567-1283
www.uqah.uquebec.ca

Université du Québec à Montréal
(514) 987-3000
www.uqam.ca

Université du Québec à Rimouski
(418) 723-1986
www.uqar.uquebec.ca

Université du Québec à Trois-Rivières
(819) 376-5011
www.uqtr.uquebec.ca

Université du Québec en Abitibi-Témiscamingue
(819) 762-0971
www.uqat.uquebec.ca

Université Laval
(418) 656-33333
www.ulaval.ca

Université McGill
Campus Centre-ville : (514) 398-4455
Campus Macdonald : (514) 398-7928
www.mcgill.ca

Université Saint-Paul (Ottawa)
(613) 236-1393
www.ustpaul.ca

Autres ressources

Association québécoise d'information scolaire et professionnelle
(418) 847-1781
www.grics.qc.ca/aqisep

Commission de la construction du Québec
(514) 341-7740

Fédération des cégeps
(514) 381-8631
www.fedecegeps.qc.ca

Fédération des commissions scolaires
(418) 651-3220
www.fcsq.qc.ca

Ministère de l'Éducation
(418) 643-7095
www.meq.gouv.qc.ca

Ordre professionnel des conseillers et conseillères d'orientation du Québec
(514) 737-4717
www.orientation.qc.ca

SRAM (Service régional d'admission du Grand Montréal)
(514) 271-1124

SRAQ (Service régional d'admission de Québec)
(418) 659-4873
www.sraq.qc.ca

SRAS (Service régional d'admission du Saguenay-Lac St-Jean)
(418) 548-7191

Procurez-vous

les **3 guides**

pour explorer **tous les programmes** *d'études collégiales et universitaires*

1 Le *Guide pratique des* **ÉTUDES COLLÉGIALES** *au Québec*

2 Le *Guide pratique des* **ÉTUDES UNIVERSITAIRES** *au Québec*

3 Le *Guide pratique des* **ADULTES AU CÉGEP**

Ces livres de poche édités par le SRAM sont en vente dans les **écoles**, les **cégeps**, les **librairies** et à

CÉGÉPHONE (514) 271-1124

qui répond également à vos questions concernant l'admission dans les cégeps de la région de Montréal.

SRAM

À votre service

LES SPÉCIALISTES

en information scolaire et professionnelle et en éducation au choix de carrière

Pour avancer dans la bonne direction

et vous guider dans :

- vos projets d'études;

- votre plan de formation professionnelle;

- votre choix de carrière.

Consultez-nous

C'est notre spécialité !

**ASSOCIATION QUÉBÉCOISE
D'INFORMATION SCOLAIRE
ET PROFESSIONNELLE**

166, rue du Petit-Bois
Loretteville (Québec) G2A 4E6
C. Élec.: aqisep@grics.qc.ca

Téléphone : (418) 847-1781
Télécopieur : (418) 847-9564

CONSULTER UN CONSEILLER OU UNE CONSEILLÈRE D'ORIENTATION :

UN CHOIX D'AVENIR... À VOTRE IMAGE!

- *ORIENTATION/RÉORIENTATION*
- *VALIDATION DU CHOIX PROFESSIONNEL*
- *BILAN PROFESSIONNEL/GESTION DE CARRIÈRE*
- *ÉVALUATION DE POTENTIEL, PERSONNALITÉ, INTÉRÊTS*
- *IDENTIFICATION DES COMPÉTENCES*
- *INFORMATION SCOLAIRE ET PROFESSIONNELLE*
- *RECHERCHE D'EMPLOI*
- *DÉVELOPPEMENT DE CARRIÈRE DANS LES ORGANISATIONS*
- *QUALITÉ DE VIE AU TRAVAIL*
- *PRÉPARATION À LA RETRAITE*
- *PSYCHOTHÉRAPIE*

Adressez-vous au service d'orientation de votre institution ou procurez-vous gratuitement le Répertoire de nos membres en pratique privée.

Ordre professionnel des conseillers et conseillères d'orientation du Québec

☎ (514) 737-4717 ou 1 800 363-2643
Télécopieur : (514) 737-6431
Adresse électronique : opccoq@videotron.ca

SESSION D'ACCUEIL ET D'INTÉGRATION

PROGRAMMES PRÉUNIVERSITAIRES
Sciences de la nature
Sciences humaines • profil international
Histoire et civilisation • programme bilingue

PROGRAMMES TECHNIQUES
Techniques d'éducation spécialisée
Techniques de recherche • enquête et sondage
Techniques administrative • option gestion
Techniques de tourisme
Techniques de gestion hôtelière
Techniques de gestion des services alimentaires
et de restauration

RÉSIDENCES
FORMATION CONTINUE
PRÊTS ET BOURSES

collège
MÉRICI

755, chemin Saint-Louis
Québec G1S 1C1
www.college-merici.qc.ca
418.683.1591
télécopieur : 418.682.8938

Mérici,
le Collège de la Capitale ⌐
Le Campus Notre-Dame-de-Foy,
⌐ le plus universitaire des collèges

PROGRAMMES PRÉUNIVERSITAIRES
Sciences de la nature
Sciences humaines
Arts plastiques
Musique
Musique - Sciences de la nature
Musique - Sciences humaines
Musique - Sciences de l'administration
Musique - Langues et traduction
Langues et traduction

PROGRAMMES TECHNIQUES
Estimation et évaluation en bâtiment
Techniques policères
Éducation en services de garde
Musique populaire
Commercialisation de la mode
Design de mode

**PROGRAMMES INTÉGRÉS DE TYPE
« COLLÈGE UNIVERSITAIRES »**
DEC/BAC en Administration des affaires
DEC/BAC en Jazz & Musique populaire

ÉCOLE DE POMPIERS

**RÉSIDENCES 400 CHAMBRES
FORMATION CONTINUE
PRÊTS ET BOURSES**

CAMPUS
NOTRE-DAME-DE-FOY

5000, rue Clément-Lockquell
Saint-Augustin-de-Desmaures G3A 1B3
www.cndf.qc.ca
418.872.8041
sans frais : 1.800.463.8041
télécopieur : 418.872.3448

Carrières
professions/formation

Tous les samedis...

Je pense donc je lis

La Presse

Index des annonceurs

Remerciements aux partenaires et aux annonceurs

Desjardins ...... 2 et 3

Développement des ressources humaines Canada / Human Resources Development Canada .. 18,19 et 334

Éducation Québec .... 22, 280 et 359

Gouvernement du Québec Ministère de l'Emploi et de la Solidarité Emploi-Québec 364

La Fédération des commissions scolaires du Québec ..... 24 et 278

Gouvernement du Québec Ministère de l'Industrie, du Commerce, de la Science et de la technologie ..... 20 et 21

Pfizer .... 27, 62, 122 et 123

Ubi Soft .... 106 et 107

CHAMBRE DE COMMERCE DU QUÉBEC 282

Conseil de ressources humaines en biotechnologie / Biotechnology Human Resource Council 61

BioChem Pharma .... 40, 124 et 125

La Presse 358

éditeurs
François Cartier
Marcel Sanscartier

directrice des publications
Patricia Richard

rédactrice en chef
Emmanuelle Gril

développement des affaires
Chantal Hallé

directrice de projets
Marcelle Rousseau

adjointe à la production
et à la rédaction
Valérie Lapointe

rédacteurs et recherchistes
Sophie Allard
Martine Boivin
Frédéric Boudreault
Julie Calvé
Mario Charette, c.o.
Nathalie Collard
Mario Dubois
Sophie Legault
Sylvie Lemieux
Koceila Louali
Annick Poitras
Béatrice Richard
Martine Roux
Claudine St-Germain

correction des textes
Alain Bellaïche
Daniel Beaudoin
Stefania Colantonio
Denis Desjardins
Christine Dumazet
Chantal Tellier

adjoints à la recherche
Denise Déry
Luc Gagnon
Silvia Galipeau

conception de la page couverture
Oeuf Design

photographie
PPM Photos inc.

adresse
Les éditions Ma Carrière
5425, rue de Bordeaux, bureau 241
Montréal (Québec)
H2H 2P9
Téléphone : (514) 890-1480
Télécopieur : (514) 890-1456
macarriere.qc.ca
info@macarriere.net

aussi offerts
Des métiers pour les filles!
Le Grand Guide des certificats
Les Carrières de l'informatique et des technologies de l'information
Les Carrières de l'ingénierie
Les Carrières de la comptabilité
Les Carrières de la formation universitaire
Les Carrières du collégial
Les Carrières du droit
Les Métiers de la formation professionnelle

Dépôt légal
Bibliothèque nationale du Québec
ISBN 2-921564-34-3
Bibliothèque nationale du Canada
ISSN 1480-3399